대중고고학

PUBLIC ARCHAEOLOGY

대중고고학

닉 메리먼 엮음

김권구 옮김

사회평론아카데미

대중고고학

2023년 2월 13일 초판 1쇄 인쇄
2023년 2월 27일 초판 1쇄 발행

엮은이 닉 메리먼
옮긴이 김권구

편집 김천희
표지·본문디자인 김진운
본문조판 민들레
마케팅 정하연·김현주

펴낸이 권현준
펴낸곳 (주)사회평론아카데미
등록번호 2013-000247(2013년 8월 23일)
전화 02-326-1545
팩스 02-326-1626
주소 03993 서울특별시 마포구 월드컵북로6길 56
ISBN 979-11-6707-095-1 93900

감사의 말

이 책은 1999년 케이프타운에서 열린 제4회 세계고고학대회(the 4th World Archaeological Congress)에서 나와 팀 샤딜라-홀(Tim Schadla-Hall)이 조직한 학술 발표 분과에 그 기원을 두고 있다. 이 분과에서 발표된 논문 중 일부는 이 책을 위해 다시 쓰고 업데이트하였으며, 다른 일부 논문들은 논쟁점을 폭넓게 다루기 위하여 특별하게 의뢰되었다.

나는 이 책의 초기 작업에 도움을 준 팀 샤딜라-홀에게 감사의 말을 전하고 싶고, 책이 완성되는 동안 기다려준 개별 집필자들에게 감사를 드리고 싶다.

다양한 사진을 사용하도록 허락해준 저작권자들에게도 감사드린다.

마지막으로 내가 편집 작업을 하는 동안 함께해준 아내 캐롤린에게 감사를 전하고 싶다. 이 책을 그녀에게 바친다.

옮긴이의 말

고고학의 유적발굴과 연구 성과는 가능하면 일반 대중과 공유하고 그 의미에 대한 소통을 강화할 필요가 있다. 상호 소통을 통하여 고고학 연구자가 무슨 일을 하는지, 그 일이 왜 중요한지, 그리고 어떻게 지속되고 유적을 보호하는지에 대해 대중이 자발적으로 관심을 가져야 고고학에 대한 대중의 이해도가 높아지고 유적 보호도 제대로 할 수 있는 여건이 마련된다. 그럼에도 불구하고 최근까지 유적발굴과 연구 성과는 대체로 전문가 그룹이 독점하는 경향이 컸고 그 과정에서 일반 대중은 소외되는 경우가 많았다. 이러한 경향을 극복하기 위해 세계 여러 나라의 대중고고학과 관련된 논제를 다룬 이 책을 번역하게 되었다.

고고학 연구의 관점과 해석에는 부지불식간에 각종 편견이 개입될 수 있다. 정치적, 식민주의적, 민족적·국수주의적, 종교적, 남성 우월적 편견 등이 그 사례이다. 구체적으로 중국의 동북공정, 일본의 임나일본부설, 일제가 왜곡한 조선사 정체성론(停滯性論)이나 내선일체론, 북한의 대동강문명론 등 그 사례는 무수히 많다. 미국의 원주민인 인디언이나 호주 원주민의 입장에서 본 그들 조상에 대한 서구 이주민의 유적 연구도 또 다른 왜곡으로 비칠 수 있다. 식민지 시기를 겪은 제3세계의 많은 국가들이 독립한 이후에 진행된 유적발굴과 연구와 과거 식민 본국의 고고학과의 갈등 양상 등도 고고학 연구에 편견이 개입되었을 가능성을 암시한다.

고고학 지식의 생산과 그 소비와 관련하여 유적의 발굴, 보존과 활용, 박물관 전시의 관점과 방법, 그리고 대중과의 소통은 이제 중요한 화두로 떠올랐다. 이를 성찰하면서 과거인에게 접근하려는 노력이 필요하다. 이저벨 맥브라이드(Isabel McBryde)가 편집하여 1985년에 발간한 『과거는 누가 소유하는가?(Who Owns the Past?)』, R. 레이튼(R. Layton)이 편집하여 1989년에 발간한 『누가 과거를 필요로 하는가?—토착원주민의 가치와 고고학(Who Needs the Past? Indigenous values and *archaeology*』), 데이비드 로웬덜(David Lowenthal)이 1985년에 발간한『과거는 낯선 나라다(*The Past is a Foreign Country*)』(한국어판 2006년 발간) 등에서는 과거를 바라보는 시각에 현대 서구 연구자의 시각, 식민주의적 시각, 제3세계 탈식민주의자들의 시각, 현대 토착원주민의 시각, 과거인의 시각, 여러 소수민족이나 종파에 의한 민족적·종교적 시각, 남성 중심적 시각과 페미니스트적 시각, 국수주의적·국가주의적 시각 등의 다양한 시각이 있으며 서로를 배척하면서 경쟁적으로 사용될 수 있음을 암시한다. 이는 선사시대와 고대의 문화와 당시 사람들의 사고방식을 이해하려고 노력하는 사람들이 먼저 생각해보아야 할 논제이다. 이들 연구물은 과거를 보존하고 사용하면서 이해하는 데에서 무수한 편견을 극복하는 것이 기존의 여러 편견에 사로잡힌 현대인과 연구자들이 당면한 큰 과제임을 일깨운다.

이 책에서 소개한 논문들을 살펴보면 다음과 같다. 1장의 "대중고고학의 다양성과 불협화음"에서 닉 메리먼(Nick Marriman)은 대중이라는 개념의 형성과 정의, 대중과의 소통과 해석에서 대중 참여와 이해당사자 등의 주제를 다루었다. 2장에서 존 제임슨 주니어(John Jameson Jr.)는 미국에서 대중고고학의 출현과 성장 과정을 다루고 문화유산과 관련된 법령과 제도의 정비, 그리고 1930년대 경제 대공황의 극복 계획으로서 '뉴딜'고고학 등을 소개했다. 미국 대중고고학의 성장 과정에서 나타난 연구의 새로운 관점과 방법론의 변화를 추적하고 평가하면서 고고학과 문화자원관리의 위기 문제를 다루었다. 구체적으로 유적 보호의 과제와 법령 체계의 검토, 방치된 해저난파선, 유물의 보관과 관리의 위기, 자료 관리의 과제, 유적발굴과 복원 논란, 아메리카 원주민과 아프리카계 미국인과 관련된 문제 등 고고학에서의 종족성과 쟁점, 교육고고학의 출현 과정, 인기 있는 역사서술로서의 고고학, 영감을 주는 고고학으로서 예술과 형상화의 문제 등을 다루었다. 3장에서 캐롤라인 스마드즈 프로스트(Karolyn Smardz Frost)는 북미 지역의 고고학과 대중교육을 다루었다. 그녀는 고고학 교육자와 학교 교과과정에 적합하고 효과적인 교육자료의 필요성에 대한 사회적 수요가 증대된 것에 대응하기 위해 다양한 방법을 모색해야 한다고 제안했다. 고고학 전문가의 입장뿐만 아니라 이용자의 입장에서 서술된 쉽고 재미있는 교육자료가 필요하다고 언급했다. 4장에서 닉 메리먼은 대중을 박물관 고고학에 참여시키는 문제를 다루었다. 5장에서 샐리 맥도널드(Sally MacDonald)와 캐서린 쇼(Catherine Shaw)는 영국 런던대학의 고대 이집트 유물을 전시한 페트리박물관의 사례 분석을 통하여 대중의 문제를 다루었다. 다양한 부류의 사람과 심층면접하여 이집트 역사에서 가장 중요한 시기, 가장 많은 공감을 불러일으킨 생각과 이미지, 고대 이집트인의 피부색, 고대 이집트의 현대적 타당성, 관람객을 확대하는 방안 등의 문제를 다루었다. 6장에서 팀 코플랜드(Tim Copeland)는 대중에게 고고학을 보여주는 방식과 현장에서의 통찰력 구축 문제를 다루었다. 7장에서 닐 애셔슨(Neal Ascherson)은 고고학과 언론 매체의 관계에 대하여 영국의 사례를 들어 논의했다. 언론 매체를 바르게 활용하여 정확한 정보를 대중에게 알려주는 것이 중요하지만 국가적 또는 애국적 사업으로서 발굴에 대하여 언론 매체를 통해 홍보할 때의 문제도 성찰해보아야 함을 지적하고 어떻게 고고학이 언론 매체를 이용하는지를 다루었다. 8장에서 캐롤 맥데이비드(Carol McDavid)는 인터넷과 대중고고학의 실천 문제를 다루면서 인터넷 연결망은 무엇이고 왜 우리가 관심을 두어야 하는지의 문제, 쌍방향 소통의 과제와 더 민주적인 고고학을 추구하는 문제를 논의했다. 9장에서 로저 토머스(Roger Thomas)는 21세기 고고학과 권위에 대하여 논의했다. 10장에서 페드로 파울로 후나리(Pedro Paulo Funari)는 브라질에서 대중고고학이 전개된 과정을 소개했다. 11장에서 버트럼 마푼다(Bertram Mapunda)와 폴 레인(Paul Lane)은 동아프리카의 사례를 통하여 고고학이 고고학자 혹은 지역주민 누구를 위해 존재하고 기능하는가의 문제를 다루었다. 12장에서 마이크 파커 피어슨(Mike Parker Pearson)과 라밀리소니나(Ramilisonina)는 대중고고학과 원주민 사회라는 주제를 다루면서 스코틀랜드의 웨스턴아일스(the Western Isles)와 남부 마다가스카르의 토착사회 문제, 토착고고학자와 지역고고학자 문제 등에서 '토착'이라는 용어의 다중성과 지역성 등을 검토하고 대중고고학의 문제, 토착고고학자와 지역고고학자의 문제 등을 다루었다. 13장에서 데니스 번(Denis Byrne)은 호주 원주민과 뉴사우스웨일스에 산재한 호주 원주민 조상의 인골을 통하여 '거꾸로 보는 고고학'의 주제를 다루었다. 즉, 호주 원주민의 시각에서의 고고학, 인골 반환의 문제, 재매장, 지역적 공간과 국가적 공간의 개념, '진정한' 호주 원주민과의 '진정한' 대화, 장소 소유하기 등의 주제에 대해 고찰했다. 14장에서 팀 샤딜라-홀(Tim Schadla-Hall)은 대안고고학의 중요성과 타당성의 문제를 다루었고, 15장에서 로저 블랜드(Roger Bland)는 발전하는 대중고고학에서의 사례연구로 영국에서의 유물 관련 법률과 동산문화재 관리제도를 소개하면서 지표조사에서 금속탐지기의 사용 문제 등을 다루었다. 16장에서 다슈 친(Dashu Qin)은 중국고고학의 발전과 골동품 시장의 영향 등의 유적 관리 문제를 다루었다.

이 책에서는 위에서 간략하게 소개했듯이 대중고고학의 형성과 전개 양상을 미국, 영국, 중국, 브라질, 마다가스카르를 포함한 아시아, 아프리카, 미주, 유럽 등 세계 여러 지역의 사례를 들어 다루었다. 대중고고학을 문화유산의 보존, 조사, 연구, 교육, 공유의 목적에 활용하면서 부딪치는 문제점에 대해 학술적이면서 실제적인 논의를 하고 있다는 점에서 2004년에 초간되어 발간된 지 20년이 되어가지만 지금도 문화유산의 관리와 박물관의 운영에 아주 유용하고 성찰할 만한 점을 제시한다고 생각한다. 특히 이 책은 탈식민주의(post-colonialism)와 탈과정주의(postrpocessualism)의 시각에서 유적발굴과 전시, 그리고 활용에 관한 다양한 집단의 다양한 요구를 어떻게 다루어야 하는지에 관해 고민해보아야 할 논제를 제시하고 그 사례의 결과를 살펴볼 수 있는 토대를 제공해준다는 점에서 그 가치가 크다고 생각한다.

구체적으로 살펴보면 이 책의 여러 논자들은 대중과 고고학이 왜, 어떻게 소통해야 하는가와 세계 여러 나라에서 대중고고학이 진행된 현황을 알려준다. 이러한 의미에서 대중고고학에 대한 인식이 적거나 약간은 배타적인 분위기가 없지 않은 우리나라에도 문화유산을 과거 사람들의 시각으로 이해하고 일반 시민들이 자기 주도적 학습(hermeneutic learning)을 하는 데 성찰할 만한 점을 제시해주는 꼭 필요한 책이라고 생각한다. 전문가가 해석한 의견 또는 박물관 큐레이터가 제시한 전시회 설명판의 내용에 대해 대중이 스스로 판단하고 해석하는 능력을 기르는 것이 중요한데, 이를 위해 대중고고학이 자기 주도적 사고와 학습을 하도록 하는 역할을 해야 한다. 나치 독일 시기에 구스타프 코신나(Gustaf Kossinna)는 게르만족의 우월성과 기원을 찾는 연구를 하고 그것을 박물관 전시에서 강조하여 나치의 인종 말살 정책에 도움을 준 바 있다. 특정 시기에 특정 국가를 휩쓴 잘못된 과거 해석과 강요된 분위기에 휩싸여 나치 독일의 유대인 말살 정책을 정당화하는 과오를 범하거나 동아시아에서의 동북공정과 임나일본부설 등과 같이 역사를 왜곡하는 사례를 피하기 위해서는 그들을 비판함과 동시에 우리도 성찰하고 노력해야 한다. 이러한 점에 볼 때 과거 사람들의 문화와 사고방식에 접근하는 것은 쉽지 않은 과정이다. 현대인의 시각과 합리성이 과거인의 그것과 일치하지 않는 경우가 많고 서구 고고학의 합리주의 시각으로 동서양의 모든 과거 사람들의 유적과 유물에 접근하려고 한 현대 고고학자들도 편견을 줄이면서 과거 사람들을 체계적으로 이해하기 위해 끊임없이 성찰하면서 노력해야 한다. 전통고고학, 신고고학(과정고고학), 탈과정고고학 모두 과거 사람들의 어느 한 측면만을 강조하면서 자신의 시각과 방법론, 그리고 해석이 옳다고 주장할 뿐이다. 이론적 관점의 차이를 떠나서 각 연구의 흐름과 서로의 장단점을 이해하면서 소통하고 연구할 필요가 있다.

영어를 우리말로 번역할 때 영어 단어와 우리말 단어의 함의와 문장구조의 차이를 인식하고 우리말의 함의와 문장구조 속에 맞추려고 노력했다. 그러나 옮긴이의 어휘 실력과 번역 실력의 한계 때문에 가독성에 많은 문제가 있을 수 있다고 생각한다. 실제로 직역을 하려 하니 가독성이 떨어지고 의역을 하려 하니 여러 저자의 원래 의도와 멀어지는 듯한 느낌이 든 것이 사실이었다. 그 중간에서 방황하다 보니 가독성에 아쉬움이 많으리라고 생각한다. 여러 나라의 서로 다른 저자들의 글을 번역하다 보니 문화유산, 유적발굴, 고고학 등에서 용어의 함의가 다른 경우와 마주쳤고 그에 따른 국가별 맥락에 맞는 적확한 용어를 찾지 못한 경우도 있었다. 이 모든 것은 옮긴이의 실력 부족이라고 생각한다.

오랜 기간 동안 번역의 결과물을 기다려주고 지원해준 한강문화재연구원의 신숙정 원장님과 담당자 선생님께 감사드린다. 또한 성공적으로 역서가 나오도록 도와

주신 사회평론아카데미의 권현준 대표님과 김천희 선생님께도 이 자리를 빌려 감사
드리고자 한다.

2023.1.20.

성서 궁산 아래에서

김권구

차례

4장 대중을 박물관 고고학에 참여시키기 139

5장 고대 이집트의 발견: 페트리박물관과 대중 173

2부 공공의 이익?: 이해관계자들

9장 21세기 고고학과 권위 293

10장 브라질의 대중고고학 311

16장 골동품 시장이 중국고고학 발전에 미친 영향 447

1장

서론: 대중고고학의 다양성과 불협화음

닉 메리먼(Nick Marriman)

1. '대중'이란 무엇인가?

시민으로 이루어진 집합체라는 의미로 개인적 영역과 뜻이 뚜렷하게 구분되는 '대중(the public)'*이라는 개념은 늦어도 로마 시대부터 존재했다(Melton 2001: 1). 이 용어에는 더 구체적인 두 가지 의미가 존재하는데, 그것이 바로 대중고고학에 관한 논의의 중심이 된다. 첫 번째는 근대의 이른 시기로부터 강력한 국가 형성 시기에 등장한 공공단체, 공공건축물, 관공서, 공공기관 등 공공이익과 같은 국가 및 그 기구와 관련된 '공공(公共)'이라는 단어와의 연관성이다(Melton 2001: 1). 고고학과 관련해서 영국박물관이 1753년에 문을 열었는데, 이는 아마도 국가 소유의 고고(考古) 유물을 전시하기 위해 국가가 공공기관*을 창설한 첫 사례일 것이다.

....

* 대중: 'public'은 맥락에 따라 '대중' 혹은 '공공'으로 번역했다.
* 공공기관: 'public institution'은 '공공기관'으로 번역했다. 영국에서는 비정부기구이면서 민간 영역의 단체도 아닌 준독립적인 기구를 쾡고(Quasi-Autonomous Non-Governmental Organizations: QUANGO)라고 부른다. 이는 영국박물관과 같은 조직을 지칭하는 것이어서, '단체'보다는 '기관'이 더 적절하다고 판단했다.

두 번째는 논쟁하고 토론하며 문화상품을 소비하는 '대중'이라는 개념으로, 개인의 의견은 '여론'(Melton 2001: 1)으로 여겨진다. 이 개념은 계몽주의 시기에 발전했는데, 위르겐 하버마스(Jurgen Habermas)가 『공론장의 구조변동(*The Structural Transformation of the Public Sphere*)』(1962)에서 이를 본격적으로 다루었다. 하버마스는 열려 있고 비판적이며 참여적인 민주주의 모델을 커피하우스나 살롱 같은 새로운 종류의 대중 공간(public spaces)과, 신문과 소설 같은 새로운 의사소통 방식의 발전에 자극받은 18세기 부르주아 공론장의 발달에서 찾았다. 하버마스의 모델은 젠더에 충분한 관심을 갖지 않았다는 비판을 받았다. 오직 부유한 계층에만 실제로 공론장이 허용되었다는 인식이 부족하고 대중을 종종 '폭도'로 일축하며 '평민 공론장(plebeian public sphere)'(McGuigan 1996: 24-25)을 무시한다는 비판을 받았다. 그러나 그의 연구는 국가에 비판적이며 대립하는 개념으로서의 '대중' 개념이 발달하게 된 특정한 역사적인 상황을 파악하는 데 중요한 역할을 했다.

한편 국가는 대중을 대변하고 '공익'을 추구한다고 생각된다. 이는 공공기관이나 고고학, 박물관, 교육을 위해 국가가 해야 할 의무와 관련된다. 국가가 대중의 전반적인 이해관계를 위해 작동한다는 가정은 소수의 이해관계가 효과적으로 대표되지 않는다는 것을 의미한다. 국가에 대한 독단적인 접근 방법은 다양한 대중의 여망을 접하지 못하는 것을 의미할 수 있다. 그러므로 대중고고학에 부과된 문제 중 하나는 국가가 공공이익을 위해 움직일 때 대중의 견해를 고려하고 그 행위에 대해 대중에게 적절하게 책임을 지게 하는 방법을 사용해야 한다는 것이다(이 책의 9장 참조).

한편 '대중'의 두 번째 의미에는 의견 개진과 토론이 함축되어 있어서 본질적으로 예측할 수 없고 대립적이다. 대중은, 특히 대중문화의 비판자가 말하는 얼굴 없는 대중(예를 들어 Adornoand and Horkheimer 1944)이라기보다는 적극적이고 다면적 가치를 가진 요소로 정의될 때, 국가의 의지에 영향을 미치고 비판하며 그것을 뒤집고 변화를 일으킬 힘을 가질 수 있다. 참으로 '대중'이라는 포괄적인 용어는 서로 갈등을 유발할 수 있는, 나이, 성별, 계급, 종족, 종교적 관심과 연계 정도가 다른 매우 다양한 범주의 사람들을 묘사할 때 항상 부족함이 따른다. 예를 들어 관람자 연구에 관한 여러 책자에서 비판받았지만 '일반 대중'의 의미는 살아남았다. 이 책에서는 전문고고학자로 생계를 유지하지 않는 다양한 사람들을 지칭하는 경우에만 일반 대중이라는 용어를 사용한다. 이 책에서 '대중'이라는 개념이 갖는 특징은 대중이 전문고고학자가 아니라는 것이다. 어떤 다른 방식으로도 '대중'은 존재하지 않는다. 그보다 전문고고학자가 아닌 집단으로서 대중은 어떤 때에는 매우 공통점이 많지만 다른 한편으로는 공통점이 거의 없는, 변화하는 일련의 다양한 이해집단으로 생각된다.

그래서 '대중'이라는 말이 가지고 있는 국가와 사람들이라는 두 가지 의미는 항상 잠재적인 긴장 관계에 있다. 이러한 긴장 관계는 다음과 같이 드러날 수 있다. 즉, 사람들의 다양한 의견과 이해관계를 반영하지 않고 동떨어져 있으며 책임지지 않는 문화유산을 위한 국가조직, 그리고 자신의 이해관계를 반영하지 않는다고 생각해서 과거를 이해하는 다른 방식을 찾으려 하면서 국가에서 제공하는 문화유산의 해석에 환멸을 느끼고 있는 사람들 사이에 긴장이 생길 수 있는 것이다. 기껏해야 이 긴장 상태는 사람들의 과거와의 관계에 관한 불가피하면서도 긍정적인 성격으로 받아들여질 수 있다. 이는 국가 당국이 문화유산에 대해 대중이 가지고 있는 태도의 다양성을 인정하면서 대중을 존중하고 함께 일하며 문화유산을 보호하고 그것을 해석하는 데 공동체가 관련되도록 노력해야 한다는 것을 의미한다. 대중에 관해 약간 다른 두 가지 개념이 존재함에 따라 고고학자는 어떤 종류의 대중 개념이 사용되는지에 대해 질문을 던진다. 문헌에서 '대중'고고학은 대부분 일반화된 대중을 위해 봉사하고 국가가 통제하는 고고학을 의미한다. 그리고 이것은 종종 과거를 이해하는, 서로 다르고 경쟁하며 자신만의 방식을 추구하는 '대중'의 고고학을 의미한다.

2. '대중고고학'의 정의

'대중고고학'이라는 용어는 1972년에 '대중고고학'이라는 제목으로 찰스 맥김시(Charles McGimsey)의 책이 출판되면서 고고학계에서 처음으로 널리 사용되었다. 이때 이 용어는 학문적인 고고학 연구와 대비되는, 개발에 따른 문화자원관리(Cultural Resource Management: CRM)라는 실제적인 긴급 과제와 폭넓은 연구 문제와 관련되었다. 존 제임슨(John Jameson)과 캐롤라인 스마드즈 프로스트(Karolyn Smardz Frost)(이 책의 2장과 3장)가 지적하듯이, 미국은 영토가 크고 잠재적 유적자원(archaeological resource)이 매우 많아서 이것들을 보호하거나 제대로 조사하려면 고고학에 관심을 갖지 않는 대중도 고고학 분야로 끌어들여야 한다는 점을 깨달아야 한다. 문화자원관리를 위해서 의회 의원과 개발업자들에게 고고유적(archaeological sites)을 보호하고 훼손이 최소화되어야 함을 설득하려면 대중의 지원이 필요하기 때문에 성격상 대중고고학이 종종 그러한 일을 할 때 비전문적인 대중에게 의지하게 된다. 그러나 시간이 지나면서 고고학이 더욱 전문화되면서 이러한 고고학에서의 '대중적' 요소는 그 자체로 업무 과정에서 대중과 직접적으로 연계되기보다는 대중을 대신하여 문화자원을 관리하는 고고학자로 이루어지게 되었다. 사실 이러한 상황에서 '대중고고학'은 고고학 분야의 전문화를 의미했고 대중 참여의 상대적 감소를 의미했다. 이러한 상황은 영국*에서도 진행되었다.

고고학의 전문화 양상이 점증하면서 문화자원관리전략을 계획적으로 집행하고 대중을 대신하여 국가와 그 직무수행자들이 활약하는 환경이 초래되었다. 이러한 전략 속에서 문화자원을 보존하거나 파괴하기에 앞서 그것에 대해 주의 깊게 기록함으로써 일반적으로 대중의 이익을 추구할 수 있다고 생각된다. 이러한 방식으로 볼 때 대중의 이익이 현재 추구된다고 하기보다는 문화자원 혹은 그것에 대한 기록이 필요할 수도 있는 '후대'라고 불리는 모호하게 정의된 미래에 더 추구된다고 할 수 있다. 이러한 미래지향적인 전략에서 오늘날의 시민이라는 관점에서의 대중 자체는 간접적으로만 추구되며 고고학 자체에는 거의 관계되지 않을 것이다. 예를 들어 대중고고학에서의 '대중의 이익' 요소는 문화자원관리, 유적관리(site stewardship)와

....

* 영국: 'UK', 'United Kingdom', 'Britain'은 '영국'으로 번역했다. 'British'도 '영국의', '영국인'으로, 'England'는 잉글랜드로 번역했다.

도굴과 불법 거래와의 전쟁을 포함한다.

　최근에 고고학자들은 고고학에서 현재 대중의 이익이 문화자원관리의 접근법 속에서 부적절하게 다루어졌다는 점을 깨달았기 때문에 대중만의 이익에 대해 더 많은 관심을 갖기 시작했다. 나는 다양한 대중을 포용하는 대중고고학을 새롭게 '개창'하여 고고학과 대중의 관계를 다루는 것을 고유한 관심사로서 학문적 주제로 취급하게 되는 요인들에 대해 어디에선가 다루었다(Merriman 2002). 이 요인들은 고고학의 과제에 관해 역사적으로 장차 일어날지도 모를 일과 해석의 다면성(multivalency)을 인지하게 하는 마르크시즘에서 탈모더니즘까지 이르는 고고학 이론의 강한 영향을 포함하고 있다. 변화를 통해 고고학이라는 학문의 외부로부터 압박받아 토착민과 다른 소수민족의 과거에 관한 연구와 해석에서 자신의 목소리를 내려는 사회운동이 초래되었고, 이러한 목소리들은 연속된 세계고고학대회(World Archaeological Congresses)와 연이은 출판물들에서 계속 주장을 펼쳤다. 고고학에 대해 공식적으로 보여주는 방식(public representations)(박물관, 전시, 문화유적(heritage sites)을 위한 많은 방법은 상업적 여가 시장에서 방문객을 끌기 위해 경쟁할 수밖에 없다는 사실과 공적 자금과 그 예산 투여(value for money)에 대한 책임감을 보여주는 것과 관련된 새로운 형식의 경영에 영향을 받아 매우 다른 방향에서 변화가 일어나도록 했다.

　이러한 '대중에 대한 관심 회귀'는 역시 적극적 시민에 대한 개념이 발전하고 (특히 소비주의를 통해 표현되는) 선택과 참여가 주된 정치적 진보로 간주되는 폭넓은 맥락에서 발견된다. "시민권은 수동적이고 의존적이기보다는 적극적이고 개인주의적이다. 그러므로 정치적 화제는 개인이 되어야 하고 개인의 시민권은 다양한 선택 중에서 개인적 선택의 자유로운 행사를 통해 표현된다"(Rose 1992: 159).

　아마도 이 문제를 인식하는 데에서 최근 미국의 '대중고고학'은 다시 직접적인 공공의 관여를 포함했다는 의미에서 어느 정도 성장했다. "미국에서 대중고고학은 학교, 공원, 박물관 같은 공공분야에서의 고고학 교육과 대중적 해석뿐만 아니라 문화자원관리 준수 활동을 포함하는 것으로 이해될 수 있다"(Jameson, 이 책의 2장).

이 용어는 다른 나라에서 더 넓은 의미로 발전되었는데, 이 책에서 압도적으로 사용된 것은 바로 이 넓은 의미이다. 팀 샤들라-홀(Tim Schadla-Hall)은 대중고고학을 "대중과 상호작용하거나 상호작용할 잠재력을 가진 고고학적 활동의 모든 분야"로 정의했다(Schadla-Hall 1999: 147). 닐 애셔슨(Neal Ascherson)은 새로운 학술지 『대중고고학』의 첫 번째 편집자의 글에서 대중고고학에서의 화두는 "고고학이 경제적 갈등과 정치투쟁의 실제 세계로 들어가게 될 때 발생하는 문제에 관한 것이다. 다른 말로 해서 모두 윤리와 관련된 것이다"라고 말했다(Ascherson 2000: 2).

그러므로 대중고고학은 역시 문화유산 전반을 둘러싸고 현재 나타나는 상대적으로 복잡한 논쟁들 속에 뿌리를 두어야 한다. 이 논쟁들은 최근 하위 문제(Samuel 1994)부터 관광 및 경제 논리와 관련된 정체성과 관련된 쟁점과 갈등을 다루는 좀 성가신 문제에 이르기까지 비판적인 '문화유산을 위협하는 사람'과 문화유산을 자랑하는 대중인기주의자 사이의 약간 결말이 없는 양극적인 주장에서 벗어나 전개되었다. 그레이엄 등(Graham *et al.* 2000: 22)은 문화유산─암묵리에 고고유산*─을 서로 긴장 관계가 존재하는 경제자본과 문화자본 양자의 이중성을 가진 것으로 유용하게 정의했다. "긴장과 갈등은 그 형태가 무엇이든 간에 문화유산의 내재적인 특성이다." 고고학은 궁극적으로 문화적 정체성의 발전과 관련되고 불가피하게 정치와 묶여 있기 때문에 고고학에서 대중적 측면의 대부분은 갈등이나 턴브리지와 에쉬워드(Tunbridge and Ashworth 1995)가 호칭한 '불협화음의 문화유산'과 관련된다는 사실은 놀랄 일도 아니다. 이는 내전으로 인한 유적(physical remains)의 실질적 파괴(Layton *et al.* 2001)에서, 그리고 유물*을 소유하거나 혹은 해석하는 권한(Layton

....

* 고고유산: 'archaeological heritage'는 '고고유산'으로 번역했다. 문화재(cultural properties)는 재산으로서의 성격을 부각한 용어이며, 문화유산(heritage, cultural heritage)은 유형과 무형의 물질적·정신적 성격을 강조한 것이다. 이들 용어는 주로 유럽과 한국, 일본 등지에서 사용되며, 미국에서는 현대에 만들어져가는 성격을 강조하여 문화자원(cultural resources)이라는 용어를 주로 사용한다.
* 유물: 'object', 'artefact', 'material remains', 'archaeological materials' 'finds', 'treasure' 등 저자에 따라 다르게 표현된 단어는 '유물'로 통일해서 번역했다.

1989a; Fforde *et al.* 2002; Simpson 1996)에 대한 논란에서 가장 명확하게 발견된다. 또한 언론에서 전국적으로 보도하지 않는 유적의 파괴나 접근권과 관련된 지역적인 논쟁에서도 발견할 수 있다. 고고유산과 관련된 불협화음은 로빈 스키츠(Robin Skeates)의『고고유산에 관한 논란(*Debating the Archaeological Heritage*)』(2000)에서 가장 완전하게 나타나는데, 이 책에는 고고학의 모든 면에서의 갈등, 토론, 타협의 사례가 가득하다.

대중고고학 분야는 고고학이라는 학문이 논쟁과 불협화음이 불가피한 더 넓은 대중문화의 한 부분을 이루는 그곳에서의 과정과 결과를 연구하기 때문에 중요하다. 그러므로 윤리와 정체성에 관한 문제에서 대중고고학은 의미의 타협과 갈등을 다루게 된다. 대중고고학에 대한 이러한 더 넓은 정의는 (교육 프로그램, 박물관 전시, 유적 답사와 같은) 단순한 고고학적 생산물뿐만 아니라 대중 영역에서 고고자료로부터 의미가 창조되는 과정을 논의하는 공간을 열어준다. 그러므로 대중고고학은 대중을 위한 고고학의 공식적 제공과 고고자원의 의미와 가치에 관해 종종 토론하는, 고고학에 관심을 가진 다양한 대중 사이에 시작된 논쟁도 포함한다.

3. 대중을 참여시키는 목적

1) 결핍 모델

전문적 고고학이 대중과 더 밀접한 관계를 맺는 것이 중요하다는 점을 발견하게 된 이유를 검토할 때 과학에 대한 대중적 이해를 장려하는 운동의 발전을 살펴보는 것은 교훈을 준다.『과학에 대한 대중적 이해(*The Public Understanding of Science*)』라는 1985년 영국왕립학회(The Royal Society)의 보고서에서는 보다 나은 대중적 이해의 중요성에 대해 두 가지 주장을 했다. 첫 번째는 영국의 노동 인력이 과학과 기술에 더 익숙했다면 영국이 한 국가로서 경제적으로 더 많은 이익을 남겼을 것이라는 주장이다. 두 번째는 대중적 이해가 개선되면 더 나은 시민이 만들어지고 이들이 과학이 더 보급된 문화에서 더 유식한 민주적 결정을 더 잘 할 수 있게 된다는 주장이다(Irwin and Wynne 1996 참조). 맥도널드(MacDonald 2002: 49)는 다음과 같이 말한 바 있다.

> 과학을 제대로 활용하지 못해서 결핍되고 오도되는 대중, 즉 대중에 대한 '결핍 모델'의 묵시적 채택이 여기에 있다. 결핍 모델에서 대중의 실패는 전문화되고 상대적으로 폐쇄된 세계로부터 크게는 무지한 대중(masses)의 세계로 학문을 좀 더 '끌어내거나(out)' '연계(across)'함으로써 극복될 수 있다.

이 '결핍 모델(the deficit model)'에는 대중고고학이 중요하다는 점을 강조하는 많은 주장이 스며들어 있다. 우리가 만약 대중과 관여되면 이러한 주장이 진행되고 그렇게 되면 더 많은 사람들이 고고학자가 하려는 것에 대해 이해하고 고고학자의 일을 더욱 지지할 것이다. 대중교육은 유적자원의 관리가 중요하다는 것을 널리 알리고 극단적인 소수자가 과거에 대해 일으키는 오해를 바로잡을 수 있다고 주장된다(McManamon 2000). 이 정도로 대중고고학에서의 '결핍' 모델은 대중을 고고학을 감상하도록 올바른 방식으로 교육할 필요가 있는 존재로 보고 대중고고학의 역할도 고고학자의 전문적인 작업에 자신감을 심어주는 것으로 본다. 물론 대중의 참여는 바람직하지만 오직 인정되고 전문적인 관행의 지침에 따르는 방향으로만 장려된다. 특수한 범주의 토착적인 믿음 체계의 경우를 제외하고 (내가 이후에 다시 다룰 문제이긴 하지만) 대안적 견해는 장려되지 않는다. 이를 '대중 이익' 접근법(public interest approach)이라고 부를 수 있는데, 이는 과학에서 가져온 것으로 전문고고학자를 비전문적 인사와 구분할 필요성에서 파생되었으며 권위적 지식과 궁극적으로 연관된다.

유적과 기록은 예를 들어 미래를 위해 확실하게 보존되는 사례가 되어야 한다. 대중 이익 접근법에는 장점도 있으나 약간의 약점도 있다. 그중에서 중요한 것은 '결핍 모델'과 문화유산의 내재적인 '불협화음'적 특성과 조화를 이루어야 하는 어려움이다. 만약 논쟁, 토론, 갈등이 문화유산의 본질을 형성하고 그것의 한 요소로서 고고학의 본질을 형성하고 있다면, 지식의 결핍과 부정확한 믿음을 '교정하려는' 시도는 유익한 접근 방법이 아닐 수도 있다. 이러한 맥락에서 교육은 적절한 사실을 주입하는 것이 아닐지 모른다. 대신에 사람들에게 다른 종류의 증거와 대립적 주장을 평가하는 일련의 수단을 제공하고 그들이 약간은 외부적인 형태의 '진실'을 따르는 것과 상관없이 그들만의 결론에 다다르게 할 수 있다. 본질적으로 이는 박물관과 문화유산의 해석에 대한 구성주의적 접근법(constructivist approaches)에서 결론지었던 것이다(Ballantyne 1998; Coplende, 이 책의 6장; Hein 1998; 그리고 아래 참조).

2) 다중 관점 모델

과학에 대한 대중의 이해와 특히 대중고고학에 관한 일부 문헌을 살펴보면 이러한 견해에 다른 측면이 있음을 알 수 있다. 과학에 대한 대중의 이해에 대한 논쟁은, 대중의 이해를 대중의 무지 문제로 생각해서 대중과 매체에 대해 비판적으로 연구하는 쪽으로 관심을 돌려야 한다고 주장하는 사회과학자들이 결핍 모델을 비판하면서 우위를 차지해왔다. 과학에서의 유일한 문제는 학자들이 쉬운 용어로 좀 더 명확하고 재미있게 소통하도록 이끄는 것이다(Wynne 1992: 38). 비판자들은 '과학전쟁(the science wars)'이라고 불리는 것의 한 측면으로서 과학의 권위적 역할에 도전하는 데 집중하는 것으로 이를 대신했다(Durant 1997).

이러한 비판은 자연과학보다는 궁극적 진리를 덜 강조하는 고고학에도 좀 더 설득력 있게 제기될 수 있다. 고고학에서의 결핍 모델은 예를 들면 맥매너먼(McManamon 2000)의 논문에 대한 답신에서 다중 관점의 인정을 주장한 홀트도르프(Holtdorf 2000)에게서 비판받았다. "나는 비전문적 관계자가 전문적 자세를 가졌는지의 여부와 상관없이 고고학과 마주치면 환영받지 못하고 더욱이 격려받지 못하거나 지원받지 못하는 이유를 이해할 수 없다"(Holtdorf 2000: 215).

제임슨이 말했듯이(이 책의 2장), 문화자원관리에서 종종 고고학자들은 "과거 인간 경험의 풍부한 다양성에 대해 대중적 향유와 감상을 제공하려는 법령 준수의 실제 목표를 상실해버린다." 혹은 스마즈 프로스트(Smardz 1997: 103)가 말했듯이, "고고학은 고고학 자체를 위해서 대중에게 고고학을 사용하는 것을 멈추고 일반 대중의 교육적, 사회적, 문화적 필요성을 충족시키기 위해 고고학을 사용하기 시작해야 한다."

'다중 관점 모델(the multiple perspective model)'에서 대중을 고고학에 참여시키려는 목적은 자아실현을 격려하고 사람들의 생활을 풍요롭게 하며 사고력과 창의성을 자극하기 위해서이다.

대중고고학에서 이 접근 방법의 장점은 에이전시(agency)의 중요성을 인정한다는 것이다. 고고학자가 열심히 노력하는 것과 상관없이 고고학자가 아닌 사람들은 유적자원을 다시 전유화하고(re-appropriate) 재해석하며 자신들만의 개인적인 논제에 따라 그 의미를 재협상할 것이다. 고고학과 비전업적인 대중의 관계를 고려할 때 사람들에게 단순히 논제를 따르라고 하기보다는 이러한 인식 아래 적극적으로 일하는 편이 확실히 더 낫다.

그러나 이 접근 방법의 문제는, 그 내용이나 정치적 성향이 무엇이든 상관없이, 고고학에 대한 사람들의 온갖 참여를 무비판적으로 찬양하여 균형을 잃을 수 있다는 것이다. 극단적인 상대주의는 중대한 사건으로 고고학의 붕괴를 예견한다고 주장해온 바와 같이 이것은 전체적으로 고고학의 일상적 문제가 되었다(Yoffee and Sherratt 1993). 실제로 과거에 관한 어떤 사람의 견해가 다른 어떤 사람의 견해만큼 타당하다고 주장하는 고고학자는 거의 없다. 대신에 고고학적인 해석들이 역사적으로 우발적이라는 주장을 받아들이는 사람들 대부분은 서구의 합리성과 같은 하나의 공유된 믿음 체계 속에서 어떤 핵심 논제에 동의할 수 있다고 주장하는 로저 토머스(Roger Thomas)의 '관점주의(perspectivist)'에 입각한 견해에 동의할 수 있을지 모르나, 사실 그러한 핵심 논제는 수많은 다양한 관점으로 해석될 수 있을 것이다. 그럼에도 팀 샤들라-홀이 주장하듯이(이 책의 14장), 과거에 대해 다른 사람이 가진 믿음의 다양성을 인정하거나 찬성하면서 또는 고고학자가 일부 주장의 타당성에 대해 강한 반대 의견을 가지고 있다는 것을 동시에 명확히 하고 다른 사람을 폄하하거나 탄압하는 사람들을 규탄한다. 지금은 '좋은' 대중고고학과 '나쁜' 대중고고학을 구별할 때이다.

실제로 결핍 모델과 다중 관점 모델 양자에는 장점이 있다. 상대주의자조차도 고고유적에 대한 속박받지 않는 약탈과 파괴를 불안감을 가지고 바라볼지도 모른다. 그리고 대부분의 사람들은 아마도 소통하고 토론하기 위해 고고학적 조건, 편년, 문화사 등에 대해 약간은 폭넓게 합의하기를 희망할 것이다. 동일한 이유로 진실한 대중고고학에서는 그 요소를 수정해야 할 문제로 보기보다는 매우 다양한 과거에 대한 거대한 대중적 관심을 인정하고 포용하는 것이 분명히 옳다.

이 책에서는 두 가지 접근 방법이 채택될 것이다. 그리고 많은 논문에서 기본적인 주요 유적자원의 관리에 대한 하나의 책임 있는 접근 방법, 대중의 다양성과 관심사에 대한 인내심 있는 자세가 양자 모두에 적절하다는 것을 인정한다. 두 접근 방법은 중첩되며 나란히 공존할 수 있다. 이 책에서 전향적인 방식(a way forward)에 관한 무엇인가를 보여주기를 희망한다. 이는 이 책의 두 주요 부분에서 다루어지는데, 오늘날 대중고고학의 주요 논점 모두를 다루지는 않지만 그래도 일부를 다룬다.

4. 소통과 해석에서의 논점

1) 대중성의 이해

이 책의 1부에서는 가장 넓은 의미의 소통에 관한 논제를 다룬다. 우리는 과학에 대한 대중의 이해에서 몇 가지 논제와 소통에 관한 중요한 '결핍 모델'을 이미 논의했다. 그렇지만 과학에 대한 대중의 이해에 관한 연구에서는 비과학적인 대중이 과학적 논제와 연구를 이해하는가에 관한 실증적 연구가 주를 이룬다는 점이 가장 주목된다. 결과적으로 과학자는 다양한 대중의 선입견, 오해, 순진한 생각, 관심사와 의견에 대해 잘 이해한다. 과학자가 스스로 부여한 과제는 효과적인 소통을 강화하기 위해 이러한 실증적 연구를 이용하는 것이었다. 이와 대조적으로 고고학에 대한 대중의 이해와 태도에 관해 출판된 연구는 거의 없었다. 고고학자는 종종 연구할 때 아주 좁은 범위의 동료집단으로 구성된 사람 이외의 청중에 대해서는 거의 관심을 보이지 않았던 것으로 보인다. 소통에 관한 모든 합리적인 모델은 여러 요소에 의해 여과된 수신자와 발신자 사이의 거래나 타협과 같은 쌍방향 과정임을 보여준다(예를 들어 Hooper-Greenhill 1994 참조). 고고학자는 고고학적 정보를 받는 수신자의 태도, 개념, 믿음에 대한 아주 적은 지식을 가지고 자신이 이해하지 않는 청중과 맹목적으로 소통해왔다. 그러므로 고고학에 관해서 소통하려는 그렇게 많은 시도가 아주 지루하거나 몰이해한 상태로 종결되는 것은 놀랍지도 않다. 고고학은 대중을 이해하는 데에서 과학에 대한 대중의 이해로부터 배울 것이 많다.

그동안의 소수 연구가 대개 북미 지역에서 이루어졌다. 예를 들면 페더(Feder)는 학생 사이에서의 '숭배 고고학(cult archaeology)'과 창조론에 대한 믿음에 관해 10년 간격으로 조사했고(Feder 1984, 1995), 포키톨로(Pokytolo)와 그의 동료들은 고고유산(archaeological heritage)에 대한 좀 더 폭넓은 대중의 자세에 관해 조사해왔다(Pokytolo and Mason 1991; Pokytolo and Guppy 1999). 1,016명의 미국 성인을 면담 조사한 가장 최대 규모의 연구가 미국고고학회(the Society for American Archaeology)의 요청으로 해리스연구소(Harris Interactive)에서 이루어졌다(Ramos and Duganne 2000). 이 연구들은 일반적으로 대중이 고고학에 부여한 높은 가치를 보여주었고 고고학이 연구하는 것이 정확하게 무엇인지 혹은 고고학이라는 학문이 실제로 어떻게 이루어지는지에 관한 다양한 이해 수준을 보여준다. 일부 연구는(예를 들어 Feder의 연구) 천문고고학과 창조론과 같은 '대안적' 믿음에 대한, 잘 교육받은 사람조차도 믿는 집착에 구체적으로 집중해왔다(전반적 논의가 이루어진 이 책의 14장 참조). 이러한 조사연구의 틀과 분석은 결핍 모델의 분석 틀 속에서 이루어졌는데, 이들 조사연구는 오해를 가장 잘 교정하는 법을 모색하기 위해 그러한 오해를 이해하려고 시도했다.

일반적으로 우리는 아직도 고고학의 대상이 되는 다른 청중의 구성과 고고학의 다른 표현 방식, 무엇이 고고학에 관심을 갖도록 자극하는지, 무엇이 고고학에 지루함을 느끼게 하는지 혹은 고고학자가 제공한 자료를 사람들이 어떻게 재해석하고 사용하는지에 대해 아직도 잘 이해하지 못한다. 나는 서너 해 전에 행한 조사연구(Merriman 1991)에서 이러한 방향에서의 첫걸음을 떼었다. 현재에 관한 묵시적인 비평 혹은 비판으로써 과거가 이용되고 있다는 태도 속에서 사람들의 과거 일반에 대한 믿음과 그들의 현재 환경 사이에 강한 상호관계가 존재한다고 주장했다. 구체적으로 고고학과 그 대안에 대한 태도의 측면에서, 주류고고학에 관심을 가지면서 종종 동시에 '대안적' 믿음을 공언하는 사람이 있어서 상당한 중첩이 존재함을 이 조사는 암시한다. 이 조사에서는 다음과 같이 제안한다.

스톤헨지 혹은 피라미드에 대한 통설적인 고고학적 해석에 관해 누구라도 명확하게 이해하고 있음에도 반드시 많은 사람이 우주인과 마력장(power fields)에 대해 믿지 못하도록 하지는 않는다. 왜냐하면 이러한 것은 고고학자가 제시한 따분한 주장보다 훨씬 흥미로운 설명이기 때문이다. 점차로 이성적이고 물질적인 사회에서 과거, 특히 선사학은 비이성적이고 비물질적인 과거를 구축하는 데에서 감정과 상상을 창조적으로 사용하기 위한 도피처를 제공할지도 모른다(Merriman 1991: 116-17).

이 조사연구는 대규모의 양적 접근 방법(quantitative approach)이었고 좀 더 심층적이고 질적인 연구를 통해 더 발전되어야 한다. 역사 환경에 대한 태도에 관해 잉글랜드문화유산청(English Heritage)의 책임 아래 진행된 연구는 이러한 분야에 흥미로운 기여를 했다(MORI 2000). 비록 이 연구에서 고고학보다는 좀 더 넓은 분야를 다루었음에도 중요한 영역에서 영국의 다양한 주민들이 영국의 문화유산이 자신들의 문화유산이 아니거나 혹은 자신들과 관련 없다고 느낀다는 사실을 확인했다는 점에서 이 연구는 의미가 있다. 그리고 역시 문화유산이 그 의미에서 본질적으로 개인적이라는 점을 밝혔다. 또한 이 연구에서는 가족과 종교와 같은 전통적인 의미의 틀이 쇠퇴한 결과로 발생하는 현대생활의 중요한 측면으로서 '의미의 필요성'을 밝혔다. "급격하게 변화하는 사회에서 문화유산과 역사 환경은 변함없고 믿을 만한 것을 대표한다"(MORI 2000). 또한 다른 경향으로서 '다면의 관능성(poly-sensuality)'을 밝혔다.

점점 더 많은 사람들이 순수하게 이성적인 대신에 일상생활 속에서 자신들의 느낌과 감정에 더 많이 의존하고 있다. 만약 의미와 가치가 상이한 방식으로 개인을 충족시키면 중요한 것으로 남게 된다. 이는 제공자들이 청각, 시각, 촉각의 해석기술을 고려할 필요가 있다는 것을 의미할 뿐만 아니라 만약 오래 지속되는 인상을 남기고 진실한 가치를 창조하려 한다면 방문자의 감정을 사로잡는 법에 관해 생각해야 한다는 것을 의미한다(MORI 2000).

2) 소통의 구성

그렇다면 결핍 모델의 과제와 위에서 제시한 몇몇 조사의 발견 내용을 받아들이는 것이 암시하는 바는 무엇인가? 첫 번째 암시는 고고학자가 청중의 다양성과 사람들이 유물로부터 추출하는 의미의 종류를 이해하기 위해 아주 열심히 노력해야 한다는 것이다. 이 목적을 달성하기 위해 아주 많은 더 질적인 방문자 연구에 착수해야 할 필요가 있다. 이런 종류의 작업이 어떻게 이루어질 수 있는지를 보여주는 모델이 샐리 맥도널드(Sally MacDonald)와 캐서린 쇼(Catherine Shaw)의 논문(이 책의 5장)에서 제시되었다. 이들은 논문에서 외견상으로는 처음으로 이집트고고학의 잠재적 청중이(결정적으로 이집트에서 온 사람과 아프리카인의 후손을 포함) 관련 주제에 관해 알고 싶어하는 것과 그들이 가지고 있는 선입견이 무엇인지를 분석한 연구를 보고하고 있다. 위에서 언급한 모리(MORI)*의 연구에서 지적하듯이, 고고학이 점점 더 유

....

* 　모리(MORI): 국제시장 및 여론조사기관(Market and Opinion Research International)이다.

동적이며 문화적으로 다양한 청중에게 무엇을 말할 수 있는지는 가까운 장래의 대중고고학에서 가장 중요한 논제 가운데 하나가 되어야 한다. 중요한 인구 집단이 고고학을 자신과 상관없다고 생각하는 것을 피하기 위해 민감하고 철저하게 이 논제를 검토하는 것은 아주 중요하다.

청중을 강조하는 것에 대한 또 다른 암시는 고고학자가 소통을 자체적인 연구와 학문적 틀을 가진 전문화된 하나의 분야로 인정해야 한다는 것이다. 고고학자는 아주 종종 소통을 마치 쉽고 명료한 작업인 것처럼 취급해왔다. 팀 코플랜드(Tim Copeland)는(이 책의 6장) 톰슨(Thompson)을 인용하는데, 톰슨은 증거의 고고학적 해석인 '주된 해석'과 마치 대중이 고고학적 해석이 쓰일 수 있는 백지 한 장인 것처럼 '해석을 다른 사람에게 대중적으로 전달하는 것'을 의미하는 '부차적 해석'을 구분한 바 있다.

닐 애셔슨(Neal Ascherson)(이 책의 7장)이 보여주듯이, 고고학과 대중매체에 대해 논의할 때 우리는 '번역' 혹은 '보급'의 경우를 다루지 않고 있다. 대신에 대중매체에서 고고학의 묘사와 수용과 관련하여 다양한 행위자(actors)와 연관된 관계가 있어서 그들에게 주어진 유물을 사용하는 새로운 문화적 담론을 형성한다.

캐롤 맥데이비드(Carol McDavid)의 논문(이 책의 8장)에서 대안이 제시되는데, 그녀는 '보여주는 방식(presentation)' 혹은 '교육'보다는 고고학자와 대중 사이의 '대화'에 관한 로티(Rorty 1989)의 생각을 사용한다. 팀 코플랜드는 한 유적을 방문하는 것이 '보여주는 방식과 방문자 사이의 문화적 타협'이라고 주장하며 그의 논문(이 책의 6장)에서 이를 더 진전시켰다. 그는 사실에 기반을 둔 지식의 습득을 평가하는 데 중점을 두고 유적 방문자에게 행해진 제한된 연구(결핍 모델)를 비판하면서, 대신에 박물관이나 유적과 같은 교실 외의 환경에 유익한 모델로서 교육담당자가 갈수록 더 사용하고 있는 구성주의(constructivism) 이론에서 교훈을 얻어야 한다고 주장한다. 이 접근 방법에서는 의미를 개인이 우연히 마주친 유물, 사건, 생각으로부터 이전의 지식을 기반으로 강화해서 구축한 것으로 본다.

의미는 전시된 유물 자체에서 반드시 명확하지는 않다. 그보다는 방문객들이 자신만의 경험의 측면과 그곳에 있는 이유를 전시된 유물과 관련시킬 때 의미를 얻는다. 학습은 정보의 집적 증대일 뿐만 아니라 한 사람의 이해와 지식 조직화의 발전과 정교화이다(Ballantyne 1998: 84).

구성주의의 시각에서 중요한 것은 현재의 고고학적 의견이 일치하는지의 여부보다는 사람들이 고고학을 자신들의 생활과 관련시킴으로써 고고학과의 우연한 만남으로부터 의미를 끌어내는 것이다.

또한 이러한 견해는 철기시대의 '구축된 유적(constructed sites)'에 가본 방문자에 관한 안젤라 피치니(Angela Piccini)의 민족지 연구에서 발견된다. 피치니(Piccini 1999)는 방문자가 바라보고 있는 것을 그들의 현재의 관심사와 계속 관련시키면서 어떻게 유적이 본질적으로 현대의 사회적 관계를 유발하는 하나의 배경 혹은 '공연장'으로 사용되는지를 보여준다.

이것은 고고학적 소통 방식(도서, 강연, 유적 설명, 박물관, 텔레비전 프로그램)의 내용이 의미 없다는 것을 뜻하지 않는다. 하지만 고고학자는 사람들이 개인적으로 관련된 것을 다시 작업해서 제공되는 것으로부터 끊임없이 의미를 이끌어낸다는 사실을 거부하기보다는 그 사실을 바탕으로 작업해야 한다. 나는 논문(이 책의 4장)에서 '특정 주제에 대해 잘 아는 상상력'을 장려하는 소통에 대한 접근 방법이 사람들이 자신에게 주어진 유물을 재사용하는 것을 보여주는 연구를 가지고 올바른 정보를 전하려는 고고학자의 희망과 조화시키려고 시도하는 하나의 전향적인 방법일 것이라고 제안한다.

5. 소통과 해석에서의 과제

하지만 위에서 기술한 소통과 해석에 관한 접근 방법에는 당면한 수많은 문제와 과제가 존재한다. 캐롤 맥데이비드는 논문에서(이 책의 8장), 즉 사례연구에서 전통적 비참여자의 관심사를 자극하는 이러한 열린 접근 방법이 아마도 부분적으로 고고학자가 참여한 대중의 일부 구성원을 위한 욕구에 너무 낙관적일 수 있기 때문에 실제로는 잘 작동하지 않음을 보여준다.

다른 사람에게 제약을 두지 않는 '방문자 독서(visitor readings)' 기념행사는 단지 환상에 불과한 권한 이양의 느낌을 줄 수 있다. 내가 주장하듯이, 물리적 의미로 확실하게 '적극적'이고 '참여적'이라는 것은 마치 해석의 '선택'이 사실상 현실의 선택과 약속을 위한 선택권을 막아버릴 때처럼 정신적 개입이 사실상 줄어들 때 몰두의 환상을 줄 수 있다(MacDonald 2002).

그러면 소통과 해석에서 핵심 논제는 대중의 입장에서 에이전시의 특성을 가진 역할과 전문성이 대중의 약속을 형성하고 안내하는 장소가 되게 하는 정도로 귀착된다. '결핍 모델'로 시작하는 순환에서 우리는 대중에 의해 이루어지는 모든 해석의 타당성을 강조하는 다중값 모델(multivalent model)로 이동한다. 이제 다시 전문가를 검토 대상에 포함하는 것이 옳을지도 모른다(Skeates 2000: 122-24).

6. 이해당사자들

대중고고학에서의 가장 날카로운 일부 논쟁은 누가 과거의 물질적 유물을 소유하고 해석하는 권리를 가지고 있는가의 문제를 중심으로 집중된다. 소통과 해석의 논제와는 달리 이 분야에서 출간된 자료가 다량 존재하는데, 그 대부분은 '세계고고학 시리즈(The One World Archaeology series)'에서 발견된다. 세계고고학 연속도서의 서너 권에서는 예를 들면 토착 민족과 다른 소외된 집단의 이해관계를 인정할 필요성을 강조했다(Layton 1989a, 1989b; Stone and Mackenzie 1990).

로저 토머스는(이 책의 9장) 대중 속에서 고고학적 증거와 오래된 과거에 관한 견해의 다양성을 인정하는 것에 국가가 어떻게 반응하는가에 관한 일반적 모델을 정리한다. 그는 여러 지역사회(communities)가 그들만의 과거에 이르도록 도와주는 촉진자로서의 국가라는 생각을 제시하고 영국에서 고고학과 관련된 책무가 있는 국가기관인 잉글랜드문화유산청이 이러한 방향에서 몇 가지 조치를 이미 취하고 있다는 점을 주목한다.

전문고고학자가 어떻게 실제에서 다른 사람을 위해 촉진자로 행동할 수 있는지에 관한 좋은 사례는 잉글랜드와 웨일스에서의 동산문화재 관리제도에 관한 로저 블랜드(Roger Bland)의 사례연구(이 책의 15장)에서 제시되었다. 그곳에서는 상호 불신과 적대감 속에서 수십 년이 지난 후 금속탐지기 사용자가 대중 구성원이 만든 전국 규모의 자발적인 유물기록계획에 관여할 수 있도록 초대되었다. 직업적 전문가, 즉 동산문화재 연락공무원의 역할은 단순하게 발견유물을 등록하는 일을 넘어서서 세척과 보존에 관한 조언을 하고 금속탐지기전국협회와 학교 관계자에게 강연하며 전시회로 발전시키고 금속탐지기 사용자를 전문적 고고학 지표조사 업무에 참여시키는 것으로까지 확대되었다.

그러나 여기에서 우리는 동일한 문화적 배경을 가지고 궁극적으로 과거 유적을 구제발굴하고 기록하는 데 관심을 가진 두 집단을 다루고 있다(실태조사에 따르면 금속탐지기 사용자들도 금전적 보상을 위해 취미활동을 하지는 않는다, Dobinson and Denison 1995). 고고학자가 매우 다른 배경을 가진 사람과 마주하게 되면 무슨 일이 일어날까?

다슈 친(Dashu Qin)의 논문(이 책의 16장)은 세계적 규모로 유물을 거래하는, 고고유물이 풍부한 국가에서의 경험을 다룬 또 다른 사례이다. 그는 여기에서 지식의 증가가 유적과 유물에 대한 관심을 늘리고 높은 학문적 가치가 높은 금전적 가치로 이어지기 때문에 고고학 자체의 팽창이 유물 거래의 증대를 가져오는 직접적인 자극이 되었다고 주장한다. 또한 가장 놀랍게도 지역주민이 발굴에 참여하려고 고고학적 발굴기술에 대해 훈련받는 '지역사회 고고학(community archaeology)'의 한 사례에서는 어떻게 지역민이 나중에 유적을 도굴하는 일을 하게 되고 도굴꾼을 훈련시켜 문제를 악화시켰다고 고고학자가 비난받았는지를 보여준다!

불행하게도 고고학자는 국가적 차원과 세계적 차원에서 수적으로 아주 적다. 특히 큰 기업의 이해관계, 다른 잘 조직화된 정치적 압력 활동 혹은 전쟁의 상황에 대응하는 측면을 생각할 때 고고학자의 정치적 압력 활동 능력은 무시해도 좋을 만큼 적다. 이러한 사례에서 고고학자의 약점은 예를 들면 인도에서 열린 제3차 세계 고고학대회에서 참여자들이 신변 안전에 위협이 된다는 두려움 때문에 아요디아(Ayodhya)에 있는 회교사원의 파괴 문제를 논의하지 않기로 어쩔 수 없이 동의했을 때 명확하게 드러났다(Colley 1995). 또한 페드로 파울로 후나리(Pedro Paulo Funari)의 논문(이 책의 10장)에서는 상당한 사회적 분열이 있고 토착 소수민과 다른 소수민이 존재하며 토착민이 젊은이들에 의해 종종 화형당하는 비서구 산업국가인 브라질에서 일부 고고학자가 겪는 어려움을 보여준다. 그러나 그는 문명화된 통치가 회복된 후 토착민, 그리고 아프리카인이나 아프리카계의 브라질인과 관련된 문화유산에 대한 관심이 눈에 띄게 상승하고 고고학 관련 교육에 대한 관심이 증대한 것과 같은 약간의 개선에 주목한다. 그럼에도 이러한 성과는 더 큰 정치적 변화 속에서 사라지기 쉬울 만큼 상대적으로 작고 위태로울 수 있다.

고고학의 정치적 성격과 고고학자의 정치적 약점을 인지하는 것은 고고학자가 스스로 정치적으로 휘말리지 않고 어떻게 과거에 대한 다양한 견해를 인정할 수 있을 것인가의 문제를 제기한다. 히미라키스(Himilakis 1999)가 언급했듯이, 고고학자가 의견의 다양성을 받아들이면 점점 정치적으로 연관되어야 할지도 모르고 그 결과로 중립성이라는 개념을 잃게 될지도 모른다.

이것이 특별히 적합한 영역이 '대안고고학(alternative archaeology)' 분야이다. 팀 샤들라-홀은(이 책의 14장) 역사적으로 고고학자가 대안적 의견을 논박해왔음을 보여준다. 그러나 그는 '불합리의 위안(the comforts of unreason)'이 유혹적일 수 있기 때문에 고고학자의 대응이 아주 단순했다고 주장한다. 대안고고학의 일부는 과거에 대한 다른 시각에 관한 하나의 완전하게 정당성 있는 표현으로 존중되어야 한다. 또 다른 일부는 내재적으로 인종차별주의자 혹은 다른 사회집단에 대한 비하이므로 극복되어야만 한다. 이렇게 대중고고학은 실제로 윤리의 문제와 관련된다.

그러나 윤리는 보편적으로 적용되지 않을 수도 있다. 의견의 다양성이라는 논제가 특별하게 초점으로 떠오르는 또 다른 분야는 토착고고학과 관련된다. 적어도 토착민 지역사회가 존재하는 서구화된 국가에서 발굴계획을 수립하고 시행하며 그 결과를 해석할 때 이들 토착민 사회와 상의하고 그들을 관여시키는 것은 고고학자의 규범이 되었다(예를 들어 Pokytolo and Brass 1997). 그러나 '광신적 소수'가 고고학적 증거를 잘못 해석하거나 노골적으로 왜곡하는 것을 '수정하려고' 노력하는 것 또한 이러한 국가에서는 규범이다. 그러나 우리는 '토착적 믿음'과 '광신적 소수'를 어떻게 구분하는가? 고고학자가 토착고고학에서 보여주고자 하는 존중과 다른 집단이 만든 잘못된 해석을 수정하려는 고고학자의 희망으로 제기된 난관은 보편적 윤리규정에 관한 탈로(Tarlow)의 논의에 명확하게 정리되어 있다(Tarlow 2001). 그녀는 북미나 호주 같은 지역에서 '토착'민에 관한 윤리적 원칙이 (비록 그들만의 특별한 논쟁 사항이 뒤따르기는 하지만) 필요할 수 있다는 점을 인정하면서, 토착적인 것(indigeny)에 관한 윤리의 전반적인 적용이 '토착'민(그러나 이 개념은 정의될 수 있다)보다도 더 차별받았던 최근의 이민자나 (집시나 유대인과 같이) 전통적인 의미의 토지를 가지지 않은 사람들이 있었던 유럽 같은 지역에 적용될 때 완전히 잘못 이해될 수 있다고 주장한다. 그녀는 다음과 같이 의견을 제시했다.

이론상으로 극우집단과 신나치 집단은 세계고고학대회 윤리규범(the WAC Code of Ethics)을 그들만의 인종적으로 배타적이고 차별적인 정치적 주장을 정당화하는 데 이용할 수 있다. 내가 알기로 그들은 그렇게 하지 않았다. 예를 들면 "토착민의 문화유산은 그 문화유산의 토착민 후손에게 정당하게 속한다는" 원칙(WAC 원칙 5)은 그들이 확실하게 인정하고 옹호하는 것이다(Tarlow 2001: 256).

이 점은 마이크 파커 피어슨(Mike Parker Peason)과 라밀리소니나(Ramilisonina)가 더 진행했는데(이 책의 12장), 이들은 '토착적'이라고 불리는 것이 무엇인지에 대한 복잡성과 불합리를 논의하고 "점차로 세계화되는 사회 속에서 모두가 지역적인 어느 곳에 속하기 때문에" '토착적'이라는 용어를 '지역적'이라는 용어로 대체하자고 주장한다. 또한 이들은 '지역고고학(local archaeology)'이 중요하지만 고고학의 청중이 범세계적으로 널리 분산되어 있기 때문에 유일한 존재 이유가 되어서는 안 된다고 강조한다. 버트럼 마푼다(Bertram Mapunda)와 폴 레인(Paul Lane)은(이 책의 11장) 고고학을 실행하기 위해 지역적으로 호응하는 비서구적인 모델이 어떻게 실제로 작동할 수 있을지를 제시한다. 지역에서 수행된 고고학적 발굴에 대해 지역주민에게 알리거나 관여시키지 않았던 과거의 많은 고고학계의 관행과는 대조적으로, 이들은 발굴조사의 목적, 발굴 현장의 노동자로서뿐만 아니라 '발굴 홍보대사'로서 지역주민을 고용하고 전시, 인기 있는 출판물, 발굴계획을 평가하는 토론 모임에 관해 지역주민과 상의하는 미래조사계획의 모델을 제시한다.

아마도 토착민과 지역주민을 함께 묶는 것의 가장 좋은 사례는 '거꾸로 보는 고고학'으로 호주 원주민과 유해와 유물의 반환을 논의한 데니스 번(Denis Byrne)의 논문(이 책의 13장)이다. 그는 이들의 유해와 유물의 이동이 '지역 공간(local spaces)', 즉 구체적으로 지역의 공동묘지로 돌아가는 것을 상징한다고 말하면서 호주 원주민이 지역 공간에 대한 애착을 통해 유럽의 지배를 거부한다고 주장한다. 그는 호주 원주민의 도시로의 '확산' 이동 양식이 어떻게 단순하게 '멀어져가는 이동'으로 간주되지 않고 어떤 의미에서 '지역을 확장하게 하는 소통망'이라는 점을 보여준다. 호주 원주민은 지역의 공동묘지를 방문하는 경로를 재추적하고 호주 원주민을 '지역적으로' 매장하기 위해 굉장한 노력을 한다. 지역성에 대한 이러한 애착은 도난당한 세대(the Stolen Generations)를 '고향'에 돌아오게 하려는 노력에도 투영된다. 그래서 "재매장과 귀환은 정상의 파열이 아니라 전체적인 형식으로는 집으로의 다른 이동"과 같은 뜻이다. 범세계적인 사회에서 대중고고학의 기본적인 단위는 지역이어야만 할 것처럼 보인다.

7. 맺음말

이 책에서 우리는 문화자원관리로서 대중고고학에 관한 개념의 좁은 정의에서 벗어나거나 고고학 관련 교육에 관한 결핍 모델에서 벗어날 때 발생할 수 있는 폭넓은 토론에 대한 무언가를 보여주기를 희망한다. 이 책에 실린 논문들은 특히 전문고고학자가 아닌 대다수 사람들에 의해 이루어지는 고고학에 대한 인식, 고고학의 사용과 고고학적 표현에 관해 아직 다루어지지 않은 매우 많은 넓은 영역이 있음을 보여준다. 고고학자는 최근까지 대중과의 관계를 자신들의 학문적인 관심만큼 중요하게 다루지 않았기 때문에 많은 기본적인 문제는 다루어지지 않은 상태로 남아 있다. 이제 고고학자가 과거 사회를 연구하는 것과 동일한 정도의 엄격함을 가지고 고고학자와 대중의 관계를 연구할 시간이다.

참고문헌

Adorno, T. and Horkheimer, M. 1944. *Dialectic of Enlightenment* (English translation 1979). London: New Left Books.

Ascherson, N. 2000. Editorial. *Public Archaeology* 1(1): 1-4.

Ballantyne, R. 1998. Interpreting 'Visions'. Addressing Environmental Education Goals Through Interpretation. In Uzzell, D. and Ballantyne, R. (eds) *Contemporary Issues in Heritage and Environmental Interpretation*. London: Stationery Office.

Colley, S. 1995. What happened at WAC-3? *Antiquity* 69: 15-18.

Dobinson, C. and Denison, S. 1995. *Metal Detecting and Archaeology in England*. London: English Heritage/Council for British Archaeology.

Durant, J. 1997. Editorial. *Public Understanding of Science* 6(4): 1-3

Feder, K. 1984. Irrationality and popular archaeology. *American Antiquity* 49: 525-41.

Feder, K. 1995. Ten years after: surveying misconceptions about the human past. *Cultural Resource Management* 18(3): 10-14.

Fforde, C., Hubert, J. and Turnbull, P. (eds) 2002. *The Dead and their Possessions: Repatriation in Principle, Policy and Practice*. London: Routledge.

Graham, B., Ashworth, G. J. and Tunbridge, J. E. 2000. *A Geography of Heritage, Power, Culture and Economy*. London: Arnold.

Habermas, J. 1962. *The Structural Transformation of the Public Sphere. An Inquiry into a Category of Bourgeois Society* (English translation, 1989). Cambridge: Polity Press.

Hamilakis, Y. 1999. La trahison des archeologues? Archaeological practice as intellectual activity in postmodernity. *Journal of Mediterranean Archaeology* 12(1): 60-79.

Hein, G. 1998. *Learning in the Museum*. London: Routledge.

Holtdorf, C. 2000. Engaging with multiple pasts. Reply to Francis McManamon. *Public Archaeology* 1(3): 214-15.

Hooper-Greenhill, E. (ed.) 1994. *The Educational Role of the Museum* (2nd edition). London: Routledge.

Irwin, A. and Wynne, B. (eds) 1996. *Misunderstanding Science? The Public Reconstruction of Science and Technology*. Cambridge: Cambridge University Press.

Layton, R. (ed.) 1989a. *Conflict in the Archaeology of Living Traditions*. London: Unwin Hyman.

Layton, R. (ed.) 1989b. *Who Needs the Past? Indigenous Values and Archaeology*. London: Unwin Hyman.

Layton, R., Stone, P. and Thomas, J. (eds) 2001. *Destruction and Conservation of Cultural Property*. London: Routledge.

MacDonald, S. 2002. *Behind the Scenes at the Science Museum*. Oxford: Berg.

McGimsey, C. R. 1972. *Public Archaeology*. New York: McGraw Hill.

McGuigan, J. 1996. *Culture and the Public Sphere*. London: Routledge.

McManamon, F. 2000. Archaeological messages and messengers. *Public Archaeology* 1(1): 5-20.

Melton, J. V. H. 2001. *The Rise of the Public in Enlightenment Europe*. Cambridge: Cambridge University Press.

Merriman, N. 1991. *Beyond the Glass Case: the Past, the Heritage and the Public in Britain*.

Leicester: Leicester University Press.

Merriman, N. 2002. Archaeology, heritage and interpretation. In Cunliffe, B., Davies, W. and Renfrew, C. (eds) *Archaeology. The Widening Debate*. Oxford: Oxford University Press/British Academy.

MORI. 2000. *Attitudes Towards the Heritage. Research Study Conducted for English Heritage July 2000*. Available on English Heritage website.

Piccini, A. 1999. War games and wendy-houses: open-air reconstructions of prehistoric life. In Merriman, N. (ed.) *Making Early Histories in Museums*. Leicester: Leicester University Press.

Pokytolo, D. and Brass, G. 1997. Interpreting Cultural Resources: Hatzic Site. In Jameson, J. (ed.) *Presenting Archaeology to the Public. Digging for Truths*. London: AltaMira Press.

Pokytolo, D. and Guppy, N. 1999. Public opinion and archaeological heritage: views from outside the profession. *American Antiquity* 64: 400-16.

Pokytolo, D. and Mason, A. 1991. Public attitudes towards archaeological resources and their management. In Smith, G. and Ehrenhard, J. (eds) *Protecting the Past*. Baton Rouge, Florida: CRC Press.

Ramos, M. and Duganne, D. 2000. *Exploring Public Perceptions and Attitudes about Archaeology*. Washington, DC: Society for American Archaeology.

Rorty, R. 1989. *Contingency, Irony and Solidarity*. Cambridge: Cambridge University Press.

Rose, S. 1992. Governing the enterprising self. In Heelas, P. and Morris, P. (eds) *The Values of the Enterprise Culture. The Moral Debate*. London: Routledge.

Royal Society. 1985. *The Public Understanding of Science*. London: Royal Society.

Samuel, R. 1994. *Theatres of Memory*. London: Verso.

Schadla-Hall, T. 1999. Editorial: Public Archaeology. *European Journal of Archaeology* 2(2): 147-58.

Simpson, M. 1996. *Making Representations; Museums in the Post-Colonial Era*. London: Routledge.

Skeates, R. 2000. *Debating the Archaeological Heritage*. London: Duckworth.

Smardz, K. 1997. The past through tomorrow: interpreting Toronto's heritage to a multicultural public. In Jameson, J. (ed.) *Presenting Archaeology to the Public. Digging for Truths*. London: AltaMira Press.

Stone, P. and Mackenzie, R. (eds) 1990. *The Excluded Past. Archaeology in Education*. London: Unwin Hyman.

Tarlow, S. 2001. Decoding ethics. *Public Archaeology* 1(4): 245-59.

Thomas, J. 1995. Where are we now? Archaeological theory in the 1990s. In Ucko, P. J. (ed.) *Theory in Archaeology: A World Perspective*. London: Routledge.

Tunbridge, J. E. and Ashworth, G. J. 1995. *Dissonant Heritage: the Management of the Past as a Resource in Conflict*. Chichester: John Wiley

Wynne, B. 1992. Public understanding of science research: new horizons or hall of mirrors? *Public Understanding of Science* 1: 37-44.

Yoffee, N. and Sherratt, A. 1993. Introduction: the sources of archaeological theory. In Yoffee, N. and Sherratt, A. (eds) *Archaeological Theory: Who Sets the Agenda?* Cambridge: Cambridge University Press.

1부

대중화: 소통과 해석

2장

미국의 대중고고학

존 제임슨 주니어(John Jameson Jr.)

1. 머리말: 미국의 대중고고학

나는 미국에서 대중고고학이라는 말이 아무튼 완전하거나 종합적이라는 것을 의도하지 않는다는 점을 언급하면서 이 글을 시작하겠다. 이러한 논의로 서너 권의 책을 쉽게 만들지도 모른다. 하지만 그보다는 나의 개인적 경험과 생각에 기초해서 미국에서 대중고고학의 발달에 관한 주요 사건을 살펴보도록 하겠다. 나의 직업적 경력 대부분은 문화자원관리의 한 측면 혹은 다른 측면, 특히 유적자원관리(archaeological resources management)와 관련된 세 군데의 연방정부기관에서 이루어졌다.

미국에서 '대중고고학'이라는 용어는 다소 모호한 용어가 되었다. 많은 사람들은 이 용어를 문화자원관리에서 20세기 후반에 이루어진 발전과 1960년대 이래로 연방정부와 주정부가 역사유적 보존규칙들을 시행함에 따라 일어난 유적정보와 소장품(collected artifacts)의 놀라울 정도로 급격한 증대와 동일시한다. 이러한 정의는 대중고고학에 대한 초기 설명에서 사용되었다(McGimsey 1972; McGimsey and Davis 1977).

1980년대와 1990년대에는 많은 사람들에게 '대중고고학'이라는 용어가 '교육고고학(educational archaeology)'의 하위 분야(Stone and Molyneaux 1994; Smardz and Smith 2000; Esterhuysen and Smith 1999; Bender and Smith 2000)로 새로운 의미를 띠었고, "고고학의 대중적 해석(public interpretation of archaeology)"(Jameson 1997)은 비록 서로에게 그리고 문화자원관리의 개념에 중복이 많음에도 분명하게 표현되어왔다. '교육고고학'은 종종 공식적인 학교 교육의 상황과 관련이 있지만 덜 공식적인 교육 여건에 적용할 수 있다.

또한 이러한 논의를 하는 목적을 살펴보면서 교육고고학은 '고고학의 대중적 해석'과 대면하게 되는데, 이 해석에서는 고고학 정보를 매력적이고 유익하며 정확한 방식으로 일반 대중에게 전달하는 방법과 기술에 초점을 맞춘다. 대중적 해석은 학교, 유적공원의 해석 프로그램, 전시, 공원관리원과의 대화, 책자, 브로슈어, 해석적 미술품, 그리고 다른 형식의 대중 발표회에서 생겨난다. 대중적 해석을 위한 방법과 기준은 정보의 축적과 국립공원과 주립공원, 박물관, 그리고 다른 공공영역에서 고고학에 대해 점증하는 대중의 관심에 관한 반응 속에서 발전해왔다. 대중적 해석을 포함한 교육고고학에 관한 접근 방법은 대중에게 제시된 역사적이고 고고학적인 해석의 비판적 평가에 대중이 참여하게 하고 어떻게 과거가 현재와 관련이 있는지를 보다 잘 이해하게 하는 힘을 부여하는 데 기여한다(Jameson 1997).

요컨대 미국의 대중고고학은 교육고고학과 학교, 공원, 그리고 박물관과 같은 공적 영역에서의 대중적 해석뿐만 아니라 문화자원관리를 준수한 결과물을 포괄하는 것으로 이해될 수 있다. 그러나 미국에서 대중고고학이 무엇인지를 완전하게 이해하기 위해서는 현재 상황으로 우리를 이끈 근원과 전개 양상에 대해 살펴보아야 한다.

2. 대중적 인식의 초기 발전

1) 18세기 후반과 19세기의 사건들

우리는 초기의 유럽인 개척자와 정주자가 이국적인 미국 대륙 원주민이 아닌 사람들의 문화적 산물로 간주되었던 오래된 봉분으로 인해 혼란스러웠음을 안다. 예를 들면 미시시피강 하류 계곡(the Lower Mississippi Valley)의 거대한 봉분들은 종종 다루기 힘든 고대 이집트인 혹은 성서에 나오는 노아의 홍수보다 앞선, 미국 인디언이 아닌 사람들의 유산으로 생각되었다(Willey and Sabloff 1993). 이러한 오해를 하게 된 이유는 크리스토퍼 콜럼버스(Christopher Columbus)가 미국 대륙을 발견하기 이전의 거대한 봉분 축조 행위가 유럽인이 미국 대륙에 도착했을 때쯤 완전히 중단되었기 때문이다. 확실하게 초기 정착주민은 미국 대륙의 거대한 복잡성을 띤 봉분이 토착적인 '야만인'에 의해 축조될 수 없었다고 생각했다. 미국 대륙 원주민에 기원을 두지 않았다는 이러한 생각은 19세기 말까지 일반적이었다.

미국의 많은 고고학자들은 대중이 북미 지역의 체계적이거나 과학적인 고고학에 접하게 되는 가장 초기의 기록된 사례로 토머스 제퍼슨(Thomas Jefferson)(그림 2.1)의 글을 꼽는다. 제퍼슨은 1781-1782년에 쓰고 1787년에 출판된 『버지니아주에 관한 주석(*Notes on the State of Virginia*)』에서 선사시대 인디언 무덤의 한 단면을 발굴한 것을 사려 깊게 기록했다. 그는 자신의 버지니아 토지에 있는 봉분 유적이 "매장 당시의 차이를 나타내는 것처럼 보이는 층위에서 부식이 상이한 양상"을 보이는 것에 주목했다(Jefferson 1787). 이는 현대 고고학적 용어로 우리가 '층위(stratification)'라고 부르는 것에 대한 최초로 알려진 관찰과 기술(記述)이다. 제3대 미국 대통령이며 미국독립선언서의 작성자인 제퍼슨은 1803-1806년 루이스와 클라크 탐험대(Lewis and Clark Expedition)가 탐험할 동안 그에게 많은 사람들이 보낸 인상적인 정보와 유물을 수집하고 편년하고 전시함으로써 미주 원주민들의 문화에 대한 대중적 관심을 자극했다. 버지니아의 몬티셀로(Monticello)에 있는 제퍼슨의 집

그림 2.1 제3대 미국 대통령 토머스 제퍼슨은 1787년 처음 출간되어 폭넓게 읽힌 『버지니아주에 관한 주석』에서 고고학적 맥락에 대해 최초로 기록한 관찰의 사례로 많은 사람들에게 명성을 얻었다. 찰스 윌슨 필(Charles Willson Peale)의 그림, 필라델피아, 1791, 캔버스에 그린 유화, 국립독립역사공원(Independence National Historical Park) 소장품, 필라델피아(128)

에 1년에 수백 명의 방문자가 찾아왔고, 제퍼슨은 세계에 관한 지식의 평생 탐구 과정의 산물인 수많은 유물, 지도, 화석, 문서를 전시하면서 방문객에게 정보를 제공하고 영감을 불어넣기 위해 입구에 대기 공간을 만들었다.

2) 초기 조사가 대중의 관심을 일으키다

아메리카 토착민 문화의 잔존물에 대해 대중의 관심이 증대되자 1848년에 창립된 스미소니언협회에서 업무로 토착 집단의 생활방식, 관습, 물질문화, 언어를 기록하도록 장려되었다. 1881년을 시작으로 의회에서는 미국에서 최초로 공적으로 지원받는 고고학적 발굴계획으로 선사시대 인디언 봉분을 조사하도록 스미소니언 산하

사진 2.2 현대의 야외보호시설이 캐사그랜디 혹은 북미 대륙에 지어진 가장 크고 가장 신비스러운 선사시대 구조물 중의 하나인 애리조나의 캐사그랜디 국가기념물(Casa Grande National Monument)인 '거대 주택(Big House)'을 보호하고 있다. 국립공원관리청(National Park Service) 제공

미국민족학연구소(the Smithsonian's Bureau of American Ethnology)에 재정을 지원했다(National Park Service 1999a).

　1800년대 후반에 시카고에서의 세계박람회와 1876년에 필라델피아에서 열린 미국 독립 100주년 기념 국제전시와 같은 다른 대중적 행사에서 아메리카 인디언의 유물이 전시되었다. 이 행사들은 수백만 명의 방문자를 끌어들였다. 불행하게도 미국고고학에 대해 대중의 관심이 점증하자 진품 선사유물에 대한 상업적 수요를 충족하거나 개인적 용도로 사용하기 위해 고고유적을 도굴하는 일이 벌어졌다. 1880년대와 1890년대에 학문적 조사자가 뉴멕시코주의 페이커스(Pecos)와 애리조나주의 캐사그랜디(Casa Grande)와 같은(사진 2.2) 유명한 선사유적을 방문하여 유적의 파괴와 약탈을 보고했다(National Park Service 1999b). 대중과 학술단체가 비판한 결과로 정부가 최초로 구체적으로 만든 고고유적보호구역은 1892년 캐사그랜디 유적(ruins)이었다. 1800년대 후반은 미국 남북전쟁(1861-1865년)의 전투 장소를 보존하려는 관심이 보여주듯이 역사 경관의 보존이 대중의 관심을 사로잡았던 시기였다.

20세기 초반 보존운동(the Conservation Movement)에 자극되어 점증하는 대중적 관심의 일환으로 이러한 기술과 유적은 역사유적과 고고유적을 보호하기 위한 연방정부의 조치를 찬성하는 주장에 인용된다.

3. 고고유적*을 위한 올바른 정책: 루스벨트와 보존운동

열렬한 국수주의 지도자인 시어도어 루스벨트(Theodore Roosevelt) 대통령(1858-1919년)은 자연자원과 문화자원 양자를 보호할 필요성을 극적으로 강조했고 그의 정책은 보존운동의 명분을 높였다. 거의 틀림없이 토머스 제퍼슨 이래 가장 박식하고 지적인 대통령이었던 루스벨트는 효과적으로 과학과 도덕을 혼합하여 의회와 국가가 현재의 개인적 이해관계 위에 미래 공공이익을 놓도록 성공적으로 설득했다.

개혁에 열정적으로 관심을 가졌고 사람들에게 '올바른 정책'을 제시하려고 결심했던 루스벨트는 독점금지법안을 시행하면서 정부의 점증하는 개입과 민간 분야의 제약이 없는 개발에 반대하는 보호를 내용으로 하는 정책을 주도했다. 루스벨트는 1902년 연방정부의 관개계획을 가능하게 했는데, 그는 정부가 재정을 지원하는 애리조나의 루스벨트 댐(Roosevelt Dam)을 포함한 30개의 주요 관개시설을 건설할 수 있게 한 1902년 「간척법(the Reclamation Act)」, 「신토지법(the Newlands Act)」을 지지했다. 그동안에 그는 나중에 테네시강유역개발공사(the Tennessee Valley Authority: TVA)의 핵심이 된 테네시강머슬숄즈(the Muscle Shoals Area of the

....

* 고고유적: 'archaeology'는 여기에서 이어지는 일련의 문장을 고려하여 '고고학'이 아닌 '고고유적'으로 번역했다.

Tennessee River)라는 자치구의 민간개발을 허용하는 법안에 거부권을 행사했다.

루스벨트는 1905년에 미국산림청(the US Forest Service)을 재편하고 기퍼드 핀쇼(Gifford Pinchot)를 책임자로 임명했다. 핀쇼는 루스벨트의 지원을 받아 숙련된 수목관리원으로 산림청을 구성하고 처음으로 민간 전기회사가 진행하던 수력발전소의 개발을 관련 문제를 이해한 감독관(enlightened safeguards)에게 맡겼다. 루스벨트보다 앞서 재임한 3명의 전임 대통령이 국립수목공원으로 지정했던 면적보다 세 배나(1억 2,500만 에이커 혹은 5억 헥타르) 큰 보호구역이 만들어졌다. 이러한 숙련된 전문 인력의 고용은 중요한 선례가 되어 1930년대에 국립공원관리청(the National Park Service)에서 상당한 수의 전문역사학자, 역사건축가, 고고학자를 고용하도록 허가할 수 있게 되어 나중에 역사유적과 고고유적을 보호하는 데 크게 도움을 주었다.

루스벨트는 동식물연구가 존 뮤어(John Muir)와 종종 도전적인 의회 의원들에게 영향을 받아서 국립공원의 수를 두 배로 늘려 메사버드(Mesa Verde)와 크레이터 호수(Crater Lake)를 포함하여 5곳을 추가했다. 또한 캘리포니아의 뮤어 산림(California's Muir Woods)과 같은 16곳의 국가기념물(national monuments)과 51곳의 국립야생보호지구를 지정했다. 그리고 "내가 펠리컨섬(the Pelican Island)을 연방조류보호지구로 선포하는 것을 막는 법률이 존재합니까? 아주 좋습니다. 그러면 제가 선포하겠습니다"라고 선언했다(GII 1996).

20세기로 들어설 즈음에 미국민족학연구소와 다른 조직의 업무는 학계와 정치인에게 중서부 푸에블로(pueblos) 유적과 다른 많은 고고유적에 대한 통제되지 않는 도굴을 경고하는 것이었다. 루스벨트의 두 번째 임기 동안 시행된 1906년 「문화재법(the Antiquities Act)」의 규정은 유적자원의 중요성을 국가적으로 인식하게 했다. 이 법은 대통령에게 행정명령 혹은 선언으로 유적지와 역사적 혹은 학문적 가치를 가진 공공용지의 구조물을 포함한 국가기념물을 지정하거나 설치할 권한을 주었다. 특히 역사적 혹은 선사시대의 유적을 조사하거나 발굴하기 위해서 허가를 받게 했고 그 허가는 인정된 학술기관에만 한정되었다. 또 이 법률은 공공용지에 있는 유물을 제거하거나 파괴하는 것을 금지했고 위반하면 벌금을 부과했다. 1979년에 「유적자원의 보호에 관한 법률(the Archaeological Resources Protection Act: ARPA)」이 통과될 때까지 73년 동안 「문화재법」은 미국에서 고고유적 보호와 관련해 권위를 가진 주된 법률이었다.

의회, 주, 대중을 설득하는 루스벨트의 주장과 힘은 전체적으로 후임자들에게도 개혁을 위한 길을 제시하는 큰 역할을 했다. 그 영향력의 반향은 국가의 자연보물과 문화보물을 보호하기 위해 국립공원관리청을 설립할 수 있게 한 1916년 「국립공원관리청 직제법(the National Park Service Organic Act)」의 시행에서 발견되며, 후에 역사적 혹은 고고학적 중요성을 지닌 문화재(properties 'of national historic or archaeological significance')를 보존할 수 있게 한 「역사유적법(the Historic Sites Act)」의 시행에서도 발견된다.

4. 1930년대의 '뉴딜'고고학

미국에서 고고학에 대한 의미 있는 공공재정 투입이 발전한 것은 1930년대 경제대공황과 1940년대 후반에 시작되어 오늘날까지 지속된 제2차 세계대전 이후의 경제호황이라는 미국 경제사의 두 가지 주요한 사건에서 유래했다. 전자는 재난적인 경제 침체에서, 후자는 전례 없는 경제 팽창에서 비롯되었다.

1) 경제대공황 극복 계획

1930년대의 경제대공황 기간 동안 프랭클린 루스벨트(Franklin Roosevelt) 대통령은 미국인들의 지갑뿐만 아니라 정신을 고양하기 위한 필사적인 노력으로 '미국인을 위한 뉴딜정책(New Deal for Americans)'이라고 부르는 것을 추진했는데, 이는 제2차 세계대전까지 지속되었던 정부 차원의 야심찬 공황 극복 계획이었다.

이 계획으로 사람들에게 일거리를 제공하려는 정부 재정의 대규모 투자가 뒤따랐다. 토목행정국(the Civil Works Administration: CWA), 시민보존봉사단(the Civilian Conservation Corps: CCC), 테네시강 유역개발공사, 작업진행관리국(the Work Progress Administration: WPA), 그리고 다른 많은 기관 등 뉴딜구제계획과 관련된 주요 기관들의 후원 아래 보존의 이름으로 다수의 계획이 추진되었다. 또한 이러한 계획 아래 여러 일들이 국립공원관리청에 의해 보존과 해석이라는 두 가지 목적을 위해 수행되었다. 작가, 예술가, 공예가, 공학기술자, 건축가와 같은 숙련된 장인을 포함한 실업자들이 폭넓게 충원되어 도로 건설, 크고 작은 저수지의 건설, 다리의 건설과 유지, 국립공원시설들의 개선, 수많은 공공건물의 건축과 장식 같은 광범위한 계획을 운영하거나 그 일들을 위한 핵심요원이 되었다. 구전역사학자는 과거 노예를 면접하는 것과 같은 계획을 위해 채용되었다(National Park Service 1999a).

노동집약적인 방법을 사용하는 고고학은 구제계획 관계자에 의해 사람들을 전국의 발굴계획에 투입할 수 있는 이상적인 분야로 간주되었다. 야외 인력과 실험실의 인력은 종종 그 수가 상당하여 과거 미국고고학에서 찾아볼 수 없을 정도의 규모에 달했고(사진 2.3) 그 이후로도 거의 필적할 수 없었다(SEAC 1998). 대규모의 정부계획은 미국이 제2차 세계대전 시기로 돌입할 때까지 거의 10여 년간 지속되었다(Anderson 1997: 16-18).

1935년의 「역사유적법」은 국가적 중요성을 지닌 역사유적, 건축물, 유물, 그리고 오래된 것이 보존될 수 있는 틀을 제공했다. 이 법률로 인해 '사람들의 영감과 이익'을 위해 중요한 역사유적 혹은 선사유적이 국가정책으로 보존되었다. 내무부는 국립공원관리청을 통해 기존 정보를 확보하고 유적의 정체성과 중요성을 확인하기 위해 필요할 경우 추가 조사를 수행하는 업무를 맡았다. 내무부는 유적을 보존하기 위한 목적에 한해 그러한 문화재들을 획득할 권한을 부여받았다. 또한 위 법률의 목적 안에서 보존과 이익을 위해 유적을 복원 또는 재건하거나 달리 처리할 수 있는 권한을 가지고 있다. 이 법률로 인해 고고학자를 포함한 여러 학문 분야의 전문가들로 구성된 국립공원자문위원회(the National Park System Advisory Board)가 창설되었다.

그림 2.3 1930년대 뉴딜구제계획: 조지아주 옥멀지 국가유적(Ocmulgee National Monument)의 선사시대 반지하식 주거유적(earth lodge)의 복원. 국립공원관리청의 사진 허가

내무부가 중요한 역사유적 혹은 선사유적에 관한 사실과 정보를 대중이 이용하도록 하기 위해 교육 프로그램과 서비스를 개발하는 권한을 부여받았다는 사실은 대중고고학의 발전과 가장 깊은 관련을 가지고 있다.

뉴딜정책 기간 동안 모든 고고학자들은 미국의 토착문화와 역사 시대의 문화에 대해 초점을 맞추었다. 이것이 오늘날 많은 미국 대학의 학과에서 현대 아메리카 인디언의 언어와 문화 특화연구의 토대가 되었다. 이들 고고학자는 대규모 프로젝트와 소장품을 관리하는 것을 학습했다. 뉴딜계획을 통해 많은 인력을 동원하여 광범위한 지역을 조사하면서 많은 자료와 소장품을 모음으로써 새로운 지식이 발전했고 자료와 유물분류체계를 종합하여 발전할 수 있었다. 이때 서너 개의 주요 고고학 조직이 탄생했고 1930년대 이후 모든 세대의 재능을 사로잡았다. 이러한 뉴딜계획의 보고서는 오늘날에도 여전히 만들어지고 있다(Anderson 1997: 16-18).

비록 많은 구제계획이 미국 남동부 지역에서 이루어졌지만 뉴딜계획의 규모는 전국적이었다. 많은 계획은 모범적인 내용으로 칭송받았다. 예를 들면 펜실베이니아의 서머셋 카운티(Somerset County)에서의 발굴 과정에서 개발되고 사용된 방법론은 현대의 현장기법들과 아주 비슷하다. 하지만 많은 구제계획의 경우에 나타난 이러한 정보의 유용성은 자료수집 문제에서 부적합한 면을 가지고 있었다(Means 1998).

2) 역사유적 보존 명분이 지지를 받다

남서부의 토착인디언 유적을 약탈하는 것에 대한 경고 이외에도 1933년에 록펠러재단(the Rockefeller Foundation)에서 콜로니얼 윌리엄스버그(Colonial Williamsburg)를 개관한 것과 같은 다른 주요 사건과 발전, 1935년 「역사유적법」의 통과는 역사유적 보존의 명분을 높였고 미국고고학에 대한 공적, 사적, 직업적 관심을 새로운 차원으로 끌어올렸다. 그 결과 탄생된 민간이 관리하는 무수한 건물들과 유적들뿐만 아니라 연방이나 주의 역사유적, 기념물, 공원은 기동성이 점차 증가한 미국인들이 일반적으로 들르는 곳이 되었다. 대중은 점차로 역사의 물질적 잔존물(과 그 전시)에 매료되었다. 1940년대 후반과 1950년대에 이르러 역사보존의 새로운 규범이 대중의 인식 속에 주류로 자리를 잡았다.

5. 문화자원관리의 발전

1) TVA 프로젝트

테네시강유역개발공사가 운영했던 뉴딜구제계획은 이후의 저수지 구제계획의 선례를 만들었다. 1933년 5월에 설립된 테네시강유역개발공사의 책무는 홍수를 통제하고 전력을 공급하며 경제회복을 이끌기를 희망한 일련의 댐을 건설하는 것이었다. 테네시강유역개발공사는 스미소니언박물관의 도움으로 자체적으로 유적조사계획(archaeological program)을 수립했다. 많은 고고학 전문가가 하버드대학과 같은 북부지역 대학에 설치된 인류학과에서 충원되었다. 비록 이 시기에 행해진 작업이 현대적인 조사 기준에는 미흡했지만 그 이전에 미국에서 이루어진 모든 고고학 조사연구의 질을 능가했다(Anderson *et al.* 2000).

제2차 세계대전 이후에 테네시강유역개발공사의 뉴딜구제계획과 그 이후 이어진 저수지 건설계획은 전국에서 발생할 수 있는 고고학 자료의 무수한 상실에 대한 대중과 학계의 인식에 큰 영향을 미쳤다. 1930년대 10년간은 북미, 특히 미국 남동부 지역에서 고고학에 대한 현재의 이해 수준에 이르게 하는 토대를 형성한 거대한 양의 정보를 제공했다. 이 초기의 구제계획들은 1960년대에 미국에서 출현한 폭넓은 범위의 역사유적 보존계획의 토대를 이루었으며 이는 오늘날에도 계속된다. 또한 뒤이은 모든 문화자원관리와 관련된 북미에서의 작업에 영향을 주었던 새로운 기준의 고고유적 관리와 기록(archaeological management and recording)의 선례가 되었다(Anderson *et al.* 2000).

2) 1940년대에서 1960년대의 하천유역조사

제2차 세계대전 이후 미국에서는 많은 하천유역에서 홍수 통제, 관개수로, 수력 발전시설, 하천수로교통을 개선하기 위한 야심찬 건설계획을 시작했다. 비록 고고학적으로 크게 조사되지는 않았음에도 주목할 만한 고고유적의 일부가 이 지역에서 발견되었고, 학계는 상당한 고고학적, 고생물학적 정보가 돌이킬 수 없게 사라질지도 모른다는 개연성에 직면했다. 이에 대한 대응으로 국립공원관리청과 스미소니언박물관은 미국간척국(US Bureau of Reclamation)과 미국육군공병대(the US Army Corps of Engineers)와 협력해서 건설로 위협받는 지역에 있는 선사시대와 역사시대 유적들을 확인하고 침수되고 파괴되기 이전에 가능한 한 많은 정보를 구제할 수 있도록 1946년 정부기관 간의 합의안을 만들었다. 미국고고학회의 고고유적조사위원회(Committee for the Recovery of Archaeological Remains: CRAR)의 조직적 노력과 설득에 크게 힘입어서(Wendorf and Thompson 2002) 1940년대 후반에서 1960년대 전반까지 행해진 작업은 그 이전에 알려지지 않은 수많은 유적을 밝히는 성과를 거두었다. 이것이 미국에서 '구제고고학'이라고 불리던 현상의 시발점이 되었고 훗날 출현한 보존윤리에서 '문화자원관리 혹은 CRM'이라고 표현되었다. 계속된 TVA 프로젝트를 제외하고 1970년대 중반까지 유적발굴계획의 대부분은 그 규모와 예산이 제한되어 박물관 직원, 대학교수와 학생들이 수행했다(Anderson *et al.* 2000).

전후에 주요 조사계획 중 하나인 하천유역조사단(the River Basin Survey)이 스미소니언박물관의 미국민족학연구소에 의해 운영되었다. 이 조사단은 수많은 상이하고 경쟁적인 구제계획에 따라 업무가 수행되던 뉴딜사업 기간에는 가능하지 않은 높은 효율성을 달성했다. 이 계획에 따라 핵심 고고학자가 연방정부 차원의 건설계획을 수행하고 관리하도록 고용되었다. 또한 공공박물관, 종합대학과 단과대학과도 계약, 보조금 및 협력협정을 체결했다. TVA 프로젝트와 마찬가지로 하천유역조사단의 관리자도 재원의 가용성과 시간적 제한에 영향을 받았다. 몇몇 경우에는 아메리카 원주민이 이 계획의 추진 기간 동안 현장노동자, 정보제공자, 자문위원으로 고용되었다(Minthorn 1997). 이 사업의 첫 번째 5년 기간 동안 28개 주와 접한 213개 저수지 관련 구역이 조사되어 2,350개의 고고유적이 발견되었고 그중에서 36개 유적에서 발굴조사가 진행되었다(Anderson *et al.* 2000).

1965년에 하천유역조사단이 해체되었고 저수지 구제고고학에 대한 책임은 1974년까지 기관융합 고고유적구제프로그램(the Interagency Archaeological Salvage Program)이라는 이름으로 그 사업이 남아 있던 국립공원관리청으로 넘어갔다. 오늘날 미국의 다수 원로고고학자 대부분이 이 구제계획과 더불어 고고학 연구자로서의 경력을 시작했다(Anderson *et al.* 2000).

3) 실효성 있는 권한: 연방정부의 문화자원관리 법제화

1930년대의 구제계획에서 나온 정보의 흐름은 1940년대에서 1960년까지의 야심찬 하천유역조사계획과 더불어 학계뿐만 아니라 대중에게 제한 없는 건설과 개발에 따른 자원의 손실과 잠재적인 정보 손실의 규모에 경종을 울렸다. 1966년 「국가역사보존법(the National Historic Preservation Act: NHPA)」, 1971년 「행정명령(Executive Order) 11593」 '문화환경보호령(Protection of the Cultural Environment)', 1969년 「국가환경정책법(the National Environmental Policy Act)」, 1974년 「고고 · 역사보존법(Archaeological and Historic Preservation Act)」의 통과는 최종적으로는 고고학적 연구와 보존의 성격에 큰 구조적 영향을 미쳤고 미국에서 고고학이 행정적으로 시행되는 방식을 변화시켰다. 1966년 법률은 국가사적지(National Register of Historic Places)를 중심으로 한 자원보호체계의 토대를 놓았고 역사유적 보존을 위한 대통령자문위원회(the President's Advisory Council on Historic Preservation)를 창설할 근거를 마련해주었다. 또한 국가역사기념물(National Historic Landmarks)의 설치 근거가 되었고 국가 차원의 역사보존계획을 발전시키기 위한 토대를 제공했다. 1974년 법률은 연방정부의 저수지 건설 기간 동안 만약 법률이 없었더라면 사라졌을지도 모를 선사와 역사고고학 자료의 보존을 규율했던 초기의 법률 규정들을 확대했다. 이 법률은 연방정부의 모든 건설 활동뿐만 아니라 고고학 자료를 파괴할 수 있는 잠재력을 가진, 연방정부의 허가를 받거나 재정 지원을 받는 활동에도 적용되었다.

이 규정들은 하천유역뿐만 아니라 모든 연방정부 혹은 연방정부에 인가받거나 허가받은 건설과 개발에 이르기까지 고고학적 자원을 보호하기 위해 폭넓은 범위로 적용되면서 문화자원 발굴조사 작업을 하기 위한 재원 배분권도 제공했다. 「국가역사보존법」과 1971년 「행정명령 11593」이 결합되면서 국립공원관리청이 중요한 유적의 분포 확인, 평가, 보호를 위한 강력한 강행적 연방규정을 만들어내는 데 선두에 서게 되었다. 그 결과로 나온 법칙과 규정, 특히 역사보존자문위원회가 발표한 「36

CER 800」은 문화자원 법령 준수의 기준을 크게 개선하고 확대했다.

1966년에 통과된 또 다른 핵심 법률은 「교통부법(the Department of Transportation Act)」이다. 이 법률에서는 교통부 장관이 국가사적지로 등재되거나 등재될 자격이 있다고 결정된 자산에 대한 연방고속도로 건설계획의 영향을 평가해야 한다고 규정하고 있다. 연방 재원의 사용은 사적에 영향을 미치거나 사적과 영향을 받는 문화자원에 대한 피해를 최소화하는 실현 가능한 대체계획의 평가에 달려 있다. 이 법률과 「국가역사보존법」을 시행하는 규정들이 최종적으로 만들어졌을 때인 1970년 후반 이래 연방정부와 주정부는 고속도로를 건설하는 데 필요한 발굴조사, 시험 및 평가연구, 실험실 분석, 발굴보고서 준비를 위해 수백억 달러를 집행했다(Walthall *et al.* 1997).

1966년 이전에는 구제고고학의 활동에 국립공원관리청, 스미소니언박물관, 건설 관련 기관, 고고학자의 참여가 요구되었다. 발굴 여부와 규모의 결정은 대부분 사업에 관계한 고고학자에 의해 이루어졌다. 1966년 이후에 관련 절차는 더 발전하여 책임 있는 주요 연방기관, 국립공원관리청, 역사보존자문위원회, 주정부 역사보존담당관(the State Historic Preservation Officer)이 참여하여 발굴 작업이 필요한지 여부와 수행해야 할 작업을 결정하게 했다. 관련된 연방정부기관과 주정부기관 사이에 일단 합의가 이루어지면 발굴 작업을 수행하기 위한 계약이 경쟁 기반으로 체결되었다(Anderson *et al.* 2000). 유적을 발굴하기 위한 경쟁 원리의 계약 방식은 1975년에 시작되었다(Keel 2001). 이 계약의 기준은 최종적으로는 1980년대 후반경 발굴 활동의 하나로 권장된 결과로 대중 교육과 학교 방문교육 방식으로 강조될 정도로 발전했다(Jameson *et al.* 1992).

이 시기에 통과된 다른 중요한 법률은 1969년의 「국가환경정책법(the National Environmental Policy Act: NEPA)」으로, 모든 연방기관이 환경에 영향을 미칠 수 있는 계획을 수립하고 그에 대한 의사결정을 할 때 체계적인 학제간 접근방식을 활용하도록 요구했다. 중대한 영향과 논란이 환경평가 혹은 환경영향평가보고서에서 논의되어 자연자원과 문화자원 양자에 충격과 불가피한 환경적 영향을 평가하고 '무대응(no-action)'을 포함한 대안들을 모색하게 되었다.

1974년「고고·역사보존법(모스·베넷법, Moss-Bennett Act)」은 재정 측면에 주도적 영향을 미쳤다. 이 법률에서는 연방기관이 어떤 공사든지 다른 연방정부의 사업을 내무부 장관(the Secretary of the Interior)에게 고지하게끔 규정했고, 만약 유적자원이 발견되면 그에 대한 조사 혹은 구제발굴을 하도록 규정했다. 직접적인 혹은 연방정부의 지원을 받는 활동이 선사 및 역사시대 자료, 고고자료에 회복할 수 없는 피해를 유발할 수 있다는 정보가 알려질 때마다 모든 기관에 이 법률이 적용된다. 가장 중요한 것은 사업 재원의 1%까지 구제발굴을 위해 사용할 수 있다는 것이다.「모스-베넷 법안」이 통과되기 이전에 연방정부 사업의 유적발굴 예산은 1년에 평균 100만 달러 이하였다. 1980년대 전반경 연간 유적발굴 경비 추정치는 2억 달러에 달했다(Anderson *et al.* 2000).

1974년「고고·역사보존법」이 통과된 후 미국육군공병대, 미국간척국, TVA와 같은 기관들이 자체 고고학적 계획과 직원을 늘려나감에 따라, 국립공원관리청은 최종적으로 저수지 건설과 관련된 유적발굴을 수행하는 데 선도적 역할을 하는 기관으로서의 역할을 상실했다. 국립공원관리청은 댐 건설과 저수지 건설계획이 종료된 1980년대와 1990년대 전반까지 유적 발굴을 계속 지원했다(Anderson *et al.* 2000).

연방정부가 소유한 토지에서의 자원 보호에 관한 대표적인 법안은 1979년「유적자원보호법(the Archaeological Resources Protection Act: ARPA)」이었다. 이 법률은 공공소유의 토지와 인디언의 토지에 입지한 유적에 대한 보호를 강화했다. 또한 이 법률에 의거하여 유적들의 위치와 관련된 정보는「정보 자유에 관한 법률(the Freedom of Information Act)」의 적용대상에서 면제되었으며 법률 위반에 대해 무거운 민·형사상의 처벌을 규정했다.

20세기에 들어와 대중고고학에 영향을 미친 가장 최근의 주요 법률은 1990년「아메리카 원주민 분묘 보호 및 반환에 관한 법률(the Native American Graves Protection and Repatriation Act: NAGPRA)」이었다. 이 법률에서는 연방정부의 재정지원을 받는 박물관과 기관들이 모든 인골, 부장품, 신성한 유물을 잘 보관하고 물품

목록을 만들 것을 규정하고 있다. 하와이 원주민조직을 포함한, 연방정부가 인정한 아메리카 원주민 부족은 이 유물의 반환을 요구할 수 있다. 「아메리카 원주민 분묘 보호 및 반환에 관한 법률」의 목적 중 하나는 유물의 완전한 목록화를 통해 도난 또는 약탈된 유물의 불법 유통을 억제하는 것이다. 이 법률에서는 연방정부기관 혹은 부족이 우연히 발견한 무덤을 다룬다. 이때 이들은 연관된 아메리카 토착 원주민 집단과 접촉할 것이 요구된다. 이 장의 뒷부분에서 논의하겠지만, 「아메리카 원주민 분묘 보호 및 반환에 관한 법률」은 1990년 이래 미국 원주민에 관한 발굴 조사에 큰 영향을 미쳤다.

4) 주(州)와 지방의 보호 노력

일부 주는 고고유적을 보호하고 구제발굴하는 법안을 통과시킬 때 연방정부의 선례를 따랐다. 예를 들어 1970년에 시행되고 「국가환경정책법」에 따라서 만들어진 「캘리포니아 환경 품질법(the California Environmental Quality Act: CEQA)」에서는 대부분의 재량적인 계획을 승인하기 전에 주도기관이 그 계획이 유발할지도 모르는 의미 있는 부정적 환경 영향을 확인하고 검토하도록 규정했다. 사업계획이 특징적인 유적자원에 악영향을 줄 수도 있을 때 사업을 주도하는 기관은 그 영향을 중요한 환경 영향으로 다루어야 하며 환경영향평가서(Environmental Impact Report: EIR)를 준비해야 한다. 유적자원이 캘리포니아 역사자원목록(the California Register of Historical Resources)에 등재되거나 등재될 자격이 있을 때 그 자원에 대한 어떠한 실질적인 악영향도 중요한 환경 영향으로 간주된다(GOPR 1994). 다른 사례는 버지니아주이다. 버지니아주의 「버지니아 고대유물법(the Virginia Antiquities Act)」에서는 발굴할 때 허가를 받아야 하고 인골 유체를 발굴할 때에는 추가적 허가를 받아야 한다고 규정하고 있는데, 이 법률은 「유적자원보호법」과 「아메리카 원주민 분묘 보호 및 반환에 관한 법률」의 영향을 받았다.

그러나 일반적으로 주, 자치주, 지역 수준에서 고고유적을 보호하고 보존하려는 노력은 연방정부의 수준보다는 성공적이지 않았다. 「국가역사보존법」, 「국가환경정책법」, 「유적자원보호법」의 주 차원 법안들은, 비록 의미 있는 발전이 많은 지역에서 이루어졌지만, 천천히 나타났다. 주정부 대부분은 재산세 세액공제, 역사적 건물의 재건, 역사지구와 지역보호조례에 대해 특별하게 재정지원을 한다.

지방의 자치주 혹은 시정부 차원에서 유적 보존은 어떤 때에는 병과 유물의 수집가 같은 특별한 이해집단의 정치적 반대에 직면하기도 하는 등 종종 오르막길을 오르는 것처럼 힘들다. 주택과 건설 같은 대부분의 개발은 개인적 재원으로 개인의 토지에서 이루어지기 때문에 연방의 법률과 주의 법률에서 보호를 제공하지 않는다. 2,000개 지역의 보존위원회에 대한 최근의 여론조사에서는 응답자들의 91%가 고고유적에 대한 개발의 영향을 전혀 고려하지 않는다는 것을 보여준다(Cushman 1998: 4). 그러나 사우스캐롤라이나주의 찰스턴(Charleston), 버지니아주의 알렉산드리아(Alexandria), 뉴욕(New York)시와 보스턴(Boston) 같은 곳에서는 주목할 만한 예외 사례도 있다. 이들의 경우에 지역사회는 역사유적의 보존, 대외교육 봉사활동에서 주도권을 잡아왔다. 가장 성공적인 지역의 고고학적 유적 보호 계획은 단순하게 규제 검토에만 의존하지 않고 그보다 더 그 지역의 보존 지지층을 육성하기 위한 광범위하고 장기적인 유적의 확인과 보존 목표, 대중교육을 강조하는 사전 예방적 보존 계획을 수립하는 것도 포함한다(Simon and Bell 1998: 5-8).

5) 1970년대와 1980년대의 주요 댐 건설 계획

1960년대와 1970년대에 전례 없는 권한을 시행하는 규정들이 선포됨과 동시에 거의 하룻밤 사이에 계약고고학은 정부기관과 민간 기업에 의해 폭발적인 활동과 계약지출을 겪었다. 종종 이러한 경비는 수십만 달러나 되었고 몇몇 경우에는 100만 달러 이상을 기록하기도 했다(Anderson et al. 2000; National Park Service 2000a). 가장 중요하고 영향력이 있으며 대규모 예산이 소요된 두 가지 계획은 미국 남동부에 위치한 테네시-톰빅비 수로(the Tennessee-Tombigbee Waterway)와 리처드 러셀 저수지(the Richard Russell Reservoir)의 사례이다.

(1) 테네시-톰빅비 수로

앨라배마주, 미시시피주, 테네시주에 걸쳐 있는 테네시-톰빅비 수로는 테네시강 하류와 멕시코만 사이의 항해를 개선하기 위해 설계되었다. 이는 서너 개의 개별 댐과 차단시설, 운하와 수로 계획으로 구성된, 다년간에 걸친 복합적 토목계획이었다.

1970년대에 국립공원관리청의 남동부 정부기관 간 발굴용역기관의 책임자인 베니 킬(Bennie Keel)은 당면한 과제에 효과적으로 대처하기 위한 다중협력계획(a multi-agency cooperative scheme)을 총지휘했다. 미국육군공병대, 역사보존자문위원회, 관련 주정부 역사보존담당관(concerned State Historic Preservation Officers), 국가사적기록사무소의 직원은 이 작업을 별도의 건설프로젝트가 아닌 단일한 구제발굴계획*으로 다루기로 합의했다. 킬이 주재한 일주일간의 기획회의 기간에 개발된 이 계획은 남동부 지역의 선사와 역사시대와 관련된 전문가가 가장 잘 만든 연구 문제를 포함한 연구의 기본 방향을 알아내어 완성되었다. 연구상의 문제와 적절한 자료를 밝힌 순서도를 사용하여 조사하기 위한 대상 유적이 선정되었다. 지역과 3개 주 외부의 교육기관과 민간 기업에 계약이 체결되었다. 적어도 6개의 기구가 동시에 현장조사를 수행했다. 관련된 규정을 완전하게 준수하면서 모든 시기의 다양한 자산에 대한 영향을 평가하고 기록하며 구제발굴하기 위해 역사학자, 고건축연구자, 기술자가 계약서와 동의서를 개발했다. 정부는 정기적인 현장협의회를 개최함으로써 개별 계약자에게 적시에 정보를 공유할 것을 요구했다(Anderson et al. 2000).

테네시-톰빅비 구제발굴계획은 캘리포니아주의 뉴멜로네스, 중부 애리조나 계획, 조지아주와 사우스캐롤라이나주의 리처드 러셀 계획 같은 수많은 다른 주요 댐 건설계획을 위한 전범이 되었다(Anderson et al. 2000).

....

* 구제발굴계획: 'mitigation plan'은 문자 그대로 '경감계획'으로 번역하지 않고 문제를 완화하거나 경감한다는 의미로 개발로 위협받는 유적과 관련된 '구제발굴계획'이라고 번역했다.

(2) 리처드 러셀 댐과 호수

1968년과 1985년 사이에 추진되었던 리처드 B. 러셀 문화자원 구제발굴계획 (the Richard B. Russell Cultural Resources Mitigation Program)은 많은 이유로 모범적이다. 첫째, 현장 노력의 규모를 감안할 때 러셀계획구역(the Russell project area)은 미국 내에서 가장 집중적으로 연구된 지역 중의 하나이다. 종합해서 『러셀보고서 (*Russell Papers*)』라고 불리는 고고학적·역사적 조사보고서는 아주 높은 수준의 질로 유명하며 한 세대 이상 후속 연구에 영감을 불어넣었다. 둘째, 착수된 조사 범위는 그 지역에서 문화자원들의 다양성을 보여주는 드문 세심함과 감탄을 자아낸다. 유적은 작은 농가, 소작인 유적, 산업 관련 유적지뿐만 아니라 주요 지형지물이 되는 커다란 농장과 식민지 시기의 요새를 포함한다. 선사시대 유적들은 더 작고 경치가 대단하지 않은 야영지와 석기 제작장뿐만 아니라 커다란 고총고분군과 마을 유적을 포함한다(사진 2.4, 2.5, 2.6). 지역 역사를 이해하기 위해 고고학, 역사학, 건축사, 구전역사가 적용되었다. 『러셀보고서』를 보완하는 기술보고서들은 2개의 기준을 설정하

그림 2.4 로커스 보텀(Rocker's Bottom) 고고유적의 발굴지역 항공사진. 조지아주의 리처드 B. 러셀 저수지. 국립공원관리청과 미국육군공병대 제공

그림 2.5 『이 수면 아래에서(*Beneath These Waters*)』라는 인기 있는 역사책에 나온, 약 7,000년 전 상고시대 (上古時代)(Archaic period) 거주지 장면의 해석적인 그림. 마틴 페이트(Martin Pate) 그림. 국립공원관리청 남동부 고고학센터(Southeast Archaeological Center) 제공

그림 2.6 로커스 보텀 고고유적에서 작업하고 있는 발굴현장 요원. 조지아주의 리처드 B. 러셀 저수지. 국립공원관리청과 미국육군공병대 제공

고 널리 배포된 인기 있는 개요로, 러셀 연구를 미국의 역사유적보존법규 아래에서 착수된 가장 성공적인 지역조사계획의 하나로 만들었다(Anderson *et al.* 2000).

6) 법령에 따른 유적발굴*의 홍수

1970년대 후반과 1980년대에는 법령에 따른 문화자원조사가 미국 전역에서 사실상 홍수처럼 행해졌다. 팽창하는 경제 속에서 연료가 부족해지자 석유와 가스를 생산하기 위해 건설공사가 늘어난 서부의 주들에서 발굴이 많았다. 수십만 개의 석유와 천연가스 파이프라인, 우물, 도로, 댐, 다리 등의 건설과 기타 토지 교란 행위들이 벌어지기 이전에 연구가 시행되었다. 수십만의 발굴보고서에서 수억 개의 문화유물을 포함한 수백만의 고고유적과 역사유적에 대해 기록했다. 그래도 미국 공공토지의 5% 미만만이 조사되었다. 수많은 발굴보고서가 출간되었고 수백만의 유물도 출토되어 수장고 선반에 보관되었다. 이러한 기록의 규모도 압도적이었다. 약간의 중대한 차질과 실수가 있었음에도 정보의 지속적인 흐름과 현장조사 방법과 기록 표준의 발전은 풍부하고 다양한 문화유산의 중요한 속성과 특성에 초점을 맞추는 고고학자의 능력을 발전시켰다(Jameson 2000a).

일군의 고고학자 300-400명이 이러한 업무를 감독하기 위해 토지관리국(the Bureau of Land Management), 미국산림청, 미국간척국, 미국육군공병대 같은 주요 토지관리기관에 채용되었다. 비록 건축역사가와 구전역사가가 종종 조사팀의 구성원이었음에도 대부분의 일은 고고학자가 계획하고 수행했다. 그러나 조사자는 많이 늘어나지 않았다. 필자는 1980년대에 600만 에이커가 넘는(250만 헥타르) 개발 대상 공공토지를 포함한 와이오밍 지역에서 일하는 토지관리국의 유일한 문화자원 전문가였다. 토지관리국 혼자서 미국 토지의 약 8분의 1에 해당하는 2억 6,400만 에이커의 공공토지와 3억 에이커의 추가적인 토지의 지표 밑 광물자원을 책임졌다.

....

* 유적발굴: 'archaeology'는 여기를 포함해서 종종 '고고학'이라기보다는 '유적발굴'로 임의로 번역했다.

6. 철학과 방법론의 변화

1) 연구의 새로운 관점

　　1970년대 후반에 존재했던 훨씬 더 복잡한 규제 상황에 더하여, 정부의 안팎의 고고학자들은 제2차 세계대전 이후 10년을 전후한 동안의 분류적-역사적(역사적 재구성) 측면을 강조하는 시각에서 1960년경부터 시작된 현대적 관점인 이론을 강조하는 시각으로 변화를 겪는다. 1960년대 이전에는 연구의 목적이 크게는 유물의 묘사와 편년이었다(Willey and Sabloff 1993).

　　1960년대에 들어서면서 자료의 기술뿐만 아니라 해석이 중요해져서 고고학은 인류학적 자료를 확보하는 기법으로 확고히 자리 잡았다. 이러한 새로운 연구 방법을 통해 문화 과정에 관한 이론이 제안되고 가설의 설정과 검증을 통해 검토되었다. 문화사와 환경에 관한 관심으로부터 문화자원관리와 관련된 법률의 통과와 연계되어 좀 더 과학적이거나 '과정주의' 접근 방법으로의 연구를 강조하는 철학적 또는 패러다임의 전환은 구제고고학의 활동을 단순한 사업에서 복잡한 사업으로 변화시켰다.

　　좀 더 최근의 철학적 발전으로 인해 고고학의 정치적, 공공적 측면을 강조하는 탈과정주의 고고학자와 좀 더 전통적인 논리실증주의자 사이에서 논쟁이 벌어졌다. 탈과정주의의 '비판이론' 연구자는 과거가 해석되어 역사가 될 때 이데올로기가 되는 경향이 있다고 주장한다(Leon *et al.* 1987). 이러한 맥락에서 대중적 해석자는 자신이 과거에 부여하는 의미가 과거의 문화적·사회적 배경과 특별히 관련된다는 점을 깨닫는다. 이를 염두에 두고 대중적 해석자들은, 모두는 아닐지라도, 시간과 공간에 관해서 자신들의 사전에 형성된 많은 관념이 실제로는 현대적이고 역사적인 토대를 가진 이데올로기의 일부라는 점을 청중이 깨닫도록 도울 수 있다. 그래서 청중은 고고학적으로 밝혀진 과거에 관한 지식이 현재에 의미를 부여하는 데 유용하다는 점을 깨달을 수 있다. 그러나 스탠리 사우스(Stanley South) 같은 몇몇 미국 고고학자는 비판이론 접근 방법을 "반과학적이고 일시적인 유행"일 뿐이라는 방식으로 대응했다. 사우스(South 1997)는 고고학에 사실이나 진실은 전혀 존재하지 않고 과거는 진실성 있게 인식될 수 없다는 비판이론가의 결론을 고고학자가 과도하게 받아들이지 말아야 한다고 경고한다. 그는 과거에 아무런 진실성이 없다면 누구의 해석도 다른 사람의 해석과 같으며 그 해석은 그 누군가의 정치적 혹은 이념적 변덕에 영향을 받을지도 모른다고 말한다.

2) 전문가 기준의 공포

1970년대쯤 많은 사람들이 행하고 있던 많은 작업과 더불어 언급된 가장 주요한 논제 중의 하나는 공공 및 민간 부문의 전문고고학자를 위한 명문 기준과 윤리규정의 수립 필요성이었다. 이는 1976년 전문고고학자협회(the Society of Professional Archaeologists: SOPA)의 창설 같은 몇 가지 성과와 더불어 달성되었다. 전문고고학자협회는 다른 전문학회와는 독립적인 회원제 협회로 운영되었다. 전문고고학자협회의 회원 자격을 충족하기 위해서 지원자는 최소한의 학력과 연구(현장과 연구실) 경력을 갖추어야 하고 「윤리규정(a Code of Ethics)」과 「연구수행규정(the Standards of Research Performance)」을 준수하는 데 동의해야 한다. 또한 전문고고학자협회도 「기관표준(사무실 시설, 공간 배치, 연구도서실, 안전시설 등에 관한 최소 기준)」과 「학술발굴현장교육표준」을 개발했다. 회원은 인증을 박물관학, 수중고고학, 교육, 고고자료 과학분석연구와 같은 전문 분야로 확장하여 자신의 지위를 상승시키도록 장려되었다. 1998년 (회원 자격에 대비되는) 좀 더 상위의 전문후원 자격과 등록제의 필요성 때문에 전문고고학자등록사무소(the Register of Professional Archaeologists)가 창설되었고 전문고고학자협회의 책임, 권위, 자산을 전문고고학자등록사무소에 넘겼다. (지금은 전문고고학자등록사무소가 된) 전문고고학자협회의 특징은 회원의 직업적 행위에 대한 불만을 조사하는 공식적 고충 처리 절차를 도입한 것이다. 만약 조사 기간에 규정 혹은 기준에 대한 위반 혐의가 발견되면 회원 자격의 종료를 포함한 대응조치가 시행된다.

또한 정부의 표준도 개발되었다. 1983년 내무부 장관이 「고고·역사유적 보존에 관한 표준 및 지침(the Secretary of the Interior's Standards and Guidelines for Archaeology and Historic Preservation)」을 발표하여 보존계획, 문서화, 평가, 처리, 최소한의 자격 기준을 제공했다.

7. 고고학과 문화자원관리: 관리의 위기

1) 유적 보호의 과제

1980년대에 들어와서 선사와 역사시대 인간에 관한 기록의 상업화가 엄청나게 증대되면서 "이러한 파괴를 방지하기 위해 어떤 조치가 바로 취해지지 않는다면 미래 세대를 위한 우리의 과거 유산은 거의 남지 않을 것이다"라고 할 정도로 고고유적이 약탈당했다(Smith and Ehrenhard 1991). 관련된 기관이 「유적자원보호법」을 시행할 만한 적합한 인력, 교육 훈련, 재원을 갖지 못했다는 것이 명백했다. 또한 「유적자원보호법」을 위반한 사람들에 대한 처벌이 어렵다는 점도 증명되었다. 일반적으로 미국인은 아직도 유적 약탈의 규모와 파괴 정도, 「유적자원보호법」이 함유한 정확한 의미를 인식하지 못하고 있다. 그 결과 유적 파괴자는 종종 「유적자원보호법」에 의거해서 기소되는 것이 아니라 1906년 「고대유물법(the Antiquities Act)」 혹은 대중(과 많은 판사들)이 이해하기 쉬운 정부 재산 절도 죄목으로 기소되었다.

1988년 의회 보고서에서는 미국 남서부 4개 주의 공공토지에 있는 알려진 고고유적의 90%가 도굴당한 것으로 추정했다. 같은 해에 국립공원관리청의 보고서에서는 미국 내 사유지와 공유지에 존재하는 모든 유적의 50% 정도가 도굴당했다고 보고했다. 나바호 보호구역(the Navajo Reservation) 한 곳에서 발생한 고고유적 도굴 사건은 1980년에서 1987년까지 1,000% 증가했다. 대부분의 도굴은 트럭, 쟁기, 심지어 항공기 같은 중장비를 사용하여 외딴 지역에서 밤에 발생했다.

1988년 보고서는 수많은 유적의 파괴와 약탈, 절도가 주로 국제 골동품 시장과 암시장의 압력 증가로 인해 크게 촉발되었다고 추정했다. 유물들은 원래 출토 장소로부터 멀리 이동할수록 더 높은 가격이 매겨지는 경향이 있다. 1993년 한 사례연구에서는 미국 남서부 지역에서 출토된 아메리카 원주민의 토기의 경우 원래 출토 지역에서는 200달러에서 1,000달러 사이였으나 앨버커키(Albuquerque)에서 4만 5,000달러, 뉴욕에서 9만 5,000달러, 유럽에서는 40만 달러로 값이 올라갔다고 인용했다(TED 1993).

이 문제의 일부는 미국의 소유권 제도에서 발생한다. 미국에서는 법률에 따라 재산의 소유자가 그 재산의 지상이나 지하에 포함된 것은 무엇이든지 소유한다. 이는 중앙정부가 유물을 국유화하고 소유하는 세계의 다른 대부분의 지역과 대비된다.

이러한 상황을 고려한 시도가 조지 부시(George H. W. Bush) 대통령이 1990년 「아메리카 원주민 분묘 보호 및 반환에 관한 법률」에 서명하고 공포한 1990년 후반에 이루어졌다. 이 법의 목적 중 하나는 박물관의 소장품을 비롯한 모든 유물을 등록함으로써 국제 도굴유물 시장의 규모를 줄이려는 것이었다. 더욱이 이 법에서는 고고유적의 지상 혹은 지하에 아직도 잔존하는 신성한 유물과 인간 유체의 반환을 요구했다. 이 법은 유적자원관리와 연방토지보호(TED 1993) 면에서 문화유산의 가치, 민족지에 관한 증대된 관심, 아메리카 원주민에 대한 인식을 제고하는 데 기여했다. 또한 관련 기구와 박물관이 유물 관리의 문제를 통제하도록 했다(Waldbauer 2000).

최근 연방정부의 법률 시행 담당관과 변호사가 「유적자원보호법」과 「아메리카 원주민 분묘 보호 및 반환에 관한 법률」에 더욱 익숙해져 이 법률에 근거하여 기소를 더 늘린 사실은 낙관적이다. 1986년 이래 기관들은 도굴을 줄이고 「유적자원보호법」과 「아메리카 원주민 분묘 보호 및 반환에 관한 법률」을 집행하기 위한 대중적 지지를 얻기 위해 대중 인식 노력을 강화했다. 1988년 「유적자원보호법」에 대한 개정안에서는 5,000달러에서 500달러로 중죄의 기준을 낮춤으로써 법률의 효과성을 높였다. 결과적으로 「유적자원보호법」은 중대범죄 사례를 추적하기가 더 쉬워져서 검사의 관심을 더욱 끌게 되었다. 지난 10년간 일부 검사가 아직도 「미국연방규정강령

(the US Code of Federal Regulations)」과 다른 규제적인 수단의 사용을 선호했음에도 「유적자원보호법」 아래에서의 유죄 선고 비율이 약 50%에서 85%로 늘어나 범죄에 대한 처벌조치를 통해 유적을 보호하는 능력을 크게 증대시켰다. 1995년 3월 후반에 「아메리카 원주민 분묘 보호 및 반환에 관한 법률」에 의거해 최초의 유죄 선고가 내려졌다. 「유적자원보호법」 및 「아메리카 원주민 분묘 보호 및 반환에 관한 법률」을 재산 절도, 불법 주 간 인신매매 및 탈세에 대한 다른 형법과 함께 사용함으로써 범죄수사 및 기소에 대한 보다 포괄적인 접근 방법이 개발되었다. 최근 10년 동안 보도된 법률 위반 사건 10건 중의 1건이 검사와 연방지방검사에게 기소되어 법원에 배당되었다(Waldbauer 2000).

미국산림청, 토지관리국, 국립공원관리청은 연방법률집행훈련소(the Federal Law Enforcement Training Center: FLETC)와 협력하여 이 법률들을 보다 효과적으로 시행하기 위해 고고학자, 검사, 법률 집행관을 양성하는 훈련 과정을 개발했다. 이 훈련 과정 동안 학생은 법률 집행관이나 고고학자에게 제시된 것과 동일한 교실 환경에서 통합된 강좌와 토론으로 구성된 심화되고 전문화된 훈련에 참여한다. 고고학자에게는 좀 더 전문화된 법률 시행 훈련을 제공하고 법률 집행관에게는 고고학적인 훈련을 제공하기 위해 참여자를 분리하여 따로 교육한다. 이 프로그램에서는 유적 자원 범죄 현장을 조사하기 위해 팀 개념이 필요하다는 점을 밝힌다. 고고학자에게 제시되는 주제는 연방형사사법제도의 소개, 법정에서의 증언, 유적피해 평가보고가 있다. 법률 집행관에게 제시되는 주제는 고고학의 소개, 감시기법, 잠복작전이 있다(FLETC 2000). 이 프로그램은 1986년 이래 매년 300여 명을 교육한다(Waldbauer 2000).

「유적자원보호법」과 「아메리카 원주민 분묘 보호 및 반환에 관한 법률」을 보다 효과적으로 집행하고 도굴에 대한 대중적 인식을 높힘으로써 암시장으로부터의 압력을 막고 고고유적의 파괴를 줄이는 데 도움이 되었다. 그럼에도 도굴은 미국에서 커다란 문제로 남아 있다.

2) 방치된 해저난파선

1988년 「해저난파선법(the Abandoned Shipwreck Act: ASA)」에서는 중요한 해저난파선에 대한 보호조치를 마련하고 국가에 관리 권한을 부여했다. 이 법률에서 주정부의 물에 잠긴 토지에 가라앉아 있거나 국가사적지에 등재할 자격을 가진 토지에 존재하는 모든 방치된 난파선에 대한 미국 정부의 소유권을 설정했다. 이 법률에서는 방치된 난파선이 연방정부기구나 아메리카 인디언 부족이 관리하는 물에 잠겨 있는 토지의 경우를 제외하고 주정부에 관리를 이전했다. 난파선이 연방정부의 토지에 묻혀 있는 경우 연방정부의 관련 기구는 이 방치된 난파선에 책임이 있다. 「해저난파선법」은 공식적으로 방치된 해저난파선에만 적용된다. 군대가 난파된 함정을 포기하려면 의회의 조치가 필요하다. 난파된 연방정부 해군함정과 전쟁 중에 미국 내에서 손실된 함정과 비행기는 일반적으로 미국 정부의 재산이며 이 법률의 규정 대상이 아니다. 미국의 영해 밖에 있는 해저난파선도 이 법률이 아닌 연방해사법(聯邦海事法)의 적용 대상이다.

주정부가 해저난파선을 효과적으로 보호하는 방법은 다양하다. 가장 강력한 보호법령 몇 가지를 통과시킨 플로리다주에서는 집행 재원의 부족과 발견자가 도굴자이건 고고학연구자이건 상관없이 발견자에게 유물의 소유권을 주는 매장물에 대한 오래된 관습법과의 갈등 때문에 문제가 지속되었다. 그러나 최근에는 연방법원과 주법원의 대다수가 매장물과 유사한 관습법의 논리를 거부하여 부동산에 타당한 이유 없이 고의적으로 무단출입하는 것을 억제하고 토지소유자의 권리를 보호했다. 토지소유자 대신에 발견자를 보상하는 규칙을 거부하여 반(反)도굴규정을 강화했다(Cunningham 2000).

3) 유물의 보관과 관리 위기

발굴보고서와 수집된 유물이 사실상 눈덩이처럼 불어나면서 1970년대 후반에 문화자원관리의 폭발이 시작되었다. 아무도 문화자원 업무의 이러한 방대한 증가 규모를 예측할 수 없었다. 지난 여러 해 동안 관련 기구는 소장품을 보관하기 위해 주립박물관이나 대학박물관과 같은 비연방정부의 대규모 보관시설과의 협약에 의존했다. 이러한 협약은 종종 모호하고, 보통 유물의 보관, 정리 혹은 보존을 위한 재원이나 시설 지원을 하지 않았다.

1986년 정부보고서는 몇 가지 놀라운 사실을 밝혔다. 1975년 이전의 발굴보고서가 상당한 비율로 분실되거나 파괴되었다는 사실이 알려진 것이다. 보관시설을 평가할 때 관련 기구에 지침을 줄 수 있는, 법적 구속력이 있는 규범 혹은 기준이 없었다. 관련 기구는 아주 열악한 재고기록을 가지고 있었다. 예를 들어 국립공원관리청이 보관한 약 2,500만 점의 유물 대부분은 목록화되지 않아서 이를 바로잡기 위해서 5,000만 달러가 들었고 2억 달러의 경비가 새롭게 개선된 보관시설을 만드는 데 소요되었다. 비연방정부 보관관리시설 전체의 3분의 1에는 수장 공간이 없다. 다른 정부시설들도 열악한 유지 상태, 부적합한 안전 및 화재 보호, 부적합한 인력 상태 면에서 비슷한 처지인 것으로 밝혀졌다(Childs 1995).

「연방정부 소유 소장품관리규정(ref.: 36CFR 79)」은 1990년에 최종적으로 발표되었으나, 같은 해에 새롭게 시행된 「아메리카 원주민 분묘 보호 및 반환에 관한 법률」로 인해 빛을 보지 못했다. 「아메리카 원주민 분묘 보호 및 반환에 관한 법률」에는 준수보고의 기한일이 구체적으로 명시되어 있었으므로 관련 기구와 박물관은 새로운 규정인 「36CFR 79」의 보관관리 요건을 무시하고 「아메리카 원주민 분묘 보호 및 반환에 관한 법률」을 따를 수밖에 없었다. 그러나 「아메리카 원주민 분묘 보호 및 반환에 관한 법률」의 긍정적인 효과 하나는 관련 기구에 실제 재고유물목록을 만들도록 하고 처분을 결정하도록 했다는 점이다. 미국육군공병대와 같은 몇몇 기구는 소장품을 통합할 수 있었다. 그러나 전반적인 발전은 느리고 유물 관리 위기는 21세기에도 지속될 것이다(Childs 1995).

4) 자료 관리의 과제

1970년대 이래 기록된 유적과 수집된 유물이 쇄도하면서 전국적으로 책임 있는 연방정부기구와 주정부기구 사이에 자료 관리의 위기를 야기하였다. 1980년대 전반 이래 유적기록양식은 기술 진보 덕분에 다양한 자료구축체계가 발전함에 따라 더욱 자동화되었다. 자료의 자동화로 인해 연방정부, 주정부, 지방정부 수준의 정부기구가 문화자원관리기획에서 지리정보체계(GIS)와 같은 자동화된 토지자원분포 도구를 사용하기가 쉬워졌다. 관련 기관 간의 주요 과제는 상호 호환 가능한 시스템을 만드는 것이었다. 문제 중의 하나는 급격하게 변화하는 기술과 함께 진화할 수 있는 동적인 체계를 만드는 것이었다.

국립고고학데이터베이스(the National Archaeological Database: NADB)는 국립공원관리청이 운영하는데, 보고서 부분과 「아메리카 원주민 분묘 보호 및 반환에 관한 법률」 부분으로 나뉘어 있다. 보고서 부분은 대부분 배부망이 제한된 발굴조사와 계획에 관한 약 25만 권의 보고서를 포함하는 방대한 문헌목록이다. 이 '회색의 문헌'은 미국에서 고고유적에 관해 이용할 수 있는 주된 정보의 상당 부분을 차지한다. 주, 자치단체, 작업의 유형, 문화적 연관성, 핵심어, 유물, 발간연도, 제목, 저자 기준으로 검색할 수 있다.

이 데이터베이스는 특히 주 역사보존국(the State Historic Preservation Offices)과 연방정부기구 같은 많은 관련 기구가 기여해서 만든 문헌기록을 활용한다. 관련 기구의 접근을 돕고 기록을 더 직접 검색하기 위해 하위 기준으로 구분된 자료가 일부 연방정부기구와 주정부에 제공된다. 관련 기구는 기록에 대한 직접적 접근을 요구할 수 있다. 「아메리카 원주민 분묘 보호 및 반환에 관한 법률」 부분은 법률과 권한, 지침정보, 케너윅 맨 문서(Kennewick Man documents), 박물관과 연방정부기구 재고목록제출, 공공고지서, 검토위원회보고서의 5개 주요 범주로 구분된 「아메리카 원주민 분묘 보호 및 반환에 관한 법률」 관련 문서를 포함한다(National Park Service 2000b).

아메리카 원주민 상담 데이터베이스〔아메리카 원주민 상담자료구축망(the Native

American Consultation Database: NACD))는 아메리카 인디언 부족, 알래스카 원주민 (Alaska Native) 단체, 하와이 원주민 조직의 상담원을 찾는 하나의 도구이다. 이 자료망은 종합적인 정보의 출처는 아니지만 부족의 지도자나 「아메리카 원주민 분묘 보호 및 반환에 관한 법률」의 연결자를 확인함으로써 상담 과정의 출발점을 제공한다. 아메리카 원주민 상담 데이터베이스는 한 해에 두 번씩 최신 정보로 갱신된다 (National Park Service 2000b).

5) 유적발굴과 복원 논란

1930년대 이래로 논란이 많은 문화자원관리 분야의 또 다른 주제는 복원 (reconstructions)과 현장보존(preservation-in-place)에 관한 찬반 논쟁이었다. 고고학자를 위한 토론의 주된 초점은 현장복원(on-site reconstructions) 이전에 요구되는 유적발굴조사와 지식의 적절한 수준에 관한 것이었고, 발굴된 현장 상태 그대로의 유물(in situ materials)이 파손되거나 파괴될 때 어떤 유물이든 자연 상태로 복원하는 것이 적절한지의 여부에 관한 것이었다.

미국에서 역사고고유적 복원에 관해 찬성하거나 반대하는 철학적 주장은 19세기와 20세기의 보존과 역사유적 보존운동의 초기까지 그 뿌리가 거슬러 올라간다 (Jameson 2004). 1933년 록펠러재단에서 콜로니얼 윌리엄스버그를 개관하고 1935년에 「역사유적법」이 통과된 것과 같은 주요 사건과 발전은 역사유적 보존의 명분을 심화했고 미국 고고학에 대한 대중적, 개인적, 직업적 관심을 새로운 차원으로 올려놓았다. 콜로니얼 윌리엄스버그에서 복원된 1770년대의 역사적 공동체*는 상세하고 역사적이며 제한적인 고고학 연구에 토대를 두었다. 이러한 복원은 대중 사이에서 크게 인기를 끈 것으로 판명이 났다. 콜로니얼 윌리엄스버그에서의 복원기술은

....

* 공동체: 'a reconstructed historic communities'에서 'communities'는 '지역사회'가 아닌 '공동체'로 번역했다.

그 도시를 완전하게 복원하기 위한 노력의 일환으로 450채가 넘는 건물을 다시 짓는 일이 포함되었다. 특별한 건물에 대한 구체적인 정보가 부족했지만 이는 식민지 시대의 일반적인 건축적 관행에 기반을 두고 건물의 형식을 창조하기 위해 건축적 선례와 그 지역에 남아 있는 식민지 시대의 건물을 검토하는 데 의존한 사업기획자와 건축가에게 문제가 되지 않았다. 이 사업기획자와 건축가는 18세기 버지니아에서의 생활을 역사학자가 현재 보는 것보다도 더 동질적이고 고풍스럽게 보았다. 이렇게 인기가 있지만 아직 추측에 불과한 기술은 그 뒤 수십 년 동안 미국에서 수많은 복원을 할 때 적용되는 기준이 되었다. 이는 제2차 세계대전 이전 시기에 시행된 다수의 뉴딜공공사업계획에서 국립공원관리청과 다른 연방기구가 작업할 때 적용되었다 (Jameson and Hunt 1999).

1940년대 후반과 1950년대 즈음에 역사보존은 유명인 및 사건과 관련된 유적과 구조물을 기념하는 것으로 대중 의식의 주류가 되었다. 개인이 관리하는 수많은 건물과 유적뿐만 아니라 국가와 주의 역사유적, 기념물, 공원이라는 결과적인 수집품은 점점 더 기동성이 있는 미국 대중을 위한 표준방식이 되었다.

발전하는 보존 윤리를 배경으로 작지만 소리를 높여 강경하게 항의하는 핵심집단의 학자들(건축역사가, 역사가, 고고학자)은 복원(혹자는 이를 '재창조'라고 부른다)의 폭넓은 이용에 반대한다. 1930년대를 시작으로 국립공원관리청과 다른 곳, 특히 문화자원 관련 전문가들은 하나의 해석 수단으로 복원을 이용하는 것을 완전히 폐지하지는 않을지라도 엄격하게 제한해야 한다고 점차 격렬하게 항의했다(Pitcaithley 1989). 그래서 이들 보수적인 보존주의자와 복원을 제대로 이용하는 것이 종종 대중의 문화자원 감상에 필수적이라고 생각하는 현장관리인, 계획입안자, 전문해석자와 같은 역사보존 분야의 다른 사람들 사이에서 논쟁이 벌어졌다.

미국 정부의 대표적인 보존기구인 국립공원관리청에서 복원정책은 언제나 전문적 참모들 사이에서 논란의 원천이었다. 이 정책에서는 오직 완벽한 발굴조사가 이루어진 다음에만 복원할 것을 요구한다. 고고학 연구는 기존 기록에서 볼 수 없는 건축 설계의 세부사항을 제공하며 건축적 특성과 재료의 사용, 문화적 맥락에 관한

그림 2.7 사우스캐롤라이나 나인티식스 국립역사유적(Ninety Six National Historic Site)의 재건된 방책 요새. 국립공원관리청 제공

추가 정보를 제공한다(Jameson and Hunt 1999).

국립공원관리청에서는 '복원'을 선사시대 혹은 역사시대의 잔존하는 유물, 특성, 공간적 관계를 보존하는 조치라고 정의한다. 이는 추측에 의한 설계가 아니라 고고학, 기록에 관한 연구 혹은 물질 증거를 통해 기록된 특성을 정확하게 복제하는 데 토대를 둔다. 대체로 방법론은 그 시대의 기술에 제약되지 않는다. 추론을 통해 '그 모양새를 복제(replicating)하는 것'의 목적과 충돌하지 않을 경우에만 복원은 현대적 재료와 도구의 사용을 포함할 수 있다. 복원은 건물, 오두막, 읍 혹은 마을, 둑, 거주영역, 오솔길이나 길과 같은 문화경관의 다양한 구성요소가 새로운 축조와 관련된다는 점에서 복구(restorations)와 다르다(그림 2.7). 복원된 문화경관은 도안, 색상, 질감, 그리고 가능한 곳에서는 재질 면에서 잔존하지 않는 문화적 경관의 모습을 재창조한다. 뉴멕시코주의 선사시대 아즈텍 유적지의 국가기념물인 그레이트 키바(Great Kiva at Aztec Ruins National Monument)와 조지아주의 의례용 반(半)수혈집인 옥멀지 국가기념물(Ocmulgee National Monument)(그림 2.3)을 비롯해서 역사시대

건물, 교역 거점, 17, 18, 19세기의 요새와 같은 유적들까지 광범위한 시간적 범위에 걸쳐 있다.

국립공원관리청의 '복원'과 '복구' 개념은 관리상의 조치들이 정당하거나 필요한지에 관한 것을 정하는 안내 역할을 한다. 그러나 엄격하게 말해서, 파울러(Fowler 1999)와 다른 사람들이 지적했듯이, 우리의 현대적 편견과 인식이 문제의 '진실'에 도달하는 것을 어렵게 한다는 점에서 과거를 '재건하거나' '재창조하는 것'은 불가능하다. 그렇다고 해서 대중의 해석 도구로서의 '복원'의 가치가 부정되는 것은 아니다. 특히 프레젠테이션이 이러한 단점에 대한 설명을 포함하여 대중이 설명적 한계를 이해할 수 있도록 하는 경우에는 더욱 그렇다.

다른 지역과 마찬가지로 미국에서 복원의 '가치'는 종종 사회 도덕, 정치, 지역 경제, 관광과 같은 다른 요소의 총체에 의해 영향을 받는 계획된 또는 원하는 결과와 대면할 때 과학적, 교육적, 보존적 고려사항을 넘어선다(Jameson 2004). 미국과 같은 대의민주주의 국가에서 국립공원 단위를 구성하는 결정 요인은 이 쟁점들을 중심으로 움직인다(Jameson and Hunt 1999; Stone and Planel 1999; Culleton 1999; Ijureef 1999). 버지니아주의 제임스타운(Jamestown)과 같이 사실상 거의 복원이 이루어지지 않은 유적과, 복원된 울타리와 5개의 주요 건물이 있는 워싱턴의 밴쿠버요새 국립역사유적(Fort Vancouver National Historic Site)과 같이 대중적 프로그램을 운영하면서 복원에 거의 전적으로 의존하는 공원에 이르기까지, 정부기관이 정책적으로 대중적 해석 수단으로서 복원의 사용을 일반적으로 억제해왔음에도 국립공원관리청의 폭넓은 다양성은 유적별로 광범위한 차이가 발생했다. 제임스타운에서는 보존주의자의 '지나치게 신성시되어 비판과 의심이 허용되지 않는 관습과 제도'를 동경하여 보존지상주의 철학이 지배적이었다.

밴쿠버요새와 다른 많은 유적에서는 철저한 고고역사 연구에 기반을 둔 종합적인 복원계획을 지지해서, 발굴할 때 노출된 그대로를 보존(in situ preservation)하는 것이 덜 강조되었다. 19세기 허드슨베이컴퍼니(Hudson Bay Company) 유적에 대한 고고학 연구는 박물관 전시와 생활사 시연을 포함한 대중적 해석과 교육 프로그램을 위해 자세한 정보와 유물을 제공하면서 50년 동안 간헐적으로 진행되었다.

8. 고고학에서의 종족성과 쟁점

1) 아메리카 원주민 고고학의 새로운 시대

1990년대에 「아메리카 원주민 분묘 보호 및 반환에 관한 법률」이 통과되고 시행되면서 많은 고고학자, 역사가, 문화자원관리자는 전통적으로 연구 설계의 개발과 발견유물의 해석을 이끈 기본 가정을 재고하게 되었다. 고고학자는 자신들이 더 이상 유럽인의 이주 이전의 역사에 대한 유일한 소유자나 해석자가 아니라는 점을 발견했다. 고고학적 관점에서 본다면 '문화자원'의 정의는 유물, 특징, 건축학적 요소에 초점을 맞추는 데에서 '장소', '배경', '전통문화재(traditional cultural property: TCP)'와 같은 덜 유형적인 요소로 넓어졌다. 이는 문화자원관리, '자료'를 구성하는 것에 대한 재정의, 그리고 누가 그 자료를 소유하고 통제하는가에서 아메리카 원주민을 핵심적인 참여자로 만든 새로운 연방 법령의 영향력에 주로 기인한다(Edgar 2000). 고고학자와 문화자원관리자는 역사적·고고학적 특징을 더 잘 규명하고 기술하기 위해 더 이상 물질문화에만 의존할 수 없다. 또한 이러한 전통적 정의의 변화는 문화자원, 특히 유적자원이 전통적 조사 과정을 통해 확인될 수 없다는 것을 의미한다(Bank *et al.* 2000).

국가등록처(National Register) 적경성 평가 기준에 '문화경관'의 개념과 맥락이 추가된 것처럼 '전통문화재'도 그러했다. 두 용어는 20세기 후반에 문화자원관리가 개발될 때까지 고고학자가 전통적으로 고려한 항목들의 경계 밖에 있었다. 문화자원에 대한 개념이 다른 아메리카 원주민 고고학의 시대가 도래했다. 아메리카 원주민뿐만 아니라 많은 고고학자들은 이러한 새로운 정의와 개념을 통해 과거의 적대감을 극복하고, 아메리카 원주민 문화사에 대한 공통된 열정에서 소통하고 협력하기 위한 연결고리를 제공하기를 기대하고 있다(Bank *et al.* 2000).

2) 케너윅 맨 논란

최근의 「아메리카 원주민 분묘 보호 및 반환에 관한 법률」과 관련된 논란은 '케너윅 맨(The Kennewick man)' 혹은 '오래된 것(Ancient One)'과 관련된 인골과 연관된다. 거의 완전한 한 개체분의 인골이 1996년 7월 워싱턴의 케너윅에 있는 맥너리 댐(McNary Dam) 뒤 컬럼비아강 침수구역 중 하나인 월룰라 호수(Lake Wallula)에서 발견되었다. 1996년 예비조사에 근거하여 그 인골 유체는 약 9,000년 전의 것으로 결정되었고, "알래스카와 하와이를 포함한 미국의 토착* 부족, 사람 혹은 문화의 것이거나 그와 관련된" 것, 즉 「아메리카 원주민 분묘 보호 및 반환에 관한 법률」에 정의된 '아메리카 원주민'의 자격을 충족시켰다(McManamon 2000b). 현장의 원주민 연구자는 얼굴이 길고 좁아 유럽인으로 연상되는 거의 완전한 인골을 수습했다.

거의 즉시 유해를 처리할 책임이 누구에게 있는가에 관한 논란이 제기되었다. 이러한 주장은 인디언 부족, 지역관리, 일부 학계 인사가 제기했다. 그리고 그 인골이 출토된 토지를 책임지고 있는 정부기구인 미국육군공병대가 인골을 소유하게 되었다. 미국육군공병대는 재매장하기 위해 그 지역의 한 아메리카 원주민 부족에게 인골 유체를 반환할 계획이었다. 하지만 일군의 고고학자와 지역의 특수 이익집단은 재매장하기 이전에 인골 유체에 관해 연구하기를 원했기 때문에 미국육군공병대에 소송을 걸었다. 1998년 3월 미국 내무부와 국립공원관리청은 연방정부와의 이번 소송사건과 관련된 안건의 일부를 해결하기 위해 미국육군공병대를 돕기로 합의했다.

1996년 연구를 지목하면서 또 다른 특수 이익단체는 그 인골 유해가 아메리카 원주민이 아닌 유럽인의 것이라는 주장을 제기하면서 논쟁에 기름이 뿌려졌다. 그들은 그것이 누가 미국 대륙에 처음 왔는가의 문제를 제기한다고 말했다. 또한 일부 연

....
* 토착: 'indigenous'는 '토착' 또는 '원주민의'로 문맥에 맞게 번역했다.

구자들은 북미 대륙 최초의 인간이 오랜 믿음대로 베링해협 연결 육로를 통해 도착했는지 아니면 배나 다른 경로로 도착했는지에 관한 문제를 제기한다고 했다. 이 논쟁은 역사적 연관성과 「아메리카 원주민 분묘 보호 및 반환에 관한 법률」에서 '아메리카 원주민'의 개념이 '케너윅 맨 인골'에도 적용되는지와 관련해서 진행되었다. 이 논쟁의 다른 측면은 관련된 연구자가 「아메리카 원주민 분묘 보호 및 반환에 관한 법률」의 정의와 요구사항이 있음에도 인골 유해를 연구할 법적 권리를 가지고 있는가의 문제였다.

1999년 케너윅 맨 인골 조각에 대한 추가적인 방사성탄소연대측정이 성공적으로 이루어졌다. 2000년 1월에 보고된 결과는 케너윅 맨 인골 유체가 「아메리카 원주민 분묘 보호 및 반환에 관한 법률」에서 정의한 '아메리카 원주민'이 옳다는 초기의 방사성탄소연대측정치와 토양 분석, 지형학, 유물에 관한 기술에 근거한 해석을 지지했다(McManamon 2000). 「아메리카 원주민 분묘 보호 및 반환에 관한 법률」에서의 '아메리카 원주민'의 조건이 충족되면 그다음 단계는 그 인골 유체가 현대의 아메리카 원주민 집단과 관련되는지의 여부를 결정하는 것이다. 부족 간의 연관성을 밝히기 위해 유전자 분석을 수행하는 것이 적합한가를 평가하는 한 연구에서는 2000년 2월에 편년 측정이 가능한 유기물질의 양과 그 물질의 전반적 조건이, 특히 만약 그 의도가 부족이나 '민족'의 기원을 결정하려는 것이라면 믿을 만한 유전자 검사를 수행하기에 적합하지 않다고 권고했다(Tuross and Kolman 2000).

그럼에도 일부 연구자들은 유전자 분석을 더 진행하도록 국립공원관리청을 압박했다. 2000년 4월에 워싱턴주의 시애틀에 있는 버크자연문화사박물관(the Burke Museum of Natural and Cultural History)의 전문가팀이 유전자 분석의 첫 단계를 수행하기 시작했다. 연구팀은 3명의 형질인류학자, 2명의 골(骨) 화학과 유전자 분석 분야 전문가, 2명의 경험 있는 고고보존처리가로 구성되었다. 과학적 분석의 명시된 목표는 사후에 케너윅 유해에 영향을 미쳤던 문화적 처리와 환경적 요인에 관해 알기 위해 인골 유해에 대해 더 완벽한 연구를 수행하는 것이었다. 일부 사람들은 케너윅 맨이 죽자마자 바로 의도적으로 매장되었을지도 모른다고 믿고 붉은 황토 혹은 일종의 얼룩을 매장 전에 몸에 발랐을지도 모른다고 믿었다. 사후의 인류학적, 화석생성론적 분석을 통해 조사팀은 유전자 분석을 하기에 충분한 콜라겐 단백질을 제공하는 가장 좋은 표본을 확인할 수 있었다. 미국 내무부는 이 작업이 케너윅 맨과 현대 인디언 집단과의 공유된 집단 정체성 혹은 문화적 관련성이 있는지의 여부를 알 수 있는 결정적인 증거를 제공해주기를 희망했다(National Park Service 2000d).

2000년 9월 미국 내무부 장관은 방사성탄소연대측정치, 지리적 자료, 구전역사 자료에 근거하여 그 유해가 그 지역의 인디언 부족과 연관되어 있고 「아메리카 원주민 분묘 보호 및 반환에 관한 법률」에서 요구하는 인디언 부족에게 반환되어야 한다고 결론지었다(Babbitt 2000). 현재까지 실험실 연구는 케너윅 맨의 유해에서 추출한 작은 뼈 표본에서 유전자를 얻는 데 실패했다. 2001년의 보고서에서는 케너윅 맨 유체가 지표 위에서 분해되거나 재난 수준의 물난리와 같은 사건으로 묻혀버린 것이라기보다는 그 장소에 매장되었던 것이라고 결론을 내렸다. 이러한 발견은 케너윅 맨이 죽은 다음 바로 의도적으로 매장되었고 붉은 황토색 혹은 일종의 착색제를 매장 이전에 몸에 발랐을 수 있다는 일부의 믿음과 일치한다. 2000년과 2001년에 행해진 연구들에서는 케너윅 인골의 다른 부분에서 변하지 않은 콜라겐의 보존 정도에서 의미 있는 변이가 존재함을 암시하는 이전의 발견 사실을 확인했다. 그 인골의 하나 또는 더 많은 뼈에서 오염되지 않은 유전자를 찾으려는 노력은 성공하지 못했다. 뼈의 형태학적 시각으로 볼 때 케너윅 인골 표본은 현대의 아메리카 원주민이나 동북아시아의 토착적인 현대 주민보다는 현대의 남아시아인이나 유럽인과 더 유사한 것처럼 보인다. 미토콘드리아 DNA 분석을 통해서는 조사된 케너윅 맨의 뼈 표본으로부터 아직까지 아무런 고대 유전자를 분리해내지 못했기 때문에 케너윅 인골을 아시아인이라고 구체적으로 확정할 수 없었다(Taylor 2001).

유해에 대한 심층적인 과학 분석이 이루어질 수 있도록 해당 인골의 재매장을 연기하기를 원하는 한 유력 과학자가 연방법원에 소송을 제기했다. 2004년 2월의 판결은 그 유해가 아메리카 원주민이 아니므로 「아메리카 원주민 분묘 보호 및 반환에 관한 법률」이 이 유해에 적용되지 않는다는 2002년 8월 하급법원의 결정을 지지했다. 2004년 2월의 판결로 유해에 관한 과학적 연구가 계속 진행되었다.

케너윅 맨에 관한 논쟁은 고고학자와 아메리카 원주민 사이에 누가 유물과 자료를 소유하고 통제하며 해석하는가에 관한 「아메리카 원주민 분묘 보호 및 반환에 관한 법률」 이후 논쟁을 고조시켰다. 아메리카 원주민 고고학의 새 시대에, 미국의 많은 고고학자는 전문가, 특히 선사고고학자가 오랫동안 누려왔던 특권화된 접근의 적절성에 의문을 제기하고 있다. 고고학자와 대중의 과거에 대한 지식과 이해를 증진하는 방식에서 다양한 문화적 관점 사이에서 더 큰 화해를 향해 나아가는 것이 과제일 것이다(Edgar 2000). 의심할 여지 없이 케너윅 맨을 둘러싼 논란과 소송은 조만간 우리에게 닥칠 문제이다.

3) 아프리카계 미국인 고고학

미국에서 최근 '종족성 고고학'의 또 다른 논쟁점은 아프리카계 미국인 연구의 영역에서 발생했다. 인상적인 자료가 도시환경뿐만 아니라 농촌의 대규모 농장에서 축적되었다.

아프리카계 미국인의 생활방식에 관한 고고자료가 지난 30년에 걸쳐 축적됨에 따라 고고학자들은 연구를 수행할 때 두 가지 기본적인 방법론적 접근을 취해왔다. 첫 번째 접근 방식은 노예유적의 고고학적 특성을 밝히려 노력하고 유적이 발견되면 신호나 표지로 그러한 특성을 사용하는 것이다. 아프리카의 서부 해안 지역과 물리적 혹은 행태적 연관성을 가진 유물을 찾는 데 중심을 두는 두 번째 접근 방식은 유물과 생각의 단순한 이전이 아니라 대서양을 건너서 행태를 물질문화와 통합하는 좀 더 정제된 논점으로의 이전이다. 이 접근 방식의 목적은 직접적이고 변화되지 않은 '전이'에 관한 것이 아니라 고고기록에 반영된 서부 아프리카의 문화전통이 미국 대륙의 신세계에서 노예가 된 자신을 발견하고 새로운 환경, 다른 사회집단, 변화된 권력 구조를 대면하면서 어떻게 수정되었는지에 관한 것이다. 한때 마음대로 사용했던 동일한 종류의 물자들에 더 이상 접근하지 못한 서아프리카계의 노예와 그 후손은 대체로 영국 혹은 유럽에서 제작된 상품으로 채워진 물질세계에서 살았다. 이 노예들은 물품 생산자가 원래 의도했던 것과는 다르게 물품에 대해 생각하고 그것을 사용했는데, 아프리카계 미국인의 문화체계에서 사용 목적이 이 새로운 형태의 물질문화에 적응하는 것이라는 점을 가정한다(Samford 1994).

미국의 남부 지역과 중부 대서양 연안 지역의 대규모 농장유적에 관해 생산적인 많은 연구가 이루어졌다. 마운트 버논(Mount Vernon), 몬티첼로(Monticello), 콜로니얼 윌리엄스버그와 같은 유적에서 노예화된 아프리카계 미국인의 삶에 관한 새로운 연구 성과가 알려졌다. 가장 중요하게도 이 새로운 통찰은 대중적 해석 프로그램과 전시에 반영되기 시작했다. "부수적인 것으로 생각되던 것을 중요하게 만들고, 보통 사람이 미국의 역사에 중요한 기여를 하는 중심으로 만들어서 (⋯⋯) 단순히 주류 역사에 자신의 목소리를 추가하는 것이 아니라 더 나아가 자신의 목소리를 역사의 주류로 만드는 것"이다(Bograd and Singleton 1997).

미국에서 현재까지 가장 규모가 크고 아마도 가장 중요한 아프리카계 미국인의 고고유적은 뉴욕시의 맨해튼 남쪽에 위치한 18세기 아프리카인의 공동묘지이다. 18세기 도시의 요새화된 방어벽 밖에 있는 도공의 작업장에 위치한 아프리카인의 공동묘지는 연방정부의 새로운 사무동을 건설하기 위해 공사하기 이전에 「국가역사보존법」 민원조사의 일환으로 1991년 고고학자가 재발견했다. 지역사회와 학계의 항의에 직면하여 거의 3억 달러 건설계획이 중지되기 이전까지 427개체의 인골 유해가 최종적으로 현장에서 제거되었다. 1993년 이래 이 프로젝트는 대부분이 아프리카인 후손인 노예화된 사람의 생리-문화적 지속성과 변화에 초점을 맞춘 연구뿐만 아니라 유물 관리, 인골 기록, 병리현상 평가, 유전자 표본 추출, 화학동위원소 분석, 연령대 분석, 부장유물의 분석과 부장 관행, 질병 진행 과정의 분석을 포함한 야심찬 연구와 분석계획을 포함한다(Bruinius 1999; GSA 1999; OPEI 2000).

주로 관(棺)에서 나온 500점 이상의 유물을 분석한 결과 높은 사망률과 노예 생활의 열악한 실태가 확인되었다. 약 50%의 인골이 12세나 그 이하의 어린이였다. 더

구나 그들 중의 50% 이상이 유아기에 죽었던 것으로 밝혀졌다. 출토유물 중에는 복잡한 심장 모양의 문양을 관 뚜껑에 망치로 때려서 넣은 특이한 일련의 장식용 금속 단추가 있었다. 그 문양은 "미래를 알려거든 과거를 바라보라"라는 의미의 아샨티족(Ashanti)의 '산코파(sankofa)' 상징으로, 이 유적의 역사를 생각하게 하는 역설적 문구이다(Coleman 2000). 출토 인골들은 워싱턴 D.C.에 있는 하워드대학에서 연구되고 있다. 이 인골들은 뉴욕시로 반환되었고 2003년 10월 4일 국가역사기념물로 지정된 아프리카인 공동묘지 기념유적에 다시 매장되었다. 국립공원관리청은 그 공동묘지 인근의 브로드웨이 290번지 현관에 유적안내소를 설치했다. 최종적인 유적발굴보고서는 2006년경에 출간되는 것으로 예정되었다.

9. 교육고고학의 출현

1) 미국과 전 세계의 교육고고학

이전에도 주목할 만한 노력이 있었지만(South 1997), 1980년대와 1990년대는 미국 고고학계의 다수가 고고학적 정보를 일반 대중에게 전달하려 시도한 메커니즘과 프로그램으로부터 더 이상 분리될 여유가 없다는 것을 깨닫게 된 시기였다. 증가하는 대중의 관심과 정보에 대한 요구에 직면한 고고학자는 역사학자, 박물관 학예직, 전시디자이너, 기타 문화자원 전문가와 협력하여 대중을 위한 폭발적인 고고학적 정보를 번역하기 위한 최선의 전략을 고안했다. 1980년대와 1990년대에는 이러한 요구를 충족시키기 위한 노력이 크게 확산되었으며 다양한 성공을 거두었다(Jameson 2000a).

최근까지 이 주제에 관해 토론하기 위한 장과 이용할 수 있는 연구 문헌이 거의 없었고 동떨어진 설명과 고고학자와 교육자의 관심을 끌지 못하는 문헌이 많아 대부분 잘 알려지지 않았다. 21세기에 들어와서 교육고고학 분야에서의 많은 성공 사례는 공개적으로 토론되거나 기록되어야 할 상태로 남아 있다. 그러나 1990년대에는 대중적, 전문적 포럼 수에서 중대한 개선이 이루어졌고 주목할 만한 몇 가지 출판물이 제작되었다(예를 들어 Stone and Mackenzie 1990; Stone and Molyneaux 1994; Jameson 1997; McManamon and Hatton 2000; Smardz and Smith 2000; Bender and Smith 2000). 또한 이에 대한 논의가 세계고고학대회와 같은 국제 포럼에서 이루어졌다(Esterhuysen and Smith 1999; Jameson 1999a).

미국에서는 전문협회, 특히 미국고고학회, 미국고고학연구소(the Archaeological Institute of America: AIA), 역사고고학회(the Society for Historical Archaeology: SHA)와 주 및 지역 단체가 교육고고학에 지도력과 영감을 제공하는 데 중요한 역할을 했다(이 책의 3장 참조). 중요한 최근 프로젝트는 역사고고학회의 "과거를 밝히기: 북미의 역사고고학"이라는 다년간의 대중 지원 활동과 교육계획이다. 이 계획은 2개의 주요 부분으로 구성되어 있는데, 웹사이트와 풍부한 삽화가 포함된 소개서가 바로 그것이다. 웹사이트와 소개서는 모두 일반 독자에게 유럽 이주민과 아메리카 원주민의 초기 만남으로 시작되는 북미 역사를 다루는 고고학을 소개한다. 양자는 독자를 초기 바이킹 항해 시대에서 제2차 세계대전까지, 캐나다에서 카리브해 지역까지 중요한 역사고고학적 유적으로 여행하게 하고 발굴계획을 소개한다. 또한 북미 지역의 농촌과 도시, 육지와 수중, 요새, 난파선, 선교회 유적, 농장, 도심지, 산업 유적에서 선구적 작업을 수행한 역사고고학자의 이야기를 들려준다. 그리고 역사기록에서 정보의 부족한 부분을 채우는 것뿐만 아니라 객관적으로 도출된 맥락을 제공하는 데 왜 역사고고학이 중요한지를 설명한다. 역사고고학자는 북미 대륙에서 발견한 유물을 공유하여 독자를 끌어들이고 문화유산을 보존하고 학습하는 데 독자가 참여하도록 장려한다. 이 자료는 고고학, 북미 지역의 역사, 역사유적의 보존에 관심이 있는 성인뿐만 아니라 청소년 독자와 같은 폭넓은 일반 청중에게 호소하기 위해 설계되었다(De Cunzo and Jameson 2000).

연방, 주, 지역 차원의 모범적인 정부 프로그램은 교육과 봉사활동을 촉진하는 데 앞장서 왔다(이 책의 3장 참조). 연방 차원에서 토지관리국의 문화유산 교육 프로그램(Heritage Education Program)은 〈고고학계획(the Project Archaeology)〉 프로그램을 통해 고고학 교육에 중요한 기여를 했다. 교사의 워크숍과 『호기심을 불러일으키는 과거(Intrigue of the Past)』라는 교사 안내서와 같은 수준 있는 교육 자료의 개발은 아주 효과적이었다. 미국산림청의 〈시간여행 여권(Passport in Time: PIT)〉 프로그램은 유적발굴, 암각화 복원, 측량, 문헌 연구, 역사적 구조물 복원, 구전역사의 수집, 해석을 곁들인 설명 자료의 준비와 같은 프로젝트를 진행하면서 전문고고학자 및 역사학자와 함께 작업한 자원봉사자를 활용한다. 국립공원관리청은 전통적으로 연방 차원에서 교육과 봉사활동을 촉진하는 데 앞장서왔다. 정부 안팎에서 협력 관계와 주도력을 촉진하는 데 중점을 두었다. 고고학 교육과 봉사활동을 지원하는 많은 국립공원관리청의 출간물이 최근 연간에 발간되었다. 대표적인 출간물이 『공통의 토대(Common Ground)』라는 잡지이다. 이 계간 잡지는 고고학자, 토지경영자, 보존관계자, 박물관 전문가, 아메리카 원주민, 법률 집행기관, 교육자뿐만 아니라 일반 대중을 포함한 1만 2,000명 이상의 구독자에게 배포된다. 국립공원관리청은 발굴, 해석, 교육의 세 전문 분야에서 참가한 전문가를 교차 교육하는 데 사용할 수 있는 범학제적인 교육과정을 개발했다. 이들 분야의 전문가가 성공적인 대중적 해석 프로그램을 수행하는 데 필요한 기술과 능력을 배우기 위해 함께 훈련을 받는다. 범학제적 소통과 다문화 청중에게 감성 있는 해석을 해야 할 필요성이 교과과정의 주된 원칙이다. 이는 공식적인 학교 환경과 국립공원, 박물관 같은 좀 더 비공식적인 환경 모두에 적합한 고고학 관련 교과과정을 개발하는 데 도움을 주어 교육고고학의 목표를 진흥했다. 플로리다주의 탤러해시(Tallahassee)에 있는 국립공원관리청 남동부 고고학센터(Southeast Archaeological Center: SEAC)는 이에 지도적 역할을 했다. 관련 활동은 다양한 전문 영역에서 발표된 대중 지향적 출판물, 학술대회, 워크숍, 훈련과정의 조직화와 조정을 포함한다(Jameson 1999b; 2000c).

많은 사립 및 공립대학의 고고학과와 인류학과, 박물관이 최근 연간에 효과적인 지원활동 프로그램을 수행했다. 한 사례가 교사, 지역 시민단체, 고고학 그룹, 평생교육 프로그램을 위한 활동 및 출판물 제작에서 교육과 봉사에 특별히 중점을 둔 소노마주립대학(Sonoma State University)의 인류학연구소(Anthropological Studies Center: ASC)이다. 소노마주립대학의 수상 경력에 빛나는 출판물은 대중 인식 슬라이드 쇼와 비디오를 포함한다. 자연사박물관과 역사박물관 중에서 리더이자 혁신자는 뛰어난 대중 지향적 교육 프로그램을 제공하는 시카고필드박물관(Chicago Field Museum)이다. 시카고필드박물관의 프로그램은 소장품의 내용뿐만 아니라 문화적 다양성을 강조한다. 연간 30만 명 이상의 학생들이 학교 견학을 통해 해당 박물관을 방문한다.

많은 수의 문화자원관리 사립 발굴법인은 자원봉사자와 학생을 위한 교육 기회를 진흥하는 데 지도적 역할을 했다. 한 사례는 애리조나주의 투손(Tucson)에 있는 통계조사회사(Statistical Research, Inc.: SRI)가 정규 대중 프로그램 부서를 설치한 일이다. 이 통계조사회사에서 대중 프로그램은 대중을 위한 대외봉사활동이라는 목적을 달성하기 위해 독자적인 계약을 통해 재원을 조달할 뿐만 아니라 의무계획과 비의무계획에도 포함되어 있다. 이 통계조사회사는 미국산림청의 〈시간여행 여권〉이라는 전국적인 프로그램과 자원봉사의 기회를 안내하는 출판물을 만든다.

2) 대중 역사서술로서의 고고학

오늘날 미국의 대중고고학자 사이에서는 양질의 연구와 연구결과에 대한 대중의 해석 모두 그들의 작업에서 없어서는 안 될 결과라는 것이 일반적으로 받아들여지고 있다. 결국 고고학 연구의 궁극적 가치는 정보를 제공하는 것뿐만 아니라 궁극적으로 문화사의 본질과 관련성에 대한 대중의 인식을 높이는 것이 아닐까? 이러한 향상된 이해는 미국인의 삶의 질을 개선한다.

전시나 대중 역사서술은 고고학에 대한 대중의 해석에서 가장 효과적인 두 종류의 기법이다. 이것이 성공적이려면 두 기법은 정보를 알려줄 뿐만 아니라 재미가 있어야 한다. 이러한 기법의 목적은 정보를 알려주고 연결하며 관련되게 하고 영감을 주어서 자료에 대해 영속적이면서도 더 나은 이해를 하도록 하는 것이다.

종종 문화자원관리 연구를 통해 발굴보고서와 유물이 홍수를 이루는 가운데 고고학자는 준수해야 할 과정의 실제 목적, 즉 대중에게 즐거움을 제공하고 과거 인간 경험의 풍부한 다양성에 대한 이해를 돕는 것을 고려하지 않는다. 어떤 사람은 가장 중요한 문화자원관리 구제발굴 프로그램*의 결실이 발굴유물에 관해 일반 대중이 접근할 수 있는 출판물, 프로그램, 전람회를 만들어내는 것이라고 말한다.

예를 들어 리처드 B. 러셀의 문화자원관리 프로그램(the Richard B. Russell (RBR) Cultural Resources Management program)의 중요한 결과는 리처드 B. 러셀의 연구에 대한 대중적 접근을 제공하는 출판물과 전시를 만드는 것이었다. 1985년 미국육군공병대는 이 프로그램의 결과로 대중을 위한 현장 전시(on-site public exhibition)와 브로슈어를 만들어냈다. 이 전시는 조지아주의 엘버튼(Elberton) 근처에 있는 리처드 B. 러셀 프로젝트사무소에서 계속 개최되었다. 러셀의 대중 역사책인 『이 호수-강-바다 물 밑에(Beneath These Waters)』의 발간에 즈음해서 국립공원관리청과 미국육군공병대는 많은 정보를 담고 있으면서 재미도 있게 설명할 것을 크게 강조했다. 그 결과물인 전시회와 출판물은 기술적 작업과 결합하여, 높은 연구 질과 그에 따른 발견유물에 대한 대중적 접근 모두를 제공한다는 면에서 이 프로그램을 세계적 수준의 모범 사례로 만들었다.

『이 호수-강-바다 물 밑에』를 준비할 때 국립공원관리청은 일반 대중을 위해 기술적 정보를 효과적으로 바꾸는 재능을 가진 전문 작가로 구성된 팀을 선택했다. 계약 작가인 샤린 케인(Sharyn Kane)과 리처드 키튼(Richard Keeton)은 정식으로 훈련받은 고고학자나 역사학자가 아니고 연방정부와의 계약에 익숙하지 않았기 때문에 이 책을 쓰는 일에 참여하는 데 큰 어려움에 직면했다. 그러나 이들은 다양한 기술고고학과 역사보고서를 세세하게 보면서 기술적 전문지식의 부족 때문에 생긴 이러한 어려움이 RBR의 인기 있는 역사(the RBR popular history)를 쓰려는 전반적인 계획

....

* 　문화자원 구제발굴 프로그램: 'CRM mitigation programs'를 '문화자원관리 경감 프로그램'으로 번역하지 않고 의미 전달이 잘 되도록 '문화자원관리 구제발굴 프로그램'으로 번역했다.

과 그 결과로 예측할 수 있는 일련의 전문적 편견, 알고 있음을 과시하는 모양새, 이러한 규모와 중요성을 가진 프로젝트에 부여된 감정에 방해받지 않는 거의 완전한 객관성이라는 중요한 이점을 주었다는 것을 깨달았다. 작가의 임무는 이들의 20년간의 연구 결과를 반영하고 그것을 핵심적으로 축약한 후 원래 자료의 기본적인 성격을 상실하지 않으면서 일반 청중이 쉽게 받아들일 수 있는 방식으로 재구성하는 것이었다(Kane *et al.* 1994). 교육계, 학계, 지역사회로부터 『이 호수-강-바다 물 밑에』에 대해 전반적으로 칭찬을 받음으로써 발굴유물*에 대한 유익한 접근을 제공하는 데 성공했음을 증명하였다.

3) 영감을 주는 고고학: 예술과 형상화

오늘날 많은 고고학자들은 인간의 역사를 복원하고 그것을 대중에게 생명력 있게 전달해주려고 시도할 때 전통적 방법과 분석적 기법에만 의존하는 것에 만족하지 않는다. 그들은 실용적 설명을 넘어서려고 하며 고고학적 정보와 유물이 영감을 주는 인지적 이미지의 해석적 잠재성을 개발하고자 했다. 그들은 고고학 정보를 대중에게 전달하는 것을 돕는 예술적 표현의 가치와 힘을 깨달았다. 고고학자는 비전문가에게 과거가 어떻게 제시되고 소비되는가에 점차 관심을 갖는다. 이들은 국립공원, 박물관, 대중 문학, 영화와 텔레비전, 음악, 다양한 멀티미디어 형식을 갖춘 교육 장소에서 고고학 정보와 소통하는 다양한 방법을 검토하기를 원한다(Jameson *et al.* 2003).

고고학과 고고학에서 파생된 정보와 유물은 직접적으로 컴퓨터로 만든 복원작품과 전통적인 예술가의 생각에서부터 시와 오페라와 같은 다른 예술 형태에 이르기까지 폭넓고 다양한 예술적 표현에 영감을 주었다. 이 작품들에는 항상 어느 정도의 추측이 존재함에도 이것들은 종종 기술적 해석(technical interpretations)보다 덜

....

* 발굴유물: 'research findings'는 '연구발견물'로 번역하지 않고 '발굴유물'로 번역했다.

추측적이며, 그리고 설득력 있는 방식으로 맥락과 상황을 알리는 시각적이고 개념적인 이미지(visual and conceptual imagery)를 제공한다는 강점이 있다. 2차원의 회화와 대중 역사서술 같은 두 종류의 해석 형식(interpretative format)은 국립공원관리청에서 대중적 해석과 교육 도구로 사용한다(Jameson 2000b, 2001).

선사시대 생활방식에 대한 설명에 풍부한 개념적 이미지를 제공하고 상당수의 이용 가능한 사진자료를 늘리기 위해 『이 호수-강-바다 물 밑에』의 필자들은 한 예술가가 국립공원관리청에 맡긴 원작 회화들을 사용했다. 삽화로 만들어진 2개의 원본 유화 작품은 이 책의 매력을 크게 높였다. 그림들은 보고된 고고학적 발견에 근거한 선사시대 장면을 묘사하여 흥미를 더하고 정부가 후원하여 작성한 보도자료에서 흔히 발견되지 않는 많은 정보를 추가적으로 제공한다(그림 2.5).

10. 미국의 대중고고학: 과거, 현재, 미래

이 장에서는 19세기와 20세기의 역사유적 보존과 보전운동, 제2차 세계대전 이후의 문화유산 보호와 교육고고학의 최신 발전에 영향을 받아 틀이 만들어진 미국의 대중고고학에 대해 서술했다. 유적 보호, 도굴과 유지상의 위기와 같은 관리에서의 과제는 미래의 정부계획의 초점이 될 것이다. 아마도 미국에서 대중고고학의 위상과 성숙도를 측정하는 한 가지 척도는 아메리카 원주민의 가치를 좀 더 많이 고려하기 시작한 최신 경향일 것이다. 이러한 점에서 대중고고학과 문화자원에 대한 새롭고 확대된 정의는 인류학으로서 고고학의 성격을 더 확고히 하는 방향으로 고고학계를 이끌었다. 비록 인력과 자원의 한계가 미국의 많은 대중고고학자에게 좌절의 근원이 되고 있음에도 유적 보호, 대중교육, 해석에서의 노력이 제퍼슨 방식의 민주주의 전통 속에서 더 자의식을 가지고 감상을 즐기며 탁월한 대중을 만든다는 것을 알면 약간은 위안을 받을 수 있다.

참고문헌

Anderson, D. G. 1997. A National Commitment to Archaeology. *Common Ground* 2(1): 14-19.

Anderson, D. G., B. C. Keel, J. H. Jameson, J. E. Cobb, and J. W. Joseph, Jr. 2000. Reservoir Construction in the Southeastern United States: The Richard B. Russell Program as an Example of Exemplary Heritage/Cultural Resources Management. Paper presented at the Culture Heritage Management and Dams Workshop, University of Florida, Gainesville.

Babbitt, B. 2000. Letter to Louis Caldera, Secretary of the Army. Washington, DC: US Department of the Interior, (September 21, 2000).

Banks, M. K., M. Giesen, and N. Pearson 2000. Traditional cultural properties vs. traditional cultural resource management. *CRM* 23(1).

Bender, S. J. and G. S. Smith (eds) 2000. *Teaching Archaeology in the Twenty-first Century*. Washington, DC: Society for American Archaeology.

Bograd, M. D. and T. A. Singleton 1997. The interpretation of slavery: Mount Vernon, Monticello, and Colonial Williamsburg. In J. H. Jameson, Jr (ed.) *Presenting Archaeology to the Public: Digging for Truths*. Walnut Creek: AltaMira Press.

Bruinius, H. 1999. African burial ground under New York streets. URL: http://www.csmonitor. com/durable/1999/06/17/p16s1.htm. *The Christian Science Monitor Electronic Edition*, June 17, 1999. Boston, Massachusetts: The Christian Science Publishing Society.

Childs, S. T. 1995. The curation crisis: What's being done? *Federal Archaeology* 7(4): 11-15.

Coleman, S. 2000. Personal communication. New York: African Burial Ground Steering Committee, General Services Administration.

Conrad, N., J. H. Jameson, Jr, and C. Van Voorhies 1999. A Partnership for the 21st Century: The Fort Frederica Archaeology Education Workshop. Paper presented at the 1999 National Interpreters Workshop, Syracuse, New York. October.

Culleton, E. 1999. The Origin and Role of the Irish Heritage Park. In P. G. Stone and P. G. Planel (eds) *The Constructed Past: Experimental Archaeology, Education and the Public*. London: Routledge.

Cunningham, R. B. 2000. The slow death of the treasure trove. *Archaeology* online features. URL: http://archaeology.org/online/features/trove/index.html. Archaeological Institute of America (February).

Cushman, D. W. 1998. Public archaeology and local land use law. *CRM* 21(10).

De Cunzo, L. A. and J. H. Jameson, Jr. 2000. 'Unlocking the Past': An SHA Public Awareness and Education Project. Paper presented at the 2000 Society for Historical Archaeology Annual Conference on Historical and Underwater Archaeology, Quebec, Canada (January).

Edgar, B. 2000. Whose past is it, anyway? Review of *Skull Wars* (2000) by David Hurst Thomas. *Scientific American* July 2000: 106-107.

Esterhuysen, A. and J. Smith 1999. The Form, Physique And Fitness Of Educational Archaeology; Is It Working Out? Symposium held during the 1999 World Archaeological Congress (WAC 4), Cape Town, South Africa (January 4-10).

FLETC (Federal Law Enforcement Training Center) 2000. Enforcement Techniques Division Archeological Resources Protection Training Program. URL: http://www.ustreas.gov/fletc/ etd/etd_home.htm. The Federal Law Enforcement Training Center (March).

Fowler, P. 1999. Bede's world, UK: the monk who made history. In P. G. Stone and P. G. Planel (eds) *The Constructed Past: Experimental Archaeology, Education and the Public*. London: Routledge.

GII (Grolier Interactive, Inc.) 1996. Theodore Roosevelt biography. URL: http://gi.grolier.com/presidents/ea/bios/26proos.html.

GOPR (Governor's Office of Planning and Research) 1994. *CEQA and Archaeological Resources. The CEQA Technical Advice Series*. Sacramento: California Office of Planning and Research (April).

GSA (US General Services Administration) 1999. The African Burial Ground. URL: http://r2.gsa.gov/afrburgro/abg.htm. Washington, DC.

Haas, D. 1995. Education and Public Outreach in Federal Programs. *CRM* 18(3): 13-18.

Ijureef, G. F. 1999. The Reconstruction of Sites in the Archaeological Theme Park. In P. G. Stone and P. G. Planel (eds) *The Constructed Past: Experimental Archaeology, Education and the Public*. London: Routledge.

Jameson, J. H. Jr. (ed.) 1997. *Presenting Archaeology to the Public: Digging for Truths*. Walnut Creek: AltaMira Press.

Jameson, J. H. Jr. (ed.) 1999a. Archaeology and the National Park idea: challenges for management and interpretation. *The George Wright Forum* 16(4).

Jameson, J. H. Jr. 1999b. The NPS Public Interpretation Initiative Program. Online article, URL: http://www.cr.nps.gov/seac/pii.htm.

Jameson, J. H. Jr. 2000a. Public interpretation, education and outreach: the growing predominance in American archaeology. In F. P. McManamon and A. Hatton (eds) *Cultural Resource Management in Contemporary Society*. London: Routledge.

Jameson, J. H., Jr. 2000b. Review of *The Apalachee Indians and Mission San Luis*. *Historical Archaeology* 34(2): 146-48.

Jameson, J. H. Jr. 2000c. Striking a Balance: the NPS Archaeology-Interpretation Shared Competency Curriculum. Paper presented at the 2000 Society for Historical Archaeology Annual Meeting, Quebec, Canada (January).

Jameson, J. H. Jr. 2001. Using Art as Public Interpretation and Education Tools in Archaeology. Paper presented at the 2001 Society for American Archaeology Annual Conference, New Orleans, Louisiana (April).

Jameson, J. H. Jr. 2004. Introduction in J. H. Jameson Jr. (ed.) *The Reconstructed Past, Reconstructions in the Public Interpretation of Archaeology and History*. Walnut Creek: AltaMira Press.

Jameson, J. H. Jr. and W. J. Hunt 1999. Reconstruction vs. preservation-in-place in the National Park Service. In P. G. Stone and P. G. Planel (eds) *The Constructed Past: Experimental Archaeology, Education and the Public*. London: Routledge.

Jameson, J. H. Jr., J. E. Ehrenhard, and W. M. Husted 1992. Federal Archaeological Contracting: Utilizing the Competitive Procurement Process. Revised from original 1990 publication. *Technical Brief No. 7*. Washington, DC: Archaeological Assistance Program, National Park Service.

Jameson, J. H. Jr., N. Conrad, and C. Van Voorhies 2000. A Colonial Classroom: Fort Frederica National Monument. Paper presented at the 2000 Society for Historical Archaeology Annual Conference on Historical and Underwater Archaeology, Quebec, Canada.

Jameson, J. H. Jr., J. E. Ehrenhard, and C. A. Finn (eds) 2003. *Ancient Muses: Archaeology and the Arts*. Tuscaloosa: University of Alabama Press.

Jefferson, T. 1787. Notes on the State of Virginia. In *Thomas Jefferson Writings*, compiled by Merrill D. Peterson, seventh printing, 1984, p. 225. New York: The Library of America.

Kane, S., R. Keeton, and J. H. Jameson Jr. 1994. Beneath These Waters: A Publication for the Public. Online article, URL: http://www.cr.nps.gov/seac/beneath.htm.

Keel, B. C. 2001. Personal communication. Tallahassee, Florida: Southeast Archaeological Center, National Park Service.

Leone, M. P., P. B. Potter Jr, and P. A. Shackel 1987. Toward a critical archaeology. *Current Anthropology* 28(3): 251-302.

McManamon, F. P. 2000a. Memorandum: Results of Radiocarbon Dating the Kennewick Human Skeletal Remains (January 13, 2000).

McManamon, F. P. 2000b. The protection of archaeological resources in the United States: reconciling preservation with contemporary society. In F. P. McManamon and A. Hatton (eds) *Cultural Resource Management in Contemporary Society*. London: Routledge.

McManamon, F. P. and A. Hatton (eds) 2000. *Cultural Resource Management in Contemporary Society*. London: Routledge.

McGimsey, C. R. III. 1972. *Public Archeology*. New York: Seminar Press.

McGimsey, C. R. III and H. A. Davis 1977. *The Management of Archaeological Resources: The Airlie House Report*. Washington, DC: Society for American Archaeology.

Means, B. K. 1998. Archaeological past and present: field methodology from 1930s relief excavations in Somerset County, Pennsylvania and its relevance to modern archaeological interpretations. *Journal of Middle Atlantic Archaeology* 14: 39-63.

Minthorn, P. 1997. Native peoples and river basin surveys. *Common Ground* 2(1): 38.

National Park Service. 1998. The power to preserve: public archaeology and local government. *CRM* 21(10).

National Park Service. 1999a. Public Archaeology in the United States Timeline. URL: http://www.cr.nps.gov/aad/timeline/timeline.htm. Washington, DC: National Park Service.

National Park Service. 1999b. Cultural resources and the Interior Department: an Overview. *CRM* 22(4).

National Park Service. 2000a. Dam good archaeology: The Bureau of Reclamation's Cultural Resources Program. *CRM* 23(1).

National Park Service. 2000b. National Archaeological Database. URL: http://www.cr.nps.gov/aad/nadb.htm. Washington, DC: National Park Service.

National Park Service. 2000c. Federal Archaeology Program. URL: http://www.cr.nps.gov/aad/fedarch.htm. Washington, DC: National Park Service.

National Park Service. 2000d. Scientists to Begin Kennewick Man DNA Studies. NPS Press Release, April 21, 2000. Washington, DC: National Park Service.

OPEI (Office of Public Education and Interpretation of the African Burial Ground) 2000. *Update* 3(1), *OPEI Newsletter*, New York: World Trade Center, US Customs House.

Pitcaithley, D. 1989. Pious Frauds: Federal Reconstruction Efforts During the 1930s. Paper delivered at the annual meeting of the Organization of American Historians, St. Louis, Missouri. Copy on file at the Office of the Chief Historian, National Park Service, Washington, DC.

Samford, P. 1994. Searching for West African cultural meanings in the archaeological record. *Newsletter of the African-American Archaeology Network* 12.

SEAC. 1998. *Celebrating 60 Years of Archaeology in the Southeast: 1938-1998*. Commemorative poster. Tallahassee, Florida Southeast Archaeological Center, National Park Service.

Simon, B. G. and E. L. Bell 1998. Community archaeology: working with local governments. *CRM* 21(10).

Smardz, K. and S. Smith (eds) 2000. *Sharing Archaeology with Kids: A Handbook of Strategies, Issues, and Resources in Archaeology Education*. Walnut Creek: AtlaMira Press.

Smith, G. S. and J. E. Ehrenhard (eds) 1991. *Protecting the Past*. Boca Raton, Florida: CRC Press.

South, S. 1997. Generalized versus literal interpretation. In J. H. Jameson Jr (ed.) *Presenting Archaeology to the Public: Digging for Truths*. Walnut Creek: AltaMira Press.

Stone, P. G. and R. Mackenzie (eds) 1990. *The Excluded Past: Archaeology in Education*. London: Routledge.

Stone, P. G. and B. L. Molyneaux (eds) 1994. *The Presented Past: Heritage, Museums, and Education*. London: Routledge.

Stone, P. G. and P. G. Planel 1999. Introduction. In P. G. Stone and P. G. Planel (eds) *The Constructed Past: Experimental Archaeology, Education and the Public*. London: Routledge.

Taylor, R. E. 2001. Amino Acid Composition and Stable Carbon Isotope Values on Kennewick Skeleton Bone. Attachment B in *Report on the DNA Testing Results of the Kennewick Human Remains from Columbia Park, Kennewick, Washington*. Washington, DC: National Park Service.

TED (Trade and Environment Database) 1993. TED Case Studies: Artifact Trade, Case No. 216. URL: http://www.american.edu/projects/mandala/TED/ARTIFACT. HTM. American University, Washington, DC (January).

Tuross, N. and C. J. Kolman, 2000. Potential for DNA Testing of the Human Remains from Columbia Park, Kennewick, Washington. Report to the Department of the Interior and Department of Justice. URL: http://www.cr.nps.gov/aad/kennewick/tuross_kolman.htm. Washington, DC: National Park Service.

Waldbauer, R. 2000. Personal communication. Washington, DC: National Park Service.

Walthall, J., K. Farmsworth, and T. E. Emerson, 1997. Constructing [on] the Past: Illinois paves the way for preservation partnerships. *Common Ground* 2(1): 26-33.

Wendorf. F. and R. H. Thompson. 2002. The Committee for the Recovery of Archaeological Remains: three decades of service to the archaeological profession. *American Antiquity* 67(2).

Willey, G. R. and J. A. Sabloff 1993. *A History of American Archaeology* (3rd edition). New York: W. H. Freeman and Company.

3장

북미 지역의 고고학과 대중교육

캐롤라인 스마드즈 프로스트(Karolyn Smardz Frost)

북미 지역의 현행 대중 및 교육 고고학의 개요를 발표하는 것은 벅찬 과제이다. 내가 여기에서 하는 것처럼 주로 교육에 초점을 맞추고 고고학적 문제에 대한 대중의 관심을 높이는 것이 명백한 목표인 프로젝트로 논의를 제한하는 경우에도 마찬가지이다. 현행 프로그램들에 대한 의견으로 최근에 인터넷상에서 약 122개의 이메일을 받았고, 의심할 나위 없이 문자 그대로 수백 개 이상의 더 많은 교육적인 고고학 프로젝트가 운영되고 있다. 따라서 나는 북미 대륙에서의 교육고고학의 역사, 목적, 발전에 관한 논의를 여기에서 시작하려 한다.[1] 이 장의 후반부에서는 현재 이용할 수 있는 광범위한 교육고고학 프로그램을 소개한다. 이 프로그램들은 프로그램이 이루어지는 장소와 대상 청중에 근거한 일반적 범주로 구분되는데, 나의 정보 요청에 아주 관대하게 응답한 많은 전문가의 직접적인 인용문이다.

하나의 과목으로서 고고학은 항상 상당히 많은 일반적 관심 — 즉, 전 세계에서의 발견에 집중된 많은 신문기사, 텔레비전 프로그램, 비디오, 웹사이트를 보는 것과 같은 — 을 얻고 있다. 그리고 거의 고고학이 탄생한 이래로 우리는 문화관광이 경제적 이득과 선교의 이득 모두를 가지고 있다는 것을 인식했다. 또한 열광적인 자원봉사자가 굉장한 양의 먼지를 닦을 수 있고, 사전에 대중의 지지를 얻는 것이 문화유산 보호법률의 통과를 보장하는 데 핵심적이라는 것도 인식했다. 문화연구와 보존에는 개인 후원자든 정부든 부유한 사람들의 지원이 항상 필요했다. 오래된 그림들은 기자(Giza), 폼페이 혹은 스톤헨지에서 발견된 것을 찬찬히 살펴보는, 연회복을 입은 신사 옆에서 파라솔을 든 빅토리아 시대의 숙녀를 많이 다룬다. 북미에서는 관심 있는 여행자, 예술가, 지리학자에 의해 수많은 선사시대 봉분과 토목기념물이 오랫동안 지도에 기록되고 언급되었다. 프랭클린 루스벨트의 뉴딜정책으로 대표되는 공공사업촉진국(the Workers Progress Administration)에서는 지표조사를 할 때 실업 광부와 공장근로자를 감독하도록 고고학자를 파견했고 많은 유적의 발굴이 그 이전 혹은 그 이래로 이루어졌다. 우리에게 초기 고고학자로 잘 알려진 몇몇은 사실상 아마추어로 출발한 전문가였다[2](Dyke, 개인적 대화).

기관의 측면에서 대중교육은 항상 대서양에서 태평양에 이르는 북미 지역 박물관의 임무헌장에 포함되어 있다. 예를 들어 왕립컬럼비아박물관(the Royal Columbia Museum)은 1886년 주정부에 청원함으로써 창립되었다. 이는 "지방 문화유산의 관리와 교육적 중요성에 관한 대중의 인식"을 드높이는 시설에 관한 청원이었다. 워싱턴 D.C.의 스미소니언박물관은 스스로를 "주로 지식을 증대하고 전파하는 기관으로" 간주하고 박물관 교육을 박물관학 분야에서 전문성을 인정받고 고도로 존경받는 분야라고 생각한다(Corley-Smith 1989).

고고학에 대한 대중의 관심과 지원이 고고학이라는 학문의 연구와 보전(conservation)이라는 목표를 성취하기 위해 중요하다는 점이 일찍이 인정되었던 것은 분명했다. 그러나 초기 옹호자와 영향력 있는 대변자들의 대의명분, 즉 맥김시가 말한 '대중고고학'의 명분을 위해 전면적 프로그램을 개발하는 지점에 고고학계가 도달한 것은 우리 앞에 먹구름이 낀 유적 파괴의 전망이 악화된 1960년대 말과 1970년대 초에 와서야 이루어졌다(McGimsey 1972, 1991). 초기의 많은 논의에 참여했던 헤스터 데이비스(Hester Davis)에 따르면, 대중고고학이라는 용어는 오늘날 우리가

'문화자원관리'라고 부르는 것을 묘사하기 위해서 사용되었다. 그리고 그것은 자원봉사, 대중적 해석과 교육의 전체 영역을 망라했다. 최근 이 주제에 대한 이메일 교환에서 데이비스는 다음과 같이 말했다.

> 문화자원관리는 대중고고학이다. (모든 학생이 전문적 고고학자가 되는 것은 아니기 때문에) 현장학습이 대중고고학이다. 「아메리카 원주민 분묘 보호 및 반환에 관한 법률」에서의 상담은 대중고고학이다. 나는 고고학을 교육이라고 생각하지 않는다. 미국고고학회, 미국고고학연구소, 역사고고학회 등이 각 영역에서 수행하는 모든 중요한 일을 대중고고학의 본질로 생각하지 않는다. 즉, 그것은 오직 대중고고학의 하나의 작은 부분이다. 이는 지금 가장 명확해졌고 시각적으로 가장 눈에 띄게 활발하지만 발굴 현장을 개방하는 것부터 발굴보고서를 쓰는 것에 이르기까지, 또 초보자에게 설명하고 의회에 로비활동을 하는 것까지 고고학자가 행하는 모든 일은 대중고고학의 일부이다(Davis, 개인적 대화).

북미 대륙의 지상과 지하에 존재하는 방대한 수량의 문화자원을 보존하는 것처럼 고고학계가 혼자서 할 수 없거나 법의 도움을 받는 강제력 없이는 할 수 없는 것을 이루기 위해 대중이 필요하다는 점을 고고학계가 깨달았을 때, 대중을 위한 교육고고학은 정말로 우선적 과제가 되었다. 기하급수적으로 증대하는 도시와 도시 근교의 발전과 산업의 발전, 점차 효과적이고 파괴적인 채광과 자원의 확보 과정, 일반 대중의 입장에서 향상된 이동성과 더 많아진 여가시간은 유적의 파괴와 수익을 얻기 위해 팽창하는 골동품 거래와 합쳐져서 전례 없이 전체적으로 놀라운 속도로 유적을 파괴했다(Smith 1994; Lipe 1994; Fagan 1994). 북미 지역은 매우 넓은 지역이고 캐나다와 미국의 광활한 토지의 많은 부분에는 상대적으로 사람들이 거주하지 않았다. 아주 엄격한 유적보호법이 있음에도 효과적인 집행이 실제로는 몽상이라는 것은 아주 확실했다. 대중고고학은 현실적이고 실행가능한 해법으로 생각되었다. 만약 사람들이 유적자원의 상실이 자신들의 삶의 질에 나쁜 영향을 미치고 각각의 국가문화유산에 대한 자부심에 나쁜 영향을 준다는 점을 깨달을 수 있다면, 그리고 유적관리가 모든 시민의 책임이라는 점을 깨달을 수 있다면, 아마도 문화자원을 파괴하는 것과 같은 물결은 적어도 완화될 수 있다(Brown 1991; Davis 1990; McManamon and Smith 1991; Smardz 1990).

사실 일부 고고학자들이 하려고 했던 것은 일반 대중에게 근본적인 태도 변화를 일으키는 것이었다. 브리티시컬럼비아대학의 데이비드 포코틸로(David Pokotylo)가 1985년과 1989년에 시행한 여론조사와 미국인류학회(the American Anthropological Association)를 대표하여 폴 에릭슨(Paul Erickson)이 그 이후 바로 시행한 여론조사에 따르면 일반 대중이 고고학과 문화유산을 보호하는 데 전반적으로 상당한 관심을 가지고 지지하고 있음을 보여주었다. 또한 대학에 들어오기 이전 단계의 수업시간에서도 다양한 매체를 통해 고고학과 인류학에 관한 정보를 상당히 알고 있다는 것을 보여주었다. 한편 대다수 사람들이 미국 최초의 국가(First Nations)와 아메리카 원주민의 문화사에 대해 한심할 정도로 모르고, 그들 지역에 인간이 거주했던 고대에 대해서도 혼란스러워하며, 고고학 연구의 결과도 모르고, 문화자원을 보호하는 것을 돕기 위해 이미 시행된 법적 조치를 일반적으로 인식하지 않고 있다는 것도 잘 보여주었다(Erickson 1990; Pokotylo and Mason 1991; Selig 1991).

유적을 보호하기 위해서 법률을 제정하는 것만으로 충분하지 않다는 점은 명확하다. 고고학에서 보통 사람들이 듣고자 하는 메시지를 정확하게 전달하는 프로그램을 개발하고 실행하는 데 고고학자가 스스로 충분하게 관련하여 노력하지 않았다는 것도 자명했다. 그 결과 고고학에 대한 사람들의 일반적 인상은 후원함으로써 무언가를 얻을 수 있다는 것부터 아주 전문적이고 불가사의한 직업을 통해 유물을 발견하지만 그 유물에 대해 유일하고 가능한 대중적 접근은 박물관 진열장 속에서나 가능하다는 것에 이르기까지 다양하다(McManamon and Smith 1991; McManamon 2000).

자원 보호에 책임을 지고 있는 미국의 다양한 연방정부기관은 진보적이고 매우 창조적인 접근 방법을 시도했는데, 그 기관에는 국립공원관리청, 토지관리국, 미국산림청, 어류 및 야생동물관리청(Fish and Wildlife Services)이 있다. 마찬가지로 국가유적에서 대중교육과 해석 프로그램은 항상 주안점이었는데, 캐나다공원관리청(Parks Canada)은 그러한 사례로 가장 잘 알려져 있다. 국립공원에서 해석적이며 살아 있는 역사센터로 기능하도록 만들어진 많은 군사시설을 포함하여 대서양 해안에서 태평양 해안에 이르는 곳에 있는 유적에서 행해진 역사유적을 복원하려는 광범위한 작업은 항상 대중교육이라는 중요한 목적을 가지고 있었고 최근에는 종종 대중의 관여도 이루어졌다. 초기의 조정, 물질적 지원, 교육과 대중고고학의 명분을 살리기 위해 정부기관의 직원이 제공한 연락과 자문 지원은 그것의 성공을 위해 절대적으로 중요했다.

　이는 고고학에서 전혀 깊이 뿌리를 박지 않았던 운동이었다. 그리고 지역의 고고학계가 종종 조롱하거나 적극적으로 반대한 운동이었다. 그러나 자신의 시대가 왔다고 생각하는 경우에서 종종 보이듯이, 운동의 창시자가 진실한 위기로 느꼈던 점에 대처하는 것을 돕기 위해 많은 독립적인 프로그램과 계획이 1980년대 초반과 중반에 개설되었다. 이러한 노력을 하는 가운데 한동안 조정은 거의 없었다. 마찬가지로 성공과 지속의 정도는 주로 재정적인 난관에 따라 매우 다양했다. 연방정부기구와 다양한 주립 역사보존사무소(State Historic Preservation Offices)가 제시한 서너 개의 우수한 프로그램이 그러하듯이, 알칸소고고조사단(the Arkansas Archaeological Survey)이 지도력을 가지고 혁신적인 프로그램을 수립한 것은 이 시기까지 거슬러 올라간다(Smith and Ehrenhard 1991; Butler 1992; Haas 1995). 선각자였고 매우 존경받는 고고학자였으며 기금 마련에 열심인 매우 실용적인 인물인 스튜어트 스트루버(Stuart Struever)는 일리노이주의 캠프스빌(Kampsville)에 있는 최초의 재단인 미국고고학센터(the Center for American Archaeology)와 그다음에 크로우캐넌고고학센터(Crow Canyon Archaeological Center)를 설치하는 추진동력을 제공했다. 이 두 고고학센터는 민간이 재정을 조달하고 운영하며 여러 면에서 주목할 만한 성공을 누리고 있고 아직도 존재하는 고고학 연구교육시설이다(Struever 2000). 이와 마찬가지로 위스콘신 라크로스대학의 미시시피강유역 고고학연구소(the Mississippi

Valley Archaeological Center: MVAC)에서 매우 존경받는 지역사회와 대학의 협력 관계가 1982년에 시작되었다. 미시시피강유역 고고학연구소는 초·중·고등학교 교사를 직접적 대상으로 하는 교육과정과 워크숍뿐만 아니라 "지역사회를 중심으로 현장과 실험실에서의 실습, 일련의 강좌, 고고학 체험일(Archaeology Days), 매년 유물의 시현과 다양한 전시 같은 모든 연령층을 대상으로 하는 프로그램"을 제공한다(Christensen 1995, 1999, 2000, 개인적 대화).

정부의 재정 지원이나 정치적 선의에 의존하는 일부 프로그램은 운이 덜 따랐다. 고고학자원센터(the Archaeological Resource Center)—캐나다의 온타리오주에서 시행한 토론토(Toronto) 지역 학교와의 공동 고고학 교육사업(joint archaeology education venture)—와 앨버타주 고고학조사단(the Archaeological Survey)의 교육담당관인 헤더 디바인(Heather Devine)이 개발한 우수한 프로그램이 수많은 반대 목소리에도 폐지된 사례를 들 수 있다. 양자는 학생, 교사, 일반 대중에게 인기가 있었음에도 1990년대 자금난의 희생양이 되었다. 그리고 고고학 전문협회와 교육협회, 지역사회 집단과 학부모의 강력한 항의에도 직면했다(Devine 1989a, 1989b, 개인적 대화, 1994; Jameson 1997; Smardz 1997).

온타리오고고학회(the Ontario Archaeological Society), 콜로라도주, 일리노이주, 뉴멕시코주, 오클라호마주, 다코타주에서도 전문가집단과 아마추어집단이 힘을 합쳐 대중에 초점을 맞춘 프로그램을 오랫동안 운영해왔고 열정적인 자원봉사자의 도움을 받아 아주 많은 우수한 고고학 연구를 수행해왔다. 지방 단위의 고고학 프로그램과 서스캐처원의 주립 박물관을 위한 지원은 전통적으로 아마추어집단, 그중에서도 주로 서스캐처원고고학회(the Saskatchewan Archaeological Society)의 열정과 지원에 기초하고 있다(Johnson and Jones 1999).

1980년대 동안 이러한 그룹은 관심을 갖는 성인뿐만 아니라 취학 연령의 어린이와 교사를 위해 더 체계적인 훈련과 교육 프로그램을 개발하고자 했다. 조지아고고학회(The Society for Georgia Archaeology)는 분명하게 이러한 목적을 위해 라마르연구소(the LAMAR Institute)를 설립해서 교사를 위해 교육하고 다양한 자원봉사 기회를 제공했고 전시와 강연회를 개최했으며 1992년부터 일련의 어린이 체험 프로그램을 제공했다(Elliott 1999, 개인적 대화). 애리조나주에서는 〈고고학은 발굴 그 이상이다(Archaeology is More than A Dig)〉라는 프로그램을 개설하고 최초의 '고고학 주간' 사업('Archaeology Week' projects) 중의 하나를 시작했다(Hoffman and Lerner 1988; Ellick 1991). 최근 역사고고학회의 교육분과위원회 위원장인 노스캐롤라이나주 소재 수중고고학연구소(North Carolina's Underwater Archaeology Unit)의 마크 와일드-램싱(Mark Wilde-Ramsing)은 연구서 『파도 아래에 숨겨진 보물(*Hidden Beneath the Waves*)』(1996/97)에 근거하여 교육자료와 고고학 '캠프'를 개발했다.

다른 많은 자료가 이 기간에 나왔다. 앤아버(Ann Arbor)에 있는 켈시박물관(Kelsey Museum)과 토론토에 있는 왕립온타리오박물관(the Royal Ontario Museum)이 만든 여행용 가방에 들어가는 교육자료(Traveling Suitcase educational kits)와 같은 것(Talalay 1991), 온타리오주의 킹스턴고고학센터(the Kingston Archaeological Centre)에 있는 카타라퀴고고학재단(the Cataraqui Archaeological Foundation)을 통해 이용할 수 있는 학습계획서와 교육매체 세트(Bazeley 1999, 개인적 대화), 도그 프라이스(Doug Price)와 지트 게바우어(Gitte Gebauer)의 『후가윌랜드에서의 모험(*Adventures in Fugawiland!*)』(1990), 세인트메리대학(St. Mary University) 핼리팩스(Halifax) 출판사의 『인류학 교육소식(*Teaching Anthropology Newsletter*)』, 『스미소니언박물관 인류학 단신(*Smithsonian's AnthroNotes*)』과 같은 교육에 관심이 있는 교사와 고고학자를 대상으로 한 무료 소식지, 루이지애나주에서 고고학 교육부서에 근무하는 낸시 호킨스(Nancy Hawkins)가 저술하고 아주 좋은 책으로 알려진 『고고학 교실(*Classroom Archaeology*)』(1984, 1999 개정) 같은 교재안내서, 텍사스고고학회(the Texas Archaeological Society)에서 발간한 『과거의 단서: 고고학 자료집(*Clues From the Past: A Resource Book on Archaeology*)』(Wheat and Whorton 1990), 낸 맥너트(Nan McNutt)가 개인적으로 발간한 『전통을 구제하는 계획고고학(*Project Archaeology: Saving Traditions*)』(1988) 등이 바로 그러한 자료이다. 케이 시 스미스(K. C. Smith)가 미국고고학회 교육자료위원회(Society for American Archaeology Educational

Resources Forum) 회장 직무의 일부로 학교 교사를 위해 우수한 이용 가능 자료집 모음도 발간했는데, 제목은 『과거로의 오솔길: 교육자를 위한 고고학 자료집 안내서 (*Pathways to the Past: An Educator's Guide to Resources in Archaeology*)』이다.

　　루이지애나주와 애리조나주, 서스캐처원주와 노바스코샤주와 같은 주정부와 지방정부의 문화유산부서가 교육전문가를 고용하기 시작했을 때 미국 대륙 전역의 박물관들은 학교와 대중교육 교과과정과 교육매체를 위해 유적관리 입장에서 정보를 통합한 공식적 프로그램을 수립했다. 중견 고고학자들은 고고학적 윤리와 개념에 대해 학부 학생에게 적절하게 교육하는 것을 옹호했다. 또한 이들은 대학생들도 대중교육정책의 주요 구성요소이고 학계가 책임감을 느껴야 한다고 주장했다(Schuyler 1991). 미네소타대학에서 1987년, 1988년, 1989년에 연속적으로 "과거를 보여주기 (Presenting the Past)"와 같은 학술대회가 개최되어 대중의 해석에 대한 상이한 접근방법의 상대적인 장점을 토의했다(Wells 1991). 모든 지역에서 고고학자는 교사와 학생, 자원봉사자와 정부기관 관계자와 함께 교육 파트너십을 구축하기 시작했다.

　　전반적으로 직종이 만들어져서 공고되었다. 미국과 캐나다의 교사로부터 교육자료, 정보, 객원강사에 대한 점점 더 많은 요청이 북미 대륙 전체의 고고학자 사무실로 쏟아졌다. 교사 대상의 학술지와 교육용 잡지에서 논문과 교실에서 사용할 수 있는 강의계획을 구독회원에게 만들어 제공하기 시작했다. 일부는 매우 우수했다. 다른 일부는 불가피하게도 문화유산의 보존에 관한 메시지 측면에서 전문 고고학자에게 전혀 수용되지 않았다. 고고학계의 교육 옹호자들은 고고학자들이 알아야 한다고 믿는 것을 배우도록 하기 위해 교육 프로그램의 설계와 전달에 좀 더 직접적이고 전문적으로 관여하기 위해 활약했다(Smardz 1990, 1991; Smardz and Smith 2000: 25-53).

　　고고학자는 매우 큰 규모로 대중교육에 참여하고 있다. 그리고 이는 명백하게도 대중고고학과 관련해서 무엇을 하고 있는지, 무엇을 하고 있다고 여겨지는지에 대한 대중적 관심과 생각에 주목할 만한 영향을 미치고 있다. 불가피하게 더 대다수의 고고학자들은 고고학에서 새로 조성된 대중적 특성에 대한 몇 가지 부정적인 결과에 따라 일부의 지도력에 대한 필요성과 프로그램을 조율할 필요성, 수단과 접근 방법뿐만 아니라 고고학에 대한 교육 윤리와 기준에 관해 토론하는 모임이 필요하다는 것을 제기했다. 고고학 지식이나 고고학자의 도움 없이 지나치게 열광적인 아마추어—매우 종종 학교 교사와 지역 역사애호가—가 수많은 어린 학생을 위해 발굴체험을 하려고 시도했을 때 유적이 완전히 파괴되는 불행한 사고가 발생했다. 사실 대중 및 교육 고고학과 관련된 사람 중에서 이러한 이야기를 하지 않는 경우는 거의 없다. 부적절한 이러한 인기 있는 관심이 실제로 유적 파괴를 초래함으로써 대중과 덜 연계된 고고학자에게 프로그램 계획의 수립 단계에서 전문적 관여가 필요하다는 점을 알려준다. 고고학자가 스스로 만들고 추구했던 고고학적 참여에 대한 욕구를 충족시키기 위해서는 몇 가지 형태의 건설적인 교육 기회가 개발되어야 하는 것이 분명했다.

북미 지역에서 고고학 교육을 개발하고 윤리적으로 구현하기 위해 전문학계(고고학계) 쪽에서 중진 인사의 지도력이 요구되었다. 사바나(Savannah)에서 열린 1986년 역사고고학회 회합 이후 존경받는 교사에서 고고학자로 변신한 마사 윌리엄스(Martha Williams)가 대중교육위원회를 설치할 필요성을 학회 집행부에 제기했다. 이 위원회는 프로그램 개발뿐만 아니라 교육자료를 제작하는 데에도 중요한 역할을 했다. 실제로 대중교육위원회의 설치는 역사고고학회 회원이 운영하는 모든 고고학 프로젝트에 대중의 해석이 구성요소로 포함되는 기준을 정하는 데 도움이 되었다. 가장 최근에 이들은 아주 야심 찬 웹사이트, 비디오, 인쇄매체 프로젝트인 〈과거의 문을 열다(*Unlocking the Past*)〉(2000)라는 계획을 활발하게 추진했는데, 이는 독자 대중과 전문교육자를 대상으로 했다.

같은 시기 동안 1968년에 창립된 캐나다고고학회(the Canadian Archaeological Association: CAA)에서는 처음에는 토론토대학에 근무하다가 나중에 토론토고고학자료센터(the Toronto Archaeological Resource Centre)의 대중관계 담당관이 된 캐롤 스티멜(Carole Stimmell)을 대중고고학의 총 책임자로 임명했다. 대중교육은 1990년대, 특히 제인 켈리(Jane Kelley)와 데이비드 포코틸로가 캐나다고고학회의 회장으로 재임하는 동안 조직의 우선순위였다. 1980년대에 들어서서 캐나다고고학회는「국가유적자원보호법안」의 통과를 지원하는 대중적이고 정치적인 지지를 확산하는 것을 목적으로 일련의 논의를 시작했다. 불행하게도 이 법안은 여러 번 보류되었다. 캐나다에서 오늘날까지 문화유산을 보호하기 위한 연방 차원의 법률이 없는 것은 국가적인 수치이다. 캐나다에서는 문화와 교육이 그러하듯이 이것이 지방이나 지역의 조례 차원의 문제로 남아 있다.

미국고고학연구소가 고고학 정보를 보급하기 위해 새로운 매체에 대한 접근 방법을 계획하기 시작한 시기도 역시 1980년대였다. 이 계획을 통해 궁극적으로 우수한 '고고학'에 관한 텔레비전 시리즈가 제작되었다. 이 텔레비전 시리즈의 목적은 미국고고학협회의 훌륭한『고고학 잡지(*Archaeology Magazine*)』를 읽거나 미국고고학연구소의 대중강연에 참여할 가능성이 거의 없는 대중에게 고고학 연구에 관한 관심과 지식을 장려하는 것이었다. 미국 대륙 전체에 걸쳐서 미국고고학협회의 헌장에 이러한 목적이 제시되었고 이어지는 수십 년 동안 유익한 결과를 내왔다. 오늘날 미국고고학협회는 어린이와 젊은이를 주된 독자로 겨냥하는 새로운 잡지인『고고학 발굴(*Archaeology's Dig*)』을 최근 창간하고 고고학적 논점을 가지고 교육적으로 활용될 자료에 대한 우수한 문헌목록을 포함한 교육자료를 지속적으로 개발하면서 이러한 일을 계속하고 있다. 또한 이는 최근 학교 교사에게 교육적 지원을 하려는 학자, 연구소 직원, 해설자, 박물관 직원, 문화자원관리 직원으로 이루어진 북미 지역 네트워크를 구축하면서 유명해졌다.

북미 대륙에서 대중고고학에 대한 가장 야심 차고 정치적으로 효율적인 일부 사업을 권위 있는 미국고고학회가 제시했다. 이 학회는 북미에서 가장 크고 아메리카 원주민과 캐나다 원주민의 고고학(Native and American and First Nations archaeology)에 대해 연구하는 거의 모든 중견 전문가뿐만 아니라 고고학 분야의 다른 많은 사람이 속해 있다. 1980년대 후반에 미국고고학회는 〈미래를 위해 과거를 보호하자〉라는 프로젝트를 수립했고 1989년 뉴멕시코주의 타오스(Taos)에서 열린 실무회의를 시작으로 일련의 학술대회와 세미나를 개최했다.

논점은 미국에서 약탈, 문화재 훼손, 유적 파괴를 멈추게 하는 방법이었다. 그래서 연방, 주 및 지방 정부기관, 사립재단, 대학, 특수 이익단체와 협력하여 다년간에 걸쳐 추진될 계획을 지원하도록 도왔다. 〈1990년대의 행동〉의 목록에는 미국고고학회가 수행해야 한다고 생각하는 7가지 과제가 포함되었다. 이 과제는 향상된 대중정보 프로그램, 교육 및 훈련 지원 프로그램의 개발, 법령의 강화, 모든 수준에서 기존 보호제도의 개선, 문화유산 보호와 대중교육에 관한 정부 부처 사이의 협력 개선, 유적의 파괴 수단과 파괴 정도에 관한 연구, 대중이 전문적 지도를 받으며 유적발굴과 연구에 참여할 수 있는 생산적이고 수용 가능한 대안의 개발이다(Reinburg 1991).

그 첫 번째 단계 중의 하나는 미국고고학회에서 매우 활동적이고 생산적인 대중교육위원회를 창립하는 것이었다. 이 위원회는 10년도 되지 않은 기간에 11개의 하위위원회를 둘 정도로 성장했다. 또한 일련의 출판물, 워크숍 자료, 중·고등학교 교사가 사용할 자료집을 만들었고 다른 조직과 폭넓게 상호 협력할 계획을 지원하는 수단을 제공했다. 그 수단은 고고학 분야에서의 보이스카우트 수련과정, 고고학 지식을 가진 사람을 지정하여 40개 이상의 주와 지방의 교사들이 교실에서 고고학 교육을 시행할 수 있도록 지원한 고고학 네트워크(the Archaeology Network), 미국고고학회가 후원하는 아메리카 원주민 학생을 가르치는 교육자를 위한 연례 워크숍, 학회의 연례회의에서 개최되는 대중발표회와 학교 교사를 위한 워크숍이다(B. Smith 1995; K. C. Smith 1995; Clark 1999, 개인적 대화).

전문가집단의 지원으로 교육 및 대중 고고학은 점점 더 주류가 되었다. 1990년대 초의 경기침체기에 고고학과 문화유산 관련 일에 대한 재정이 고갈됨에 따라 지식과 관심이 있는 대중의 지원을 얻는 것이 모든 고고학자의 주요 우선순위가 되었다. 교육 및 대중 고고학의 방법과 이론을 가르치는 대학 과정은 아직도 흔치 않지만, 사우스플로리다대학에서는 20년 이상 석사과정을 개설하여 대중고고학 분야의 전문가가 되는 것이 가능해졌다(White 2000, 개인적 대화). 마찬가지로 블루밍턴(Bloomington)에 있는 인디애나대학에서는 최근 대중고고학적 경향이 있는 응용인류학 분야의 대학원 과정을 개설했다. 그리고 오늘날 많은 북미 지역 인류학과에는 개별적 과정이 개설되어 접근이 가능하다(Pyburn, 개인적 대화). 뉴욕주 시러큐스 (Syracuse)에 있는 시러큐스대학은 10월 첫째 주에 열리는 뉴욕주 고고학 주간(New York State Archaeology Week)을 기념하여 매년 '대중고고학' 발굴 체험행사를 후원하고(Ryan, 개인적 대화), 사우스캐롤라이나대학에 있는 사우스캐롤라이나 고고인류학연구소(the South Carolina Institute of Archaeology and Anthropology)는 주(州) 고고학계의 지원을 받으며 고고학의 달(Archaeology Month)을 개최하는 데 노력한 선두주자 중의 하나이다. 또한 앨런데일 고대 인디언과 산타엘레나 고고학 발굴(the Allendale Palaeoindian and Santa Elena archaeological excavations)과 사바나강유적 고고학 프로그램(the Savannah River Site Archaeological program)에 대중이 참여할 기회를 제공한다. 이 프로그램에서는 수중고고학 발굴교육에 대해 아주 혁신적인 접근 방법을 제공한다. 또한 방문자가 노를 젓거나 잠수를 하여 사우스캐롤라이나의 과거 해양 역사의 흔적을 볼 수 있는 문화유산 탐험 과정 두 가지가 있다(Spirek, 개인적 대화).

북미 전역에서 소규모 지역 조직, 특수 이익단체, 주 및 지방 조직이 고고학 교육 프로그램의 개발 및 구현에 많은 시간과 에너지를 계속 투자했다. 이는 뉴욕의 빙엄턴대학 인류학과에 설치된 대중고고학 시설에서 운영되는 사례의 경우와 같은 협력 관계처럼 대학, 연방정부 프로그램, 공동체 집단의 아주 생산적인 협력 관계를 포함한다. 니나 버사기(Nina Versaggi)는 고고학의 교육 영역에서 벌어진, 이러한 지역사회와 대학의 아주 효과적인 노력에 관해 다음과 같이 요약해 말했다.

이 대중고고학 시설은 빙엄턴대학(뉴욕주립대학)의 인류학과 내에 있는 연구센터이다. 우리는 다양한 문화자원관리 프로젝트를 수행하고 우리가 행하는 많은 일에 대중적 프로그램이 포함된다. 예를 들어 우리는 성인, 교사, 어린이를 위한 지역사회 고고학 프로그램(the Community Archaeology Program: CAP)을 재정적으로 후원한다. 이 프로그램은 학생 서너 명의 논문 주제이기도 한 후기 산림지대 연구유적(a Late Woodland research site)에서 하루 동안 강의, 실험, 훈련을 하고 3일 동안 전문가와 비고고학자가 짝을 이루어 현장실습을 하는 4일간의 하계 일정으로 진행된다. 이 유적은 현재 진행되고 있는 지표에서의 표토채굴 때문에 종국적으로 파괴될 것이다. 어린이를 위한 지역사회 고고학 프로그램은 고고학 분야에서의 보이스카우트 수련과정(the Boy Scout Merit Badge)의 요건 일부를 충족시켜서 우리는 이 과정이 완성되도록 후속적인 회합을 제공한다. 우리의 대학원생 강사들은 보이스카우트 수련과정을 지도할 자격이 있는 교사들이다. 우리 직원은 성인, 교사, 어린이를 위한 세 가지 워크북을 만들었다. 이 도서들은 설명적이지만 교실에서 사용하기 위한 샘플 연습도 포함한다. 우리는 학교 방문과 강연 프로그램도 운영하는데, 거기에서는 5-6학년 학생을 대학 캠퍼스로 초청하여 실험실을 방문하게 하고 슬라이드 시연을 보여준다. 또한 직업 실습과 토의를 하기 위해 학교를 방문하기도 한다. 마지막으로 이동전시가 있다. 백악관에서 지원금을 받은 전시기획자는 〈시간과 전통: 뉴욕주의 고고역사(Time and Tradition: The Archaeological History of New York State)〉라는 제목으로 여덟 개의 패널로 이루어진 전시를 하기로 계약했다. 이 전시는 지역의 학교, 박물관, 연방정부기관 등에 제공된다. 보통 지역사회 고고학 프로그램을 수행하는 교사는 이 프로그램에서 배웠던 것을 보여주고 학습계획을 통합하기 위해 자신의 학교에 전시할 것을 요청했다(Versaggi, 개인적 대화).

오랜 기간 미국고고학회의 대중교육위원회 구성원이었던 앤 로저스(Anne Rogers)는 이 위원회가 착수한 야심 찬 교육 프로그램에 대해 다음과 같이 기술했다.

웨스턴캐롤라이나대학에서는 노스캐롤라이나산림청과 협력하여 애플트리 캠프그라운드(the Appletree Campground)(31Ma56) 유적에서 고고학 연구를 수행하기 위해 현재 사업을 진행하고 있다. 대학은 학생들을 위해 현장 교육을 실시하고 산림청은 동일 유적에서 〈시간여행 여권〉 프로그램을 운영했다. 이는 교육 및 대중 고고학의 목적에 기여하는 매우 성공적인 사업이었다. 이 사업은 1992년에 시작되었는데, 2000년 여름을 지났고 앞으로 오랫동안 지속되기를 희망한다. 미국 학생뿐만 아니라 우리와 함께 일하는 웨일스의 글래모건대학에서 온 교환학생도 있었다. 그중 서너 명은 체로키 미국 원주민 동부지회(the Eastern Band of Cherokee Indians)의 회원이었다(Rogers, 개인적 대화).

고고학에서의 대중교육은 점점 더 전문교육자의 작업과 연계된다. 이렇게 함으로써 고고학자가 대상자의 나이나 능력 수준에 맞지 않는 프로그램을 만들지 않게 되어 결과적으로 북미 지역의 학교 교실에서 프로그램을 사용할 수 있게 될 것이다(Davis2000). 이는 학군 지역(school districts)과 직접적으로 연계하여 교사와 함께 교과 개발 과정의 각 단계에 융합하는 등 국가, 주, 지역의 교과 기준에 맞춤으로써 성사되었다. 토지관리국의 매우 성공적인 프로그램인 〈프로젝트 고고학〉이라는 고고학적 개념과 윤리에 대한 교사 교육을 장려하기 위해 특별히 고안되었다.

또한 고고학자는 이전보다 훨씬 더 광범위하고 공식적인 수준에서 협력 관계를 맺고 있으며 세대를 넘는 접근 방법을 채택하고 있다. 보이스카우트와 엘더호스텔(Elderhostel), 시에라클럽(the Sierra Club) 같은 집단은 모두 고고학 교육 프로그램과 관련되어 있다. 이러한 협력은 고고학자, 전문협회와 아마추어협회 양자와의 여러 해에 걸친 협상을 통해 발전했다. 오늘날 교육고고학자는 박물관, 역사유적지, 문화자원관리회사, 연방·주·지방 정부 차원의 프로그램과도 밀접하게 관계하면서 일한다. 모든 경우에 이러한 폭넓은 범위의 관점은 아주 생산적이었고 봉사정신(stewardship)의 메시지가 북미 지역에 퍼졌으며 일관성 있는 미래 방향을 제시했다. 물론 이 모든 일이 아직 고고학을 교육하기 위한 민간기구나 위에서 언급한 것과 같은 대학과 지역사회의 협력 관계, 미국 대륙 대부분의 주와 지방에 있는 취미모임에서 운영하는 많은 훌륭한 자원봉사 프로그램과 같은 매우 성공적이고 오래된 노력을 대신하지는 않는다. 일부는 혁신적인 자원봉사자에게 발굴, 유적분포도 그리기, 실험실에서의 목록 작업 같은 고고학적인 기법을 사용하는 인가를 내준다. 이러한 일은 알칸소고고조사단, 버지니아주의 페어팩스 카운티 프로그램(the Fairfax County program), 지금은 없어진 온타리오 문화부의 유적보호 프로그램(the Archaeological

Conservancy Opportunity Program)에서 제공한다.

존 제임슨의 대중고고학을 주제로 한 요약집인『대중에게 고고학을 보여주기: 진실을 발굴하다(*Presenting Archaeology to the Public: Digging For Truths*)』(1997)는 오늘날 많은 고고학자의 시각을 반영한다. 미국산림청은 "미래를 위해 과거를 보호하자!"라는 구호를 채택했고 북미 지역의 많은 교육 지향적인 고고학자가 널리 사용했다. 이와 더불어 미국고고학회의 후원을 받고 캐나다와 미국이 공동으로 만든, 교육고고학에 관한 첫 번째 교재는『고고학교육 편람: 어린이와 함께 과거를 공유하기(*The Archaeology Education Handbook: Sharing the Past With Kids*)』(Smardz and Smith 2000)였다. 근본적인 메시지는 고고학 문제에 관한 독점의 종말인 듯하다.

1. 현행 프로그램에 대한 검토

오늘날 대중고고학은 활력이 있고 미국에서 점점 팽창하고 있으며 캐나다에서도 어느 정도 그러하다. 아마도 제공된 프로그램의 형식을 설명하는 가장 좋은 방법은 현재 북미 지역에서 운영되는 프로그램들에 대해 간단하게 묘사하는 것이다. 이 프로그램들이 어떻게 운영되고 있고 현재 어떻게 관리되고 확산되고 있는지를 보여주기 위해서 나는 약간은 넓은 범주로 이를 구분했다. 전문조직과 정부기관이 북미 대륙 전역에서 제공하는 것과 국가적 노력에서부터 시작할 것이다. 그리고 주와 지역의 프로그램을 계속해서 기술할 것이다. 즉 고고학 주간과 보이스카우트 수련과정에서 전국적인 청중에게 제공하는 교육 프로그램들, 전문재단, 기구, 대학, 역사유적 관련 기관이 제공하는 프로그램들, 아메리카 원주민과 캐나다 원주민과 협력하여 특별하게 고안한 프로그램, 아마추어집단과 전문가집단, 양 집단의 결합체, 특별한 관심을 가진 지역사회, 학교교육청과 지방정부가 개발한 프로그램, 박물관과 역사체험 센터에서 시행하는 대중고고학, 수중고고학 교육 프로그램과 같은 희귀하고 혁신적인 프로그램 등에 대하여 기술할 것이다. 문화자원관리와 대중고고학의 관계도 역시 포함될 것이다. 예를 들어 정부와 독립기구의 프로그램이 협력 관계를 늘려가기 때문에 각 범주별로 약간 중복될 것이다.

미국 연방정부는 초기부터 고고학 교육 프로그램을 개발하고 실행하는 데 앞장서왔다. 국립공원관리청은 수년간 대중교육 프로그램에 참여해왔으며, 아마도 모든 북미 지역 프로그램 중에서 가장 깊이 관련되고 가장 재원이 풍부하다. 국립공원관리청은 고고학 프로그램 정보처리센터에 등록된 교육제도(the Listing of Education in Archaeological Programs Clearinghouse: LEAP)를 운영한다. 이 컴퓨터 데이터베이스에는 다양한 주 및 연방 기구, 박물관, 민간단체, 역사협회, 학술기관에서 수집한 고고학과 교육 프로그램에 관한 정보를 포함한다. 또 다른 우수한 프로그램인 역사유적교육(Teaching with Historic Places)은 국립공원관리청과 역사유적보존재단(the National Trust for Historic Preservation)의 협력 관계를 대표한다. 국가사적지(the National Register of Historic Places)에 등록된 유적은 역사와 문화유적을 교육하기 위해 만들어진 일련의 교육계획과 교육매체와 관련된 중요사항을 제공한다. 또한 교실로서의 공원 프로그램을 통해 지역 유산이 강조된다. 이는 공원 자원을 사용한 학습활동을 할 때 지역과 지방의 학교에 등록하도록 하는 특별한 대외봉사 프로그램이다.

또한 국립공원관리청은 문화자원관리를 포함해『공통의 토대(*Common Ground*)』라는 잡지와 기법요약서(Technical Briefs) 시리즈 등 일련의 우수한 출판물을 제공한다. 이는 고고학자, 토지관리자, 보존 관련 공무원, 박물관 관계자, 아메리카 원주민, 법집행기관과 교육자에게 국립공원관리청의 계획에 대한 정보를 알리는 데 기여했다. 또한 다양한 문화유산 관련 분야의 캐나다 전문가들도 무료로 이용 가능한 이러한 잡지들에 글을 게재했다.

대중적 해석에 대한 노력은 캐나다와 미국 양국의 국립공원관리청 프로그램(Canadian and US NPS programming)의 주요 구성요소이다. 이러한 해석은 현재 진행되는 프로그램에서 공원 관계자, 교사, 고고학자, 환경 전문가에게 각 유적의 자연유산과 인적 문화유산과 관련된 과학적·문화적 발견에 관한 최신의 정보를 제공하는 것과 결합된다. 국립공원관리청의 남동부 고고학센터는 이 목적을 위한 소통 프로그램, 훈련 프로그램, 심포지엄의 국가적 개발을 담당해왔다. 이 센터는 교육 분야, 해석 분야, 고고학 분야의 관계자가 대중에게 사용할 프로그램을 개발하기 위해 함께 일하면서 역량 강화 교과과정을 공유하는, 고고학과 해석의 관계를 확립하기 위해 열심히 노력해왔다. 유적을 토대로 한 학습 프로그램이 주와 국가의 교육 기준에 부합하는지, 교육 프로그램을 만들 때 문화유산의 다문화적이며 환경적인 논점을 우선적으로 고려하는지를 항상 지키려 노력하고 있다(Jameson, 개인적 대화).

미국과 캐나다 양국의 공공기관은 과거 서너 해 동안 지하철도(Underground Railroad)와 관련된 유적을 발견하고 기념하기 위해 대륙 전체 차원에서 노력해왔다. 이는 미국 남북전쟁 이전에 오랫동안 북쪽으로 도망을 와서 노동해온 노예가 이용했던 경로 및 지원 네트워크를 나타낸다. 장소와 사람 모두 미국과 캐나다 국경 양측에서 국가 지정 지위를 갖게 되었고, 두 국가의 연방정부 공원관리기구의 생산적인 협력 관계로 발전했다. 그리고 지하철도 추진계획의 목표에 부응하는, 정확하고 적절한 교육 프로그램을 촉진했다.

사실 캐나다에서 고고학 대중교육을 위한 가장 활발한 단일 조직은 캐나다 문화유산부(the Department of Canadian Heritage)의 직할 기구인 캐나다공원관리청이다. 캐나다공원관리청은 항상 다양한 유적에서 대중교육을 위한 정책을 폈는데, 많은 유적은 여러 해에 걸쳐서 역사유적 연구와 복원계획의 일환으로 발굴되었다. 실제로 많은 캐나다인이 고고학에 관해 받은 유일한 대중교육은 노바스코샤주의 루이스버그(Louisburg)와 온타리오주의 옛 윌리엄 요새(Old Fort William) 같은 유적을 방문했을 때 누린 것이다. 캐나다공원관리청은 유럽인이 이주하기 이전 시기까지 연대가 거슬러 올라가는 캐나다의 풍부한 문화유산자원을 보호하는 프로그램을 개발할 때 캐나다 원주민과 협력하여 많은 일을 했다. 예를 들어 빌 폭스(Bill Fox, 개인적 대화)는 폴라툭 학생참여 발굴계획(the Paulatuk student dig)과 캐나다 북부의 키웨이틴(Keewatin) 지역의 지역사회계획(community projects)을 아주 의미 있는 것으로 인용한다. 후자는『평원 인류학자(*Plains Anthropologist*)』라는 학술지에 1999년에 실린 「원주민, 고고학, 그리고 캐나다공원관리청(Aboriginal peoples, archaeology and Parks Canada)」이라는 논문에서 언급된다. 폭스는 다음과 같이 말한다.

지난여름 우리는 캐나다공원관리청의 브로큰군도 지소(the Broken Group Islands Unit of the Park)의 벤슨아일랜드(Benson Island)에 있는 세샤트족(Tseshaht Nation)의 기원 유적[버클리만(Barkley Sound)]에 대한 공동후원 발굴프로젝트를 지원했다. 이 프로젝트에는 세샤트족 성인뿐만 아니라 세샤트족 학생과 비원주민 학생 모두가 참여했다.

미국 연방정부의 노력으로 돌아와서, 토지관리국의 국가문화유산 교육 프로그램에서 근무하는 진 모에(Jeanne Moe)는 1992년에 시작된 이 프로그램에 대해 다음과 같이 말한다.

문화유산 교육 프로그램인 프로젝트 고고학(Project Archaeology)은 고고학의 원리와 기법을 사용한 체험 과정을 통해 전국의 학생들에게 과학과 수학의 원리를 교육한다. (…) 토지관리국의 목표는 미국의 젊은 시민들이 미국의 풍부한 문화유산을 소중히 여기고 보호하도록 교육하는 것이며, 교사들과 학생들을 위한 교육 프로그램의 하나인 프로젝트 고고학은 교육 프로그램의 핵심을 차지한다. 1992년 이래로 독자적인 프로젝트 고고학 프로그램이 15개 주에서 실시되었고 그중 5개 주에서는 최근에 새로운 프로그램을 개발했다. 더구나 프로젝트 고고학에서는 많은 토지관리국 고고학자가 교사, 청년층 지도자, 다른 교육자와 직접적으로 협력하여 다양한 계층의 주민이 고고학을 체험할 수 있도록 하고 있다. 토지관리국은 어린이가 직접적으로 고고학을 체험할 수 있는 어린이봉사클럽(the Young Steward's Club)이라는 새로운 사업을 시행하고 있다(Moe, 개인적 대화).

미국산림청에서는 『시간여행자: 시간여행 여권(PIT Traveler: Passport in Time)』

이라는 소식지를 발간하고 있다. 이 소식지에서는 자원봉사자가 고고학적 지표조사나 발굴조사에 참여할 기회를 목록으로 제시하고 있다. 더구나 지역의 역사학회, 고고학회, 연대기학회, 종합대학과 단과대학은 종종 자원봉사자의 도움이 필요하다. 〈시간여행 여권〉 프로그램에서는 다양한 분야에서 참가자에게 많은 발전적인 지침과 경험을 제공했고 고고학에서 유구와 유물을 발견하고 보존하는 데 중요한 실험 기법을 제공했다. 그리고 이것이 지지자에게 매우 인기 있는 취미라는 것을 증명했다.

한편 어류 및 야생동물관리청 같은 기구에서는 〈시간여행 여권〉 같은 대규모 프로그램을 진행하지 않았다. 대신 버지니아공원관리청(Virginia Parks)에 따르면(개인적 대화), 이들은 대외교육을 발전시키고 해당되는 자원을 관리할 때 대중을 포함하기 위해 지역적 차원에서 노력했다. 예를 들어 맬허 습지(the Malheur Marshlands)에서 암각화를 보존하고 기록하기 위해 환경단체인 어스워치(Earthwatch)와 함께 협력하고 있는데, 이 프로그램은 서너 해 동안 미국 전역에서 온 학생들과 함께 진행되었다. 다른 프로그램은 조류관찰축제와 같이 다른 연방정부기구와 연계되거나 고고학 주간 동안 시행되는 문화유산축제를 포함한다. 담당 직원은 워싱턴주 리지필드(Ridgefield)의 구제발굴유적의 문화사와 자연사에 집중하고 있는데, 교실에서 교사가 사용할 교육용 자료집을 포함하여 일련의 더 일반적인 해석적 자료뿐만 아니라 구제발굴에 관한 고고학 연구와 어류 부화장에 관한 정보를 통합하여 대중이 비용부담을 갖지 않고 이용할 수 있는 일련의 기술적 출판물을 만든다. 『캐스러포틀 발견하기(*Discover Cathlapotle*)』라는 책자는 루이스와 클라크 탐험대가 1805년에 방문했을 때 컬럼비아주에 있는 가장 큰 마을 중의 하나였던 이 유적에 한때 살았던 치누크(Chinook) 부족의 과거와 현재 문화를 살펴볼 수 있도록 부족 예술가가 만든 유물 복제품, 수업과 활동을 위한 배경정보 자료, 자연자원 표본, 다중매체를 보여준다. 컬럼비아강에서의 전통적인 어로법과 하와이주 카우아이(Kauai) 원주민 부족의 헤이아우(heiaus) 신전을 포함해서 지역의 다른 문화구역을 소개하기 위해서 서너 개의 유사한 교육용 자료를 만들어 운영한다(Virginia Parks, 개인적 대화).

주와 지역 수준에서 많은 프로그램과 계획을 진행하여 유적을 보호하려고 노력하는 데 대중이 참여하는 것을 권장한다. 알칸소고고학조사단의 메리 크워스(Mary Kwas)는 고고학조사단의 아주 활동적인 대중고고학 프로그램을 다음과 같이 정리했다. 알칸소고고학조사단은 여러 가지 증거를 토대로 다양한 교육자료를 제공한다. 알칸소인문자원센터(the Arkansas Humanities Resource Center)를 통해 교사가 빌릴 수 있는 자료는 교육적 전단지, 고고학조사단이 발간한 유명한 두 권의 도서, 슬라이드 자료, 비디오, 알칸소고고학에 대한 전시물이 있다. 또한 이 고고학조사단의 웹사이트에는 교사를 위한 교육 정보와 자료집이 있다. 고고학조사단과 알칸소고고학회(the Arkansas Archaeological Society)는 아마추어에게 체험 방법을 소개하는 하계교육 프로그램과 발굴을 공동으로 후원하는데, 이것은 더 큰 인증프로그램(Certification Program)의 한 부분이다. 또한 조사단과 학회는 매년 10월에 열리는 알칸소고고학 주간(the annual Arkansas Archaeology Week)을 공동으로 후원한다. 최근에 조사단은 컴퓨터를 토대로 한 교육으로까지 활동을 확장했다. 알칸소고고학조사단은 미국인문과학기금(NEH)에서 지원받은 재원을 기반으로 미시시피강 유역에서 계약기간에 CD-ROM을 개발하는 팀의 일부이다. 이 CD-ROM에서는 아메리카 원주민과 유럽 이주민의 최초 조우와 상호작용을 다룬다. 그리고 이 모듈 프로그램에서는 유물 사진, 역사 삽화, 지도를 활용하여 제시한다. 이 CD-ROM의 독창적인 특성은 외국어를 통한 학습을 증진하기 위해 영어뿐만 아니라 프랑스어와 스페인어로 된 모듈 프로그램도 개발했다는 것이다(Kwas, 개인적 대화).

아이오와주의 주립고고학연구소(the Office of State Archaeologists)는 아이오와 대학의 연구, 서비스, 교육기관으로서 폭넓고 다양한 대중고고학 프로그램을 후원하고 제공한다. 린 알렉스(Lynn Alex)는 이 프로그램들을 다음과 같이 설명했다.

지역 교육기관, 소지역 단위인 카운티의 보호위원회, 다른 기관과 연계하려고 노력하면서 많은 프로그램들을 수행한다. 이러한 프로그램의 주된 목적은 교사들과 보호교육관(conservation educators)에게 교육용 자료와 지속적 교육 기회를 제공하는 것이다. 매년 고고학에 대한 인식은 주간 또는 월간 행사를 통해 증진된다(Alex, 개인적 대화).

메릴랜드주에서는 매우 효율적인 고고학 교육 프로그램을 운영한다. 앤 아룬델의 사라진 도시 프로젝트(the Lost Towns of Anne Arundel Project)는 앤 아룬델 카운티(Anne Arundel County), 즉 메릴랜드주의 '사라진' 식민도시의 발견과 조사에 초점을 두고 본래의 고고학적, 문헌적, 환경적인 연구에 대중을 연계하려는 목적으로 고고학자와 역사학자로 구성하여 1년 내내 운영한다. 사라진 도시 프로젝트를 진행하는 제임스 기브(James Gibb)는 다음과 같이 말한다.

모든 고고학 프로그램이 인정받는 역사기구와 공동으로 체계를 갖추고 손쉽게 복제를 허용하는 것은 아니다. 미국 메릴랜드주에서 시행하는 앤 아룬델의 사라진 도시 프로젝트는 그러한 프로그램 중의 하나이다. 앤 아룬델 카운티의 도시계획 및 규정시행 부서와 서너 개의 비영리조직이 재정을 후원하는데, 12명의 역사학자와 고고학자로 구성된 사라진 도시 프로젝트 팀은 해당 카운티의 식민지 시대 도시유적의 발견과 발굴에 초점을 맞춘 본래의 고고학적, 문헌학적, 환경학적 연구에 대중을 참여시킨다. 프로젝트를 시행하는 일주일 동안과 매월 토요일에 한 번씩 자원봉사자는 현장과 기록보관소, 실험실 분야에서 전문가와 함께 일한다. 학생들은 가까이에서 지도를 받거나 약간의 사전 교육을 받은 후 토양을 선별하고 역사유물(historic trash)과 그 재질(material)을 연구하여 과학자가 무엇을 배우는지를 학습한다. 사라진 도시에 대한 대중 프로그램의 많은 부분은 메릴랜드주의 주도인 아나폴리스(Annapolis)의 바로 남쪽 교외 주거 지역사회에 있는 23에이커에 달하는 시설물인 카운티 소유의 런던타운(London Town) 역사공원에서 진행된다. 런던타운재단(London Town Foundation)과 공원 관리자가 제공하는 지원 활동과 카운티의 오락 및 공원 지원 부서가 제공하는 대중시설을 통해 유적이 연구와 대중연계 프로그램을 하기 위한 이상적인 장소가 된다.

이 팀은 지역 케이블 TV를 위한 내부 비디오 상영물, 대중 방송과 상업 텔레비전의 방송 프로그램의 특별방송물, 어린이를 위한 채널인 니켈레돈 텔레비전(Nickelodeon television)의 닉뉴스(Nick News) 세부 방송물, 라디오 인터뷰, 언론보도자료와 신문과 잡지의 언론인과의 인터뷰, 전문적인 수준의 브로슈어와 소책자, 잡지, 지역신문, 지역 역사고고학 잡지에 직원이 쓴 글들을 포함한 적극적인 대중홍보 프로그램을 통해 더 많은 청중에게 다가간다. 연중 내내 이어지는 연구와 대중지원 프로그램들을 결합하여 팀 구성원과 대중의 관심을 지속적으로 끌면서 공공 재원의 지원을 받는 야심 찬 계획에 연계한다. 공원을 중심으로 가두 풍경을 복원함으로써 매년 재정을 지원받는 계획을 통해 만든 손에 잡히지 않고 측정할 수 없는 선의를 보완하여 손에 잡히는 유형의 장기적 결과물을 제공할 것이다. 각 팀 구성원이 관여하고 책임감을 가짐으로써 매년 겪는 예산상의 불확실성에 직면하여 팀이 하나로 묶인다(Gibb, 개인적 대화).

메릴랜드주의 다른 프로그램은 세인트레너드(Saint Leonard)에 있는 제퍼슨 패터슨 공원과 박물관(the Jefferson Patterson Park and Museum)에서 1996년 이래 매년 여름에 운영하는 두 달 기간의 대중고고학 프로그램이다. 에드워드 체니(Edward Chaney)는 다음과 같이 말한다.

이 프로그램은 대중이 실제로 발굴에 완전하게 참여할 수 있도록 구체적이고 유일하게 설계되었다. 우리는 참여자들이 고고학을 단지 땅에서 흥미로운 것을 수습해오는 것으로 생각하고 현장으로부터 멀어지지 않도록 이 프로그램을 비공식적인 현장학교로 운영하고자 노력했다. 또한 하나의 학습 경험으로 만들기 위해 노력했다. 두 전문고고학자가 지도하는 가운데 지원자는 38,000ft²의 새로운 메릴랜드 고고유적보존 구역에서 유물처리뿐만 아니라 예비지표조사, 지표유물 수집, 시굴 조사, 유구 발굴과 지도 작업, 역사성을 연구할 기회를 갖는다. 처음 4년간의 프로그램 운영 기간에 우리는 식민지 시대의 주거유적을 조사했다. 다음 해에는 발굴을 도울 거주민의 후손과의 구술 역사 인터뷰를 포함하여 19세기 노예거주지에 대한 작업을 시작할 것이다. 대중고고학의 참여자는 대부분 지역의 지원자이지만 일부는 위스콘신주와 캐나다처럼 먼 곳에서 와서 우리와 한 주를 보냈다. 더구나 지역연구협력단의 후원을 받는 역사생태 프로그램에 참가하는 고등학생이 매년 여름 우리와 함께 시간을 보냈다. 또한 우리는 고고학 수련과정 프로그램에 참가하는 보이스카우트 소년단도 교육했고, 매년 여름 우리 박물관의 후원을 받는 다문화주의(multiculturalism)에 관한 교사 워크숍에 고고학 프로그램을 포함시켰다. 여름이 지난 후에 대중고고학 프로그램의 책임자는 메릴랜드고고학회(the Archaeological Society of Maryland)의 남부 지소와 연계하여 매월 토요일에 한 번씩 남부 메릴랜드의 다양한 유적에서 발굴 체험을 이끌었다(Chaney, 개인적 대화).

수중고고학 프로그램의 접근 가능성과 인기 모두 북미 지역 전체에서 증대하고 있다. 예를 들어 사우스캐롤라이나대학에 있는 사우스캐롤라이나 고고인류학연구소는 대중고고학에 전념하는 프로그램이 여러 개 있다. 체험에 관심을 가진 사람들은 앨런데일 고대 인디언과 산타엘레나 고고학 발굴과 사바나강 유적 고고학 프로그램에 참가할 수 있다. 수중고고학 프로그램에는 방문자가 사우스캐롤라이나의 과거 해양 역사의 흔적을 보기 위해 노를 젓거나 잠수를 하는 문화유산 탐험 과정 두 가지가 있다. 또한 연구소에서는 다양한 프로젝트에 따라 현장에서 도움을 주는 잠수사가 될 준비를 하는 현장훈련 코스도 운영한다(Spirek, 개인적 대화).

좀 더 지역적으로는 박물관, 역사학회, 아마추어 고고학 집단과 그와 유사한 부류의 집단에서 고고학에 관한 대중의 관심을 끌기 위해 기획한, 매우 폭넓고 다양한 프로그램을 수행하고 있다. 예를 들어 휴스턴자연과학박물관(Houston Museum of Natural Science)의 교육 책임자인 팸 휘트(Pam Wheat)는 다음과 같이 말했다.

휴스턴자연과학박물관에서는 1999년 6월에 텍사스고고학회가 후원하는 델리오

(Del Rio) 인근의 현장학습에 6명의 중학생을 데리고 갔다. 그 학생들은 매일 현장 작업을 보여주는 비디오 자료로 가득한 온라인 학습지가 있는 웹사이트 www.hmns.org에 실려 있는 '고고학 X탐험(Archaeology X Pedition)'에 한 페이지씩 기록해나갔다. 그리고 피코스강(the Pecos River) 유역의 고고학을 탐사하는 자연과학박물관의 학습교실에 매일 참가한다. 중학생들은 1999년 9월 28일 KHOU 휴스톤 PBS 방송국이 만들고 미국 전역의 100개소가 넘는 PBS 지국에서 방송된 30분용 비디오에서 특색 있게 다루어진다. 이 비디오에서는 고고학 현장교실과 피코스강 하류 유역의 고대 사람에 관한 이야기를 다루었다. 이 비디오와 웹사이트는 현장에서 고고학자가 하는 일에 관해 학생과 성인에게 알릴 것이고 다른 학생들이 참여할 수 있도록 힘을 부여할 것이다(Wheat, 개인적 대화).

이와 마찬가지로 케빈 바토이(Kevin Bartoy)는 콜로니얼 윌리엄스버그에서 이루어진, 고고학에 대한 광범위한 대중교육과 참여 프로그램에 관해 다음과 같이 기록했다.

콜로니얼 윌리엄스버그는 거의 80년에 걸쳐서 지금까지 대중 중심의 연구에 대한 헌신을 잘 보여준다. 우리는 지난해 여름 웹사이트에서 '가상 발굴(virtual dig)'을 시작했다. 여기에서는 17세기 버지니아를 다루고 올여름부터(그리고 내년 여름에도) 발굴한다(Bartoy, 개인적 대화).

유명한 역사주택박물관 학자인 바버라 히스(Barbara Heath)는 토머스 제퍼슨의 포플라숲(Jefferson's Poplar Forest)에서의 고고학 교육에 관해 다음과 같은 정보를 제공했다.

버지니아에서 정기적으로 연구와 해석적 전략을 토의하기 위해 막 회동하기 시작한 모임이 있다. 이 모임에서는 조지 메이슨(George Mason)의 저택인 건스턴 홀

(Gunston Hall), 조지 워싱턴(George Washington)의 여동생의 집인 켄모어 저택 (Kenmore home)―페리농장(Ferry Farm)은 조지 워싱턴의 소년시절 집이다―, 토머스 제퍼슨의 포플러 숲, 토머스 제퍼슨의 몬티첼로(Monticello), 조지 워싱턴의 마운트 버논(Mount Vernon), 리 가족(the Lee family)의 스트랫포드 홀(Stratford Hall)을 탐사한다. 이들 유적 모두는 고고학, 고고학 현장교실, 전시회에 초점을 맞춘 대중 프로그램을 통합해서 현재 진행 중인 고고학 프로그램을 운영한다(Heath, 개인적 대화).

특별한 관심을 가진 지역사회는 대중교육을 위한 특색 있는 기회를 제공한다. 조지아주 왓킨스빌(Watkinsville)에 있는 라마르연구소의 리타 엘리어트(Rita Elliott)는 다음과 같이 말한다.

라마르연구소에서는 1980년대 중반부터 고고학에 관한 교사 워크숍을 진행해왔다. 이 일주일 기간의 워크숍은 교사에게 직원능력 개발단위학점 3점을 부여한다. 교사들은 일주일간의 워크숍 기간 동안 전문고고학자와 다른 전문가로부터 남동부 지역의 선사와 역사의 모든 시기에 대해 배운다. 또한 고고학의 방법과 이론에 대해서도 학습한다. 교사들은 고고학이 교실에서 학습하기 좋은 여러 학문 간의 연계된 수단임을 발견하고 체험(직접 발굴이 아닌)활동에 참가함으로써 교과과정에 통합할 수 있다. 또한 발굴현장 견학에도 참석한다. 워크숍이 종료될 때 이들은 고고학을 특정 주제에 통합하는 수업계획을 만든다. 라마르연구소에서는 1992년부터 어린이 고고학 워크숍도 실시해왔다. 어린이들은 일련의 체험활동을 통해 고고학에 대해 학습하고 왜 중요한지에 대해서도 학습한다. 이들은 유적 보호와 도굴의 피해에 대해서도 학습한다. 어린이 워크숍은 한 시간짜리부터 하루짜리도 있고 3년에 걸친 것도 있다! 이 워크숍은 (다양한 프로그램에) K-12 학년을 포함한다. 어린이 및 교사 워크숍은 대학, 박물관, 식물원, 극히 일부의 경우 조지아주 밖에서 열리는 행사와 같이 주의 다양한 장소에서 개최되어왔다(Elliot, 개인적 대화).

조지아고고학회는 여러 해 동안 대중교육을 수행해왔음에도 최근에야 비영리 자격을 획득했다. 이 학회는 행사, 포스터, 교육 안내를 통해 매년 조지아주 고고학 주간을 후원해왔다. 또한 교과과정에서 고고학을 활용할 때 교사를 도와주기 위해서 교사를 위한 교육 소책자를 발간했다. 강의하는 사람에게 자료를 제공하고 회의와 워크숍도 개최한다. 비영리의 쿠사와테재단(Coosawattee Foundation)은 조지아주에서 7-12학년 학생들을 위해 어린이 고고학 워크숍을 개최한다. 여기에서는 요청 시 공개현장수업, 강연 및 세미나를 제공한다. 또한 조지아주 밖에서도 프로그램을 수행해왔다(Elliot, 개인적 대화).

사우스캐롤라이나에서 1968년에 창립된 주 고고학회는 체험행사, 학술대회, 출판물을 통해 많은 대중고고학 프로그램을 개최한다. 이 조직에서 일하는 웨인 네이버스(Wayne Neighbors)는 이를 "처음부터 전문고고학자와 비전문 고고학자(아마추어)의 공동 노력"이라고 부른다. 이 조직은 흥미 있는 역사를 가지고 있다.

사우스캐롤라이나주에는 아주 최근까지 전문고고학자가 없었다. 첫 번째(사우스캐롤라이나주에는 지금까지 2명이 있다) '주(州) 고고학자'는 1967년에 채용되었다. (⋯) 그리고 1930년대와 같이 이른 시기에 일부 전문고고학자에게는 취미활동으로 참여하는 사람들의 협력(찾아가는 노력, 협력, 동기부여, 취미를 통한 기여에 대한 인정)이 관행이었다. 그랬다. 이들은 출판물에서도 '보통 사람들'을 존중했다. 그리고 만약 이들이 한 장소에 아주 오랫동안 머무른다면 지역고고학회를 조직하는 것과 가능하다면 지역고고학회가 독립적으로 운영될 때까지 후원자가 되는 것이 큰 이점이 된다는 점을 발견했다. (⋯) 채플 힐(Chapel Hill)에 있는 노스캐롤라이나대학에서는 제이 코(J. Coe) 박사가 이러한 일을 했다. 여러 해 전에 코 박사의 첫 번째 주요 출판물(노스캐롤라이나주의 선사문화 편년에 관한 것)은 서너 개의 고고유적에 토대를 두었다. 이러한 모든 고고유적은 아마추어 고고학자에 의해서 그에게 '알려졌다'. 사우스캐롤라이나주에서 '클로비스 이전 시기(pre-Clovis)' 유적에 집중하는 프로젝트가 진행된다. 전문고고학자가 감독하고 취미활동가와 일반인이 밀착된 지도를 받으며 발굴했다. 그리고 이들은 재원을 찾아야 할 필요가 없도록 매년 여름 그 대가로 보수를 받았다(Neighbors, 개인적 대화).

미국에서 가장 오래되고 가장 활동적인 고고학 모임 중의 하나는 버지니아고고학회(the Archaeological Society of Virginia)이다. 이 학회는 버지니아 고고학자위원회(the Council of Virginia Archaeologists) 및 버지니아 역사자원부(Virginia Department of Historic Resources)와 협조하여 고고학 기술인정 프로그램(Archaeological Technician Certification Program)을 만들었다. 이 프로그램은 프로젝트를 진행하기 위한 현장기술자를 고용하는 전문고고학자들이 기대하는 수준까지 관심이 있는 비전문고고학자의 실력을 향상시키는 훈련을 제공하기 위해 고안되었다(Barber, 개인적 대화).

루이지애나주에는 미국 대륙의 고고학 프로그램 중에서 가장 성공적인 대중교육을 하는 기구 중의 하나가 있다. 주 교육담당 고고학자인 낸시 호킨스(Nancy Hawkins)는 과거 수년 동안 이 기구가 이룬 업적을 다음과 같이 요약했다.

루이지애나주의 고고학에 대한 대외적 노력은 1975년에 시작되었으나 주 고고학자가 대외조정관을 채용한 1981년에 팽창하기 시작했다. 주 역사보존국(State Historic Preservation Office)에서는 무료로 다음과 같은 자료를 배포하고 있다. 루이지애나 고고학에 관한 소책자 9개, 박물관 및 도서관을 위한 전시물 2개, 학교용 유물 활동키트 2종, 교실학습 안내서 3개, 루이지애나 선사시대에 관한 홍보 포스터 5종, 고대 봉분에 관한 브로슈어이다. 기타 활동과 지원책으로는 교사 워크숍, 웹사이트, 주 차원의 고고학 주간(우리는 막 12번째 연례 행사를 개최했다)에 학교에 고고학 도서와 비디오를 대여해주는 것이다. 가장 최근에 발간된 2개의 출판물은 고대 봉분에 관한 브로슈어와 파버티포인트(Poverty Point) 유적에 관한 학제적인 체험활동 안내서로, 이것들은 주의 교과과정 기준과 연계된 활동이다(Hawkins, 개인적 대화).

마지막으로 북미 지역에서 대중고고학의 상당 부분은 계약상의 의무를 이행하는 과정에서 민간자문기업에 의해 실제로 수행된다. 일반적으로 문화자원관리라는 고고학 컨설팅은 문화자원과 그것의 보호 필요성에 관해 대중의 지식을 높이는 데 훌륭한 기회를 제공했다. 캐나다와 미국 양국의 지도자들 일부가 지적한 다음의 발언이 보여주듯이 많은 고고학 자문회사들은 대중교육에 대해 강한 의지를 느낀다. 예를 들어 팻 개로(Pat Garrow)는 다음과 같이 생각한다. "문화자원관리회사가 행하는 모든 고고학적 활동은 본질적으로 대중고고학이다. 왜냐하면 대중은 궁극적으로 어떤 방식으로든 비용을 부담하기 때문이다. 우리는 발굴된 유물을 대중이 이해하고 감상할 수 있는 형태로 보고해야 할 의무가 있다."(Garrow, 개인적 대화)

이와 마찬가지로 캐나다의 토론토에 있는 발굴용역회사(Archaeological Service Inc.)의 론 윌리엄슨(Ron Williamson)은 1999년에 착수한 한 프로젝트에 대해 다음과 같이 말했다.

블리스우드그룹(Blythwood Group Inc.)이 운영한 발굴용역회사는 나이아가라온더레이크(Niagara-On-The Lake)에 있는 18세기 말과 19세기 초의 버틀러(Butler) 유적(AhGs-18)에서 4단계의 구제발굴을 수행했다. 콜로넬 버틀러(Colonel Butler) 대령은 나이아가라의 식민 역사에서 아주 중요한 인물이었다. 그는 도시의 창설자였고 인디언의 대리인(Indian Agent)이었으며 판사이면서 전쟁 영웅이었다. 처음에는 발굴을 대중고고학 프로그램과 연계하여 시행했다. 대략 375명의 학생과 40명의 자원봉사자가 1999년 5월 31일부터 7월 31일에 걸친 프로그램에 참여했다. 우리가 관련된 두 번째 프로그램은 해밀턴-웬트워스 고고학의 달(the Hamilton-Wentworth's Archaeology Month) 행사였다. 이 지역에서 해밀턴지역 인디언센터(the Hamilton Regional Indian Centre), 고고학 발굴용역회사, 온타리오고고학회, 맥마스터대학의 인류학과와 협력하여 중학생과 고등학생까지 교육 프로그램을 확대했을 뿐만 아니라 일련의 대중 강좌와 유물 확인의 날을 개최했다. 교육 프로그램에서는 800년 된 초기 이로쿼이족 마을(Early Iroquoian village) 유적인 왕의 숲 공원(the King's

Forest Park)에서 체험하고 이 지역이 유럽인과 접촉하기 이전의 역사를 소개했다 (Williamson, 개인적 대화).

캘리포니아주의 새크라멘토에 있는 PAR 환경용역회사의 메리 매니어리(Mary Maniery)는 1982년에 알타빌(Altaville)이라는 채광유적에서 하나의 프로젝트를 수행하기로 결정했다. 이 회사는 이 프로젝트를 캘리포니아의 150주년 축제와 결합하기로 했다. 식스리버스 회사의 직원 중에는 역사고고학자가 하나도 없어서 그녀의 역할은 프로젝트를 지휘하고 결과를 분석하여 써내는 것이었다. 그녀는 다음과 같이 말한다.

우리의 협력 협약은 우리의 시간 50%와 모든 경비가 유급이 되면서 직원임과 동시에 자원봉사자인 우리가 자원봉사하는 시간과 동일한 시간을 실험실에서 일하는 것을 토대로 하고 있다. 그렇게 프로젝트는 주말에도 진행되었고 우리(PAR 직원)도 자원봉사자로서 주말에 일했으며 야외현장실습을 위해 나는 휴가를 냈다. 그때 직원에게도 급여를 주었다. 우리가 아이와 가족을 데리고 10일간 야외캠프로 나갔기 때문에 그것은 큰일이었다. 이 프로젝트에는 식스리버스 회사와 협력하는 서너 개의 다른 조직이 있었다. 이 유적의 대부분은 칼 니켈(Cal Nickel)이라고 하는 한 민간 채광회사가 소유했다. 이 회사는 유적에서 발굴하도록 허용하고 관심이 있는 사람들을 위해 도시 주변의 광산에 대한 지질학의 세계로 여행할 수 있게끔 지질학자 직원을 보내주었다. 델노르테 역사협회(The Del Norte Historical Society)에서는 연구 시간을 주고 약간의 고문서 연구도 하게끔 하고 있었다. 미국 내의 지역사회 봉사단체(Americorps)에서는 잡풀을 베거나 장애물을 없애고 다른 어려운 일을 할 젊고 강한 인력을 제공했다. 토지관리국에서는 일부 자금과 인력을 제공했다. 또 다른 지역회사에서는 발굴 현장에 와서 전체 채광지구의 무료 항공사진을 제공하여 과거의 운송로를 파악하고 광산을 확인하는 것을 도왔다(Maniery, 개인적 대화).

마지막으로 조지아주의 스톤마운틴(Stone Mountain)에 있는 뉴사우스협회(New South Associates)의 부총재이면서 북미 지역의 문화자원관리 분야의 지도자 중 한 사람인 톰 휘튼(Tom Wheaton)은 이 분야의 현황에 대해 다음과 같이 말했다.

미국에서 문화자원관리는 1960년대 말과 1970년대 전반에 시작된 이래 크게 성숙했다. 문화자원 프로젝트를 수행할 고고학자와 다른 전업 전문가가 점점 더 많이 필요해지면서 민간 영역은 괄목할 만하게 성장했다. 오늘날 미국에서 행해지는 고고학 연구의 80-90%는 민간 회사가 수행한다. 이들 민간 회사가 성숙하고 성장하면서 점점 더 많이 대중교육과 대외 프로그램에 참여하게 되었고, 일부 회사는 대중을 위한 대외 프로그램에서 전문적으로 활동하기조차 한다. 이러한 민간 회사의 성장은 지방과 지역에서 고고학회에 더 많은 지원을 하게 해서 그 결과 지역 대중을 위한 고고학 프로그램과 대외활동이 진흥되고 수준이 향상되었다. 이 민간 영리회사들은 주와 국가 차원에서 문화자원관리를 관할하는 법률과 규정을 개선하는 데 대중의 지지를 얻는 것이 중요하다는 것을 알고 있다(Wheaton, 개인적 대화).

2. 맺음말

주지하듯이 교육고고학은 북미 지역에서 활발하다. 일반적으로 대중고고학자는 물불을 가리지 않고 자신들이 할 수 있을 만큼 관리자로서의 목표가 많은 사람들에게 스며들도록 열심히 일해야 한다는 목표를 가지고 있다. 유적 파괴, 공공기물 파괴, 도굴과 지금도 자행되는 치명적인 고미술품 거래는 직접적이고 적극적인 전문가의 대응을 요구한다. 이것이 바로 대중고고학이다. 고고학이라는 학문의 모든 분야에 종사하는 고고학자가 대중에게 다가가서 교육해야 할 필요성을 깨닫고 있다. 유적 보존에 기여하는 데 열정을 쏟고 문화유산을 보존하는 데 영향을 미치는 결정이 내려지는 정치, 입법, 재정 분야에서 대중의 지지를 나타내는 서명을 받기 위해 고고학자는 이런 일을 한다.

고고학 교육이 발전함에 따라 실무자들은 교육, 커뮤니케이션 및 마케팅 분야의 전문가들과 협력하여 적절한 메시지가 자신들이 목표로 하는 청중에게 확실하게 도달할 수 있도록 해야 할 필요성을 점차 깨닫게 되었다. 경험 있고 숙련된 고고학 교육자와 교과과정에 적합하고 효과적인 교육자료에 대한 요구가 점점 증가하자 대학과 연계된 새로운 훈련 프로그램과 현장감 있는 최신 문헌을 통해 이를 충족하고 있다. 교사, 학생, 관광객, 유적지 방문자에게 고고학의 인기는 부정할 수 없지만, 향후 몇 년 동안 적어도 고고학자의 관점에서 이 모든 것이 제대로 작동하는지 그렇지 않은지를 확인할 수 있을 것이다.

이들이 말하듯이, 시간이 말해줄 것이다. 자세의 변화는 모든 교육적인 목표 중에서 측정하기가 가장 어렵다. 어떻게 각자의 성공 혹은 실패 정도를 평가하는가? 크게 보아 대중 프로그램을 수행하고 고고학적 주제를 다양한 연령별 집단에 소개하는 방법에 관한 교과서를 저술하는 일과 훌륭한 교육적 매체를 개발하는 일을 해왔던 우리는 신념을 가지고 있다. 문화유산을 보호하는 일에 보통 사람들을 연계한다는 것은 그들이 문화유산을 보호하기 위해 우리에게 도움을 청하도록 하는 일이라고 믿는다. 고고학은 시간에 관한 것이다. 그리고 고고학 교육이 실제로 보통 사람들을 과거의 수호자로 만드는 데 기여하는지 아닌지는 오직 시간이 말해줄 것이다. 그러나 나는 손상되기 쉬운 문화유적이 보존되고 있는지 살펴야 하는 이유를 이해하는 교육을 받은 대중이야말로 '미래를 위해서 과거를 지키는 일'에 도움이 되는 최고의 희망이라고 믿는다.

감사의 말

나는 오랜 친구인 국립공원관리청의 존 제임슨이 이 논문에 관해 설득력 있는 논평을 해준 것과 미국 정부가 개발한 고고학 교육 프로그램에 대한 정보를 제공해준 것에 큰 도움을 받았다. 그의 친절한 도움―그리고 믿을 수 없게 빠른 회신―에 대해서도 크게 감사한다. 현행의 대중교육 프로그램에 관한 정보 요청에 답해준, 문자 그대로 많은 고고학자들에게 감사를 드리고 싶다. 나는 미국 대륙 전역에서 사려 깊고 열성적이며 설득력 있는 많은 이메일을 받으면서 의사소통을 했다. 나는 이 모든 사람들이 오랫동안 해왔던 훌륭한 일에 대해 어느 정도 보답했기를 희망한다.

또한 나는 여기에서 구체적으로 언급하지 않은 많은 개인, 기관, 프로그램 운영자의 도움에 감사하고 싶다. 훌륭한 동료를 가진 혜택을 크게 느끼고 있는, 오랫동안 대중교육을 옹호해온 한 사람으로서 기쁘다. 내가 이 짧은 논문에 모두 맞추어 설명할 수 없는 아주 많은 여러분이 존재한다는 것을 간단히 언급하고 싶다.

원주

1   원래의 이메일 의견 수렴은 1999년부터 여러 해 동안 연속적으로 이루어졌다.
2   이들 중에는 당시 캐나다국립박물관의 더글러스 리치먼(Douglas Leechman) 같은 저명한 학자도 포함
     되었다. 최근의 조사에 따르면, 그는 적어도 500개의 연구논문, 수많은 영상물, 박물관 전시, 일련의 민족
     지 작업으로 명성이 높은 학자이다.

참고문헌

Anthro Notes. Washington DC: Smithsonian Institution (various editions).

Archaeology and Public Education Newsletter. Washington DC: Society for American Archaeology Public Education Committee (various edtions, 1990-99).

Bazeley, S. 1999. Cataraqui Archaeological Foundation. URL: http://web.ctsolitions. com/carf/document/resource.html

Brown, M. III 1991, Introductory Remarks. In F.P. McManamon and K.C. Smith (eds) *Archaeology and Education: The Classroom and Beyond*. Archaeological Assistance Study, No. 2. Washington, DC: US Department of Interior, National Park Service, Cultural Resources.

Butler, W. B. (ed.) 1992. *State Archaeological Education Programs*. National Park Service, Rocky Mountain Region, Interagency Archaeological Services.

Christensen, B. 1995, Mississippi Valley Archaeology Center's Archaeology in Education Program. In *Public Archaeology Review*. University of Indiana: Center for Archaeology in the Public Interest.

Christensen, B. 2000. Archaeology Education Programs: A long-term regional approach. In K. E. Smardz and S. J. Smith (eds) *The Archaeology Education Handbook: Sharing the Past With Kids*. Thousand Oaks, California: AltaMira Press.

Corley-Smith 1989, *White Bears and Other Curiosities: the First 100 Years of the Royal British Columbia Museum*. Special Publication, Victoria: Royal British Columbia Museum cited in Apland, B. (1993) The roles of the Provincial Government in British Columbia Archaeology. *BC Studies* 99 (Autumn):7-24. URL: http://galileo.enc.org/fedprogs/agencies/smith.html

Davis, E. M. 2000. Government education standards and K-12 archaeology programs. In K. E. Smardz and S. J. Smith (eds) *The Archaeology Education Handbook: Sharing the Past with Kids*. Thousand Oaks, California: AltaMira Press: 54-71.

Davis, H. 1990. *Training and Using Volunteers in Archaeology: A Case Study from Arkansas*, Archaeological Assistance Program Technical Brief No. 9. US Department of Interior.

Devine, H. 1989a. School Curriculum and Archaeology. In *Proceedings, World Summit Conference on the Peopling of the Americas, Orono, Maine*.

Devine, H. 1989b. Archaeology in Social Studies: An Integrated Approach. *The History and Social Science Teacher* 24(3): 140-47.

Dyke, I. 1980. 'Toward a history of archaeology in the National Museum of Canada: the contributions of Harlan I. Smith and Douglas Leechman, 1911-1950. In P. J. Smith and D. Mitchell (eds) *Bringing Back the Past: Historical Perspectives on Canadian Archaeology*. Mercury Series, Archaeological Survey of Canada Paper 158. Hull, Quebec: Canadian Museum of Civilization.

Ellick, C. 1991. Archaeology is more than a dig:educating children about the past saves sites for the future. In F. P. McManamon and K. C. Smith (eds) *Archaeology and Education: The Classroom and Beyond*. Archaeological Assistance Study, No. 2. Washington, DC: US Department of the Interior, National Park Service, Cultural Resources.

Erickson, P. A. 1990. *Interim Report on Precollege Anthropology*. Committee on Research for the American Anthropological Association Force on Teaching Anthropology in Schools (Nov. 28, unpublished manuscript).

Erickson, P. and Davis, S. (eds) (1981-present) *Teaching Anthropology Newsletter*. Halifax: St. Mary's University Department of Anthropology.

Fagan, B.1994. Perhaps We May Hear Voices.... In *Save the Past for the Future II: Report of the Working Conference, Breckenridge, Colorado, September* 19-22, *1994*. Washington DC: Society for American Archaeology, 25-30.

Fagan, B. 1995. Timelines: Bad News From Toronto. *Archaeology Magazine* 48(1) (Jan/Feb): 26-33.

Fox, W. A. 1999. Aboriginal peoples, archaeology and Parks Canada. In Native Americans and Historic Preservation: 1990-1993, K. M. Banks and L. Sundstrom (eds) Special Issue of *Plains Anthropologists* 44(170), Memoir 31.

Haas, D. 1995, Education and public Outreach in Federal Programs. In *CRM* 18(3): 43-48.

Hawkins, N. 1984, *Classroom Archaeology: An Archaeology Activity Guide for Teachers*. Baton Rouge: State of Louisiana Division of Archaeology, Office of Cultural Development, Department of Culture, Recreation and Tourism.

Hidden Beneath the Waves, An Underwater Archaeology Educational Kit (1996/7), Underwater Archaeology Unit, North Carolina Division of Archives and History and the Cape Fear Museum.

Hoffman, T. L. and S. Lerner 1988. *Arizona Archaeology Week: Promoting the Past to the Public*. Technical Brief No. 2. Arizona State Historic Preservation Office, National Park Service.

Jameson, J. H. Jr. (ed.) 1997 *Presenting Archaeology to the Public: Digging For Truths*. Walnut Creek: AltaMira Press.

Johnson, E. and T. E. H. Jones 1999. The Saskatchewan Archaeological Society and the Role of the Amateur Societies. In P. J. Smith and D. Mitchell (eds) *Bringing Back the Past: Historical Perspectives on Canadian Archaeology*. Mercury Series, Archaeological Survey of Canada Paper 158. Hull, Quebec: Canadian Museum of Civilization.

Lipe, W. 1994. Introduction. In *Save the Past for the Future II: Report of the Working Conference, Breckenridge, Colorado, September 19-22, 1994, Washington DC: Society for American Archaeology*. 9-10.

McGimsey, C. R. III 1972. Public Archaeology. New York: Seminar Press.

McGimsey, C. R. III 1991. Forward: Protecting the Past: Cultural Resource Management- a Personal Perspective. In G. Smith and J. Ehrenhard (eds) *Protecting the Past*. Boca Raton, Florida: CRC Press.

McManamon, F. P. 2000. Preface: Public Archaeology: A Part of Archaeological Professionalism. In K. E. Smardz and S. J. Smith (eds) *The Archaeology Education Handbook: Sharing the Past With Kids*. Thousand Oaks, California: AltaMira Press.

McManamon, F. P. and Smith, K. C. (eds) 1991. Introduction. In *Archaeology and Education: The Classroom and Beyond*, Archaeological Assistance Study, No. 2. Washington, DC: US Department of the Interior, National Park Service, Cultural Resources.

McNutt, N. 1988. *Project Archaeology: Saving Traditions*. Longmount, Colorado: Sopris West, Inc.

Pokotylo, D. L. and Mason, A. R. 1991. Public attitudes towards archaeological resources and their management. In G. Smith and J. Ehrenhard (eds) *Protecting the Past*. Boca Raton, Florida: CRC Press.

Price, D. and Gebauer, G. 1990. *Adventures in Fugawiland!: A Computer Simulation in Archaeology*. Mountain View, California: Mayfield Publishing Company.

Reinburg, K. M. 1991. Save the past for the future: a partnership to protect our past. In G. Smith and J. Ehrenhard (eds) *Protecting the Past*. Boca Raton, Florida: CRC Press.

Save the Past for the Future II: Report of the Working Conference, Breckenridge, Colorado, September 19-22, 1994. Washington DC: Society for American Archaeology.

Schuyler, R. L. 1991. A 'Compleat' Curriculum: Historical Archaeology on the Undergraduate Level. In F. P. McManamon and K. C. Smith (eds) *Archaeology and Education: The Classroom and Beyond*. Washington DC: Archaeological Assistance Study, No. 2. US. Department of the Interior, National Park Service, Cultural Resources.

Selig, R. O. 1991. Teacher Training Programs in Anthropology: The Multiplier Effect in the Classroom. In F. P. McManamon and K. C. Smith (eds) *Archaeology and Education: The Classroom and Beyond*. Archaeological Assistance Study, No. 2. Washington, DC: US Department of the Interior, National Park Service, Cultural Resources.

Selig, R. O. and M. R. London (eds) 1999. *Anthropology Explored: The Best of Smithsonian AnthroNotes*. Washington, DC: Smithsonian Institution Press.

Smardz, K. E. 1990. Archaeology and Education in Toronto. In P. G. Stone and R. Mackenzie (eds) *The Excluded Past: Archaeology in Education*. New York: Routledge.

Smardz, K. E. 1991. Teaching people to touch the past: archaeology in the Toronto school system. In G. Smith and J. Ehrenhard (eds) *Protecting the Past*. Boca Raton, Florida: CRC Press.

Smardz, K. E. 1997. The Past Through Tomorrow: Interpreting Toronto's Heritage to a Multicultural Public. In J. H. Jameson Jr (ed.) *Presenting Archaeology to the Public: Digging For Truths*. Walnut Creek: AltaMira Press.

Smardz, K. E. and S. J. Smith (eds) 2000. *The Archaeology Education Handbook: Sharing the Past With Kids*. Thousand Oaks, California: AltaMira Press.

Smith, B. 1995. The Secret Archaeologist. *Archaeology and Public Education Newsletter* 5(3).

Smith, G. 1994. Education. In *Save the past for the Future II: Report of the Working Conference, Breckenridge, Colorado, September 19-22, 1994*. Washington DC: Society for American Archaeology. 31-40.

Smith, G. and Ehrenhard, J. (eds) 1991. *Protecting the Past*. Boca Raton, Florida: CRC Press.

Smith, K. C. (ed.) 1990. *Pathways to the Past: An Educator's Guide to Resources in Archaeology*. Talahassee, Florida: Museum of Florida History, Department of State.

Smith, K. C. 1991a. At Last, A Meeting of the Minds. *Archaeology Magazine* 44(1): 3, 9.

Smith, K. C. 1991b. Archaeology in the Classroom. *Archaeology Magazine* 44(1): 80.

Smith, K. C. 1995. SAA Public Education Committee: Seeking Public Involvement on Many Fronts. *CRM: Archaeology and the Public* 18(3): 25-31.

Smith, P. J. and D. Mitchell (eds) 1980. *Bringing Back the Past: Historical Perspectives on Canadian Archaeology*. Mercury Series, Archaeological Survey of Canada Paper 158. Hull, Quebec: Canadian Museum of Civilization.

Society for American Archaeology Public Education Committee Formal Education Subcommittee Workbook Task Group (nd). *Teaching Archaeology: A Sampler for Grades 3 to 12*.

Stone, P. G. and R. Mackenzie (eds) 1990. *The Excluded Past: Archaeology in Education*. New York: Routledge.

Struever, S. 2000. Crow Canyon Archaeological Center: Why an independent, non-profit center make sense. In K. E. Smardz and S. J. Smith (eds) *The Archaeology Education Handbook: Sharing the Past With Kids*. Thousand Oaks, California: AltaMira Press.

Talalay, L. E. 1991. Traveling Suitcases. *Archaeology Magazine* 44(1): 40-41.

Wells, P. S. 1991. 'Presenting the past: a conference series aimed at public education. In G. Smith and J. Ehrenhard (eds) *Protecting the Past*. Boca Raton, Florida: CRC Press.

Wheat, P. and B. Whorton 1990. *Clues from the Past: A Resource Book on Archaeology*. Dallas, Texas: Texas Archaeological Society and Hendrick-Long Publishing Co.

White, N. M. 2000. Teaching archaeologists to teach archaeology. In K. E. Smardz and S. J. Smith (eds) *The Archaeology Education Handbook: Sharing the Past With Kids*. Thousand Oaks, California: AltaMira Press.

4장

대중을 박물관 고고학에 참여시키기

닉 메리먼(Nick Marriman)

1. 머리말

박물관은 과거에 대한 대중적 구축과 고고학에서의 대중 참여를 위한 중요하고 강력한 수단이다. 박물관 역사의 많은 부분에서 고고학박물관은 상대적으로 내적인 성찰을 해왔고 폭넓은 대중의 요구보다는 고고학이라는 학문의 요구에 더 봉사하는 경향이 있었다. 그러나 최근에 일반적으로 영국의 박물관들은 더 폭넓은 범위의 사람들이 즐기고 참여할 수 있도록 개방하기 시작했고 현대사회에서 더 강력한 역할을 하기 시작했다. 고고학박물관들은 접근, 적극적 참여, 사회적 배제에 대한 문제제기에 관심을 두면서 방문객에 초점을 맞추는 방향으로 변화하는 데 참여해왔다.[1] 나는 이 장에서 영국에서 이루어진 몇몇 정책에 대해 논의한다. 그 정책의 일부는 이전의 학계와 '후세'의 요구를 과도하게 강조하는 것과 균형을 이루는 학문으로서 좀 더 대중적 경향을 띤 고고학 개념의 방향을 정하는 새로운 방법을 제시한다고 생각한다.

2. 박물관의 힘

박물관은 장기적 대중매체로 묘사될 수 있다. 박물관들은 텔레비전이나 영화와 같은 일상적인 청중이 없으나 총체적으로 장기간에 걸쳐서 많은 수의 사람들이 방문한다. 그래서 연간 10만 명의 방문자가 있는 박물관의 전시실은 한 세대(즉, 25년)가 넘는 기간이 지나면 약 250만 명의 방문자를 기록한다. 영국에서 전체적으로 박물관과 미술관을 방문하는 것은 축구경기 혹은 다른 어떤 스포츠 행사를 보는 것보다 더 인기가 있다(MORI/Resource 2001: 7). 미국고고학회의 최근 여론조사에서는 상당한 비율의 인구가 박물관에서의 고고학에 노출된다는 것을 확인했다. 미국의 성인 1,016명을 통계적으로 대표 표본으로 하여 진행한 여론조사에서는 미국 국민의 88%가 살면서 일정 시간 동안 고고유물을 전시하는 박물관을 방문한 적이 있는 것으로 나타났다[2](Ramos and Duganne 2000: 21).

박물관은 정체성과 진실을 주장하는 유물을 다루고 있기 때문에 강력한 대표성을 가진 매체이다. 박물관의 구체성, '증거'의 소유, 공식적 지위와 학문의 연관성은 박물관에 더 큰 권위를 부여하고 대표성을 가진 어떤 다른 매체보다 진실을 주장한다. 국가적 또는 지역적 정체성을 주장하는 투쟁 혹은 다른 사람들의 그러한 주장을 억압하는 투쟁에서 중요한 상징으로 박물관을 언급하는 것이 바로 이 때문이다(Kaplan 1994). 그래서 세계 여러 지역의 새롭게 등장하는 국가에서 박물관은 종종 새로운 정체성을 높이려는 의도로 직접 설립되었다(Lewis 1992). 그리고 더 일반적으로 종종 술집의 유혹을 벗어나서 사회적인 질서 속에서 자신의 위치에 만족하기를 배우면서 질서 있고 자체적으로 규제하는 시민사회를 만들기 위해 설립되었다(Bennett 1995; Duncan 1995).

19세기에 국가를 건설할 때 핵심 요소는 현대의 국경 안에서 공유된 정체성을 소유하는 것에 관한 생각을 과거로 투영하기 위해 고고학을 이용하는 것이었다(Trigger 1995; Skeates 2000: 90-95). 박물관은 현대의 지리적 경계 내에서 발견된 과거의 유물을 모으고 그것을 오래된 과거의 맥락 속에 위치시켜서 현대 국가의 존재를 정당화하는 데 이용하는 방식으로 역할을 담당했다(Broshi 1994). 이와 같은 방식으로 나치 체제는 20세기에 확장된 독일 제국에 관한 주장을 정당화하기 위해 고대 '게르만족' 유물의 존재를 이용했고, 그 당시 침략이나 특정 민족을 열등하거나 인간 이하의 족속으로 대하는 것을 정당화하기 위해 물질문화의 표상인 박물관을 이용했다(Arnold 1990; McCann 1990).

일반 대중, 경쟁하는 이익단체, 정치인, 경제인, 언론인, 학계에게 박물관은—고고학박물관과 고고유물소장품을 가진 사람을 포함해서—지속적으로 매우 중요했다. 박물관은 계속해서 강력한 문화적, 시민적 상징으로 남아 있다. 또한 새로운 스코틀랜드박물관의 건설에서 볼 수 있듯이 경제 부흥과 되살아나는 지역 정체성을 주도하는 데 이용된다(Ascherson 2000). 그리고 정체성에 관한 주장을 지우기 위해 약탈되고 파괴되었던 최근의 쿠웨이트, 보스니아, 아프가니스탄에서 보듯이 분쟁지역에서 지속적으로 파괴의 목표물이 된다(Layton *et al.* 2001).

그러나 이와 같은 확실하게 많은 방문자 수와 언론 보도의 분량, 박물관이 만들어내는 논쟁이 보여주듯이 공공연하게 받아들여지는 박물관의 중요성에도 박물관이 얼마만큼 실제로 효율적으로 과거와 소통하고 있는가? 나는 사람들이 정체성에 관해 대체로 동의하는 견해를 전파하기 위한 박물관 설립자의 의도가 박물관 방문자가 박물관을 만든다는 다른 많은 견해로 뒤집혔고 사회의 많은 집단이 단순하게 박물관을 방문하지는 않는다고 어디에선가 주장한 바 있다(Merriman 1991). 결과적으로 역사의 많은 부분에 대한 박물관의 영향력은 사회에서 공통의 문화를 교육받고 특혜받은 집단을 함께 묶고 다른 사람을 배척하는 데 있었다. 그렇다면 고고학박물관의 중요성은 대체로 최근까지 박물관이 수행할 수도 있는 어떤 폭넓은 교육적 기능을 수행하기 위한 필요성보다는 문화적 정체성이 만들어진 유물의 보관창고로서의 박물관의 상징적 기능에서 나왔다고 할 수 있다.

3. 고고학을 위한 봉사자로서의 고고학박물관

유물*을 소장하는 것, 그리고 과거를 현재와 연결하는 경관 속에서 정당성을 가진 존재임을 입증하는 것은 고고학박물관에 요구되는 주된 사회적 역할이었다. 이렇게 '정확한 증거'에 대해 강조하는 것은 고고학박물관이 역사상 많은 기간 동안 소장품의 보존과 정리, 고고학의 학문적 필요성에 초점을 맞추어왔음을 의미한다.[3] 예를 들어 비교적 최근에도 유럽에서 열린 박물관과 고고학에 관한 학술대회에서 발행한 출판물의 결론을 맺는 논문에서는 박물관에서 일하는 고고학자의 역할을 야외조사, 지표조사, 발굴 결과의 보관으로 제한했다(Biddle 1994).

대부분의 다른 박물관과 공통적으로 고고학박물관은 역사적으로 큐레이터가 수동적인 방문객에게 전시물을 제공하는 '하향식' 성향의 기관이었다. 고고학을 전공한 큐레이터에 대한 훈련은 커뮤니케이션이 아닌 고고학 내에서 이루어졌고, 박물관에서 일하는 고고학자는 확인과 인정을 받기 위해 비전문가인 대중 전체보다는 고고학계의 다른 분야에 있는 동료를 바라보는 경향이 있었다.

현장을 발견했을 때의 흥분만으로 언론의 헤드라인을 차지하기 어렵다는 점, 많은 양의 유물을 저장함으로써 고고학과 관련된 학문 일부에 기여한다는 확실한 필요성, 청중보다는 유물 관리의 중요성에 초점을 두어 결과적으로 내부지향성을 강조한 점은 박물관을 중심으로 한 고고학을 주변적 존재로 전락시켰다. 이렇게 됨으로써 박물관을 중심으로 한 고고학은 오늘날 대부분 사람들의 관심사에서 벗어난 것으로 보인다(Merriman 1991: 96-103). 실제로 잉글랜드에서 고고학 기록과 소장품의 사용에 관해 최근 조사한 결과(Merriman and Swain 1999)를 보면 고고학 기록과 소장품을 생산하기 위해 많은 자원을 들이는데도 전체적으로 대중은 말할 것도 없고 고고학자도 거의 사용하지 않는다는 것을 알 수 있다. 유사한 '유물 관리의 위기'가 미국(Childs 1995)과 일본(Barnes and Okita 1999)에서도 보고되었다.

....

* 유물: 'archaeological evidence'는 '고고학적 증거'라고 번역하지 않고 '유물'로 의역했다.

이렇게 대중의 요구에 초점을 맞추지 못한 결과는 매우 심각하다. 런던 남부에 있는 크로이던(Croydon)에서 지역 사람들에게 계획 중인 새로운 지역박물관에서 보고 싶은 것이 무엇이냐고 질문했을 때 대부분은 자신들의 할아버지가 회고하여 기억할 수 있는 시기 이전의 것은 아무것도 원하지 않는다고 말했다(MacDonald 1998). 그 결과 선사시대부터 중세 후기에 속하는 지역의 고고유물 어느 것도 그 박물관에 전시되지 않았다. 여론조사를 하면 오늘날과 같이 인종적으로 다양한 지역사회에서는 고고유물에 대한 관심도나 관련성이 없다고 답한다.

4. 대중으로의 시각 전환

그러나 오늘날 몇몇 고고학박물관이 경험하고 있는 변화를 이해하는 열쇠가 지역박물관운동이다. 1960년대부터 다른 많은 박물관과 같이 고고학박물관은 피쉬본 로마시대저택박물관(the Fishbourne Roman villa museum)(1968년 개관)과 런던박물관(the Museum of London)(1976년 개관)에서와 같은 새로운 시도로 모형, 디오라마(diorama), '복원'과 시청각 기술을 통한 전시기술(the technology of presentation)에서 상당한 진보를 경험하기 시작했다. 이러한 시도들은 방문객이 박물관을 더욱 매력적으로 보는 데 기여했다. 더 급격한 변화의 시대에 과거의 확실성에 대해 향수를 갖는 순수한 욕망을 겸비한 사람들은 1970년대와 1980년대에 늘어난 여가시간과 가처분소득, 효과적인 광고, 전시를 통해 '문화유산에 대한 관심'이 커졌다. 요르빅바이킹센터(the Jorvik Viking Centre)(1984년 개관)에서와 같은 '경험'은 고고학이 대중적 환호를 받게끔 전시할 수 있는 새로운 방식을 보여준 것처럼 보였다. '재현(re-enactments)'과 미국에서의 당사자적이고 제3자적인 해석(first-and third-person interpretation)이 성공(Anderson 1984)하면서 아이언브리지(Ironbridge)와 같은 야외유적지뿐만 아니라 고고학 유적과 박물관의 특별행사에서 종종 재현이 채택되었다(Sansom 1996).

당시의 이러한 성공은 박물관과 다른 문화유산 명소의 인기를 보여준 반면 이러한 발전이 안락함과 향수를 불러일으키면서 지배계급에 우호적 방식으로 편견이 있는 과거의 해석을 생산한다고 학계 일부로부터 강력하게 비판을 받았다. 특히 셍크와 틸리(Shank and Tilley 1987: 87)는 고고학에 대해서 런던박물관과 같은 박물관이 "모순을 억압하고 과거를 현재 모습의 반영으로 고착시킴으로써" 현재의 사회관계를 정당화한다고 주장했다. 이러한 실패에 대한 해결책은 박물관이 스스로를 좀 더 성찰하고 지역사회에 더 '소유되어' 다른 이해집단과 서로 협력하면서 지금까지의 방식과는 다른 목소리를 내는 것이라고 주장했다(Shank and Tilley 1987: 98-99).

지역박물관운동은 다양한 방식으로 문제를 해결하기 위한 방법을 이미 보여주었다. 1960년대부터 전통적 가치에 의문을 제기하고 시민권을 증진하는 정치적 환경의 변화는 박물관과 그 역할에 대한 점진적인 재고로 이어졌다. 이러한 운동은 스미소니언박물관이 1967년에 흑인거주지역에 분관으로 세운, 워싱턴의 애너코스티어근린박물관(Anacostia Neighbourhood Museum)과 함께 시작된 것으로 보인다(Hudson 1981: 179-81). 이와 같은 시기에 생태박물관운동(the eco-museum movement)이 조르주 앙리 리비에르(Georges Henri Rivière)와 휴즈 드 바린-보한(Hughes de Varine-Bohan)의 사상에서 영향을 받아 시작되었다(Davis 1999). 이들 새로운 종류의 박물관은 박물관 자체의 요구에 부응하는 박물관을 만드는 데 지역사회의 참여와 관여가 중요하다고 제시했다. 적어도 이론상 박물관은 그 지역에 거주하는 지역민이 운영해야 하고 그들의 요구에 집중해야 했다(Shank and Tilley 1987: 75).

5. 접근성과 포함의 문제

보다 최근에 정부는 지역박물관의 성공에 부분적으로 영감을 받고 공공서비스가 납세자에게 책임이 있고 전체 지역사회의 요구에 부응하도록 하려는 열망을 바탕으로 영국의 박물관에 좀 더 명확한 사회적 의제를 부여했다. 1997년 교육개선, 사회적 배제 문제 해결, 공공서비스에 대한 접근성을 모두에게 제공하는 것과 같은 문제를 포함한 선언문에 따라 선출된 노동당 정부는 모든 정부 부처에 이러한 전반적인 의제를 해결할 수단을 찾을 것을 요구했다. 그 결과로 고고학과 박물관 양자를 관할하는 부서인 문화미디어체육부(the Department for Culture, Media and Sport)에서는 일련의 정책문서를 통해 정부에서 재원을 제공하는 기관이 교육적이고 접근 가능하며 사회적으로 열린 성격의 프로그램을 장려하도록 하는 데 높은 우선권을 부여했다(DCMS 1998, 2000, 2001; Dodd and Sandell 1998). 이러한 의제는 지방정부가 이미 선호하는 접근 방법과 일치하고 문화유산에 대한 접근성을 향상시키고 교육 서비스를 개발하는 데 높은 주안점을 두는 문화유산복권기금(the Heritage Lottery Access Fund)과 같은 다른 재정 지원 기관들에 영향을 미쳤다. 그 결과 영국에서는 아마도 처음으로 공적으로 재정 지원을 받는 박물관이 소장품을 관리하는 것에 앞서 대중을 우선시하는 외부지향 의제를 공유하는 상황도 존재하게 되었다. 이는 영국박물관협회(the UK's Museum Association)의 박물관에 대한 변화된 정의, 즉 과정과 소장품에 주로 주안점을 두는 박물관("대중의 이익을 위해 물질적 증거와 관련된 정보를 수집, 정리, 보존, 전시, 해석하는 기관")에서 결과와 청중을 중시하는 박물관("박물관은 사람이 영감, 학습, 즐거움을 위해 소장품을 탐색하게 하고 사회를 위해 유물과 표본을 소장하고 보호하며 이에 대한 접근이 가능하도록 만드는 기관이다.")으로 변화된 개념에 반영되었다(Museums Association 1998).

그 결과 고고학박물관은 재정을 제공하는 기관과 대중이 대체로 현재의 청중을 참여시키고 전통적 방문자에게만 적절한 것이 아니라 일반적으로 박물관에 방문하지 않거나 고고학에 특별한 관심이 없는 사람에게까지 다가가서 연결하는 프로그램을 개발하기를 바라는 환경에 있다는 것을 발견했다. 정부의 정책을 수행하기 위해 박물관을 이용하려는 정치적 충동은 박물관에서 일하는 사람들이 극도로 비판적으로 여겨온 반면(Moore 1997: 21-22 참조), 박물관을 좀 더 사회적으로 관련시키려는 움직임은 지금까지 박물관의 실제적이고 잠재적인 청중을 좀 더 박물관과 가깝게 하도록 크게 요구하는 힘을 많은 박물관에 부여하는 이점을 가지고 있었다.

그리고 물리적이면서 지적인 것으로 단순하게 정의되거나 물리적 및 감각적, 지성적, 문화적, 태도적 및 재정적인 측면에서 더욱 더 세부적으로 정제된(Lang 2000) '접근성'이 확대되면서 최근 영국에서 박물관이 발전하는 데 가장 중요한 단일 원동력이 되었다. 지금 나는 이러한 대중을 향한 전환이 박물관에서 일하는 고고학자의 업무에서 나타나는 몇몇 방식을 검토해보고자 한다.

6. 디지털 접근성

고고소장품에 대한 접근을 촉진하는 주요 방식 중의 하나는 박물관 건물의 물리적 한계를 벗어나서 자료에 대한 접근을 가능하게 하는 방식인 소장품에 대한 정보와 이미지를 인터넷에 탑재하는 것이다.

오랫동안 조금 따분하게 보이지만 책임감의 측면에서 필요하다고 여겨졌던(Davis 1998) 박물관의 기록화는 디지털 기술을 통해 박물관에 대한 접근성과 소통의 요소로 변형되었다(Keene 1998). 햄프셔박물관(Hampshire Museum Service)과 같은 일부 박물관은 아주 잘 정리되지는 않은 상태로 웹사이트에 소장품 정보를 단순하게 탑재하여 충분한 관심이 있는 사람이면 누구나 찾아볼 수 있게 했다. 런던대학의 이집트고고학박물관인 페트리박물관(the Petrie Museum of Egyptian Archaeology)은 소장품 7만 8,000점 모두를 온라인에 전면적으로 소개하기 시작했다. 그래서 플린더스 페트리(Flinders Petrie)가 발굴한, 전 세계에 흩어진 다른 이집트 유물과 연결하는 가상박물관을 만들 계획을 세우고 맨체스터박물관(the Manchester Museum)과 협력하여 두 박물관이 가지고 있는 라훈(Lahun) 유적에서 출토된 유물을 구체적으로 연계하기 시작했다(MacDonald 2000). 글래스고(Glasgow)에 있는 헌터리언박물관(the Hunterian Museum)에서는 컴퓨터 화면상의 유물을 클릭하여 회전되도록 해서 다각도로 볼 수 있게 함으로써 선사시대 석제 조각품의 '유물 영상'을 보는 것이

가능해졌다.

많은 박물관이 소장유물을 넘어서서 인터넷을 사용하여 가상정보자원을 창출했다. 뉴캐슬대학의 고고박물관에서는 석기시대 후기 수렵채집인에 관한 '가상 전시'를 볼 수 있고, 하드리아누스 성벽(the Hadrian Wall)을 소개한 교육 웹사이트에 들어가서 관심 있는 요소를 클릭함으로써 박물관에서 재창조된 미트라스사원(temple to Mithras)을 3차원으로 체험할 수 있다(Museum of Antiquities Website 2001).

영국 이외에 미국의 버지니아주에 있는 알렉산드리아고고학박물관(the Alexandria Archaeology Museum)은 박물관 분야의 온라인 접근과 정보 획득 가능성의 측면에서 가장 전면적인 고고학적 개발을 이룬 사례 중의 하나이다. (온라인 지도를 포함하여) 박물관을 이용하는 법과 현재 운영 중인 프로그램에 대한 정보를 제공할 뿐만 아니라 박물관 웹사이트에서는 과거와 현재의 특별전 세부사항, 박물관에서 열린 '고고학 체험교실(Archaeology Adventure Lessons)'과 여름 야외교실, 대중을 위한 발굴체험과 고고유적 답사와 같은 다른 활동들에 대한 세부 정보를 제공한다. 온라인 또는 다운로드 가능한 활동을 제공하는 '어린이 세상(Kids Pages)'과 박물관 회원에 가입하는 법, 자원봉사자가 되는 법, 인턴십에 지원하는 방법에 대한 세부사항도 있다. 출판물과 판매에 관한 간단한 온라인 책자와 내려받을 수 있는 주문서도 있고, 방문하도록 유도하는 장려책으로 박물관을 실제로 방문하는 사람이 할인을 받을 수 있는 '전자할인쿠폰(eSavings Coupons)'도 있다. 추가로 소장품이 어떻게 관리되고 보존되는지에 대한 사항, 소장품 정책의 개요, 새로운 수장시설이 만들어진 세부 정보, 유적 보호와 금속탐지기 사용을 규율하는 법률에 대한 설명, '고고학적 예비평가(지표조사)에 대한 요청서(Request for Preliminary Archaeological Assessment)'와 같은 고고학자가 다운받아 사용할 수 있는 필요 서식에 대한 '실무정보(behind the scenes)'도 있다. 마지막으로 최근에 발굴되거나 이전에 발굴된 지역 유적, 알렉산드리아의 과거에 대한 주제, 그 지역의 고고학에 관한 출판물 문헌목록에 관한 종합 정보가 망라되어 있다(Alexandria Archaeology Museum Website 2001).

대부분의 인터넷 접근은 사전에 준비된 유적에 접근하려는 원격 방문자와 관련된다. 그러나 일부 박물관에서는 쌍방향 소통과 방송에 대한 웹사이트의 잠재력을 활용하기 시작했다. 웨일스국립박물관(the National Museum of Wales)에서 란베드 레고흐(Llanbedrgoch)에 있는 바이킹 시대의 한 마을 유적을 발굴했는데, 이는 "바이킹을 발굴하기(Digging for Vikings)"라는 사업의 초점이 되었다. "발생한 대로의 고고학(Archaeology as it Happens)"이라는 2000년의 한 프로젝트가 바로 그것이다. 아마도 텔레비전 시리즈인 〈시간탐험대(Time Team)〉에서 확립된 형식으로부터 차용된 웹페이지는 발굴, 현장팀의 세부사항과 그들의 업무, 유적 보고서, 유적 배치도, 교육적 정보와 일일 진전 상황에 대한 배경지식을 전달하기 위해 만들어졌다. 탐구자는 발굴팀에 질문사항을 이메일로 보낼 수 있고 발굴팀은 매일 답신할 수 있다(National Museum of Wales Website 2001). 이보다 한 단계 더 나아가 서퍽(Suffolk)의 엘베든(Elveden)에 있는 구석기 유적을 조사하는 영국박물관 발굴팀은 JASON 프로젝트의 일환으로 과학적 조사를 하기 위해 머시사이드(Merseyside)의 국립박물관과 미술관에서 이미 착수한 것과 유사한 방식으로 웹캠 방송(Webcam broadcasts)(British Museum 2000)을 실험하고 있다(Phillips 1998).

디지털 매체는 박물관이 소장한 고고학 유물에 대한 접근성에 새로운 지평을 확실하게 열었다. 그러나 이것이 만병통치약은 아니다. 왜냐하면 웹사이트에 대한 접근은 일반적으로 그것을 운용할 여유가 있는 사람들로 제한되기 때문이다(Saraf 1999: 233). 인터넷에서 모든 도서관을 검색하는 대중 네트워크(the People's Network)와 디지털 콘텐츠를 제공하는 데 목적을 둔 새로운 정부기관인 문화 온라인(Culture Online)을 통해 인터넷 접근을 좀 더 많이 제공하는 것은 이러한 상황을 변화시킬지도 모르지만, 현재 인터넷 사용자와 박물관을 방문하려는 사람들 사이에는 아주 상당히 밀접한 일치가 있다(Saraf 1999). 아마도 인터넷을 더 이용하면서 박물관 방문은 적게 하는 경향이 있는 젊은이들의 경우를 제외하고, 박물관을 방문하지 않는 사람은 또한 인터넷을 사용하지 않는 사람인 경향이 있다.

역설적으로, 박물관 소장품에 대한 '접근'을 제공하기 위해 디지털 미디어를 사용하는 것은 실제로 사람들이 실물의 디지털 복제물에 관심을 집중함으로써 실물 자체에서 멀어지게 할 수 있다. 디지털 정보는 사용자에게 특정 소장품의 존재를 주지시킬 수 있고 유물 자체를 감상하기 위해 더 많이 질문하도록 자극할 수도 있지만, 디지털 미디어가 실제로 책에 나온 사진보다 소장품에 대한 더 많은 '접근성'을 제공하는지는 명확하지 않다.

7. 비공개 자료

접근성 문제의 다른 측면은 예를 들면 보존하는 저장시설과 다른 '뒤뜰시설'을 개설해서 체험센터의 소장품과 대여 상자에 든 물품을 관리하고 박물관 자체를 넘어서는 찾아가는 프로그램을 통해 사용자들이 박물관의 소장품과 더 밀접하게 접촉하도록 하는 것이다.

고고학적인 맥락에서 볼 때, 이전에 대중의 눈길에서 멀리 떨어진 곳에 보관되어 있던 소장품을 개방한다는 것은 진열장 속에서 저장용 서랍을 끌어내서 세인트올번스(St. Albans)의 베룰라미움박물관(the Verulamium Museum)에서 볼 수 있는 빅토리아 전통을 재발견하는 것과 같은 것, 공개적으로 접근할 수 있는 자원센터에 보관된 소장품을 이용하는 것을 의미한다. 예를 들어, 런던박물관의 런던고고학자료연구센터(London Archaeological Archive and Research Centre)는 학생, 연구자, 고고학회와 일반 대중 가운데 관심 있는 사람이 이용할 수 있도록 약 3,000개의 발굴에 대한 전반적인 자료를 이용할 수 있도록 했다(Hall and Swain 2000: 87). 이와 같은 시설을 개발할 자원이 없는 다른 박물관은 방문자가 보관된 유물을 보고 큐레이터에게 질문할 수 있도록 비공개자료에 대해 안내하는 시간을 포함한 개방행사를 종종 갖는다(CBA Website 2001).

이렇게 박물관을 개관함으로써 이전에 숨겨진 과정이 대중의 세심한 관찰에 노출되는 결과가 나타났다. 이는 고고학 분야에서 요크고고학자료센터(the Archaeological Resource Centre in York)와 더불어 시작된 것처럼 보인다. 요크고고학자료센터에서는 1990년에 개관했을 때부터(Jones 1995) 방문자에게 발견물의 처리와 분석(아래 참조)에 관해 통찰할 기회를 얻을 수 있게 했을 뿐만 아니라 고고학자들이 일하는 모습을 볼 수 있게 만든 유리벽 사무실도 있었다.

고고학에서의 보존 활동은 실험실에서 나와서 웨일스국립박물관이 '켈트족(Celtic) 무사' 프로그램을 대중에게 선보이면서 알려졌는데, 이곳에서는 물질이 어떻게 유지되거나 부식되는지를 보여주기 위해 고안한 시연을 실내에서 한다. (박물관 직원이 시연하는) '켈트족 무사'와 그의 옷과 무기는 그를 무덤에 '매장'하도록 돕는 청중에게 묘사된다. 켈트족 무사는 작은 문을 거쳐 내보내지고 마치 고고학자가 발굴했던 당시처럼 무덤에 안치된다. 보존 전문가는 신체와 옷, 부장품의 상이한 특성이 매장 과정에서 어떻게 변화하는지를 청중에게 설명한다. 또한 X선 분석, 현미경 사진 분석, 도구를 사용하여 원래 어떻게 부장되었는지에 대해 발굴과 보존처리를 통해 무엇을 밝힐 수 있는지를 보여준다. 마지막으로 켈트족 무사는 원래대로 돌아오고 방문자는 보존처리 작업을 통해 무덤에 안치되었던 모습과 다시 비교할 수 있다(National Museum of Wales Website 2001).

머시사이드에 있는 국립박물관-미술관 연합체(the National Museums and Galleries)의 하나인 리버풀보존센터(the Conservation Centre in Liverpool)에서는 보존처리에 대한 대중의 접근성을 높이려고 매우 야심 찬 시도를 했다. 이 센터는 고고학을 포함한, 박물관에서 필요로 하는 모든 보존처리 업무를 수행하고 처음부터 대중의 접근과 이해를 증진하기 위한 목적으로 수립되었다. 일주일 내내 개방하고 쌍방향 전시를 하면서 보존처리 과정을 설명하는 방문자센터가 있고, 방문자는 예정된 시간에 강의용 소극장에 앉아서 비디오를 통해 실험실의 실제 상황과 연결될 수 있다. 또한 실험실에서 일하는 보존처리가와 활발하게 질문과 답변을 주고받기 위해 이 연결망(link)을 이용할 수 있다. 정해진 시간에 맞추어 실제로 실험실을 방문할 수도 있다(Forrester 1998).

이전에는 숨겨졌던 박물관의 기능을 대중에게 공개하려는 이러한 계획의 특징 가운데 하나는 노출되는 것은 오직 기술적 과정 자체뿐인 것 같다는 점이다. 예를 들면 박물관이 마땅히 수집과 보존의 기능을 수행해야 한다는 점은 당연하다. 하지만 수집, 처분, 보존의 윤리에 관한 논쟁은 이러한 보이는 영역에 포함되지 않는다. 방문자는 소장품의 규모와 박물관 직원의 전문성과 과학적 기량에 감탄하도록 초대된 것처럼 보이고 직원들이 무엇을 하는지 혹은 그것을 왜 하는지와 같은 기본 원칙에 대해서는 질문하지 않는다.

8. 과거를 직접 체험하다

관람객이 고고학소장품에 더 많이 접근할 수 있는 주요 방법은 오래 지속된 금기사항을 깨고 소장품의 일부를 만지고 다루어보도록 허용하는 것이다. 이는 체험학습센터의 기술 발전, 특히 1969년에 샌프란시스코과학관(the Exploratorium in San Francisco)에서 처음 시도한, 과학적 원리에 관한 발전(Caulton 1998: 3)에 크게 영향을 받았다. 오웬(Owen)(1999)은 체험학습의 원리가 고고학소장품에 잘 맞는다(아래 참조)는 점을 보여주는, 고고학박물관에서의 체험학습에 대한 최근의 접근 방법을 요약했다.

고고학에서 선구적인 '체험센터'는 주로 예약된 학교의 단체 방문자에게 체험 경험을 제공하는 데 중점을 둔 요크고고학자료센터이다(Jones 1995). 방문자들은 유적에서 나온 고고학유물을 다루고 범주별(토기, 뼈 등)로 정리하며 이러한 과정을 통해 고고학적 과정에 관해 이해하도록 장려된다. 직원이 방문 절차를 안내하고 질문에 대답해준다.

고고학자료센터는 고고학에 완전히 특화된 자립형 시설로 흔하지 않다. 좀 더 일반적으로 스코틀랜드국립박물관(the National Museum of Scotland)의 체험센터 (the Discovery Centre)와 같이 다른 학문 분야와 함께 고고학이 일정한 역할을 하는 일반화된 체험전시가 있다. 여기에는 6곳의 체험활동 구역이 있어서 방문객들이 로마 병사의 보따리를 풀어보거나 밀랍 판에 글을 쓰거나 바이킹 무덤에서 출토된 유물들을 만져보거나 바다표범의 이빨을 활용한 장신구를 만들어볼 수 있다. 체험센터에서는 일반 대중이 이용하도록 할 뿐만 아니라 매우 구체적으로 목표를 세워 5세에서 14세의 연령대에 맞는 학습 과정을 제시한다. 또한 학교 방문 프로그램도 있고 교사를 위해 자료를 제공하거나 재직 중인 교사를 위한 과정도 진행한다. 비슷한 맥락에서 햄프셔박물관의 체험센터인 서치(SEARCH)는 과학과 역사 과목의 전국교과과정의 주제(National Curriculum topics)를 학습하는 초등학생 집단에 초점을 맞춘다. 이들 영역 중의 하나는 유물의 재질을 검토하기 위해 현미경과 수동확대경을 갖춘 작업실을 운영하는 "체험고고학(Archaeology in Action)"이다. 발굴에서 발견된 증거를 보여주는 슬라이드 쇼에 이어서 어린이들은 로마 시대와 앵글로색슨 시대의 유물과 복제품들을 만지고 정리하며 그 유물들의 용도에 대한 단서를 찾아 당시 사람들의 생활에 대해 생각하도록 장려된다.

런던박물관은 2001년에 개최했던 비상설전시인 〈발굴(The Dig)〉에서 고고학적 활동에 참여하도록 함으로써 '체험'의 개념을 한 단계 더 발전시켰다(그림 4.1). 여기에서 방문자는 흙손과 붓을 사용하여 실제 유물과 복제품을 찾을 수 있도록 24개 이상의 '트렌치'가 있는 모의 발굴에 참여할 수 있다(Martin 2002).

햄프셔박물관의 서치가 '발견으로 학습하기 위한 체험교육센터(Hands on education centre for learning by discovery)'라는 부제로 운영되고 있고 방문자들이 실제의 고고학유물을 다루고 가까이에서 검토하는 것이 교육적으로 유익하다는 합의를 도출한 것은 위의 여러 시도 모두를 통해 볼 때 명백하다. 그러나 오웬(Owen 1999)이 말하듯이 방문자가 직접 해보는 시연 혹은 체험학습의 교육적 효과가 무엇인지를 실제로 잘 보여주는 것은 거의 없다. 그럼에도 시연이나 체험은 인기가 있는 듯한데, 이는 자극하거나 자극하지 않을 수도 있는 심화학습을 통해서라기보다는 오직 고대 유물을 다루는 경험을 통해 체험센터가 제공하는 즐거움 자체로 정당화되는지도 모른다. 현재 이 문제에 관한 방문자 연구가 존재하지 않지만, 체험센터가 방문자의 현재 관심도에 부응하는 더 풍부한 경험을 제공하는 것으로 보기는 어렵다. 직접 해보는 시연에 대한 방침이 얼마나 실제로 고고학에 관심을 가진 대중을 확대

그림 4.1 <발굴>: 런던박물관에서 수행한 비상설전시 프로그램

하는지도 불확실하다.

9. 대여 상자

박물관이 고고학소장품에 대해 직접 만져보는 것과 같은 접근성을 확대하고 대중의 관심을 넓히기 위해 시도해오고 있는 방법 중의 하나는 박물관 대외활동의 가장 오래된 형식 중의 하나인 대여 상자를 이용하는 것이다. 제2차 세계대전 이전 시기에 매우 잘 개발되었음에도(Markham 1938) 많은 박물관의 대여 활동은 지방정부의 재정이 줄어들면서 전후에 축소되었다. 그러나 접근성과 교육에 관한 관심이 증

대함과 더불어 대여 상자는 대외교육 활동의 중요한 구성요소로 많은 박물관이 활동하는 데 다시 채택되었다. 레딩박물관(Reading Museum)이 운영하는, 거의 100여 년 그대로 존속한 소수 사례 중의 하나인 대여활동계획은 선사시대, 로마 시대, 앵글로색슨 시대, 중세시대, 고대 그리스와 고대 이집트의 유물로 구성된 중요한 고고학적 구성요소를 포함한 2만 점의 유물 등 약 2,000개의 특수 포장된 상자로 구성되어 있다. 이러한 상자들은 지역의 학교에 매 학기마다 배달되어 교과과정에 부응하도록 사용되고 3만 3,000명의 초등학교 어린이가 매년 4,000여 번 대여하여 사용한다(Swift 1997).

더구나 레딩박물관에서는 비하인드 스토리를 공개하려는 박물관의 일반적 조치의 하나로 입구 바로 옆에 '상자의 방(box room)'을 만들었다. 이 상자의 방은 방문자가 현재 대여되지 않은 대여 상자의 일부를 점검해볼 수 있고 일부 물건을 직접 만져보는 공간과 직원이 대여하기 위해 상자를 준비하고 반환된 상자를 받으며 대여 상자 운영 프로그램을 전반적으로 관리하는 것과 같이 직원이 일하는 공개된 장소로 구성되어 있다.

이러한 생각이 더 발전되어 런던박물관에서는 지역의 학교에 영구 이전되는 대여 상자를 새롭게 창안했다. 런던박물관의 로마전시실에 관한 학교용 프로그램에 대한 설문조사에서는 대여 상자를 이용하기를 원하는 모든 학교의 수요를 수용하지 못한다고 했다. 1년에 5,000명 정도의 학생이 수용되지 못한 것이다(Hall and Swain 2000). 더구나 가장 가난한 학교는 런던박물관을 방문할 여유가 없었음이 밝혀졌다. 그 결과 런던박물관에서는 로마 시대의 유물을 담은 상자를 런던 지역의 200개 학교에 제공하는 계획을 개발했다. 이 상자에는 분류되지 않은 유물 중에 선정된 로마 시대의 유물, 등잔이나 필기판 같은 복제품, 교사의 강의록과 영상물이 들어 있다. 각 학교에는 현재 이용할 수 있고 영구적인 작은 박물관이 있고, 런던박물관에서는 출토 맥락이 정확하지 않아 고고학적으로 상대적으로 중요하지 않은 유물을 사용할 수 있다.

10. 적극적 대외봉사활동과 포용

대여 상자와 관련된 일이 의미하듯이, 사회적으로 연계된 박물관은 이제 결코 방문객을 끌려는 건물이 아니라 서로 다른 목적을 가진 관람객에게 맞도록 업무를 조정하는 서비스 기관이다. 그 결과 대외봉사활동은 그 자체가 목적이면서 박물관이 자신을 홍보할 수 있는 방법으로서 서비스를 전달하는 중요한 수단의 하나가 되었다. 이러한 맥락에서 대외봉사활동은 박물관이 아닌 장소에 대여하는, 움직이는 전시를 전통적으로 제공하는 것이라는 개념을 넘어서서 비전통적인 장소와 청중에게 서비스를 제공하는 것과 관련된다. 몇몇 사례에서 런던박물관이 한 것처럼, 이는 발굴 현장에 세워진 현장사무소, 선술집, 공항 혹은 쇼핑센터와 같은 곳에서 고고 유물을 전시하는 것을 의미할 수 있고 다른 경우에는 모바일 박물관을 직접 지역사회에 제공하는 것을 의미할 수도 있다. 인도와 같이(Jain 1994) 박물관이 상대적으로 적은 대국에서 오랫동안 설립된 이동식 박물관은 영국에서는 산발적으로 운영되었지만, 대여 상자의 경우처럼 대외활동과 대중의 참여가 점차 중요해짐에 따라 부활했다.

예를 들어 스코틀랜드국립박물관의 '찾아가는 체험실(Discovery on the Move)'은 박물관, 도서관, 학교, 마을회관 및 기타 공공장소에서 예약할 수 있는 움직이는 체험센터의 개념이다. 이 체험실에서는 5개의 주제에 집중하는데, 그중 2개의 주제에서는 고고학을 이용한다. "우리는 과거를 학습하기 위해 어떻게 증거를 이용하는가?"에 관한 첫 번째 요소는 오늘날의 물건들이 100년의 시간 후에 어떤 모습일지를 생각하게 하고 부서진 항아리 형태에서 3차원의 조각 그림 맞추기로 조각들을 조립하도록 방문자를 유도하는 것이다. 다른 요소는 지역의 각 장소에서 출토된 유물과 증거를 구체적으로 전시하고 각 목적에 맞게 변화시키는 것이다. 컴퓨터로 스코틀랜드의 유물과 장소에 관한 심층 정보를 제공한다.

그러나 이러한 형태의 대외봉사활동이 일반적으로 박물관을 방문하려는 생각을 하지 않는 새로운 청중(특히 '사회적으로 배제된 청중')에게 반드시 다다르지는 않는다. 청중을 확장하는 문제, 특히 사회적으로 소외된 청중에게 다가가는 문제는 박물관 고고학자에게 주요 과제이다. 어떻게 고고학적 소장품이 오늘날 사람의 생활에, 특히 박물관에서 배제된 사람에게 울림을 주도록 할 수 있을까?

이에 대한 한 가지 응답은 구체적인 목표 집단을 설정하는 것이다. 예를 들어 슈롭셔(Shropshire), 헤리퍼드셔(Herefordshire), 우스터셔(Worcestershire)의 지역박물관 지원과(the county museum services)에서는 지역박물관 서비스에서 소외된 농촌지역, 특히 가난에 시달리는 많은 농촌 소외지역에 서비스를 제공하는 것을 구체적인 목표로 하는 〈찾아가는 박물관〉 프로그램을 개발하기 위해 힘을 합했다. 하나의 전시를 보여주기 위해 7.7t짜리 자동차를 마련하여 학교, 훈련센터, 노인을 위한 주간센터, 사회적 약자를 위한 보호 숙소, 마을센터, 병원, 청소년센터, 쇼핑센터를 방문할 때 이용할 수 있도록 했다. 이미 언급된 대부분의 대외 봉사 프로젝트와 같이 학문적 경계는 해소되고 고고유물은 다른 전통적인 학문 분야의 자료를 이용하여 주제가 있는 전시에서 제 역할을 한다. 〈심심풀이!: 여러 시대에 걸친 식량에 관한 작은 역사〉라는 첫 번째 전시에서는 고고유물, 손으로 만질 수 있는 주요한 실제 유물과 복제품, '느낄 수 있는 상자', '냄새 맡는 상자', 음반 테이프, 비디오, 질문에 답할 수 있는 해석자가 있었다.

영국에서 지역사회 참여와 대외봉사활동의 선구자인 글래스고박물관 지원과(Glasgow Museums Services)에서는 지역사회 그룹이 빌릴 수 있는 일련의 20개 전시물, 4개의 학교용 체험 지원물, 방학 기간 동안 아동이 이용할 수 있는 놀이 프로그램, 지역행사로 구성된 '열린 박물관' 사업계획('Open Museum' service)을 개발했다(Edwards 1996). 체험 지원물 중의 하나는 "고고학 놀이(The Archaeology Game)"라고 불리는데, 이는 시력이 정상인 어린이뿐만 아니라 시력에 장애가 있는 어린이를 위해 고안되었다. 또한 교사를 위한 참고자료뿐만 아니라 점자 참고자료(Braille notes)도 있다. 전시물과 조립용품 세트는 무료로 활용할 수 있다.

전시는 지역 사람들과 협력하여 개발되었는데, 전시개발 과정은 최종 생산물만큼이나 프로그램의 중요한 한 부분이라는 점이 특징적이다. 전시 일부는 고반교구교회(Govan Old Parish Church)에서 출토된 바이킹 유물과 다른 유물로 특징되는 '고반을 발굴하다(Digging Up Govan)'에 관한 것을 비롯한 고고학적 구성요소를 포함한다. 이러한 자료들은 다른 지역박물관이 아니라 교회, 도서관, 지역센터에 대여되는 경향이 있다.

11. 고고학과 문화적 다양성

설문조사에서 보여주듯이, 박물관 관련 문화행사에 참여하는 데에서 소외되었다고 느끼는 경향이 있는 현재의 소수민족에게 초점을 맞추는 박물관의 고고학적 사업계획은 거의 없었다(Trevelyan 1991; Khan 2000). 이러한 점은 영국 정부가 역사 환경에 관해 검토하면서 최근에 강조되었다(English Heritage 2000). 이는 대중의 태도, 특히 영국의 역사와 문화유산에 관한 인종적 소수민족 구성원의 태도에 관한 대규모 설문조사이다. 설문조사에 따르면 흑인은 특히 주류 백인의 문화와 문화유산에서 소외감을 느꼈고 역사 환경을 '자신들을 위한' 것으로 느끼지 않았다(MORI 2000).

영국의 고고학 및 고고박물관에서 청중에 소수민족 사람들을 포함시킬지의 문제는 일반적으로 고고학자가 고려하지 않는 것인데, 2개 정도의 사례가 앞으로 나아갈 방향을 제시하는, 이용할 수 있는 프로젝트이다. 1993~94년에 런던박물관에서 열린 〈런던의 주민거주(Peopling of London)〉 전시는 런던의 문화적 다양성이 초기부터 런던 역사의 본질적인 부분이었다는 것을 보여주기 위해 고고학적이고 사회역사학적인 증거를 결합했다(Merriman 1997). 이 전시는 영연방으로부터의 이주가 이 시기 런던 이야기의 중요한 부분이었다는 것을 방문자 대부분이 사실로 느끼도록 전후 시기의 런던 모습을 보여주는 것으로 시작되었다. 그런 다음 방문자는 선사시대로, 즉 영국이 북부 유럽의 사람들이 거주하지 않는 반도였던 때인 마지막 최대 빙하기로 거슬러 올라갔다. 그 다음 이야기는 빙하가 쇠퇴하고 뒤이어 영국 저지대로 수렵채집민이 침입한 것에서 시작하여 로마제국의 전 지역에서 온 사람들이 거주하면서 만들어진 로마인 취락, 앵글로색슨과 노르만 취락, 중세에 해외에서 온 장인과 상인의 취락, 튜더왕조 시대의 해양 활동과 무역의 힘으로 이루어진 영국의 팽창, 노예무역의 발전과 런던의 최초 흑인거주자, 아일랜드인, 유대인, 중국인, 아시아인, 이탈리아인, 독일인, 아프리카계 카리브해(African-Caribbean) 지역 사람들의 18-19세기 취락을 거쳐서 현재까지 이어진다. 그렇게 함으로써 이 전시는 이전에 박물관에서 다루지 않았고 환영받지 못했다고 느꼈던 소수민족 구성원을 참여시켰고 그들의 삶을 수백 년, 아니 수천 년 이전의 런던 지역 거주자의 삶과 연결한 이야기를 했다. 전시회 이외에도 학생과 가족을 위한 행사, 교사를 위한 교육자료, 도서, 움직이는 박물관의 전시물, 거주 예술가를 위한 광범위한 프로그램이 있었다. 6개월의 전시 기간 동안 무려 10만 명의 사람들이 전시회를 다녀갔고 설문조사와 다른 평가기법에 따르면 전시회가 성공적으로 새로운 관객을 박물관으로 끌어들였다. 이전에 박물관 방문자의 4%에 불과했던 소수민족 사람들이 전시회가 진행되는 동안 20%로 증가했다(Merriman 1997).

런던의 서더크(Southwark)에 있는 커밍박물관(The Cuming Museum)은 이집트와 영국의 유물로 이루어진 소장품을 토대로 하는데, 10년 혹은 그 이상에 걸쳐서 주로 고고학과 지역의 유물에 관심을 두고 있으나 그 비중이 줄어들고 있는 연세가 있는 청중이 주된 고객이었다. 이 박물관이 잇는 지역은 현재 종족적으로 아주 다양하다. 최근에 이 박물관 직원들은 지역의 이런 청중에 등을 돌리기보다는 전시실의 한 부분을 어린이 중심의 체험고고학, 쉽고 딱딱하지 않은 방식(personal way)으로 설명문을 쓴 역사전시, 박물관에서도 발굴 체험이 가능하도록 함으로써 소장품과 지역민을 연결하려고 시도했다. 이 박물관은 지방정부의 교육과 대외봉사부서를 통해 학교와 지역사회에 다가갔다. 자체적인 체험 프로그램을 통해, 예를 들면 로마인의 등잔과 오늘날 힌두교 신자(Hindus)가 사용하는 유사한 등잔을 연계하는 것과 같이 고고학자료와 방문자의 경험을 연계했다. 이 박물관에서는 매우 다양한 지역사회, 특히 지역 학교를 겨냥했는데, 지금은 박물관 방문자의 약 60%가 소수민족 출신이다

(Bird, 개인적 대화). '장소(place)'의 개념에 집중함으로써 고고유물소장품이 최근까지 고고학적 전시에서 널리 알렸던 깊은 역사가 있는 공통의 과거에 뿌리를 두고 공유된 정체성의 개념에 반드시 동의하지 않던 대중과 연결될 수 있다는 징표가 아마도 여기에서 제시되었다.

12. '고고학의 예술'

고고학과 (다른) 소장품들을 사용하는 데 대한 새로운 접근 방법을 개발하는 하나의 특별한 방식은 고고유물소장품을 사용할 수 있는 창의적이고 상상력이 풍부한 방법을 강조하는 것이다. 대부분의 박물관 맥락에서 이것은 소장품을 영감의 원천으로 사용하고, 자신의 개입 흔적을 박물관 공간에 만드는 경향이 있는 창조적 예술가의 서비스를 참여시키는 것과 관련된다(Pearce 1999: 21-25). 이러한 개입은 역사적 전시와 예술적 설치물 사이의 관련성에 대한 관념이 작용하면서 '풍자적, 반어적, 의도적 허구의 불빛으로 박물관을 조명함으로써 박물관의 변증법(museum's dialectic)을 전복할 수도' 있지만(Pearce 1999: 24), 이러한 의문과 전복(subversion)이 얼마나 문화적으로 깊은 식견이 있는 핵심적인 박물관 청중을 넘어서 확대될지는 명확하지 않다.[4] 이에 대한 하나의 예외는 미국의 예술가인 마크 디온(Mark Dion)의 작품인데, 그의 작품은 야외 '탐험'을 통해 자료를 수집하고 그 발견물로 호기심의 캐비닛을 채우면서도 역사나 과학 박물관보다는 미술관에 전시함으로써 사실과 허구, 과학과 예술 사이의 경계에 도전한다. 그의 1999년 〈테이트 템스를 발굴하다(Tate Thames Dig)〉는 세계의 여러 다른 지역에서 유물 편을 수집하여 그것을 탁자 위나 캐비닛 속에 배열한, 일련의 '발굴' 과정을 거친 네 번째 전시이다(Coles and Dion 1999). 이 전시계획에서 테이트 브리튼 유적과 테이트 모던 유적(sites of Tate Britain and Tate Modern) 인근의 템스강 주변에서 유물을 수집하고 세척하고 분류하는 과정은 이 프로젝트의 본질적인 한 부분이었고 테이트 브리튼 유적의 잔디밭 위의 막사에서 공개적으로 이루어졌다. 결정적으로 이 전시계획을 위해서 디온은 '현장 작업자'의 대표로 지역사회인을 선정했다. 이들의 역할은 템스강 주변에서 유물을 수집하고 세척하고 이름표를 달고 포장하는 것이고 대중의 질문에 대답하고 템스강과 그 역사에 대한 '전문가'의 강연에 참가하는 것이다. 이는 사실상 일종의 지역사회 고고학 프로젝트로, 지역사회 참가자들의 반 이상이 소수민족이지만 고고학박물관보다는 미술관의 맥락에서 이루어졌다.

잘 이용되지 않는 고고유물소장품에 대한 새로운 용도와 새로운 청중을 개발하기 위해 영국의 박물관에서 근무하는 고고학자 전문조직인 박물관고고학자협회는 고고유물소장품의 창의적 이용을 장려하는 〈고고학의 예술(The Art of Archaeology)〉이라는 프로젝트를 개발했다. 10곳의 박물관이 문화유산복권기금에서 재정적 도움을 받아 2000년 5월부터 2001년 3월 사이에 참여했다. 이들 중 일부는 박물관에서 일하는 고고학자가 현재의 고고유물소장품을 좀 더 폭넓게 사용하는 것을 장려하는 방법의 좋은 사례를 보여주기 때문에 조금 자세하게 서술할 가치가 있다.

노팅엄시 박물관과 미술관(Nottingham City Museums and Galleries)은 〈고고학이 밝히다(Archaeology Revealed)〉라는 프로젝트를 개발했다. 도자미술 설치물을 전시하기 위해 개발할 때 노팅엄시의 특정 지역에 사는 젊은 어머니들을 연계하고 이집트 소장품을 영감을 주는 자원으로 사용하면서 전시회 현수막을 걸 때에도 지역학교에서 소외될 위험에 처한 학생을 연계했다.

도시의 박물관에서 이러한 계획은 고고유물소장품을 사용하여 거의 수행되지 않았지만 드문 일이 아니다. 가난하고 혜택을 받지 못하며 종종 경시되는 문제를 안고 있는 시골 지역에서 이러한 종류의 사업이 행해진 것이 더욱 특이하다. 고고유물소장품은 거의 모든 지역 역사박물관에서 발견되고 시골 지역의 대외사업에서 많은 해당 유물의 일반적인 강점을 활발하게 이용하는 데 도움이 되기 때문에 중요한 역할을 한다.

예를 들어 슈롭셔 문화재 담당 부서(Shropshire Archaeology Service)에서는 로마제국 통치 시기의 대저택과 중세 수도원에서 나온 유물을 사용하여 특히 시골의 빈

곤 지역으로 알려진 크레이븐 암스 구역(the Craven Arms district)에 초점을 맞춘 일련의 행사를 개발했다. 이 행사에서는 설치미술, 노래와 시 낭송회를 열었고, 스테인드글라스 유리예술가가 중세의 스테인드글라스 조각을 사용하여 과거를 복원하기 위해 그것을 어떻게 사용할 수 있는지를 참가자와 토론하는 워크숍이 포함되었다. 또한 지역의 박물관과 도서관을 순회하는 일련의 전시회를 열었고 행사 중 두 영역에서는 지역의 학교를 배려했다.

다른 시골 지역의 박물관인 헤리포드셔박물관(Herefordshire Museums)의 프로젝트에는 시각장애인을 위해 지역의 왕실국립대학(the local Royal National College)과 협력하여 시행한 사업이 있었는데, 이 프로젝트에서는 주로 박물관의 고고학 토기소장품을 토대로 하여 '도자기 기술사(A History of Ceramic Technology)'에 관해 다섯 주에 걸친 강좌를 진행했다. 이 강좌는 여가 예술 및 디자인과 관련된 직업 자격을 희망하는 학생을 위해 개설되었고 학생의 작품은 지역박물관 중 한 곳에 전시되었다.

노스래넉셔박물관(North Lanarkshire Museum)에서는 박탈되고 소외된 지역인 글렌보이그(Glenboig)와 카도원(Cardowan) 2곳에서 박물관의 산업고고학과 사회사 관련 소장품을 통해 그 지역의 산업 유산에 초점을 맞춘 창의적 글쓰기 프로그램을 운영했다. 워크숍에는 초등학생과 청소년 그룹 구성원, 성인이 참여했고, 이들의 작품을 공개적으로 읽고 출판물을 발간하는 것으로 종결되었다. 이와 비슷하게 우스터시박물관(Worcester City Museum)에서는 고고유물소장품을 기반으로 창조적 글쓰기 교실을 개발하여 학교, 여가 모임, 장애인 그룹을 포함한 성인 그룹을 연계했다.

이러한 사업의 대다수는 고고유물소장품을 새롭게 이용할 수 있도록 하고 새로운 청중을 모으는 데 성공적이었다는 평가를 명백하게 받았다. 관련된 박물관들에서는 이 사업이 자신들에게 새로운 접근 방법이었고 만약 예산과 인력이 허락한다면 이러한 사업을 더 시작하고 싶다고 표명했다. 이러한 사업이 고고유물소장품을 더 광범위하게 사용하고 더 많은 청중이 이용하는 것이 장려될 수 있다는 점은 명백하다. 하지만 이러한 사업을 할 때 박물관 직원이 어느 정도 시간과 관련된 희생을 해야 한다는 점은 분명하지만 그 효과가 무엇인지 혹은 어느 정도 장기적일지는 분명하지 않다(Owen 2002).

13. 관찰

이상의 내용은 고고학박물관 혹은 고고유물소장품을 소장하고 있는 박물관이 소장품 및 고고학이라는 학문의 요구에 초점을 맞추던 데서 대중에게로 방향을 잡는 데 의미 있는 걸음을 내딛기 시작하고 있음을 보여준다. 이러한 많은 정책에서 주목되는 점은 전통적인 경우와 달리 대중이 고고학을 위해 무엇을 할 수 있는가에 강조점을 두지 않고 고고학이 대중을 위해 무엇을 할 수 있는가에 더 강조점을 두는, 고고학에 관한 새로운 사고방식을 나타낸다는 것이다(Smardz 1997: 103). 이는 고고학이 현대사회에 '적절하다고' 증명될 때 스스로를 정당화할 수 있을 뿐이라고 말하고자 하는 것은 아니다. 오히려 고고학이 더 이상 단지 사심 없는 학문과 객관성의 관점에 근거하여 정당화할 수 없다는 것을 의미한다고 볼 수 있다. 오늘날의 지역사회에 무엇인가를 제공하겠다는 약속과 이러한 정책이 균형을 이루어야만 한다.

고고학박물관의 관점에서 보면 영국의 작업이 여러 면에서 앞장서고 있는데, 이는 주로 박물관 직업 전체에 비고고학적 충격이 가하는 압력 때문이다. 전체 고고학 관계자가 대중과 함께하면서 고고유물소장품과 지식에 대한 접근성과 사용을 제공하고 지역사회의 다양한 부분에도 서비스를 제공한다는 개념을 수용하는 것은 더 공개적인 고고학을 위한 흥미로운 측면이다. 하지만 현재의 관행을 검토할 때 발생하는 (재정과 같은 명백한 것은 제외하더라도) 상충되는 꽤 많은 논쟁점이 존재한다.

1) 유물로의 회귀

가시성 있는 저장, 온라인 데이터베이스, 체험활동 및 예술 프로젝트와 같은 위에서 요약한 접근성을 강조하는 많은 계획에서 가장 눈에 띄는 특성 중의 하나는 이러한 계획이 유물로의 회귀를 나타내는 듯하다는 것이다. 역사적 맥락과 해석을 선호하며 유물로부터 거리를 두어야 함을 주장해온 박물관의 사회사에 대한 몇몇 최근의 접근 방법과는 대조적으로(Fleming 1998; Jenkinson 1989) 최근의 많은 박물관 고고학은 역사적 맥락화가 필요하더라도 최소화하면서 유물 자체에 초점을 맞춘다. 유물의 감촉성(tactility), 연대, 특이한 성질과 같은 유물의 고유한 특성을 강조하는 것이다. 과거 문화를 역사적으로 이해하기 위한 요소의 증거물로서 유물을 보기보다는 유물의 고유한 '아우라'에 확실하게 관심을 두고 방문자가 유물로서의 유물을 보도록 유도한다. 맥락화가 진행되는 곳에서는 발굴, 보관, 보존 혹은 연구의 과정을 제시하기 위해 유물을 이용하는 경향이 있지만, 드물게는 분류, 연대, 기술적 기능을 넘어서서 유물의 역사적 의미를 추구할 것이다.

하지만 유물 자체에 대해 집중하는 것은 방문자가 스스로 지식을 구성하는 정서적이고 비선형적인 학습, 자기주도적 학습을 강조하는 최근의 박물관 교육이론과 잘 연계된 방문자의 경험적 측면을 강조한다(Hein 1998). 다수(plurality)가 환영하는 '진리'에 대한 근접성은 방문자의 이해도를 측정하는 기준이 아니다. 이러한 접근 방법은 박물관이 가장 잘하는 것이 궁금함, 경외감, 신비, '타자성(otherness)'과 같은 감정을 자극하는 것이라고 강조한다(Tilden 1957 참조). 각 유물의 개별적 '아우라'에 초점을 맞추는 것은 창의적, 시적, 비이성적인 접근 방법을 자극한다. 이는 고고학 지식이 필요하지 않거나 아니면 장려되지 않는다는 점에서 모두에게 가능한 접근 방법이다. 방문자는 소장품의 풍부함에 감탄하면서 바라볼 수 있고 유물의 미적인 질에 반응할 수도 있으며 유물 자체에 대한 역사적 맥락과 해석에 대해 알아야 할 것에 관해 아무것도 요구받지 않고 유물에 주관적이고 감정적인 반응을 보일 수 있다. 이는 근본적으로 소장품을 마치 예술품인 것처럼 다루는 미적 접근 방법이다.

이러한 접근 방법에서 암시된 해석을 포기하는 것은 실제로는 전시실의 설명문을 바로잡을 수 없는 편견이 있고 불완전한 것으로 보는 박물관의 고고학적 묘사 방식을 비평하는 것에 대한 정당한 반응일지도 모른다. 그러나 박물관 큐레이터가 주로 물리적으로 고고학 소장품에 대한 접근성을 제공하는 데 집중함으로써 유물은 '스스로 말한다'라고 생각할 때 혹은 역사적 해석을 무시하는 대가로 고고학 전시와 박물관에서의 과정을 보여주는 전시에 초점을 맞출 때 위험에 처하게 된다. 이 점에 대해서는 과학 해석과 관련하여 샤론 맥도널드(Sharon MacDonald)가 잘 지적했는데, 그녀는 '적극적인 방문자'가 민주적이고 이용 가능한 해석의 이상적 상징으로 간주되지만 방문자에게 제시된 선택의 실제적 범위는 방문자에게 열려 있기보다는 비판적 활동의 가능성을 사실상 제약할 수 있다고 주장한다.

> 그래서 단순히 '활동'이나 '선택'으로부터 '민주주의' 혹은 '권한 위임'을 읽어내기보다는 활동에 관련된 사람들이 어떻게 개념화하여 실행하는지, 어떤 종류의 질문을 제기하는지, 어떤 종류의 질문이 제기되지 않는지에 대해 이해하려고 노력하는 것이 중요하다(MacDonald 2002: 219).

이러한 접근 방법의 편파성은 과거가 방문자에 의해 소비되는 물건보다 더 의미가 없는 장난감이 되어버리는 것에 대한 포스트모던적 두려움(Walsh 1992: 113-15)이 실현될 수 있다는 것을 의미한다. 실제로 이러한 정책적 노력을 통해 더 많은 접근성이 제공될지도 모른다. 그러나 무엇에 대한 접근성인가? 그것은 지금 박물관에서 일하는 고고학자가 청중의 폭을 넓히는 것뿐만 아니라 그들의 마음을 넓히는 노력도 하여야 함을 암시한다.

2) '특정 주제에 대해 잘 아는 상상력'의 사용

과거에 대한 지식을 장려하는 박물관의 역할을 희생시키지 않고 고고유물소장품에 대한 지적 접근을 확대할 수 있는 방법 중의 하나는 감성적이고 체험적이며 창의적인, 앞에서 요약한 접근 방법과 함께 역사적 맥락을 도입하는 것이다. 이미 이러한 종류의 접근 방법을 가진, 내가 "특정 주제에 대해 잘 아는 상상력"이라고 부르는 모델이 있다. 이는 큐레이터가 전문적으로 제공하는 유물이 갖는 고고학적·역사적 맥락에 관한 지식에 근거한 해석에 대한 접근 방법을 의미한다. 그러나 관점의 다양성, 고고학적 해석의 예측불허도 인정해야 하고 방문자 자신만의 과거에 대한 견해에 나타나는 상상력과 즐거움도 장려해야 한다.

이러한 접근 방법의 구성요소는 런던박물관의 과거 선사실에서 발견되었는데, 여기에서는 50만 년의 기간에 걸친 변화를 느끼도록 선사시대에 대한 현대적인 고정관념의 이미지, 설명에 나타나는 명쾌한 주제, 유물을 다루는 능력, 과거 경관과 현재 경관 사이의 연결성, 설명문의 서술에서 시적인 접근 방법을 사용했다(Cotton and Wood 1996). 후자는 '유혈, 무기, 영웅'에 관한 다음의 설명에서 보여주듯이 스코틀랜드박물관의 초기 전시에 게재된 주요 설명문의 강한 특징이었다.

처음에 우리는 몽둥이와 활과 화살로 싸웠다. 나중에 우리는 칼과 창을 가지고 싸웠다. 우리의 무기는 더 개선되었고 우리의 무사들은 더 맹렬해졌다. 로마인의 군대는 셀 수 없었다. 그들은 개미처럼 이동했다. 그들의 무기는 살인적이고 전쟁용 말들은 공포심을 유발했다. 그러나 우리는 어쨌든 그들과 싸웠다(Clarke 2000: 221).

이는 박물관의 고고학적 해석에 대한 완전히 새로운 종류의 접근 방법을 제시했다. 학자들의 무미건조하고 거리감 있는 서술을 대신하여 우리는 시와 소설에서 사용되는 감성적이고 경험적인 서술방식을 사용했고 암시를 통해 방문자가 자신만의 이야기를 전시실에 전시된 증거물과 정보를 보고 만들도록 유도했다.

이러한 미술관에서는 실제적인 방문자와 잠재적인 방문자의 선입견과 태도에 관한 연구를 통해 정보를 얻는 경향이 있는데(Cotton and Wood 1996), 이것이 바로 성공적인 의사소통이 생겨날 수 있는 이유 중의 하나이다. 페트리박물관, 크로이던박물관(Croydon Museum), 글래스고박물관에서 준비한 〈고대 이집트: 꿈의 발굴(Ancient Egypt: Digging for Dreams)〉이라는 최근의 순회특별전도 비슷하게, 특히 박물관에 방문하지 않는 경향이 있는 소수민족 사람들을 고려한 연구를 했다(Sally

그림 4.2 <고대 이집트: 꿈의 발굴>: 런던대학에서의 특별전

MacDonald 2002). 이 전시회의 시작 부분에서는 예를 들면 〈미라(The Mummy)〉와 같은 영화에서 보이는 고대 이집트에 관한 일반적인 고정관념을 다루었다. 플린더스 페트리의 소장품을 발굴하고 복구하는 것을 식민주의의 관점에서 논의했고, 인종적 주장을 지지하기 위해 페트리가 발견한 미라 초상을 나치가 이용한 것과 같은 고고학에 대한 정치적 오용으로 제시했다(Sally MacDonald 2002: 4).

이 전시의 주요 영역에서는 고대 이집트와 현대사회의 관계에 관한 다양한 논제를 다루었다(그림 4.2). 그것들 중의 하나는 사람 유체의 처리에 관한 것이다. 이 전시회에서 미라 유체들은 방문자가 원한다면 들추어볼 수 있는 장막으로 덮인 진열장 안에 전시되었다. 그래서 사람 유체를 전시하는 것에 관한 의견을 표시할 수 있도록 방문자들에게 우편엽서를 제공했다. 이 전시회의 다른 영역에서는 흑인이 특별히 관심을 갖는 사안이라고 방문자 조사에서 확인된 인종과 피부색의 논제, 고대 이집트가 뉴에이지 신앙(New Age beliefs)에 의해 그려지는 방식에 대해 다루었다. 마지막

영역에서는 고대 이집트가 상품화되어 소비되는 방식을 검토했다. 짧은 비디오 영상물에서는 학계의 이집트 연구자부터 흑인 어린이 학생까지 나와 고대 이집트에 대해 갖고 있는 개인적 의미를 이야기했다(Sally MacDonald 2002).

고고학적 해석에 대한 실험과 토론이 행해질 수 있고 방문자들과 그들이 이해하는 것을 중심에 둘 수 있으며 소장품을 공개할 때 최상의 작품에 서술기법과 맥락화에 관한 혁신적 접근 방법을 적용할 수 있기 때문에, 박물관에서 과거를 고고학적으로 해석하는 것에 관한 이 세 가지 접근 방법은 미래에 대한 흥미로운 전망을 제시한다.

대중은 잘 반응하는 것처럼 보이고 고고학자와 박물관 전문직원이 종종 급격한 변화로 느끼는 것에도 놀라지 않는다. 동료들이 인정하지 않을 것이라는 두려움 때문에 스스로를 잡아두고 있는 것은 바로 우리 자신이라는 것이 사실일지도 모른다. 아마도 지금은 우리가 잠재적 방문자의 의견에 좀 더 귀 기울이고 일할 때에도 약간의 위험을 더 감수해야 할 시간일 것이다.

감사의 말

'고고학의 예술' 프로젝트에 대한 보고서가 출판되기 이전에 볼 수 있도록 허락해준 박물관고고학자협회의 회장 재닛 오웬(Janet Owen)에게 매우 감사드린다. 커밍박물관의 사업에 대해 말해준 커밍박물관의 제인 버드(Jane Bird)에게도 감사드린다. 이 논문의 초기 단계 원고를 읽고 비평해준 샐리 맥도널드, 스티븐 쿼크(Stephen Quirke), 팀 샤들라-홀, 피터 우코(Peter Ucko)에게도 감사드린다.

원주

1 문화미디어체육부에서는 사회적 배제에 대해 "실업, 엉성한 솜씨, 저소득, 열악한 주택, 높은 범죄 발생 환경, 나쁜 건강 상태, 빈곤과 가족 해체와 같은 복합된 연계 문제로부터 사람이나 지역이 피해를 입을 때 일어날 수 있는 현상에 대한 약칭"으로 정의했다(DCMS 2000: 7).

2 하지만 방문자들이 분명히 고고학 때문에 갔는지 혹은 방문자들이 정말로 방문할 때마다 고고학유물 전시실을 관람했는지의 여부가 이 조사로는 명확하지 않기 때문에 이 설명은 약간 오해의 소지가 있다.

3 19세기에 강연, 저녁 강의, 현장답사의 형태로 박물관이 제공하는 사업이 늘어난 이래로 박물관 큐레이터들에게는 성인교육과 고고학적 모임을 지지하는 강한 전통이 있었다. 하지만 이러한 사업의 청중은 이미 고고학을 강하게 지지하는 사람인 경향이 있었다.

4 현대 미술가가 이집트 조각전시실에 예술작품을 설치했던 영국박물관의 〈타임머신(Time Machine)〉이라는 전시에서 관찰되듯이, 이러한 접근 방법이 현대 미술과 대중문화를 관련시키려는 젊은 사람들로 이루어진 새로운 청중을 데려오는 데 기여한다는 몇 가지 증거가 있다(Quirke 2001, 개인적 대화).

참고문헌

Alexandria Archaeology Museum Website. 2001. http://ci.alexandria.va.us/oha/archaeology. Accessed on 12 June 2001.

Anderson, J. 1984. *Time Machines. The World of Living History.* Nashville: American Association for State and Local History.

Arnold, B. 1990. The Past as Propaganda: Totalitarian Archaeology in Nazi Germany. *Antiquity* 64: 464-78.

Ascherson, N. 2000. The Museum of Scotland. *Public Archaeology* 1(1): 82-84.

Barnes, G. and Okita, M. 1999. Japanese Archaeology in the 1990s. *Journal of Archaeological Research* 7(4): 349-95.

Bennett, T. 1995. *The Birth of the Museum. History, Theory, Politics.* London: Routledge.

Biddle, M. 1994. Can we expect museums to cope? Curatorship and the archaeological explosion. In Gaimster, D. (ed.) *Museum Archaeology in Europe.* Proceedings of a conference held at the British Museum, 15-17 October 1992. Oxbow Monograph 39. Oxford: Oxbow Books: 167-71.

British Museum. 2000. *The British Museum Plan 2000/01 to 2004/05.* London: British Museum.

Broshi, M. 1994. Archaeological museums in Israel: reflections on problems of national identity. In Kaplan, F. (ed.) *Museums and the Making of 'Ourselves'. The Role of Objects in National Identity.* Leicester: Leicester University Press: 314-19.

Caulton, T. 1998. *Hands-on Exhibitions.* London: Routledge.

CBA Website. 2001. http://www.britarch.ac.uk/. Accessed 12 July 2001.

Childs, S. T. 1995. The Curation Crisis. *Federal Archaeology* Winter/Spring: 11-15.

Clarke, D. 2000. Creating the Museum of Scotland. A reply to Neal Ascherson. *Public Archaeology* 1(3): 220-21.

Coles, A. and Dion, M. (eds) 1999. *Mark Dion Archaeology.* London: Black Dog Publishing.

Cotton, J. F. and Wood, B. 1996. Retrieving prehistories at the Museum of London: a gallery case-study. In McManus, P. (ed.) *Archaeological Displays and the Public: Museology and Interpretation.* London: Institute of Archaeology, University College: 53-71.

Davies, M. 1998. Too much data. *Museums Journal* 98(8): 19.

Davis, P. 1999. *Ecomuseums: a Sense of Place.* Leicester: Leicester University Press.

DCMS(Department For Culture, Media and Sport). 1998. *A New Cultural Framework.* London: DCMS.

DCMS. 2000. *Centres for Social Change.* London: DCMS.

DCMS. 2001. *Libraries, Museums, Galleries and Archives for All. Co-operating Across the Sectors to Tackle Social Exclusion.* London: DCMS.

Dodd, J. and Sandell, R. 1998. *Building Bridges: Guidance for museums and galleries on audience development.* London: Museums and Galleries Commission.

Duncan, C. 1995. *Civilising Rituals. Inside Public Art Museums.* London: Routledge.

Edwards, N. 1996. The Open Museum. *Museum Practice* 1(3): 60-63.

English Heritage. 2000. *Power of Place. The Future of the Historic Environment.* London: English Heritage.

Fleming, D. 1998. Brave New World: the future for city history museums. In Kavanagh, G. and Frostick, E. (eds) *Making City Histories in Museums*. London: Leicester University Press: 133-50.

Forrester, J. 1998. Opening up. *Museum Practice*, 3(1): 59-61.

Hall, J. and Swain, H. 2000. Roman boxes for London's schools: an outreach service by the Museum of London. In McManus, P. (ed.) *Archaeological Displays and the Public. Museology and Interpretation* (2nd edition). London: Archetype Publications: 87-95.

Hein, G. 1998. *Learning in the Museum*. London: Routledge.

Hudson, K. 1981. *Museums of Influence*. Cambridge: Cambridge University Press.

Jain, S. 1994. Mobile museums in India. In Pearce, S. (ed.) *Museums and the Appropriation of Culture*. New Research in Museum Studies 4. London: Athlone Press: 129-41.

Jenkinson, P. 1989. Material culture, people's history and populism: where do we go from here? In Pearce, S. (ed.) *Museum Studies in Material Culture*. Leicester: Leicester University Press: 139-52.

Jones, A. 1995. The Archaeological Resource Centre. In Hooper-Greenhill, E. (ed.) *Museum, Media, Message*. Leicester: Leicester University Press: 156-64.

Kaplan, F. (ed.) 1994. *Museums and the Making of 'Ourselves'*. Leicester: Leicester University Press.

Keene, S. 1998. *Digital Collections. Museums and the Information Age*. Oxford: Butterworth-Heinemann.

Khan, N. 2000. *Responding to Cultural Diversity: Guidance for Museums and Galleries*. London: Museums and Galleries Commission.

Lang, C. 2000. *Developing an Access Policy*. London: Museums and Galleries Commission.

Layton, R., Stone, P. and Thomas, J. (eds) 2001. *Destruction and Conservation of Cultural Property*. London: Routledge.

Lewis, G. 1992. Museums and their precursors: a brief world survey. In Thompson, J. M. A. (ed.) *The Manual of Curatorship: A Guide to Museum Practice*. London: Butterworth: 5-20.

McCann, W. J. 1990. 'Volk und Germanentum': the presentation of the past in Nazi Germany. In Gathercole, P. and Lowenthal, D. (eds) *The Politics of the Past*. London: Routledge: 74-88.

MacDonald, Sally. 1998. Croydon: what history? In Kavanagh, G. and Frostick, E. (eds) *Making City Histories in Museums*. London: Leicester University Press: 58-79.

MacDonald, Sally. 2000. University museums and the public: the case of the Petrie Museum. In McManus, P. (ed.) *Archaeological Displays and the Public: Museology and Interpretation* (2nd edition). London: Archetype Publications: 67-86.

MacDonald, Sally. 2002. An experiment in access. *Museologia* 2: 101-108.

MacDonald, Sharon. 2002. *Behind the Scenes at the Science Museum*. Oxford: Berg.

Markham, S.F. 1938. *A Report into the Museums and Art Galleries of the British Isles, other than the National Museums*. Edinburgh: Carnegie United Kingdom Trustees.

Martin, D. 2002. Great excavations. *Museum Practice* 7(1): 21-23.

Merriman, N. 1991. *Beyond the Glass Case. The Past, the Heritage and the Public in Britain*. Leicester: Leicester University Press.

Merriman, N. 1997. The Peopling of London Project. In Hooper-Greenhill, E. (ed.) *Cultural Diversity. Developing Museum Audiences in Britain*. Leicester: Leicester University Press: 119-48.

Merriman, N. and Swain, H. 1999. Archaeological archives: serving the public interest? *European Journal of Archaeology* 2(2): 249-62.

Moore, K. 1997. *Museums and Popular Culture*. London: Leicester University Press.

MORI. 2000. *Attitudes Towards the Heritage. Research Study Conducted for English Heirtage*. London: MORI.

MORI/Resource. 2001. *Visitors to Museums and Galleries in the UK*. London: MORI/Resource.

Museum of Antiquities Website. 2001. http://museums.ncl.ac.uk. Accessed 12 June 2001.

Museums Association. 1998. *Museum Definition*. London: Museums Association.

National Museum of Wales Website. 2001. http://www.nmgw.ac.uk/archaeology. Accessed on 12 June 2001.

Owen, J. 1999. Interaction or tokenism? The role of 'hands-on activities' in museum archaeology displays. In Merriman, N. (ed.) *Making Early Histories in Museums*. Leicester: Leicester University Press: 173-89.

Owen, J. 2002. *Society of Museum Archaeologists Art of Archaeology Initiative. Summary Report*. URL: www.socmusarch.org.uk/artofarch.pdf

Pearce, S. 1999. Presenting archaeology. In Merriman, N. (ed.) *Making Early Histories in Museums*. Leicester: Leicester University Press: 12-27.

Phillips, P. 1998. Developing digital resources. National museums and galleries on Merseyside. *Museum Practice* 9: 54-56.

Ramos, M. and Duganne, D. 2000. *Exploring Public Perceptions and Attitudes about Archaeology*. Washington, DC: Society for American Archaeology.

Sansom, E. 1996. Peopling the past. Current practice in archaeological site interpretation. In McManus, P. (ed.) *Archaeological Displays and the Public: Museology and Interpretation*. London: Institute of Archaeology, University College London: 118-37.

Sarraf, S. 1999. A survey of museums on the Web: who uses museum websites? *Curator* 42(3): 231-43.

Shanks, M. and Tilley, C. 1987. *Reconstructing Archaeology*. Cambridge: Cambridge University Press.

Skeates, R. 2000. *Debating the Archaeological Heritage*. London: Duckworth.

Smardz, K. 1997. The past through tomorrow: interpreting Toronto's heritage to a multicultural public. In Jameson, J. (ed.) Presenting *Archaeology to the Public. Digging for Truths*. London: AltaMira Press: 101-13.

Swift, F. 1997. Boxing clever. *Museum Practice* 2(2): 9.

Tilden, F. 1957. *Interpreting Our Heritage*. Chapel Hill: University of North Carolina Press.

Trevelyan, V. 1991. *Dingy Places with Different Kinds of Bits*. London: London Museums Consultative Committee.

Trigger, B. G. 1995. Romanticism, nationalism and archaeology. In Kohl, P. and Fawcett, C. (eds) *Nationalism, Politics and the Practice of Archaeology*. Cambridge: Cambridge University Press: 263-79.

Walsh, K. 1992. *The Representation of the Past*. London: Routledge.

5장

고대 이집트의 발견: 페트리박물관과 대중

샐리 맥도널드(Sally MacDonald), 캐서린 쇼(Catherine Shaw)

1. 머리말

건강을 추구할 때 별 근거가 없는 것이 있다. 주제를 찾는 예술가, 악어를 좋아하는 체육인, 휴일을 주장하는 정치인, 뉴스거리에 관심이 큰 특파원, 파피루스와 미라의 냄새에 관심을 둔 소장품 수집가, 오직 과학적 목적에만 관심을 둔 과학자, 여행에 대한 사랑만으로 여행하는, 늘 열정이 넘쳐나는 한량(Edwards 1877: 1-2).

어밀리아 에드워즈(Amelia Edwards)는 이집트에 열정을 가진 대중 작가이자 언론인이었다. 1892년에 사망했을 때 그녀는 "고대 이집트의 역사, 유물, 문학, 문헌학, 미술에 관한 지식의 폭넓은 확산과 이집트학 교육"을 진흥하기 위해 런던대학에 약간의 기부금과 함께 그녀의 이집트 유물 소장품을 남겼다(1891년 3월 8일자 어밀리아 에드워즈의 기증의향서, 페트리박물관 문헌실의 복제서). 에드워즈는 자신이 설립하고자 했던 새로운 학과가 이집트의 고대문화를 더 대중적으로 폭넓게 이해하는 데 장기적으로 영향을 미치기를 명백하게 희망했다.

그녀의 유증은 영국 최초로 이집트학 교수직을 신설하는 데 사용되었다. 그녀의 후배이며 초대 에드워즈 교수(Edwards Professor)인 플린더스 페트리는 자신의 소장품을 그녀의 소장품에 추가했고 매년 유물을 발굴하고 구입하여 런던대학박물관을 초기 이집트 유물을 보유한 세계에서 가장 중요한 소장처 중의 하나로 만들었다. 하지만 이 소장처는 페트리박물관으로 불리게 되었고 공공박물관이라기보다는 대학박물관으로 남게 되었다. "이 소장품은 국가적 소장품을 크게 보충하고 있고 대중적 전시보다는 연구를 위한 유물로 구성된다"(「페트리가 프로보스트(Provost)에게 보낸 편지, 런던대학 운영소위원회 회의록: 1907년 11월 5일 회의록 10」).

페트리와 그의 직속 후임자에게 이 소장품은 런던대학의 이집트학을 전공하는 학생들에 대한 교육을 지원하기 위해 주로 런던대학박물관에 있었지만, 소장품의 질과 범위는 전 세계의 전문학술연구원들을 끌여들였다. 박물관 직원이 박물관의 청중을 늘리고 관심을 가진 아마추어 이집트 전문가를 환영하기 위해 조치하기 시작한 때는 1970년대 이후이다. 대학 외부[비런던대학(non-UCL)]에서의 방문 수가 1970년에 연간 200건 정도였는데 1997년에는 연간 3,000건, 2000년에는 거의 9,000건으로 늘었다. '외부' 청중이 점차 박물관을 더 많이 이용했기 때문에 박물관이 수행하는 현행의 청중 응대 방식이 부적합하다는 점이 점점 확실해지고 좀 더 안전하고 더 넓으며 더 접근 가능한 장소를 찾아야 한다는 필요성이 더욱 날카롭게 부각되었다. 그래서 적절한 장소를 찾으려는 노력이 시작되었다. 그리고 동시에 런던대학박물관에서는 현재의 청중과 잠재적인 청중, 새 박물관에서 열릴 고대 이집트에 관한 새로운 전시에서 그 청중이 원하는 것에 관해 연구하는 프로그램을 시작했다. 이 장에서는 페트리박물관과 관련하여 런던의 현대 흑인 지역사회와 이집트인 지역사회의 페트리박물관 비이용자와 더불어 기존 이용자의 태도, 학계와 더불어 아마추어 열광자와 어린이의 시각과 관련하여 처음으로 분석한 연구에 대해 보고한다.

2. 청중과 질문

현존하는 목표 청중을 정의하는 과정은—어느 박물관에서도 그러하듯이—현재의 방문자(주로 관찰과 오래된 방문자 명부로 알 수 있다)에 관해 알려진 점을 이해하는 것과 관련된다. 또한 이 과정은 소장품에 관심을 가지고 자세하게 조사하고 다른 잠재적인 이해집단과 그들이 현재 고대 이집트에 접근하는 방법에 대해 생각하는 것과도 관련된다. 이는 많은 토론이 필요하고 길며 약간 분명하지 않은 과정이고 아직 끝나지 않았다. 많은 박물관에서—특히 북미와 좀 더 최근에는 영국에서—지금 새로운 전시 혹은 프로그램을 기획할 때 여기에 기술된 종류의 선구적 연구를 수행한다. 이는 단일 관점의 교훈적 전시에서 벗어나 청중과 물론 큐레이터가 어떤 주제에 대해 가져오는 인식과 믿음, 편견을 고려한 좀 더 개방적이고 반성적인 전시를 향한 일반적 추세의 일부이다(Merriman 1999: 7). 비록 이러한 종류의 연구가 포괄적인 것처럼 보여서 잠재적으로 많은 의견을 수렴할 수 있음에도, 의제를 정하고 질문을 결정하며 응답자를 선정하고 결국에는 자신들이 청취한 것을 사용할지 혹은 무시할지를 결정하는 사람은 거의 항상 박물관 직원이라는 점을 기억해야 한다.

3. 아마추어와 '대안적' 이집트

페트리박물관의 직원은 관찰에 근거하여 현존하는 성인 청중이 이집트학 전문가와 이집트학 아마추어로 구성된다고 폭넓게 정의했다. 전문가는 이집트학으로 급여를 받거나 혹은 급여 수급을 희망하는 사람이다. 대부분은 적절한 고등교육을 받았다. 아마추어는 직업인이라기보다는 이집트학이 관심사인 사람이다. 박물관의 번성하는 후원회 조직의 많은 구성원이 후자의 범주에 속한다. 실제로 전문가와 아마추어의 차이는 항상 명확하지 않다. 스펙트럼의 전통적인 끝점에 있는 아마추어는 전문가로서 많은 협회에 속해 있고 전문가와 약간은 같은 책을 읽는다. 많은 아마추어 이집트학자들은 전문화된 지식을 개발하고 강연을 하거나 논문을 작성하고 그중 일부는 돈과 학문적 신분을 얻는다.

아마추어 스펙트럼의 대안적 끝점으로 이동하면 큰 격차가 열리는 것처럼 보인다. 로스(Roth)는 이 대안적 부문을 환생을 믿거나 피라미드와 수정의 신비한 힘을 믿는 뉴에이지 심령론자의 넓은 범주로 본다. 그녀는 언론이 전문적 이집트학 학자와 좋은 이야기를 선호하는 대안적인 이집트 연구자의 의결 불일치를 강조하는 경향이 있다고 지적한다(Roth 1998: 221). 그러나 양측은 둘 사이의 합의점을 폄하하는 쪽으로 결론을 내리려고 한다. 학계에서는 대안적 이집트 연구자를 '기이한 사람' 혹은 '피라미드 바보'라고 부르고 대안적 고고학자를 '금지된 고고학'의 기수라고 낮추어 부르는 듯하다. 그러나 하나의 집단인 대안적 이집트 연구자들은 무시하기에는 너무 많고 다양하다. "금지된 고고학의 탐구"라는 학술대회(the Questing Conference of 'forbidden archaeology')가 1999년에 런던에서 열렸는데, 800명이 넘는 사람이 몰려서 미로, 피라미드, 고대 점성술의 증거에 관한 논문을 발표하는 강연을 들었다. 고고학적 사이비 과학(archaeological pseudoscience)이라고 부르는 것의 많은 사례를 기록하고 해부한 페더는 이들의 폭넓은 항의를 인지하고 분석하여 '학자, 돌팔이, 괴짜'라고 쉽게 부르지 않으려고 한다(Feder 1996: 252).

학계와 아마추어의 구분은 규율이 막 싹틀 때인 박물관의 초창기에는 물론 논쟁점이 아니었다. 페트리는 집에서도 연구하는 사람을 돕기 위해 책을 참고만 하는 것이 아니라 대출도 할 수 있도록 이집트학 도서관을 만들었고 특화된 연구를 지원하면서 아마추어를 격려했다. 그는 1893년에 열린 창립 강연에서 "누군가는 짧은 여가시간에 때때로 대단히 상세한 주제 하나 이상을 다룰 수 없을지도 모른다. 그러나 그가 충분하고 완전하게 그 일을 하도록 하면 모든 학생이 그에게 감사할 것이다"(Janssen 1992: 102)라고 말했다. 몬세라트(Montserrat)는 런던대학의 페트리의 조수이며 이집트학 전문가였던 마거릿 머레이(Margaret Murray)가 동시에 역시 살아있는 마녀였다고 지적했다(Montserrat 2000: 21). 오늘날 이 구분은 더욱 명확하게 그어진 듯하다. 사실 학자적, 대중적, 대안적 이집트학은 또 다른 학문에서 온 누군가에게는 아주 이상스럽게 보일지도 모르는 방식으로 양극화된 것처럼 보인다.

1) 학문적인 이집트

아마추어 이집트학은 모든 방면에서 성장하는 것처럼 보이지만 학문적 이집트학은 협소하다. 이 나라에서 이집트학은 〔잉글랜드의 고등교육 재정위원회(the Higher Education and Funding Council for England)가 정의하듯이〕 '소수' 학문 분야이다. 일부는 이 발전 사이의 연결성을 주목한다. 로스는 "역설적으로 이집트학에 관한 학술 분야가 그 주제가 갖는 바로 그 인기 때문에 점차 주변화되고 있다"라고 지적한다(Roth 1998: 222). 학계에서 이집트학이 학문적으로 호소력이 폭넓지 않은 다른 고대 문화에 관한 연구보다 열등한 것으로 간주된다는 페트리박물관 큐레이터의 경험은 이 견해를 지지한다(Quirke, 개인적 대화).

로스는 학계의 이집트학 학자가 자신의 분야에 보이는 대중의 관심을 환영해야 하고 그것과 연결되어야 한다고 주장한다. 대신 그녀는 동료의 인정을 받는 대신 일반 대중뿐만 아니라 다른 학문 분야의 동료와도 거리를 두고 좀 더 전문화된 연구로 침잠하는 많은 동료들을 발견한다(Roth 1998: 229). 여러 학문을 연계적으로 구분하는 데는 추가적 이유가 있다. 토머스(Thomas)는 "성경에 관한 연구와 18세기 후반 고전학을 세속적으로 구분하는 것의 유산"으로 근동지역과 이집트와 관련된 학과와 고전학과를 전통적으로 구분하는 것에 관해 지적한다(Thomas 1998: 15). 대학박물관인 페트리박물관은 이와 같이 학문을 구분하는 것에 아주 많은 영향을 받는다. 대부분의 역사에서 페트리박물관은 런던대학의 이집트학과의 일부분이었다. 이집트학과가 공식적으로 고고학연구소에 편입된 때는 1993년 이후이다(그리스학과와 라틴학과는 아직도 구분되어 있다). 통합되었음에도 오래된 학문의 구분은 아직도 두드러지게 보인다. 이 박물관은 헬레니즘 시대와 로마 시대의 이집트와 관련된 폭넓은 소장품을 가지고 있지만 해당 유물은 거의 알려지지 않은 상태이고 이집트고고학 이외의 교과과정을 가르치는 런던대학 고고학연구소(the Institute of Archaeology)도

이 유물들을 거의 사용하지 않는다(Merriman 2000: 1). 특정 학문에 묶인 사고방식은 학계에서 전반적으로 나타나는 문제이다. 그러나 고고학의 연구 분야 중에서도 고대 이집트는 예를 들어 청동기 시대의 그리스와는 다른 방식으로 고립된 것처럼 보인다.

페트리박물관은 학계 안팎에서 청중을 넓히려 노력하고 있는 대학박물관이다. 박물관 직원은 학계와 더 일반적인 청중 사이의 공통점을 이해하는 것이 중요하다고 느꼈다. 결국 대학생에 대한 조사에서 페더는 대학생이 일반 대중만큼이나 비정통 고고학적 주장을 믿을 가능성이 있다는 점을 발견했다(Feder 1996: 3-5). 어떤 시대와 주제가 가장 큰 관심사인가? 고대 이집트는 학생들에게 어떤 의미가 있는가? 현대 이집트, 더 구체적으로 현대 이집트에서의 고고학에 대한 그들의 태도는 무엇인가?

2) 아프리카계 이집트

최근 박물관 전시에서 나타나는 역사적 편견을 바로잡기 위해 전통적으로 소외된 청중과 관계를 맺는 민족지·사회사박물관의 많은 사례가 있다(Simpson 1996). 고고학박물관은 문화적 다양성과 같은 문제의 전시 및 기관과의 관련성을 종종 보지 못하고 뒤처져 있다는 비판을 받아왔다(Merriman 1999: 3). 최근 영국의 한 조사에서는 4명 중 3명의 연구자가 "흑인과 아시아인이 우리 사회에 기여한 점이 문화유산을 전시하는 데에서 완전히 표현되지 않는다."라고 믿는다는 점을 발견했다(MORI 2000). 이집트고고학은 이 점에서 흥미 있는 문제를 제시한다.

고대 이집트와 아프리카 나머지 지역의 상호관계에 대한 주제와 관련하여 역사가 오래된 흑인 연구자 장학금이 있다(Hilliard 1994). 종종 아프리카 중심 관점(Afrocentrism)*으로 불리는 좀 극단적인 측면의 일부는 최근 인종차별주의라고 당

....

* 아프리카 중심 관점: 'Afrocentrism'은 아프리카 사람의 후손과 그들의 역사를 중심으로 세계사를 연구하는 관점을 말한다.

연히 비판받았다(예를 들어 Howe 1998). 그리고 학계 일부에서는 많은 흑인 학자가 그러하듯이 고대 이집트인들의 피부색이 무엇인지(예를 들어 Brace *et al.* 1996: 162)를 확정하려는 시도가 오해의 소지가 있고 위험하다고 주장한다. 이들은 이러한 시도가 고대 이집트에서는 존재하지 않았던 인종에 대한 현재의 개념을 적용하는 것이라고 주장한다. 그러나 이들 대부분은 거의 2세기에 걸쳐서 서구에서의 고대 이집트 연구가 유럽 중심적(Eurocentric)이고 인종주의적인 편견으로 왜곡되었다는 점을 인정한다(예를 들어 Young 1995: 118-41).

런던대학에는 교원 중 흑인 이집트학 학자가 없다. 이집트고고학의 연구 혹은 강좌 과정을 택하는 학생 가운데 10명 중의 1명 미만이 흑인이다. 스스로를 흑인이라고 생각하는 페트리박물관회(Friends of the Petrie Museum)의 회원은 소수(1% 이하)이다. 최근 몇몇이 이 박물관의 전시와 설명이 인종차별주의적이라고 비판한 바 있는데, 이 박물관의 흑인 방문자 비율은 관찰 결과 아주 낮다(Golding, 개인적 대화). 이 연구는 이집트학 연구자와 일반 대중 모두에게 흑인 청중을 고대 이집트에 관한 토론, 그것의 매력과 중요성, 박물관에서 보여주는 방식*(representation in museums)으로 이끌고자 이루어졌다. 그것은 또 아프리카의 나머지와 고대 이집트의 관계, 고대 이집트인의 피부색과 같은 흑인 역사학자에게 중요한 쟁점을 주목했고 그 쟁점을 백인 청중과의 토론에서 제기했다.

3) 이집트인의 이집트

현대 이집트인은 전통 이집트학에서 제외된 다른 집단으로 간주될 수 있다. 지난 세기 토착적인 이집트학의 완만한 성장은 범-아랍 정치(pan-Arab politics)의 만연에 부분적으로 힘입었다. 이집트에서는 이슬람 시기에 관한 연구가 그 이전 시기

....

* 박물관에서 보여주는 방식: 여기에서 'representation in museums'를 '박물관에서의 표현', '박물관에서의 대표', '박물관 전시' 등으로 직역하지 않고 '박물관에서 보여주는 방식'으로 의역했다.

에 관한 연구보다 선호되었는데(Trigger 1984: 359), 이는 부분적으로 서구 학자와 고고학자가 고대 이집트를 독점(appropriation)한 것과 관련된다(Reid 1985: 234). 한 자료에 따르면, 카이로박물관 방문자의 5% 이하가 이집트인이라고 한다(Stone and Molyneaux 1994: 21). 이집트인 고고학자이면서 현재 런던대학의 이집트학 페트리 교수(Petrie Professor of Egyptology)인 페크리 하산(Fekri Hassan)은 고대 이집트와 현대 이집트인의 관계를 다음과 같이 요약한다.

파라오의 과거는 정치적 카드이다. 이는 일정한 지식인들 사이에서 열정적인 반응을 불러일으킬 수 있지만 실질적으로 이집트인의 삶의 중요성에서 필수적이거나 두드러지는 요소는 아니다. 아마도 이집트의 파라오라는 과거와 유일하고 선명하게 지속적인 것은 나일강일 것이다. 그러나 나일강은 더 범람하지 않으며 정해진 수로 안에 갇혀 있다. 높은 서양 호텔과 나란히 있는 나일강은 그 호텔에 묵을 수 있는 유럽인 여행객과 아랍인 여행객에 속한다(Hassan 1998: 212).

비록 런던대학에 이집트학을 가르치는 이집트인 교수(an Egyptian Professor of Egyptology)가 있지만, 학생들과 박물관회에서 이집트인의 비율은 아주 낮다(학생 20명 중 1명, 박물관회의 경우 1%). 이 연구에서는 고대 이집트에 관한 연구와 전시(presentation)에 대한 일반적 논쟁점을 이집트인(이들 중의 대부분은 이집트학 학자이지만)이 어떻게 생각하는지를 추적했다. 또한 더 많은 대중에게 편년의 논쟁점, 즉 그들이 생각하기에 고대 이집트가 언제 시작되었고 끝났는지에 대한 논쟁점을 문의했다. 예를 들면 콥트 시대와 이슬람 시대의 이집트를 연구하는 것을 폄하하는 것과 같이(Reid 1985: 234) 이집트학이라는 용어가 이 주제에 시간적 범위를 부여했다는 주장이 있었다. 또한 학계 연구의 협소성은 더 많은 일반 대중의 관심을 제약할지도 모른다. 1998년 영국박물관의 방문자 연구에서는 방문자 대부분이 고대 이집트와 현대 이집트 사이에서 아무런 연결점을 찾지 못하는 것으로 밝혀졌다(Motawi 1998). 여기에서 논의된 연구에서 현대 이집트와의 개인적인 조우로 과거와 현재에 관한 태도가 바뀌는 것이 중요한지 아닌지를 확인하기 위해 이집트를 방문하지 않았던 사람뿐만 아니라 이집트를 방문했던 사람도 대상으로 해서 이 주제를 더 심도 있게 검토했다.

구체적인 관심 분야로 관광과 고고학이 포함되었다. 우드(Wood)는 다음과 같이 결론지었다.

유럽인, 심지어 '이집트학 학자'조차도 아직도 '보물(treasure)'을 소유하려는 욕망으로 동기부여를 받았다는 것이 틀림없지만 만약 오직 명망만을 위해서 보물의 소유권을 갖는다면 (⋯) 이러한 무신경한 태도는 (⋯) 그 시작이 결국 이집트의 과거가 이집트의 현재 주민에게 실제로 속하지 않는다고 생각하는 태도에 뿌리박고 있다는 점을 알고 있지만 유럽인이 발굴하고 연구하며 파라오의 유물을 반출할 권리가 있다고 생각하는 것이다(Wood 1998: 190).

이 박물관이 고고학자를 고용하고 훈련하는 조직의 일부이고 직원과 학생이 이집트에서 발굴한다는 것을 전제로 고고학에 대한 태도, 발굴된 유물의 소유권과 처리 방안에 관해 질문을 하는 것이 적절해 보였다.

4) 어린이의 이집트

몇 년 동안 지금까지 고대 이집트는 핵심 단계 2(Key Stage 2)(예를 들어 7-11세 어린이를 위한 단계)의 잉글랜드 국정교과과정 역사학습 프로그램(the English National Curriculum history programme of study)에서 선택과목이었다. 그 이전에 잉글랜드의 학교에서 얼마나 폭넓게 이 과목을 교육했는지 혹은 얼마나 많은 학교가 현재 교육할 수 있는 세계사(대안은 다음과 같다. 고대 수메르, 아시리아 제국, 인더스 문명, 마야 문명, 베닌 왕국 혹은 아즈텍 문명)로 7개의 선택과목 중에서 고대 이집트 과목을 선택했는지는 알 수 없다. 하지만 자문 교사가 제공한, 입증되지 않은 증거로 볼 때 이 과목이 인기 있는 선택이었음을 알 수 있다(Garman, 개인적 대화).

국정교과과정에서는 '남성, 여성, 어린이의 일상생활, 다른 동시대 사회와 관련한 해당 사회의 비교, 편년, 문명의 흥망 이유, 중요한 장소와 개인들, 역사에 대한 특징적인 기여'를 포함하여 선택된 과거 사회의 핵심 특성에 관한 학습을 요구한다(QCA 1999: 19). 또한 핵심 단계 2에서 어린이들은 지식과 이해, 어떤 역사 주제에도 적용할 수 있는 기술을 습득할 것으로 예상된다. 다른 것 중에서도 이들은 다양한 자료를 통해 과거를 밝히는 방법에 대해 교육받도록 요구된다(주어진 사례는 설명문, 유물, 박물관과 전시관, 유적지 방문을 포함한다). 또한 이들은 "연구되는 사회의 사회적, 문화적, 종교적, 종족적 다양성"과 "과거는 다양한 방식으로 제시되고 해석된다는 것을 인지하고 이에 대한 이유를 설명하는 것"에 대해 교육받아야 한다(QCA 1999: 17).

그래서 이 교과과정에서는 고대 이집트학에 대한 초등학교 수준의 학습에서 철저하고 생각을 자극하는 의제라고 생각되는 것이 계획되었다. 그러나 역사를 위한 표준성취목표(Standard Attainment Targets: SATS)가 이미 정해져 있음에도 이 과정은 영어, 수학, 과학 같은 핵심 과목과는 달리 시험과목이 아니다. 그래서 실제로 점수를 받았는지 아닌지와 상관없이 개별 학교에 대한 감독관의 보고서를 통하는 것 이외에는 알 수 있는 방법이 없다. 예를 들어 문화적 다양성이라는 특수한 문제에 관해 "고대 이집트는 마치 이 문명이 실제로 백인의 문명인 것처럼 종종 선택받아 교육된다."라고 말해왔다(Claire 1996: 12). 확실히 고대 이집트학을 학습할 때 다양성의 문제 혹은 해석의 차이점을 다루는 인쇄물 혹은 비디오 형식으로는 현재 초등학생 수준에서 이용할 수 있는 학습을 위한 도움 자료를 얻을 수 없다.

초등학교 교사들은 박물관의 고대 이집트 전시를 확실히 원하고 있다. 1999년 11월부터 2000년 11월에 걸쳐 12개월 동안 1,032개 학교의 그룹이 영국박물관의 이집트 전시실에 예약했다. 영국박물관 교육부서에 따르면, 비록 고대 그리스에 대한 학습이 의무사항이고 고대 이집트에 대한 학습이 선택사항이었음에도 외부 학교에서 이집트 전시실은 그리스 전시실보다도 더 인기가 있었다(영국박물관 교육부서의 자료).

페트리박물관이 1998년 10월에 초등학교를 대상으로 일련의 프로그램을 제공하기 시작한 이래 이 프로그램에는 상당히 잘 준비된 다른 프로그램보다 지원자 수가 많았다. 우리는 이러한 연구를 통해 어떻게 교사의 요망에 잘 대응할 수 있는지, 고대 이집트의 어느 측면에 교사가 우선순위를 매기기를 희망하는지에 대해 이해하고자 했다. 우리는 역시 서구의 인기 있는 소설에 공통적으로 나오는 비밀통로, 암호, 저주를 언급하는—아스테릭스(Asterix), 레고(Lego), 스쿠비 두(Scooby Doo)와 같은—장난감과 이야기를 통해 어른처럼 공식적 교육 밖에서 어린이들이 무엇에 관심을 갖는지와 누가 고대 이집트에 접근하는지를 이해하고 싶어 했다. 이들의 관심사는 어른이 만든 교과과정의 우선순위와 정확하게 일치하는 것 같지 않다.

4. 연구에 대하여

이 연구에서 제시된 발견은 두 가지이다. 첫째는 특별한 관심 분야라는 관점에서 학계와 아마추어 이집트학 학자의 유사성과 차이점을 점검하는 것과 관계가 있다. 이는 박물관 운영자에게 학습을 위해 방문하는, 박물관의 현행 이용자의 관심과 요구를 알려주기 때문에 중요하다. 둘째는 고대와 현대 이집트 양자에 대한 인식, 태도, 믿음에 관해 더 넓고 탐구적인 마음가짐을 갖는 것과 관련된다. 이는 이집트에 관해 더 일반적인 호기심을 가진 방문자를 위해 박물관을 발전시키는 토대를 제공한다. 이 두 가지는 페트리박물관의 접근성, 전시, 서비스의 문제에 관해 의사결정을 할 때 정보를 제공하고자 했던 이 연구의 전반적인 목표와 근본적으로 관계가 있다. 특정한 관심 분야, 연구의 필요성, 기존 연구의 사용자와 핵심 단계 2의 역사교사나 학생 같은 잠재적 사용자의 우선순위를 검토함으로써 고대 이집트와 관련된 사람들의 열광도를 분석하고 현대 이집트나 고고학에 대한 태도와 과거에 대한 태도의 연결성을 검토하기 위해 이 연구를 수행했다.

이 목표들을 효과적으로 다루기 위해 일련의 다른 응답자를 대상자로 삼았을 뿐만 아니라 많은 연구 방법을 채택할 필요가 있었다.

1) 현존하는 전문이용자 집단에 대한 설문조사

이 조사의 목적은 기존의 이용자 '핵심' 집단이 박물관에 원하는 것, 특별한 관심사의 주제와 시대 면에서 이용자들 사이에 얼마만큼 공통점이 있는지에 대해 정확한 기술을 하는 것이다.

1999년 8월에 설문지가 페트리박물관의 후원회에 속한 650명 모두에게 송부되었다. 그중 252개의 응답지가 접수되어 응답률이 38%에 이르렀다. 학생에 대한 설문조사는 9개월 이후에 이루어졌다. 런던대학의 대학 내부 메일체계를 이용하여 이집트학을 전공하는 모든 학부생과 대학원생(다른 학위 과정의 학생들을 포함하여)에게 설문지를 보냈다. 39개의 응답지가 접수되어 고등학위를 받기 위해 공부하는 학생들의 3분의 1인 43%의 응답률을 보였다.

2) 알려진 잠재적 이용자에 대한 설문조사: 초등학교 역사교사

이미 말했듯이 고대 이집트는 국정교과과정의 핵심 단계 2의 선택학습 영역이다. 이는 매년 이 학령에 달한 수많은 박물관 방문자의 잠재력을 일깨웠다. 이 연령 집단의 관심사와 특별한 욕구는 무엇이고 이러한 관심사와 욕구가 더 많은 나이 혹은 고등단계 학생의 그것과 어느 정도 중복되는가? 그러므로 후원회와 학생들에게 한 질문과 상응하는, 관심 가는 주제와 시대에 대한 질문이 핵심 단계 2의 역사교사에게 한 설문조사에 포함되었다.

우리는 런던 중심부로부터 합리적인 거리에 있는 초등학교를 목표 집단으로 정했다. 높은 응답률이 예상되지 않았기 때문에 의미 있는 결과를 얻기 위해 충분할 만큼의 응답지를 확보할 수 있도록 설문지를 다수의 학교에 우송했다. 50%에 달하는 표본을 선택했고, 무작위로 선정한, 런던(Greater London)에 있는 1,167개 국립 및 사립 학교의 핵심 단계 2 역사교사에게 설문지를 우송했다. 그중 165개의 응답지가 회수되었다.

3) 심층면접

이 설문조사에서 기존의 이용자 집단에서 특별한 주제의 범위와 유행, 관심 있는 시대에 대한 양적인 기술(quantitative description)을 제공할 수 있지만, 왜 그리고 어떻게 개별 응답자가 자신의 특수한 전문 관심 영역을 개발해왔는지와 그 주제의 다양한 측면을 대하는 태도에 관한 통찰력을 제공할 수는 없었다. 그래서 이집트학에 관심이 많은 24명의 개인을 표본으로 하는 심층면접이 이루어졌다. 분명한(의도적인) 목적을 가지고 학계와 박물관 근무자 같은 전문가와 아마추어, 이집트학에 대해 대안적 혹은 주변적 관심을 가진 사람을 포함하도록 면접 대상자를 선택했다. 3명의 면접 대상자가 이집트인이었고, 다른 5명은 흑인이지만 이집트인이 아니었으며, 나머지는 백인이었다.

심층면접에서는 여러 주제 중에서 면접 대상자(피면접인), 현재의 이집트에 대한 인상, 발굴에 대한 태도를 포함하여 고대 이집트의 의미와 중요성에 대해 알아보았다. 90분에 달하는 심층면접의 내용을 녹음했고 그것을 완전히 기록했다.

4) 목표대상집단

일련의 목표대상집단을 통해 고대 이집트가 일반 대중에게 갖는 매혹적 특성을 연구했는데, 이는 수지피셔그룹(the Susie Fisher Group)이 의뢰했다(Fisher 2000). 목표대상집단을 확정해서 응답자가 고무적이지만 위협적이지 않은 환경에서 해당 주제에 대한 생각과 느낌을 개발하고 발전시키도록 했다. 5개 집단을 조사했는데, 고대 이집트를 학습했던 경험이 있는 9-10세의 초등학교 어린이 중에서 1명, 이집트를 방문한 적이 있는 사람(배낭여행객 중의 한 집단, 크루즈 여행이나 정해진 경로로 움직이는 단체여행인 '나일강 순항여행(Nile cruisers)'을 한 더 나이 든 연령대의 집단), 이집트에 전혀 가본 적이 없는 25-45세의 두 집단(한 집단은 백인 응답자이고 다른 한 집단은 백인이 아니면서 영국에서 태어난 응답자)이다. 각 집단에는 6명에서 8명의 응답자가 있었고, 60-90분 동안 면접했다.

5. 연구 결과

아래에 제시된 연구 결과는 질문서, 면접, 표적집단에 대한 분석에서 도출되었다. 폭넓은 범위의 주제를 포괄하는 수많은 양의 다양한 자료가 조사과정 중에 수집되었지만, 이러한 분량의 논문에서는 불가피하게 핵심 문제에 대한 일부 응답을 요약하는 것만이 가능하다.

1) 가장 대중적인 주제

설문지에서는 응답자가 원하는 만큼 체크 표시를 할 수 있도록 미리 구조화된 주제 목록을 제시했다. 하위 주제가 교사용 목록에서는 생략되었음에도 이 목록은 각각의 질문지에서 매우 유사하다. 많은 일반적이고 열렬한 지지자는(특히 후원회의 회원과 학부생) 사실상 모든 항목에 체크 표시를 했고 학계 전문가(몇몇 후원회의 회원을 포함하여)는 단지 1개 혹은 2개의 주제에 표시했다. 그럼에도 학생, 후원회 회원, 초등학교 교사(자신의 학생을 대표하여)에게서 발견할 수 있는 공통의 관심 영역이 많았다. 그 결과는 〈표 5.1〉에 제시되어 있다.

5개의 넓은 주제가 일반적 관심을 가진 것으로 입증되었고, 각각은 이용자 집단의 반 이상이 선택했다.

• 일상생활

표 5.1 페트리박물관 이용자 집단의 관심 주제(%)

	학생 (n=39)	후원회 (n=252)	회원 교사 (n=165)
일상생활	69	64	95
사회와 사회관계	56	55	44
여성/젠더	36	35	
농업, 음식과 농경	21	37	73
과학과 기술	36	50	46
언어/서체	59	64	85
상형문자(Hieroglyphs)	46	50	
신관문자(Hieratic)	23	15	
민중문자(Demotic)	18	11	
교역, 여행, 운송	33	48	43
건축(전체 혹은 일부)	67	80	90
사원	33	53	
무덤	38	56	
피라미드	33	51	
궁궐	28		
예술과 공예	46	58	73
파라오, 정치와 통치체제	56	61	67
종교, 신과 여신	67	64	94
죽음과 매장: 미라 만들기	64	49	92
전쟁과 무기	28	30	22
고고학과 고고학자	51	53	
기타	23		

* 음영 표시는 특별한 설문지에서 응답을 받지 못한 주제 혹은 하위 주제를 나타낸다.

- 건축물(피라미드 포함)

- 언어와 의사소통

- 파라오, 정치와 통치체제

• 종교, 신과 여신

이 다섯 주제는 특히 국정교과과정에서 요구하는 내용과 관련되었을 것이라고 그 관심사에서 가장 동질적인 집단인 초등학교 역사교사들이 지적하였다. 3분의 2 이상의 역사교사가 이들 주제와 죽음과 매장: 미라 만들기, 농업, 예술과 공예 주제에 관심을 표했다. 아마도 더 중요한 것은 고대 이집트인 생활의 특정 측면에 대한 관심이 전반적으로 부족하다는 점일 것이다. 응답한 모든 집단은 여성, 교역, 전쟁에 대한 관심이 두드러지게 부족했다.

6. 가장 인기 있는 시대

또한 동일한 이용자 집단은 이집트 역사의 어느 시대에 가장 관심이 있는지에 대해 질문을 받았다(표 5.2).

파라오 통치 시기의 이집트가 설문조사가 이루어진 세 집단 모두에서 가장 인기 있었다는 것은 결코 놀랍지 않다. 학생의 85%, 후원회 회원의 94%, 역사교사의 압도적인 97%는 파라오 통치 시기에 부분적이거나 전적인 관심을 표했다. 이렇게 넓은 시간의 틀에서 후원회 회원과 학생 양자의 관심사는—우리는 교사가 그렇게 세부적으로 들어갈지는 기대하지 않았지만—고왕국(the Old Kingdom), 중왕국(Middle Kingdom), 특히 신왕국(the New Kingdom)에 높게 나타났고 그 외에는 현저하게 줄어들었다.

그러나 이집트 역사에서 이 시대보다 더 최근의 시대에는 더 열정이 적고 관심의 표현도 점차 줄어든다. 이슬람 시대에 도달할 즈음에는 소수의 개인만이 관심을 보였고 그들 중의 일부는 목록에 있는 모든 시대에 관심을 표했다. 그래서 이슬람 시대의 이집트에 대해 어떠한 특수한 전문가적 관심이 존재한다고 가정할 수 없었다.

이러한 발견들은 핵심집단의 연구에서 발견한 사실에서 나왔다. "사실상 현대

표 5.2 페트리박물관 이용자 집단의 관심 시대(%)

	학생 (*n*=39)	후원회 (*n*=252)	회원 교사 (*n*=165)
왕조 출현 이전의 이집트	51	57	12
통일기의 이집트	44	48	
파라오 치하의 이집트(전체 혹은 일부)	85	94	97
전기 왕조 시대의 이집트	33	49	
고왕국	39	58	
1차 중간 시대(First Intermediate Period)	23	36	
중왕국	39	58	
2차 중간 시대(Second Intermediate Period)	31	41	
신왕국(전체 혹은 일부)	59	63	
아마르나 시대(Amarna Period)	36	56	
람세스 시대(Ramesside Period)	28	52	
3차 중간 시대	18	32	
후기 시대	15	27	
그리스-로마 시대의 이집트(전체 혹은 일부)	33	43	10
프톨레마이오스 시대(Ptolemaic)	26	26	
로마 시대(Roman)	26	19	
비잔틴/콥트 시대(전기 기독교 시대)	13	16	
이슬람 시대(전체 혹은 일부)	18	14	2
중세	10		
오토만	5		
현대	8		

* 음영 표시는 특별한 설문지에서 응답을 받지 못한 주제 혹은 하위 주제를 나타낸다.

이집트 혹은 파라오 이후 시대에 관해 아무것도 알지 못하고 알려고 하지도 않는다"(Fisher 2000: 6장). 더 일반적인 대중 가운데 편년에 대한 이해 혹은 역사적 시각에 대한 감각을 가진 사람이 거의 없었다. "고대 이집트는 파라오, 피라미드, 노예,

무덤, 클레오파트라가 풍요로운 비누 위에 떠다니는 봉인된 거품이다"(Fisher 2000: 7장).

7. 가장 많은 공감을 불러일으키는 생각과 이미지

핵심집단 연구에서는 일반 대중의 마음속에 있는 고대 이집트와 관련된 수많은 '신비로운 주제'를 확인했다. 죽음, 권력, 재산, 보물, 소멸, 노예, 기념적 건물, 천명(天命, command of the heavens), 창의성, 종교(Fisher 2000: 17장) 등이다. 가장 많은 공감을 불러일으키는 이미지는 건축물의 규모와 화려함(피라미드, 무덤, 스핑크스), 경관의 이국적 정취(모래, 열기, 낙타), 역사적, 신화적 인물〔클레오파트라, 투탕카멘(Tutankhamun), 인디애나 존스(Indiana Jones)〕, 일반적 경외감 및 신비감과 관련되어 있다.

나는 그들이 피라미드와 같은 것을 어떻게 만들었고 모든 것을 완벽하게 했는가를 알고 싶다. 그 차원은 아주 지적이며 경외감을 갖게 한다(백인이 아닌 성인).

백인이 아닌 응답자에게 고대 이집트는 백인인 유럽인이 저지른 '문화자원의 절도(the theft of cultural capital)'를 상징하는 좀 더 큰 역할을 한다(Fisher 2000: 13장). 핵심집단 연구의 결과는 일반 대중에게 다음과 같은 것을 암시한다.

고대 이집트는 하나의 관념이다. 그것은 단지 하나의 나라가 아니다. 그것은 순수하게 역사가 아니다. 그것은 단지 신화와 유물만이 아니다. 그것은 이 모든 것의 혼합물이다. 신화가 실제일 수도 있는 마법의 땅이다. 그 관념은 학교, 언론 매체, 고고학, 신화, 박물관이 창조하고 완전히 독립적이며(자족적이며) 만족감을 준다(Fisher 2000: 16장).

연구자들은 백인들이 고대 이집트에 관한 생각에서 가상과 사실의 혼합에 문제가 없는 것처럼 보이는 반면, 백인이 아닌 응답자는 더 왜곡되어 있다는 점을 발견했다(Fisher 2000: 33장).

나는 클레오파트라가 약간 엘리자베스 테일러(Elizabeth Taylor)처럼 보였다고 생각하고 싶은 것 같다(백인 성인).

사람들은 이것이 유럽의 역사, 리처드 버튼(Richard Burton)과 엘리자베스 테일러라고 생각한다(백인이 아닌 성인).

심층면접에서 고대사에 대한 더 일반화된 관심에서 발전한 고대 이집트에 대한 편견을 발견하는 것은 드물지 않았다. 그러나 이집트는 이전의 관심사를 퇴색하게 하는 더 강한 매력을 행사하면서 이러한 피면접자에게 빠르게 영향을 미친다. 한 피면접자는 그리스인과 로마인에 관한 연구를 '어설픈 것'으로 보면서 그 시대가 "너무 이해하기 쉽고 그들(백인, 아마추어)에게 꽤 신비로운 것처럼 보이지 않는다."라고 생각한다. 이는 사람들이 이집트 역사의 후반기에 거의 관심을 보이지 않았다는 점을 발견한 조사와 관련하여 흥미로운 언급이다. 다른 응답자는 시대가 좀 더 현대에 가까워지면 관심이 어떻게 시들해지는지 기술한다.

우리는 그러면 고전 세계로 들어간다. 그들은 그리스의 마케도니아인(Macedonians)이었고, 스스로 이집트인이었으며, 이집트인의 문화와 종교를 취했다. (…) 그러나 똑같지 않다. (…) 나는 고전 그리스나 로마 혹은 다른 어떤 고대문명을 연구하는 데 관심이 없다(백인, 전문가).

8. 고대 이집트인의 피부색

이 연구에서는 피부색 문제가 모든 성인 응답자에게 흥미롭고 도발적이었던 것으로 드러났다. 백인 성인은 고대 이집트인의 피부색에 관한 질문이 "엄청나게 충격적이고 크게 예상 밖인 것으로" 생각했다. 백인 이집트인의 정체성을 유지하려는 욕망의 증거가 있었다(Fisher 2000: 35장).

할리우드는 자신들이 백인 유럽인이었다고 이해한다. 그것이 왜 나에게 분명하지 않았는가? 나는 그들이 모두 백인이었고 흑인은 누비아인 노예였다고 생각했다(나일 유람선 여행객).

비백인 응답자들은 질문에 위협받기보다는 열정을 느꼈다. 고대 이집트는 백인역사의 한 부분으로 거의 독점되어왔음이 명백했다(Fisher 2000: 37장).

나는 아프리카 분야 도서를 찾아보기 위해 도서관에 갔다. 그것은 유럽 역사 속에 있었다(비백인 성인)!

흑인 아프리카인은 무식한 것처럼 생각된다. 그러나 우리는 피라미드를 건설할 수 있었다(비백인 성인).

9. 현대 이집트에 대한 느낌과 고대 이집트와의 관계

핵심집단 연구자는 사람들 대부분이, 특히 백인 응답자가 고대 이집트와 현대 이집트 사이에 아무런 연관을 짓지 못했을 뿐만 아니라 "전혀 중요하게 생각하지도 않는다"는 사실을 발견했다.

현대 이집트는 단순히 여러분이 방문함으로써 물리적으로 고대 이집트의 신화를 경험할 수 있는 나라이다. 많은 사람들은 이집트가 어디에 있는지 확신하지 못하지만 정신적으로는 고대 이집트가 자신들에게 속해 있다고 느끼기 때문에 이는 별로 중요하지 않다(Fisher 2000: 26장).

이집트를 방문한 적이 있는 이 응답자들은 부정적이고 인종차별주의적인 의견을 가지고 떠나는 것처럼 보인다.

그 기념물은 너무 훌륭해서 말문이 막힐 정도였다. 너무 놀라웠지만 실제 생활에는 아무런 도움이 되지 않는다(나일 유람선 여행객).

핵심집단 연구자는 서구 유럽인의 고대 이집트인에 대한 생각('냉담하고 정신적이며 강력하고 영리한')과 현대 이집트인에 대한 생각('욕심 많고 지나치게 밀어붙이며 가난하고 퇴보하는')이 강하게 대조를 이루고 있다는 것을 알았다. 그리고 첫 번째 집단(서구 유럽인)에서 자신들 연구의 뿌리를 찾고 있었다. 비백인 응답자는 "더 개방적이고 통찰력이 있으며 공감적"이었다(Fisher 2000: 표 29).

면접에서 답한 이집트학 학자(아마추어와 전문학자)들은 이집트의 지리적 위치를 더 잘 알수록(그들 중 대부분은 이집트를 방문한 적이 있다) 현대 이집트와 이집트인들에 대해 부정적인 의견을 유사하게 표현했다. 그 의견의 대부분은 핵심집단 구성원의 의견과 구분할 수 없었다. 예를 들어보자.

내가 생각하기에 매우 정체되고 가난한 현대 이집트에 관해 나는 확실히 알지 못한다. 그리고 특별히 좋아하지도 않는다. 그러나 고대 이집트는 내가 바라는 모든 면에서 기대에 부응한다(백인, 전문가).

이집트를 전혀 방문해본 적이 없으며 냉소적으로 말했던 다른 피면접자는 다음과 같이 말했다.

글쎄, 고대 이집트는 열기, 파리, 음식, 테러와는 관계가 없으며 놀랍도록 매력적인 것 같다(백인, 아마추어).

다른 피면접자들은 이집트인이 여행자가 이집트를 더 마음에 들어 하도록 만드는 것이 ―슬프게도 무시되었던― 의무에 가까운 것처럼 말했다. 한 피면접자는 이집트를 방문했을 때 '먼지'와 '문화 충격'에 놀랐던 경험을 묘사했다.

이집트인이 아무리 노력하더라도, 그리고 오늘날에는 많은 서양인 방문자가 찾아오기 때문에 더 열심히 노력하더라도, 아직은 어렵다. (…) 기후 때문이라는 주장은 (…) 실제로 기준을 통과하지 못한다. 이는 정말로 사실이 아니며, 결국 문화적 문제이다. 이집트인은 괘념치 않는다. (…) 나는 그것을 결코 이해하지 못한다(백인, 전문가).

그들은 계속해서 당신을 성가시게 한다. (…) 그들은 유럽인에게서 바라는 만큼 돈을 벌 수 있다고 생각하면서 들러붙는다. 하지만 그들은 유럽인의 사고방식을 이해하지 않는다(백인, 아마추어).

피면접자들은 이집트의 시골과 도시를 명확히 구분 짓는다. 즐겁지 않은 대부분의 이미지가 도시 혹은 관광지에서 생긴 반면 시골은 고대부터 ―"마치 성경의 한 장면이 살아 움직이는 것처럼"(백인, 전문가)― 이러한 맥락에서 가장 흔히 인용되는 농업 관습처럼 매우 변화하지 않았다고 본다.

피면접자는 현대 이집트인은 종종 자신들의 문화유산에 관심을 충분히 갖지 않거나 익숙함을 당연한 것으로 단순히 받아들인다고 비판했다. 한 아마추어 이집트 연구자는 이집트인이 문화유산에 신경을 쓰지 않는다고 평가했는데, 그렇다고 이집트인을 신랄하게 비판한 것은 아니다.

그들이 문화유산을 제대로 대하지 않아서 화가 났지만, 우리가 부를 누리는 데 비해 그 나라가 가난하다는 것을 생각하면 그들에게는 우선 처리해야 할 다른 과제가 있다는 사실을 알 수 있었다(백인, 아마추어).

그러나 여기에서 너무 일방적인 견해를 제시하는 것은 불공평하다. 그리고 다른 동정적인 견해도 면접에서, 특히 현대 이집트인의 생활에 더욱 깊이 몰입하게 된 사람과 이집트인 친구가 있었던 사람이 표출했다는 것을 알아야 한다.

10. 고고학에 대한 느낌

목표대상집단의 응답자, 즉 어린이와 어른은 고고학을 '소년다운(Boys' Own)' 관심을 가지고 유물을 고결하게 탐색하는 것으로 보면서 고고학에 대해 거의 전적으로 긍정적인 견해를 가지고 있다.

나는 바위에서 한 줄로 이어진 계단을 발견하기를 원했다. 그들은 아누비스 인장(the Anubis seal)을 발견했고, 거기에 4개의 밀폐된 방이 있었다(9-10세 어린이).

그들은 무엇인가를 발견할 기회를 포기하지 않는다. 그것은 취미이고 무엇인가를 발견하는 성취는 하나의 집착이 된다. 이는 영광스러운 순간이다(나일 유람선 여행객).

연구자들은 일부 젊은이가 "마치 이집트인이 유물을 매장하고 미래 세대가 그것을 발견하도록 한 것인 양" 일종의 놀이로 본다고 느꼈다(Fisher 2000: 38장). 고고학자에 관한 사람들의 묘사와 영화 〈인디애나 존스〉나 〈툼 레이더(the Tomb Raider)〉 같은 허구적 표현에는 강한 유사점이 나타난다. 이 주제는 할리우드 영화의 화려하고 매력이 넘치는 여자 영웅에게 자극받은 전문고고학자와의 면담으로 크게 확산되었다.

사파리 차림에 가죽 장화를 신고 속이 비치는 얇은 스카프를 걸치고 식물성 껍질로 만든 모자를 쓴 여성이 내가 생각한 이미지였고 항상 되기를 원했던 것이다(백인, 전문가).

목표대상집단 구성원 중에서 고고학에 대해 불안함을 표현한 유일한 사람이 한 어린이였다.

만약 내가 무덤을 발견한다면 떠날 것이다. 나는 쉬어야 할 때 땅을 파고 싶지 않다(9-10세 어린이).

일부 심층면접에서는 이러한 걱정을 공유했는데, 특히 신비롭거나 종교적인 시각으로 이집트학에 접근하는 사람이 그랬다.

나는 원래 종교적인 사람이기 때문에, 사람들이 자신만의 위엄을 지키기 위해 명백하게 많은 노력을 기울일 때 인간의 무덤을 파는 것의 가치를 확실히 알 수 없다(백인, 아마추어).

대부분의 경우 피면접자는 핵심집단 구성원보다도 발굴 주제를 둘러싼 논쟁을 더 잘 인식했고 더 모호한 의견을 제시했다. 발굴을 계속하는 것을 선호하는 주장의 논거로는 더 많은 지식에 대한 갈증과 증대된 고고학적 기술, 지역 이집트인의 경제에 대한 기여, 악화되는 환경적 조건의 기후에서 벌어지는 시간과의 싸움이 있다. 한편 정리되지 않았거나 부적합하게 보호받는 엄청난 양의 유물이 이미 존재한다는 인식, 이미 충분히 알려졌다는 의견, 미래 세대가 발견할 것이 아무것도 남지 않았다는 의견도 있다. 피면접자 대부분의 의견에는 양면성이 존재했다.

그러나 발견된 유물이 이집트에 남아 있어야 한다는 것에 대해서는—"유물은 그것이 있는 나라에 속한다(백인, 아마추어)."—단지 한 사람만 반대한 가운데 피면접자들의 의견이 명백하게 일치했다.

근본적으로 그것은 누가 발굴 경비를 부담하는지 등과 같이 (…) 이집트 당국과 발굴자의 협의에 달려 있다. 여러분은 그것에 대해 감정적이어서는 안 된다(비백인, 전문가).

백인 핵심집단 구성원은 고고학자가 백인 유럽인이나 백인 미국인이라고 생각했다(Fisher 2000: 40장).

이집트인이 스스로 유물을 돌볼 수 있다고 믿을 수 없어서 우리가 그 일을 해야 했다(백인 성인).

슬프게도 이러한 생각은 우리가 면접했던 수많은 전문적 이집트학 학자의 개인적 경험에서 나왔다. 영국의 젊은 이집트학 학자는 몇몇 동료들의 태도를 경멸한다.

"우리는 외국인이다. 우리는 여기에 있다. 우리는 여러분의 국가를 발굴하고 있다. 우리는 발굴에 관한 모든 것을 말하고자 한다. 여러분은 앉아서 듣게 될 것이다." (…) 놀랍게도 "우리는 그들이 이집트인이기 때문에 그들에게 말하지 않는다." "우리는 우리의 일을 한다. 그들은 그들의 일을 한다."(백인, 전문가)

그래서 이 이집트인은 자신의 나라에서 이루어지는 발굴에 훈련자로 참여하기 위해 했던 노력을 다음과 같이 기술하고 있다.

세월이 지난 이후인 지금도 여러분은 이집트에서 외국인 탐험대가 발굴하는 모습을 볼 수 있다. 모두 외국인이며 그들은 훈련시키기 위해 외국 학생을 받는 것을 좋아한다. 그들은 결코 이집트인 학생을 받지는 않는다. (…) 나는 훈련할 수 있도록 받아달라고 누군가에게 억지로 부탁해야 했다. 그러나 아무도 관심을 두지 않았다. 그들은 단지 이집트인을 받지 않을 뿐이다(이집트인, 전문가).

일부 비백인 목표대상집단의 응답자는 발굴과 유물을 공유해야 한다는 신념을 가지고 있었다.

나는 그들이 인정하고 사과하며 협력 관계를 유지해야 한다고 생각한다. 모든 공공 재산은 목록으로 만들어야 한다(비백인 성인).

다음의 피면접자는 더 나아가 국가 사이에서뿐만 아니라 이집트학의 다른 이해집단 사이에서도 지식을 공유해야 한다고 주장하면서 일반 청중 혹은 전문가 청중이 연구 결과에 더 접근할 수 있도록 하지 않는 학계를 비난하고 있다.

주변에 충분한 정보가 있다. 학계는 그 위에 앉아 있으면서 공유하려고 하지 않는다. (…) 그리고 나는 정보가 매우 통제되고 조작된다는 것을 발견했다. (…) 학자들은 그것을 지루하고 건조하며 접근하기 어려운 무언가로 만든다. 그래서 만약 어떤 학자가 경청하고 서두른다면 대중에게 좀 더 인기가 있을 것이다(백인, 아마추어).

11. 고대 이집트의 현대와의 관련성

모든 피면접자에게 고대 이집트인의 유산에 대한 느낌이 어떤지 물어보았다. 대부분의 응답은 사회적 혹은 정신적 개념과 관련되었다. 놀랍게도 아주 극소수만이

미술과 건축 같은 물질적 잔존물을 언급했다. 2명의 피면접자는 이집트인을 '조상의 뿌리'로 묘사하는 사람과 스스로를 연결한(백인, 아마추어) 반면 다른 사람들은 이집트인을 물질적으로나 정신적으로 '우리 조상의 유산'으로 칭했다. 흑인 피면접자의 일부는 고대 이집트 사회와 언어의 연결성을 현대와 전통 아프리카인의 생활 측면에서 강조했다. 다른 사람은 고대와 현대 이집트 문화의 연관성을 지적했다.

고대 이집트로부터 콥트 시대 이집트(Coptic Egypt)까지, 그리고 이슬람 시대의 이집트까지 관념이 점진적이고 조화롭게 이동했다. 여러분은 고대 이집트를 보기 위해 단지 표면을 긁어보면 된다(이집트인, 전문가).

많은 사람들은 이집트 사회를 거의 이상적 방식으로, 예를 들면 '완벽한' 것으로 표현했고(백인, 아마추어), '인내하는' 것으로 표현했으며(백인, 전문가), '비인종주의자'(비백인, 전문가)로 표현했다. 한 피면접자는 이상적인 모델 사회로 재생되어야 한다고 주장했다.

매우 헌신적이고 복종적이며 집단이나 팀워크로 일하고 이와 같은 것을 좋아한다. (…) 만약 우리가 이러한 시대로 돌아간다면 (…) 모두에게 좋을 것이다(이집트인, 전문가).

면접한 많은 아마추어 이집트 전문가들은 주제의 정신적 측면에 관심을 가졌다. 그리고 이는 이집트와 관련된 신화적 전형, 신비, 신비주의를 강조하는 고대인의 유산에 관한 그들의 논평에 반영된다. 일부에게는 심오한 종교적 진리가 지속된다.

그들은 내세에 관한 무언가를 알았다. (…) 그곳에는 정말로 중요한 무언가가 있다. 그들은 말하고자 노력한다. (…) 그들은 여러분이 원한다면 메시지를 남겼을 것이다(백인, 아마추어).

한 피면접자가 지적했듯이, "유산은 사람에 따라 다른 의미를 가질 수 있다"(이집트인, 전문가). 그리고 위의 사례가 보여주듯이 피면접자가 부여한 의미는 실제로 아주 개인적이고 자신의 근본적인 믿음 체계를 강조하고 지지했다.

12. 어린이와 교육

심화 연구를 할 가치가 명백한 분야는 고대 이집트에 대한 어린이의 관심 영역이다(그림 5.1). 핵심집단의 보고서에서는 어린이가 고대 이집트를 "생활 속의 분주함 (…) 참으로 아름다운 모험의 놀이터"로 보는 것으로 묘사했다(Fisher 2000: 8장).

나는 무덤을 보기를 원하고 그 안에 들어가 미라의 저주를 체험하기를 희망한다 (9-10세 어린이).

이집트에는 미라가 있다. 나는 미라가 살아난다면 함께 차를 마실 것이다(9-10세 어린이).

초등학교 교사에 대한 설문조사에서는 적어도 부분적으로 "학생들이 흥미롭거나 자극을 주는 것으로 알기" 때문에 응답자의 75%가 다른 과목보다는 고대 이집트 과목을 선택했음을 보여주었다. 응답자의 86%가 선택한 "고대문명을 학습하는" 국정교과과정의 요구사항은 차치하고 어린이의 흥미가 그 과목을 선택하는 데 단연코 가장 중요한 요소였다.

국정교과과정 이전에 일부 학교는 학생들에 대한 설문조사에서 응답자의 약 3분의 1(32%)의 흥미를 자극하기 위해 고대 이집트에 관해 교육했다. 학교는 (지금 주로 20대와 30대인) 이 집단이 이집트에 관해 일찍 관심을 갖도록 한, 가장 흔하게 선택한 요소였다. 또한 이 설문조사에서는 공식교육이 (영화, 잡지, 전시 같은) 다른 매체

그림 5.1 페트리박물관에서 고대 유물을 다루는 초등학교 어린이. 이집트고고학 전문 페트리박물관, 런던대학, 2003.

혹은 기폭제보다 이후에 관심의 토대를 놓는 데 더 중요하다는 점을 보여준다. 국정 교과과정 때문에 더 높은 비율의 어린이가 고대 이집트에 관한 공식교육을 받고 있다는 점을 토대로 보면, 오늘날의 초등학교 어린이가 이전 세대의 초등학교 어린이보다 이집트학의 열광자가 될 가능성이 더 크다는 점이 가능해 보인다. 이는 이러한 관심이 중·고등교육에서, 그리고 박물관 같은 비공식적인 환경에서 어떻게 더 강조될 것인가 하는 문제를 제기한다.

13. 맺음말: 박물관을 위하여

이 연구는 페트리박물관 같은 박물관에 여러 수준에서 청중 개발 및 의사소통을 위한 기반을 제공한다. 그러나 많은 경우 여기에서 자세하게 검토할 수 없었다. 현재 검토해야 할 가장 중요한 의미와 질문은 다음과 같다.

- **청중의 확대**: 이론상 페트리박물관 같은 박물관은 일반 청중과 전문가 청중 양자에게 봉사할 수 있어야 한다. 박물관은 이 주제에 대해 엄청나게 열정적이다. 이 연구에서는 고대 이집트에 대한 관심의 강도와 다양성을 확인했다. 만약 박물관이 상당한 학문적 자원을 가지고 이러한 매력을 함께 활용할 수 있다면 사람들에게 정보를 알리고 자극을 주는 강력한 수단을 갖게 될 것이다.

- **어린이**: 이 주제에 대한 어린이의 명백히 높은 수준의 관심을 개발하기 위해서는 정규교육의 역할과 이의 일환으로 박물관 방문의 역할을 이해할 필요가 있다. 그동안 어린이들이 이 주제에 보였던 열광의 수준은 이러한 청중에게 높은 우선순위를 두어야 한다는 점을 암시한다고 볼 수 있다.

- **어려운 주제**: 이제 박물관은 스스로에 대한 여러 분야의 편견을 깨기 위해서 얼마나 노력해야 하는가를 결정해야 한다. 관람객의 관심도 혹은 관심 부족을 수용해서 광범위한 교육 임무를 어느 정도까지 조정해야 할 것인가? 예를 들어 생각해보자.

- **편년**: 일반 대중은 고대 이집트의 편년을 이해하는 데 생각이나 관심이 적은 것처럼 보인다. 교육적 청중에게는 더 관심을 갖도록 요구하지만 교육과정은 구분되어 있다. 페트리박물관의 소장품이 속한 일부 시대는 예를 들면 다른 시대보다 상당히 호소력이 떨어지는 것으로 보인다. 그리고 페트리박물관은 이 시대를 '판매하기 위해' 더 노력해야 할 것이다. 이에 대한 대안으로 편년을 기준으로 한 전시가 항상 적절한 것은 아니다.

- **매력 없는 주제**: 일반 청중과 전문가의 두 부류로 구성된 청중은 박물관에서 생각하기에 중요하게 다루어야 할 교역과 같은 특정 주제에 반응이 덜할 수 있다. 또한 이러한 주제를 호소력 있는 방법으로 제시하거나 더 매력적인 주제 영역으로 가져가는 데 더 많은 작업과 노력을 해야 할지도 모른다.

- **현대 이집트와 고고학**: 현대 이집트는 이집트고고학박물관에서조차도 아주 희

귀하다. 그럼에도 전시에서 방문자를 연계하도록 이집트인과 그들의 관점을 포함하는 것이 중요할지도 모른다. 그러나 일부 목표 청중은 현대 이집트에 대한 태도가 매우 부정적이라는 점을 염두에 둘 필요가 있다. 그리고 고고학 윤리에 대한 일반적인 관심은 확실히 거의 없다.

• 인종과 피부색: 이는 흑인 역사학자를 제외하고는 학문적 이집트학과 혹은 대중적 이집트학에서 전통적으로 다루어지는 주제가 아니다. 많은 학자들은 불가능하게 복잡하고 위험하며 오해의 소지가 있는 영역이라며 피하려고 노력한다. 백인 청중에게 이 문제는 불안감을 줄 것이다. 그럼에도 만약 박물관이 흑인 청중을 다루어야 한다면 이는 문제제기해야 할 기본적인 논제이다.

• 과학의 이용: 학문적으로 정직하지만 제3의 해석을 고려하며 몇몇 답을 구하지 못한 문제가 있는 주제에 공개적으로 접근하는 것에 대해 폭넓은 지지가 존재한다. 이 주제의 여러 측면에 관한 주장과 토론의 역사가 존재하는데, 이는 전시에서도 그럴 수 있다. 고고학이라는 학문에 관해 더 알기를 희망하는 일반적 요구가 있는 것이다. 과학과 고고학의 기법은 학계와 일반 청중 사이에 가교가 될 수 있다.

• 모험심의 이용: 일반 청중과 효율적인 의사소통이 이루어지면 소장유물을 이해하기 위한 틀로 고대 이집트와 일반적으로 연관된 '신화적인 주제'를 다루도록(그리고 아마도 신화적 주제의 매력을 활용하도록) 박물관에 요구할 수 있다. 이는 실제로 달성하기 어려울지도 모른다. 노예가 피라미드를 축조했다는 근거 없는 일부 대중적인 믿음은 박물관이 대응하기에는 너무나도 강력하게 뇌리에 박혀 있을지도 모른다. 그래서 몇몇 모험심은 증거보다도 더욱 강력하다.

• 무엇이 이집트를 특별하게 만드나: 전문직 일부를 포함해서 많은 사람들에게 고대 이집트학은 사회적 혹은 정신적 본질 면에서 현대와의 관련성이 있다. 이는 개인적 독서를 허용하고 지원하는 동시에 사람들이 스스로 생각하고 질문하도록 박물관 전시를 창조하는 도전이 될 것이다.

페트리박물관이 스스로 관심을 갖는 한 불가피하게 다음 단계는 많은 시행착오를 포함해서 중요한 주제, 상상할 수 없는 편년, 매력이 없거나 논쟁적인 주제를 전시하는 가장 효과적인 수단을 실험하고 평가하는 것과 관련된다. 그러나 어려운 주제에 대한 효과적 의사소통 수단을 개발하는 것은 대학박물관에 전적으로 적합한 영역인 것처럼 보인다. 더 다양한 청중이 더 깊이 있게 주제를 연구하고 정보를 잘 아는 질문을 하며 새로운 해석에 도달하도록 고무하는 것은 이 박물관의 설립자인 어멀리아 에드워즈가 아마도 동의했을 목표 가운데 하나이다.

각자는 스스로의 힘으로 스핑크스의 비밀을 해석해야 한다(Edwards 1877: xvii).

참고문헌

Brace, C. L. with Tracer, D. P., Yaroch, L. A., Robb, J., Brandt, K. and Nelson, A. R. 1996. Clines and Clusters versus 'race': the case of a Death on the Nile. In Lefkowitz, M. K. and Rogers, G. M. (eds) *Black Athena Revisited*. Chapel Hill & London: University of North Carolina Press.

Claire, H. 1996. *Reclaiming our Pasts: Equality and Diversity in the Primary History Curriculum*. Stoke-on-Trent: Trentham Books.

Edwards, A. B. 1877. *A Thousand Miles up the Nile*. London: Routledge.

Feder, K. L. 1996. *Frauds, Myths and Mysteries: Science and Pseudoscience in Archaeology*. Mountain View: Mayfield.

Fisher, S. 2000. *Exploring Peoples' Relationships with Egypt: Qualitative Research for the Petrie Museum*. Susie Fisher Group (unpublished report).

Hassan, F. A. 1998. Memorabilia: archaeological materiality and national identity in Egypt. In Meskell, L. (ed.) *Archaeology under Fire: Nationalism, Politics and Heritage in the Eastern Mediterranean and the Middle East*. London: Routledge.

Hilliard, A. G. 1994. Bringing Maat, destroying Isfet: the African and African diasporan presence in the study of ancient KMT. In Van Sertima, I. (ed.) *Egypt, Child of Africa*. New Brunswick and London: Transaction Publishers.

Howe, S. 1998. *Afrocentrism: Imagined Pasts and Imagined Homes*. London: Verso.

Janssen, R. M. 1992. *The First Hundred Years: Egyptology at University College London 1892-1992*. London: University College London.

Merriman, N. (ed.) 1999. *Making Early Histories in Museums*. Leicester: Leicester University Press.

Merriman, N. 2000. I*nstitute of Archaeology Teaching Collections: Staff Survey* (unpublished).

Montserrat, D. 2000. *Ancient Egypt: Digging for Dreams*. Glasgow: Glasgow City Council.

MORI. 2000. *Attitudes Towards the Heritage: research study carried out for English Heritage*. London: English Heritage. Available on English Heritage Website: www.english-heritage.org. uk

Motawi, S. 1998. *Egypt in the British Museum*. MA Dissertation. Institute of Archaeology, University College London.

QCA (Qualifications and Curriculum Authority) 1999. *History: the National Curriculum for England*. London: HMSO.

Reid, D. 1985. Indigenous Egyptology: the decolonisation of a profession. *Journal of the American Oriental Society* 105: 233-46.

Roth, A. M. 1998. Ancient Egypt in America: claiming the riches. In Meskell, L. (ed.) *Archaeology under Fire: Nationalism, Politics and Heritage in the Eastern Mediterranean and the Middle East*. London: Routledge.

Simpson, M. 1996. *Making Representations: Museums in the Post-Colonial Era*. London: Routledge.

Stone, P. G. and Molyneaux, B. L. (eds) 1994. *The Presented Past: Heritage, Museums and Education*. London: Routledge.

Thomas, R. 1998. Learning from Black Athena. *British Museum Magazine* Autumn/Winter: 12-15.

Trigger, B. G. 1984. Alternative archaeologies: nationalist, colonialist, imperialist. *Man* 19: 355-70.

Wood, M. 1998. The use of the pharaonic past in modern Egyptian nationalism. *Journal of the American Research Centre in Egypt* 35: 179-96.

Young, R. J. C. 1995. *Colonial Desire: Hybridity in Theory, Culture and Race*. London: Routledge.

6장

대중에게 고고학을 보여주기: 현장에서의 통찰력 구축

팀 코플랜드(Tim Copeland)

대중에게 고고학을 보여주는 것은 새로운 생각이 아니다. 모티머 휠러 경(Sir Mortimer Wheeler)은 "대중에게 다가가서 인상을 주는 것과 솔직하고 담백한 이해를 공통의 틀 속에서 말로 만들어내는 것은 고고학자의 의무"라고 말했다(Wheeler 1954: 224). 그러나 톰슨(Thompson 1981)이 대중에 대한 고려가 현저히 부재한 유적 잔해의 보존과 전시에 관해 지적한 데서 알 수 있듯이, 고고학에서 대중과의 관계에 대한 이러한 꿈이 실현되는 데에는 긴 시간이 걸렸다. 그는 해석을 "누구든 유적을 알 수 있도록 이해하기 쉽게 설명하는" 1차 해석과 "1차 해석의 내용 혹은 그 중 더 흥미를 유발하는 부분을 골라서 다른 사람에게 대중적으로 전달하는" 2차 해석으로 구분했다. 또한 그는 고고학자의 역할에 대해 상당히 명확하게 설명했다. "후자는 부분적으로 교육적 기능이며 우리가 관심이 있는 전자에서는 다른 기법이 요구된다"(Thompson 1981: 84). 이는 20년 후의 견해와 대비되어야 한다. "정보와 이해를 구분하는 교육과 자기 충족감에서의 이러한 배경은 문화유산의 명소를 보여주기 위해 노력해야 한다는 생각의 하나로 오늘날 널리 퍼져 있다"(Prentice 1993: 171). 두 견해가 나온 때의 중간 시기에 고고학자는 문화유적을 방문하는 사람들이 증가한 데 대응하는 교육적 역할을 수행하고 있었다. 그 이유는 『방문자 환영(*Visitors*

Welcome)』이라는 출판물에 요약되어 있다.

유적발굴에 대한 좋은 현장 전시는 유적에 대한 인식을 높이고 대중과 좋은 관계를 만들며 수익도 올리고 지속적으로 발굴할 수 있도록 한다. (…) 방문자는 과거를 발굴하는 것의 가치에 흥미를 갖고 그것을 이해하며 고고학자의 역할에 고마워할 것이다. (…) 문화유산은 지금 상당히 잘 팔리는 상품이다(Bink *et al.* 1988: 2-3).

고고학자는 "미래까지 기록을 보존한다는 명분과 미래 세대의 사용과 교육을 위해 여론을 이용하는 것을 더 고려하는 것이 다른 무엇보다 중요하다."라는 점을 여론 주도자에게 알리기를 원한다(Bower 1995: 34). 그러나 전시의 근본적인 동기는 교육과 향유라는 일반적인 목적보다는 고고학적 목표에 더 초점이 맞추어져 있다.

대중에게 무엇을 보아야 하는지 알려주는 실증주의 접근 방법에서 고고학자가 무슨 일을 하는지, 왜 고고학자가 그 일을 하고 과거에 대한 물질적 증거를 왜 계속 조사하는지를 이해하도록 대중을 돕는 좀 더 개방적인 행동 방침으로 분명히 변했다. 고고학자는 교육, 여흥, 전원에서의 오락을 포함하여 고고학을 이용해야 할 다양한 동기가 있는 많은 대중이 존재한다는 것을 알고 있었다(Goulding 1999). 이렇게 입장이 변화한 결과가 영국의 매우 성공적인 많은 사업에서 발견되었다. 요르빅 바이킹센터(Addyman 1994)와 플래그 펜(Flag Fen)(Pryor 1989)은 고고학에 대한 관심을 고조시켰고 대중이 청중의 한 부분이 되는 것이 가능한 곳임을 확인시켰다. 〈시간탐험대〉와 나중에 〈조상을 만나다(Meet the Ancestors)〉로 방영된 텔레비전 프로그램은 일상 언어를 사용한데다 유적을 발견하고 증거를 해석하는 데 이르는 고고학적 과정을 따름으로써 대중과 소통하려고 부분적으로 노력한 덕분에 성공적이었다. 젊은 고고학자 클럽(the Young Archaeologist Club)과 잉글랜드 문화유산교육부(the English Heritage Education Service)의 유사한 성공은 발굴에 관여할 기회가 점점 적어지는 때에 역설적으로 고고학을 이해하고 그에 참여하고자 하는 광범위한 대중의 요구가 있음을 보여준다.

고고학자를 이해하고 지지하는 데 고고학계와 대중의 관계가 불균형을 이루었던 것으로 보인다(Smardz 1997). 그러나 대중고고학 분야에서 점증하는 문헌으로 볼 때 이러한 도전이 당면했다는 점을 알 수 있다. "우리의 청중이 원하고 필요로 하는 것에 대해 사려 깊게 고려하지 않고 우리의 해석에 내재된 사회적 논제에 대해서도 사려 깊게 고려하지 않고 해석하는 것은 위험스러울 정도로 쉽다"(Potter 1997: 37). 클라크(Clark)는 고고학자의 요구와 일치하는 것보다는 대중의 요구에 대응하는 것을 고려하는 이러한 시도를 묵살했다. 웨스트(West 1990)는 고고학자가 더 좋다고 느끼고 고고유적을 방문하는 대중을 조금 덜 당황스럽게 하는 이 모든 해석 활동이 만약 잘 후원을 받으면 매우 가치가 있겠지만(Clark 1998: 229) 과거는 종종 도전하기 위해서가 아니라 돈을 내는 대중을 끌어모으는 여가 행사의 배경으로 단순하게 이용하기 위해 관념화되고 포장된다고 주장한다. 이 장은 대중의 요구를 찾아내는 방법과 대중이 자신들이 경험한 전시에 갖는 의미를 탐구하는 것을 특별히 잘할 수 있는 구성주의 시각(constructivist perspective)을 사용하여 해석의 본질과 대중에 대한 고고유적의 전시를 탐구하기 위한 시도이다.

1. 해석과 전시에 대한 구성주의적 접근

구성주의 접근 방법(constructivist approach)이 암시하는 것(Ballantyne 1998; Copeland 1998)은 개인이 세상과 반응하며 생각, 감정, 행위를 타협하면서 계속해서 의미를 구성하거나 재구성하고 있다는 것이다. 구성주의자는 사건이 '저기 밖에(out there)' 존재하지 않고 해석하는 사람에 의해 창조된다고 주장한다. 무엇인가 존재하지만 우리는 그것을 완전하게 객관적으로 인지할 수 없다. 그래서 완전하게 진실한 의미에서 우리가 알고 묘사하며 소통하는 독립적인 현실로 여겨지는 것은 존재하지 않는다. 우리가 경험하는 것은 사건을 이해하도록 하는, 이전의 경험에 대한 감각, 느낌, 기억과 인지적 과정의 동태적인 상호작용이다. 개인은 세계를 개인적으로 구축하는 형식에 기여하는 경험과 의미를 적극적으로 창조한다.

개인은 직·간접적으로 증거를 경험하고 자신에게 의미 있는 특징을 선별함으로써 원천에 대한 정보를 내면화한다. 이러한 선별은 특정한 시기에 우세한 개인의 가치, 태도, 이전의 경험으로 결정된다. 그리고 새로운 정보가 들어오면 새로운 구성(construction)이 만들어지거나 이전의 구성이 수정된다. 학습은 학습자에게 질문하게 하고 개념을 탐구하며 암시를 이끌어내는, 과거의 생각과 새로운 정보 사이의 모순인 '인지적 충돌(cognitive dissonance)'이 있을 때 가장 효과적이다.

우리가 세계를 이해하는 본질적인 방법으로 개인적 구성물(personal constructs)을 강조하는 구성주의(constructivism)를 급진적인 구성주의라고 일컫는다.

> 급진적 구성주의는 (…) 어떻게 정의되든 지식에 대한 가정에서 출발한다. 이는 개인의 머릿속에 존재한다. 주제를 사고한다는 것은 대체 가능한 것이 아니라 인간이 자신만의 경험에 근거하여 아는 것을 구성하는 것이다. 우리가 경험적으로 이해하는 것은 우리가 의식적으로 사는 유일한 세계를 구성한다(Glasersfeld 1995: 3).

이 과정의 다른 중요한 특성은 사회적 상호작용이 공유된 구성을 형성하기 위해 질문과 개념을 탐구하는 기회를 제공함으로써 이러한 형식의 학습을 도울 수 있다는 것이다. 이 공유된 학습 맥락(shared learning context)은 사회적 구성주의(social constructivism)라고 알려져 있다.

다루는 증거의 본질을 관찰자마다 다양한 방법으로 해석할 수 있기 때문에 구성주의 시각은 과거의 특성을 점검하는 데, 특히 고고학에 아주 적절하다.

> '그때' 비록 과거는 이미 지나갔고 스스로 변화할 수 없음에도 본질적으로 우리 마음의 구성물이기 때문에 죽어 있다기보다는 동태적이다. 매우 현실적인 의미에서 고고유적은 우리의 과거이지만(우리가 어디에서 태어났건 어디에서 살건 상관없이), 우리는 과거를 단순히 그대로 수용하기보다는 어느 정도 우리가 하고자 하는 대로

빚어내기 때문에 실제로 어땠는지는 신경 쓸 필요가 없다(Fowler 1992: 5).

제임스는 "사회적 관심사가 많고 궁극적으로 역사와 사회의 관계가 작동하기 때문에 심지어 하나의 기념물에 어우러진 방문자들 사이에서조차도 역사에 관한 많은 해석—사실상 수많은 과거처럼—이 존재할 수 있다"라고 말했다(James 1986: 47). 스탠리-프라이스(Stanley-Price 1994)는 유적 보존에 부여된 다양한 가치에 대해 논의했다.

구성주의 시각은 해석과 보여주는 방식(presentation) 면에서 전시의 성격과 그 전시에 대한 전문적 해석이 우월한 뼈대를 이루는 '전시 시각(exhibit perspective)'과는 반대로 포크(Falk *et al.* 1985) 등이 정의한 '방문자 시각(the visitor perspective)'에서 보는 사람(the viewer)의 사전지식과 가치를 고려한다는 점에서 가치가 있다. 홀과 맥아더(Hall and McArthur 1993: 13)는 "전통적인 보여주는 방식의 관리는 일반적으로 문화유산관리의 인간적 요소, 특히 방문자의 의미를 적절하게 고려하지 못하고 있다는 점에서 부족하다."라고 말했다. 구성주의 접근 방법은 해석이 "방문자의 개성 혹은 경험 속에서 의미 있는 무엇"과 주제 혹은 장소를 연결해야 한다는 틸덴(Tilden)의 종종 인용되는 격언과 역시 동일하다(Tilden 1977: 9). 학습을 돕는 인지적 충돌을 만들어내는 것의 중요성은 "예술로서 의미와 관계를 밝히는 것을 목적으로 하는 활동과 그 목적이 지시가 아니라 자극인 정보에 근거한 계시로서의" 해석에 대한 틸덴의 정의와 잘 일치한다(Tilden 1977: 8-9). 클리펜도르프(Krippendorf)는 문화유산을 대중에게 제시할 때 탐구를 통한 학습, 자조(自助), 자기 창조성의 자극, 자기 참여를 강조하기 위해 "활기(animation)"라는 용어를 사용했다. 그는 활기를 다음과 같이 정의한다.

활기란 개인에게 자신의 틀에서 빠져나오도록 용기를 주는 것, 매장된 것을 자유롭게 두기, 정보와 생각, 자극을 제공하기, 우호적인 전제조건을 창조하고 사례를 만들기이다. (…) (그것은) 장벽을 제거하는 것을 돕고 탐구 정신과 새로운 접촉을 향한 개방성을 장려하여 고립에서 탈출할 수 있도록 한다(Krippendorf 1987: 142).

〈그림 6.1〉은 해석 과정과 고고학에서의 보여주는 방식을 검토하는 데 구성주의 접근 방법의 주요 과정을 보여준다. 문헌에서 해석과 보여주는 방식은, 비록 "해석이라는 용어가 대중에게 용인되는 보여주는 방식이라는 의미로도 사용될 수 있지만", 종종 같은 뜻으로 사용된다(Fowler 1977: 185). 이 장에서 해석과 보여주는 방식은 상호 관련된 단계와 동태적 단계 두 가지로 구분된다. 첫 번째 단계는 유적 혹은 유물의 해석은 보여주는 방식을 만드는 '전문가 구성(expert construction)'이고 두 번째 단계는 방문자가 의미를 구성하도록 하기 위해 보여주는 방식을 이용하는 '대중의 구성(public construction)'이다. 〈그림 6.1〉은 보여주는 과정(presentation process)의 핵심에서 경험한 것을 고고학에 대한 이해를 돕는 더 강력한 틀로 바꾸기 위해 도움과 대화를 제공할 필요가 있음을 보여준다.

첫 번째 단계는 고고학자 혹은 다른 전문가가 비록 발굴자는 아니더라도 유물을 다루거나 유적을 발굴하는 것과 같은 직접적인 경험 혹은 문헌을 통한 간접적인 경험을 하는 때에 시작된다. 과거의 구성이 이루어지면 개인에게 유일무이한 것이 되고 자신만의 가치와 이전의 경험을 통해 조정될 것이다. 학습은 이 과정에서 발생할 수 있으며 이전에 했던 생각과 개념이 강화될 수도 있다. 보여주는 방식을 통해 다른 사람과 소통하면서 특정한 논제에 대한 개념을 형성하거나 수정한다. 보여주는 방식의 형태는 목표로 삼은 청중에게 적절해야 한다. 다른 전문가에게는 고고학의 담론이 가장 적합한 형식일지 모르지만 다른 소비자에게는 청중을 위한 매체를 적절히 적용하도록 노력할 필요가 있을 것이다. 그리고 보여주는 방식은 더 공식적인 교육 수단뿐만 아니라 유적의 물리적 배치도도 포함한다.

유적을 방문하는 것은 보여주는 방식의 배치와 방문자의 소통 패턴 사이의 문화적 타협이다(James 1986: 51). 일반 방문자들은 고고유적 혹은 경관을 볼 때 종종 전문가의 보여주는 방식에 따라 관람을 시작할 것이다. 그러나 동반자 혹은 배경 같은 방문과 관련된 다른 중요한 측면이 있을지도 모른다. 유사한 구성 과정이 정보의 특

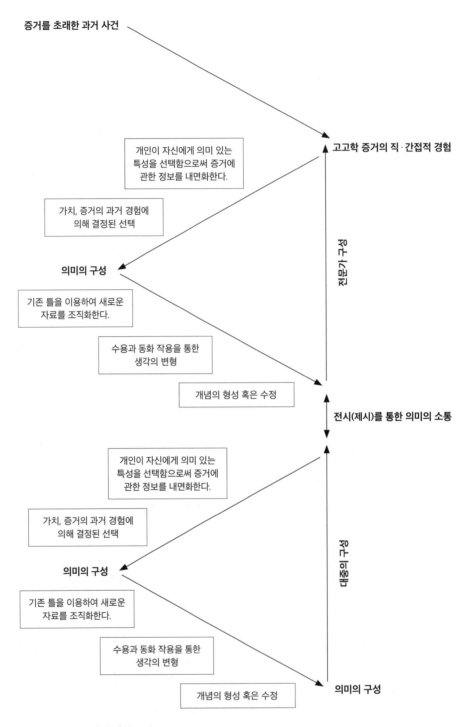

그림 6.1 고고유적에 관한 구성

성을 내면화하는, 즉 과거의 경험을 우발적으로 선택하는 개인에게 발생할 것이다. 이전의 지식은 개인이 익숙하고 능숙한 소통의 형식과, 장소나 증거의 유형에 관한 과거의 경험을 포함할 것이다. 제시된 내용에 부여된 가치는 증거(평범한 여행자, 아마추어의 관심)와 맞물리는 이유를 포함할 것이다. 만약 제시된 내용이 새롭다면 학습이 신선할 수 있고 그 의미는 보통 말로 소통되겠지만 어떤 경우에는 글이나 영상 형식으로 소통될 것이다. 이는 연구자가 유적의 의미를 결정할 수 있고 제시 형식에 대한 평가의 피드백과 맞물리는 평가 지점이다. 의미에 대한 이러한 평가를 사용함으로써 제시 형식의 재평가가 이루어질 수 있어서 대중과의 소통과 관련된 전문적인 가치에 영향을 미친다. 해석이 가치를 가지려면 청중의 다양성과 유적에 대한 청중의 과거 경험과 제시 형식을 적절히 검토할 필요가 있다.

과거 20년 동안 대중에게 고고학을 보여주는 것과 관련된 개선사항은 과거에 대한 대중의 구성(construction)에 조심성이 늘어난 결과이지만, 이전에는 고고학자가 이 두 번째 단계를 대체로 무시하고 평가하지 않았다. 대중에게 고고학을 보여주는 것의 효율성을 알아내기 위해 이것이 과거의 오류를 악화시킬 것이라는 고고학자의 해석에서 시작하기보다는 연구조사에서 대중의 세부적인 구성에 대한 증거를 토론함으로써 성공적인 제시를 확인하는 것이 더 적절할 것이다. 불행하게도 대중이 고고유적(문헌에서는 종종 "문화유적"이라고 불린다)을 이용하는 것에 관한 연구는 부분적으로 이루어졌고 대부분은 양적인 것이었다. 이는 유적 현장에 대한 대중의 구성(public construction on-site)을 이해하려는 목적으로 이루어진 연구의 경우에 특히 그러하다.

2. 표현 형식

표현 형식은 대중에게 유적을 제시할 때 발굴 중이든 영구적으로 전시되든 '문화유산센터'의 한 부분이든 상관없이 가장 중요한 측면이다. 〈표 6.1〉은 현재 유적

표 6.1 고고학 유적에서 사용되는 표현 형식

활동	시각	상징
실험고고학	사진	배치도
체험(Touching)	그림	발굴 보고서
재현	복원	녹음 안내
유적 둘러보기	3차원 관람	안내 관람
	모델	안내서
	TV 프로그램	강의
	정보 설명판	정보 설명판
	지도	
	다중매체를 통한 제시	
	유적 배치도	
	방향 표시	

현장에서 사용되는 주된 표현 형식을 정리한 것이다. 이는 (행위를 통한) 활동, 시각 (시각적 표현), 상징(단어나 숫자가 주요 수단이다)과 같이 표현 매체를 범주화하는 브루너(Bruner 1966)의 틀에 근거한다.

브루너는 개념을 좀 더 능숙하게 숙달하는 것, 그것이 시간, 변화, 지속성, 증거, 생활양식, 해석이든 인간이 "세 가지 표현 체계 모두에 통달할 때까지 이들 체계의 과정을 밟아야 한다"라고 생각했다(Bruner 1966: 12). 이는 확실히 중복될 일련의 표현 형식을 암시한다. 경험이 없는 사람에게 가장 적절한 소통 형식은 명쾌하게 지식을 전달하는 활동적이고 시각적인 형식(the enactive and iconic formats)이며 개념을 분명하게 표현할 수 있는 사람들에게는 상징적인 형식도 사용할 수 있다. 그러므로 고고학적 증거에서 과거를 구성하는 것을 강화하기 위해 보여주는 방식에서의 형식이 중요할 것이다.

프렌티스(Prentice 1993)는 박물관에 관한 연구와 대비하여 고고유적 같은 문화 유적지를 보여주는 데 사용되는 매체에 대한 방문자의 반응에 관한 연구는 거의 없다는 점을 지적했다. 허버트(Herbert 1989)는 역사유적의 방문자가 수공예품, 복식, 무기를 전시하는 것을 강하게 선호할 뿐만 아니라 폐허 유적의 부분 복원, 방의 지붕 재공사, 과거 사건의 모습을 보여주는 '행사(events)'도 좋아한다는 점을 발견했다. 프렌티스(Prentice 1993)는 맨섬(the Isle of Man)의 고고유적에서 표현 형식에 대한 방문자의 선호도를 연구하는 데 착수했다. 여행자가 평가할 때 가장 관심을 보였던 매체는 의상을 입은 인물, 유적을 소개하는 영상물이나 비디오, 가구가 배치된 방, 방향 지시물, 살아 있는 동물을 포함한 모델들이었다. 대중이 지지한 이들 매체 중에서 명쾌하게 지식을 전달하는 활동적이고 시각적인 형식이 강조되었던 것으로 보인다. "우리가 스톤헨지 앞에 멈추어 섰을 때 석물에 다가가서 만져보고 올라가서 즐길 수 있다. 확실히 이것이 바로 이러한 장소에 대한 옳은 사용법이다. 스톤헨지의 체험!"(1999년 6월 26일 서신, *The Independent Weekend Review*: 2). 이러한 행태의 어떤 측면을 장려할 수는 없지만, 활동적 형식(an enactive format)은 방문자에게 중요하게 보인다는 점은 의미가 있다. 또한 프렌티스(Prentice 1993)는 벽면에 부착된 도판이나 설명판, 제한된 유물 전시와 안내 책자 같은 상징적 전시 매체는 여행자의 이해를 돕는 데 상대적으로 효과적이지 않다는 점을 발견했다.

3. 방문자의 구성

방문자가 유적을 통해 만들어내는 구성(constructions)에 관한 연구는 거의 없고, 설사 이루어졌다고 하더라도 방문자가 유적을 방문하고 체험한 것이나 '개인적 경험을 통해 볼 때 아니라고 생각하는 것'을 무시하고 해석적 매체를 통해 얻은 사실적 지식에 한정되어왔다. 주요 목표는 고고학자가 방문자들에게 원하는 것을 방문자가 얻는지 확인하는 것이었다. 이는 방문자가 유적 현장을 해석하는 수단으로서 보여주는 방식이 갖는 문제점에 관한 라이트(Light 1988)의 연구에서 강조되었다. 그는 이 연구에서 방문자가 유적을 방문해서 성취하고자 예상하는 것에 대해 명백한 목표가 필요하다고 주장했다. 이는 '방문자 관점(visitor perspective)'이라기보다는 결단코 '전시 관점(exhibit perspective)'이다(Falk *et al.* 1985). 프렌티스(Prentice 1991: 174)는 웨일스 기념물(a Welsh monument)에 관해 고등교육을 받은 학생이 회상한 내용을 조사하기 위해 객관식 인지시험(multiple choice recognition tests)을 적용한 연구에 대해 기술하고 유적 주변의 해석적 매체(interpretative media)에 관심이 부족하다는 점을 지적했다. 그는 여행자의 관점에서 이러한 학습 목표는 전면에 나올 수 없다고 비판했다. 프렌티스(Prentice 1993)는 문화유적을 방문했을 때의 효과를 검토하기 위해 맨섬에 있는 유적에서 사용된 유사한 객관식 인지시험을 보고했고 유적지 정보에서 얻은 여행자의 학습은 사실로 추정될 수 없다고 주장했다. 방문자에게 고고유적의 의미에 대해 실증주의적으로 확인하는 것은 사전 학습과 여행자의 가치관, 여행자가 만드는 의미를 경시한다.

고고유적에서 방문자의 경험에 관한 전문가 시각보다는 방문자 시각을 탐구하고자 이루어진 연구는 거의 없다. 그러나 매스버그와 실버먼(Masberg and Silverman 1996)은 참여자가 문화유적에 갖는 의미가 무엇인지와 참여자가 생각하는 방문의 이점이 무엇인지를 평가하기 위해 인디애나주에서 학생에게 현상학적 접근 방법을 사용하고자 시도했다. 이 연구는 구체적인 유적에만 한정되거나 경험한 시점에 이루어진 것은 아니었지만 회고적이었다. 그러나 기억해낸 유적은 주로 기념물, 건물, 마을 같은 고고유적이었다.

이 연구에서는 문화유적의 가장 중요한 특징이 과거를 가지고 있거나 과거와 문화를 가지고 있는 것이라는 점을 발견했다. 유적 방문의 핵심적인 특성은 다음과 같다.

- 유적을 돌아보며 걷는 것처럼 본질적으로 주로 활동적인 관련 행동
- 동행자의 존재
- 유적의 관련 직원들
- 박식한 정보
- 인위적 환경
- 유적의 자연 환경
- 한 개인이 묘사하거나 관찰하는 방식으로 정의된 문화

이들 요인은 유적 방문의 인지적 측면뿐만 아니라 의미를 형성하는 데 사회적 측면의 중요성을 활용한다. 방문자는 지식을 얻고 동행자와 의미 있는 상호작용을 함으로써 사회적 이득을 얻는 개인적 경험을 하며 자연 환경을 통해 미적인 경험을 얻는 것으로 묘사되었다. 매스버그와 실버먼은 "학생 방문자가 문화유적을 다른 특성들의 모자이크로 생각한다"(Masberg and Silverman 1996: 24)라고 언급했다. 즉, 환경, 경관, 사람, 개인적 경험, 다른 장소적 맥락의 결합물이라는 것이다. 이 언급에서는 방문자가 학습을 구성하는 것을 돕는 데 방문자의 사전 학습, 경험, 가치를 사용하는 것의 중요성을 강조한다.

〈그림 6.1〉에서 제시된 모델의 관점에서 연구상의 증거는 대중이 선호하는 표현 형식의 일부를 보여주며 고고유적에서 만들어진 의미의 일부를 밝힌다. 그러나 의미를 구성하는 과정은 연구 결과가 보여주듯이 아직 '미지의 땅(terra incognita)'이다. 사람들이 유적에서 무엇을 경험하고 어떻게 그것을 이전의 경험이나 상호작용한 유물에 부여한 가치와 연결하는지에 대해 심층적으로 탐구할 필요가 있다.

4. 구성주의 유적

모스카르도(Moscardo 1996: 392)는 문화유적에 대한 '이해도(mindfulness)'에 기여하고 더 많이 학습하고 더 크게 만족하며 더 깊이 이해할 수 있는 환경에 관해 논의했다. 다음은 그 세부 내용이다.

- 방문자들은 다양한 경험을 해야 한다.
- 방문자들은 상호작용할 기회를 얻거나 해설과 좋은 물리적 예비교육 체계에 참여하는 것을 통해 경험을 통제해야 한다.
- 해설은 방문자들의 개인적 경험과 연관되어야 한다.
- 해설할 때에는 방문자들에게 도전하고 질문하며 그들이 질문하도록 장려해

야 한다.

이러한 목표는 구성주의 접근 방법과 매우 동일하다. 브룩스와 브룩스(Brooks and Brooks 1993)는 고고유적의 맥락에 적용할 수 있도록 이해를 돕는 데 유용한 여러 개의 구성주의 상황(constructivist settings)을 요약했다. 구성주의 고고학자(constructivist archaeologists)는 다음과 같은 일을 착수한다.

- 방문자 주도적 학습(*visitor initiative*)을 장려하고 수용하라. 대중이 고고학자가 생각하고 일하는 방식에 접하게 하여야 한다는 견해에 대부분의 (고고학) 전문가들이 동의하지만 조직과 관리구조는 종종 이러한 목적과 반대로 그러한 견해가 억제되게 작동된다. 방문자가 그들만의 이해와 질문을 만들어 명확하게 하고 유적의 다른 부분에서 답을 찾게 장려하도록 허용하는 것이 필요하다.
- 일차적 자료와 함께 상호작용적이고 체험할 수 있는 자료를 사용하라. 방문자가 단순히 상호작용적인 프로그램을 이용하고 설명판을 읽는 것보다는 고고유물을 만지고 보는 것이 실증주의적이며 '전문가'적인 해석을 제시하는 것보다 더 생각을 추상적으로 개념화하는 것을 돕는다. 일차적 자료를 언급하지 않고 대중의 주의를 끌기 위해 점차 다중매체로 보여주는 방식(the multimedia presentation)을 사용한다. 다양한 자료가 개인의 개인적 학습 프로필과 맞물려 도움을 준다.
- 방문자가 분류하고 분석하며 창조하도록 질문하는 해석을 사용하라. 기초 자료를 약술하고 방문자에게 가설을 제시하도록 질문하면 맥락을 연결하고 새롭게 이해하는 것을 도울 수 있다. 방문자들만의 기여가 가치를 부여한다.
- 해석을 끌어내기 위해 방문자의 반응을 이용하라. 유적에 방문했을 때 방문자가 사전지식과 가치를 통해 사려 깊은 평가를 하면 고고학자가 형식적 제시 프로그램의 장기적인 측면과 안내 방문의 단기적인 측면에서 청중에게 알맞게 보여주는 방식을 만들어낼 수 있다.

- 방문자만의 해석을 공유하기 전에 그들이 개념을 어떻게 이해했는지 탐구하라. 우리가 고고학적 증거에 내린 정의와 해석을 대중에게 제시하면 방문자가 나름대로 이해한 내용에 대해 질문하는 것을 근본적으로 막게 된다. '전문가의 견해(expert view)'에 압도되어(Potter 1997: 43-44) 방문자는 틀릴 수 있는 의견을 내놓느라 시간을 낭비하지 않는다.

- 전문가뿐만 아니라 방문자끼리도 서로 대화하도록 장려하라. 의미 만들기는 자신의 생각을 동료와 함께 점검할 때 사회적 담론을 통해 향상되며 개념이 변화하거나 강화되는 일이 매우 순조롭게 이루어진다.

- 심사숙고해서 다양한 해석이 나올 수 있는 질문을 던지고 방문자가 서로 질문하도록 유도함으로써 탐구 활동을 하도록 장려하라. 고고학자가 과거에 관해 탐구해서 자신의 해석을 제시할 수 있는 기회를 중요하게 생각한다면 다른 사람에게도 그런 기회를 주어야 한다. 고고학은 거의 질문에 확정적으로 답하지 않을 뿐만 아니라 오직 하나의 '올바른' 답을 제시하면 대중이 자신들이 본 것에 대해 스스로 생각하지 않는다는 점에 대해서도 질문한다. 동료와 질문을 공유하면 의미 만들기에 도움이 된다.

- 증거에 대한 방문자의 최초 반응을 정교화하라. 방문자가 생각을 정교화하도록 하면 대중이 유적을 어떻게 구성하는지 알 수 있고 개인이 최초로 갖는 개념을 재평가할 기회를 얻을 수 있다.

- 방문자들의 최초 가설에 모순적일 수 있는 경험을 하게 하고 토론을 장려하라. 개인이 현재의 시각을 재고하고 달리 표현할 때 이해도가 나아진다. 종종 방문자는 집요하게 기존의 견해를 고수하고 유적지에 올 것이다. 고고학자는 모순을 발견할 수 있는 질문을 함으로써 사고의 개발을 도울 수 있다.

- 질문을 제기하고 학생이 상호관계를 구축하며 은유(metaphors)를 창조할 시간을 허용하라. 방문자는 다양한 질문이나 다른 자극에 즉각적으로 반응할 준비가 되어 있지 않다. 그들은 정보를 처리할 시간이 필요하고 '전문가'가 권위적인 답을 하기 전에 시간이 필요하다. 우리는 모두 은유를 창조하여 개념을 더 잘

이해할 수 있다. 이는 전체론적 방법(holistic way)으로 복잡한 논제를 이해하고 작업한 것을 알게 되는 방법이다. 고고유적과 유물은 아주 복잡하지만 우리는 이러한 복잡한 정보를 받아들이는 법을 배우기 위해 비슷한 시나리오를 만드는데, 대중이 자신만의 경험을 활용하도록 도울 필요가 있다.

5. 맺음말

라이트(Light 1987)는 해석과 제시가 예술로 생각된다고 주장했고, 프렌티스(Prentice 1993)는 이것이 어떤 과정에서도 체계적인 평가가 거의 이루어지지 않았기 때문이라고 생각했다. 그러나 '예술'은 보통 보는 이가 원하는 것에 반응하지 않고 제작자의 소유물과 자기표현의 형식이 되는 경향이 있다. 명백하게도, 고고학을 대중에게 제시하는 경우에 고고학자와 대중 양자를 대신하는 생각과 반응의 양면적 소통이 필요하고 '대화'는 과정을 묘사하는 데 더 좋은 용어일지 모른다. 고고학자는 "고고학 자체만을 위해 대중에게 고고학을 알리는 것을 멈출 필요가 있고 일반 대중의 교육적, 사회적, 문화적 욕구에 대응하기 위해 그것을 수행하기 시작한다"(Smardz 1997: 103).

이 장에서 구성주의 접근 방법은 대중이 고고유적에서 경험하는 과정과 고고학자가 대중의 구성에 도움을 주는 데 기여할 수 있는 방법을 부각하기 위해 사용되었다. 명백하게 모든 유적이 구성주의 접근 방법을 장려하는 방식을 흔쾌히 받아들이는 것은 아니다. 가장 많이 사용되는 시각은 폭넓고 많은 해석에 토대를 둔 대안적 의견의 가능성을 표현하고 개인적으로 구성할 기회를 부여하는 관점보다 현실에 대해 거의 사진과 같은(Lewthwaite 1988: 86), 과거에 대한 매우 실증주의적인 관점이다. 대중은 그 광경을 즐길지 모르지만 그들의 학습과 자기 독창성(self-creativity)은 보여주는 방식으로 인해 방해를 받고, 궁극적으로 패배자가 되는 것은 고고학이다.

만약 문화유산의 이용자가 추구하는 지식을 많이 얻을 수 있는 방문에서 혜택을 받으려고 한다면, 정보에 대한 이 요구사항이 전문적인 역사학자와 고고학자에게 너무 일반적인 것으로 보일지 몰라도 문화유산관광에 관한 연구 주제를 평가하는 데 우선적으로 주의를 기울여야 한다. 학문적인 정보를 대중적인 정보로 전환하는 수단을 전문적 해석자만의 영역에 맡겨서는 안 된다. 왜냐하면 개념을 쉽게 이해할 수 있는 말과 영상으로 번역하려면 무엇이 적절한지를 확인하고 그것을 더 넓은 맥락 속에 넣는 아주 충분히 훈련받은 기량이 요구되기 때문이다(Prentice 1993: 231).

현행 책자의 성격과, 대중의 요구를 인지하면서 대중과 자신들을 연계하려는 고고학자들을 지지하는 이유가 점차 늘어나는 것을 볼 때 고고학을 다양한 청중에게 호의적이고 성심껏 제시하려는 학계의 바람이 이미 많이 진전했음을 알 수 있다.

참고문헌

Addyman, P. V. 1994. Reconstruction as interpretation: the example of the Jorvik Viking Centre, York. In P. Gathercole and D. Lowenthal (eds) *The Politics of the Past*. London: Routledge.

Ballantyne, R. 1998. Interpreting 'visions'. Addressing environmental education goals through interpretation. In D. Uzzell and R. Ballantyne (eds) *Contemporary Issues in Heritage and Environmental Interpretation*. London: Stationery Office.

Binks, G., Dyke, J. and Dagnall, P. 1988. *Visitors Welcome. A manual on the presentation and interpretation of archaeological excavations*. London: HMSO.

Bower, M. 1995. Marketing Nostalgia: an exploration of heritage management and its relation to human consciousness. In M. Cooper, A. Firth, J. Carman and D. Wheatley (eds) *Managing Archaeology*. London: Routledge.

Brooks, J. G. and Brooks, M. 1993. *In Search of Understanding: The Case for Constructive Classrooms*. Alexandria, Virginia: Association for Supervision and Curriculum Development.

Bruner, J. S. 1966. *Towards a Theory of Instruction*. Cambridge, Mass: Harvard University Press.

Clark, K. 1998. Review of 'Presenting Archaeology to the Public'. *Antiquity* 72: 275.

Copeland, T. 1998. Constructing history: all *our* yesterdays. In M. Littledyke, and L. Huxford (eds) *Teaching the Primary Curriculum for Constructive Learning*. London: David Fulton.

Falk, J. H., Koran, J. J., Dierking, L. D. and Dreblow, L. 1985. Predicting Visitor Behavior. *Curator* 19: 45-62.

Fowler, P. 1977. *Approaches to Archaeology*. London: A. and C. Black.

Fowler, P. 1992. *The Past in Contemporary Society: Then, Now*. London: Routledge.

Goulding, C. 1999. Interpretation and presentation. In A. Leask and I. Yeoman (eds) *Heritage Visitor Attractions: An Operations Management Perspective*. London: Cassell.

Hall, C. M., and McArthur, S. 1993. Heritage management: an introductory framework. In C. M. Hall and S. McArthur (eds) *Heritage Management in New Zealand and Australia*. Oxford: Oxford University Press.

Herbert, D. T. 1989. Does interpretation help? In D. Herbert, R. C. Prentice and C. J. Thomas (eds) *Heritage Sites: Strategies for Marketing and Development*. Aldershot: Avebury.

James, N. 1986. Leaving it to the experts. In M. Hughes and L. Rowley (eds) *The Management and Presentation of Field Monuments*. Oxford: Oxford University Department of External Studies.

Krippendorf, J. 1987. *The Holiday Makers: Understanding the Impact of Leisure and Travel*. London: Heinemann.

Lewthwaite, J. 1988. Living in interesting times: archaeology as society's mirror. In J. Bintliff (ed.) *Extracting Meaning from the Past*. Oxford: Oxbow Books.

Light, D. 1987. Interpretation at historic buildings. *Swansea Geographer* 24: 34-43.

Light, D. 1988. Problems encountered with evaluating the educational effectiveness of interpretation. *Swansea Geographer* 25: 79-87.

Masberg, B. A. and Silverman, L. H. 1996. Visitor experiences at heritage sites: a phenomenological approach. *Journal of Travel Research* 34: 20-25.

Moscardo, G. 1996. Mindful visitors: heritage and tourism. *Annals of Tourism Research* 23(2):

376-97.

Potter, B. P. Jr. 1997. The archaeological site as an Interpretive Environment. In J. H. Jameson (ed.) *Presenting Archaeology to the Public: Digging for Truths*. Walnut Creek, California: Altamira Press.

Prentice, R. C. 1991. Measuring the educational effectiveness of on-site interpretation designed for tourists. *Area* 23: 297-308 (London: Institute of British Geographers).

Prentice, R. C. 1993. *Tourism and Heritage Attractions*. London: Routledge.

Pryor, F. 1989 'Look what we've found'-a case study in public archaeology. *Antiquity* 63: 51-61.

Smardz, K. E. 1997. The past through tomorrow: interpreting Toronto's heritage to a multicultural public. In J. H. Jameson (ed.) *Presenting Archaeology to the Public: Digging for Truths*. Walnut Creek, California: Altamira Press.

Stanley-Price, N. P. 1994. Conservation and information in the display of prehistoric sites. In P. Gathercole and D. Lowenthal (eds) *The Politics of the Past*. London: Routledge.

Thompson, M. W. 1981. *Ruins: Their Preservation and Display*. London: Colonnade Books.

Tilden, F. 1977. *Interpreting Our Heritage* (3rd edition). Chapel Hill: University of North Carolina Press.

Von Glasersfeld, E. 1995. A constructivist approach to teaching. In L. P. Steffe and J. Gale (eds) *Constructivism in Education*. Hillsdale: Lawrence Erlbaum Associates.

West, A. 1990. Critical archaeology and black history. In F. Baker and J. Thomas (eds) *Writing the Past in the Present*. Lampeter: University College.

Wheeler, R. E. M. 1954. *Archaeology from the Earth*. London: Penguin Books.

7장

고고학과 영국 매체

닐 애셔슨(Neal Ascherson)

영국에서뿐만 아니라 다른 곳에서도 고고학자는 자신의 직업이 언론의 과장과 와전으로 인해 고통받고 있다고 고백한다. 이는 19세기 말의 초기 '반(半) 페니짜리 언론'과 선정주의 언론이 등장하기 이전부터 오래된 불만이었다. 그러나 사실은 오랫동안 고고학과 언론 사이에는 서로 이익이 되는 양방향의 상호관계가 존재했다. 언론 매체는 고고학으로부터 뉴스와 자극을 찾는다. 대신 고고학계는 뜻밖의 열광과 성공을 얻으면 언론 매체를 조종하고 이용한다. 뉴스 편집자나 기자보다도 고고학자가 이러한 관계를 다루는 데 더 영리하고 상황을 앞서서 주도한다는 말이 아마도 사실일 것이다.

1. 언론이 고고학을 보여주는 방식

이는 적어도 영국 언론에서 아직도 종종 캐리커처로 된 19세기 영상자료나 고정 관념에 놀랄 정도로 근거하고 있다. 수많은 만화에 나타나듯이 고고학자는 전통적으로 멀고 위험한 여건 속에서 탐험하는 일종의 개척자로 여겨진다. 고고학자는—

종종 나이가 든 모습으로―피스 헬멧(열대지방에서 햇빛을 가리기 위해 쓰는 헬멧 모양의 모자)을 쓰고 종종 운반인, 짐꾼, 땅 파는 사람으로 일하는 원시적인 지역주민으로 이루어진 집단을 호령한다.

이러한 특성은 영국에서 제작하여 대단히 성공을 거둔 컴퓨터 게임 〈툼 레이더〉의 여주인공인 라라 크로프트(Lara Croft) 같은 사이버 인물에도 잘 드러나 있다. 카키색의 짧은 바지를 입은 크로프트는 다양한 무덤을 수호하는 괴물뿐만 아니라 불법적으로 유물을 거래하는 악당을 찾아서 종종 죽이기까지 하며 무덤방을 요리조리 다닌다. 그녀는 인디애나 존스보다 더 이전의 인물인, 헨리 라이더 해거드(Henry Rider Haggard)의 작품에 나오는 앨런 쿼터메인(Allan Quartermain) 같은 빅토리아 시대 후기의 박진감 넘치는 흥미진진한 이야기(예를 들면『솔로몬 왕의 광산 보물(*King Solomon's Mines*)』)의 영웅들로까지 거슬러 올라가는 장르의 가장 최신 인물일 뿐이다.

발굴(굳이 여러분이 주장한다면 '고고학적 탐사계획')에 대해 강렬한 언론이 주는 인상은 투탕카멘(Tutankhamun)의 무덤을 열었던 장면과 같은 것에 남아 있다. 카나본 경(Lord Carnavon)과 하워드 카터(Howard Carter)가 10년(1923-1932년)의 발굴 기간에 걸쳐서 대기 중인 기자들에게 작지만 흥미로운 소식을 전해줌에 따라, 이는 고고학이 언론에 그동안 제공한 것 중에서 지금까지 가장 호화로운 발굴로 남아 있다. 그 향연에서 나온 고대의 상투적인 문구는―더욱 존경할 만한 빅토리아 시대의 고고학에 관한 상투적인 문구에서 재생되며―지금도 사용되고 있다. '투탕카멘' 이야기는 모든 보도되는 고고학 탐사계획에서 영국 언론인이 거의 변함없이 아직도 추구하는 두 요소를 풍부하게 제공했다.

1) '매장된 보물': 가치 문제

발굴유물 혹은 발견에 관한 거의 모든 언론 보도는 가치에 관한 약간의 정보를 포함하도록 요구된다. 무언가가 오래되고 흥미로우며 가치가 없다는 생각은 받아들일 수 없다. 따라서 현장의 고고학자들은 "그것의 가치가 얼마나 됩니까?"라는 질문을 받게 될 것이다. 금 목걸이 혹은 동전(일종의 시장가격 같은 것을 말할 수 있는 물품)뿐만 아니라 간돌도끼(마제석부), 비커 토기(beakers), 채색된 벽체 조각에 대한 답변이 예상된다. 만약 발굴자가 솔직히 부식된 청동 양날칼(a corroded bronze rapier)이 얼마나 가치 있는가에 대해 전혀 모르겠다고 대답한다면, 그것은 아마도 "대단히 귀중하다."라고 보도될 것이다.

2) 초자연적 접근

빅토리아 시대의 최우선 과제(arch-Victorian pursuit)였던 탐사는 정글, 사막, '야만 부족' 같은 약간은 적대적인 환경에 도전하는 것으로 표현되었다. 탐사와 연관된 고고학은 이러한 위험뿐만 아니라 매장된 보물을 지키고 있는 '신비로운 힘'에 대면하게 된다. 라라 크로프트는 동굴 속의 금이 담긴 항아리를 지키고 있는 용(龍)인, 무덤으로 쓰이는 지하실에 사는 비늘로 뒤덮인 괴물을 마주한다. 옛 플리트 스트리트(the old Fleet Street)에서 인기가 많았던 '파라오의 저주' 신화는 불멸하는 것처럼 보인다(런던대학 고고학연구소의 이메일 게시판에는 투탕카멘의 저주(the Curse of King Tut)와 무덤을 파괴한 사람들의 '신비로운' 운명을 논의하려고 준비가 된 '전문가'에 대한 신문이나 TV 편집자 및 연구원의 호소가 정기적으로 실린다).

여기에서 지적해야 할 점이 두 가지 있다. 첫 번째는 이러한 신화의 내력에 관한 것이다. 이 신화들은 질적으로 싸구려인 공포소설에서 특별하게 무서운 보물 파수꾼이 많은 M. R. 제임스(M. R. James)의 『고대의 유령 이야기(Ghost Stories of an Antiquity)』에 이르는 지난 2세기 동안에 생산된 많은 양의 으스스한 소설에서 직접적으로 유래했다(James 1994). 그러나 이 소설들은 결국 감추어진 보물과 그것을 지키는 임무가 주어진 괴물 혹은 귀신을 다룬, 과거부터 존재하던 전설과 설화 일체를 이용했다(Westwood 1986). 영국에서는 적어도 이러한 이야기들이 이미 로마 시대 이후에 유행했는데, 아마도 그보다 무척 오래되었을지도 모른다. 정확한 주문을 외우면 열리는 무덤, 괴물이나 저주, 시간이동 마법(time-shift enchantments)으로 지켜지는 보화로 가득 찬 무덤방, 동굴에 묻히거나 감춰진 무언가를 지키는 아서 왕 전설 속의 용(the Arthurian dragons) 등 셀 수 없이 많은 변형 속에서 거의 모든 이야기는 침입자와 무덤 약탈자에 대항하는 충고성의 이야기를 포함한다. 또한 구전 전통에서 20세기 플리트 스트리트의 진부한 이야기로의 이행은 이와 마찬가지로 불멸의 네스호 괴물 이야기(the Loch Ness Monster stories)에서 잘 드러난다. 네스호에 출몰하는 괴물 네시(Nessie)는 코넌 도일(Conan Doyle)과 쥘 베른(Jules Verne)이 만들어낸 '사이언스 픽션에는 등장하지 않는 괴물' 장르의 형태로 타블로이드 언론에 소개되었다. 그렇지만 결국 이것은 쥘 베른의 소설과 민물 호수에 사는 '워터호스〔water-horses, 수마(水馬)〕'의 존재에 오래된 스코틀랜드 고산지대 켈트족의 게일 신화(Gaelic myths)를 접목하여 나온 것이다(Adomnan 1995; Mackenzie 1972).

두 번째는 이러한 신화들의 도덕적 암시에 관한 것이다. 매우 명백하게 이 신화들은 고고학의 견해에 도전한다. 누구든 다음과 같은 관점에서 의견을 통합하거나 예언의 형태(ventriloquise)로 말할 수 있었다. 발굴 행위―혹은 무덤의 발굴이나 전용(appropriation)―는 고대 문자로 쓰이지 않은 법률의 위반, 즉 몇몇 당대의 사회적 권위에 의해 허용되었을지라도 중대하고 불길한 범죄였다. 층위가 만들어진 지 오래된 시대일 경우 사회의 지도자는 불경한 약탈과 무덤 파괴에 대해 처벌을 부과할 수 있다고 생각되었다. 지금 그 처벌은 마술의 힘을 통해 죽은 조상 혹은 조상의 무시무시하게 큰 대리자에 의해 집행된다. 21세기 언론은 용의 존재를 믿지 않으나 용은 아직도 종종 고고학자를 무덤 파괴자 혹은 침입자로 보는 경향이 있다. 영국은 소위 '바다의 헨지(Sea-Henge)'〔노퍽 해안(the Norfolk coast)에서 발견된, 거꾸로 뒤집힌 거대한 나무 주변에 수직으로 서 있는 목제 원형기념물〕를 발견한 이후인 1999년에 이러한 본능을 가진 전형적인 사례를 만들었다. 잉글랜드문화유산청이 보존과 어딘가에서의 전시를 위해 목재를 제거하려고 한다는 소식이 대중에게 명백하게 알려졌을 때 마법과 지하 신의 경건함에 싸여 있는 장소를 파괴하려는 것을 막으려는 뉴에이지 항의자들이 신문과 텔레비전에서 많은 동정을 받았고 폭넓게 보도되었다.『가디언(*The Guardian*)』에서는 6월 16일 "영국의 유일한 '바다의 헨지'를 지키려는 해안 전투에서 어제 첫 번째 회전이 벌어졌는데 드루이드족(Druids), 생태전사(eco-warriors), 식물 세계의 수장(the head of a plant company)의 연합군이 승리했다."라고 보도했다. 같은 날 수백 개의 전국 언론과 방송 매체의 연합인 언론협회(the Press Association agency) 보고서에서는 잉글랜드문화유산청에 좀 더 명확하게 반대했다. 반대자에게 주어진 공간에서 "이들은 진지한 사람이다"라는 그들에게 할당된 말을 함으로써 반대자의 입장을 강조한 것이다. "지역주민은 잉글랜드문화유산청에서 그 구조물을 옮기지 못하도록 싸웠다." "바닷가의 섬 주민(Villagers in Holme Next The Sea)이 (목사에게) 그 구조물에 일정 형태의 지정건축물 지위를 부여하는 것을 문의했다." 지역주민의 대부분이 그 기념물이 "바닷가에 그대로 남아 있기를" 원한다고 말한 교구회 의장의 주장은 상당히 길게 인용되었다. 그에 반해 그 목재를 제거하기를 주장하는 잉글랜드문화유산청의 입장은 오직 한 줄의 문장으로 인용되었다.

2. 국가적·애국적 사업으로서의 고고학

또한 매체는 고고학을 국가적 혹은 지역적 우월성의 증거를 추적하는 수단으로 보려는 경향이 있다. 이 우월성은 적어도 두 가지 방법으로 제시될 수 있다. 첫 번째는 취락, '문명'의 발전 혹은 성취에서의 우월성에 대한 증거, 과거의 한 시기 또는 여러 시기에 더 높은 문화적·기술적 수준을 가졌다는 증거이다.

이는 경쟁적 맥락이다. 고압적인 이웃 국가나 오만한 본국 수도에서 내세우는 추정적 견해를 뒤집고 지역적·종족적 혹은 국가적 불만이나 주장을 지지하기 위해서는 우월성이 필요하다. 이렇게 우월성을 찾다 보니 과장되고 진부한 신문체에서 자주 사용하는 최상급 표현을 사용하게 된다. "최고로 알려진", "유럽 최대의", "최고 가치의 비장 유물" 등이다. 고고학자는 "유일한" 유적 혹은 유물을 지속적으로 보도하도록 할 것이다. 만약 고고학자들이 스스로 동의할 수 없다면 그 유물이 적어도

"아주 특이하다는" 기록을 언급해달라고 종종 요청받을 것이다.

'우월성' 담론의 두 번째 (분명하게 해답이 없어서) 더 흥미로운 결과는 지속성을 암시적으로 가정하는 것이다. 이 담론을 지지하는 과거의 물질적 증거를 멀리 떨어진 시대에 남겼던 사람과 자신의 주장을 강조하기 위해 그 증거를 사용하는 현대인 사이에 약간은 논쟁의 소지가 있는 연결성이 있어야 한다. 언론 매체는 마치 그지역에 사는 현재 주민이 신석기시대 사람의 후손이거나 아마도 해당 지역에서 그보다도 더 이른 가계의 후손인 것처럼 직접적인 생물학적 연관성을 종종 주장한다. "이 사람들이 우리의 조상이다." 다른 접근 방법은 기원과 상관없이 특정 지역의 모든 주민에게 소급되는 지속성을 주장하는 것이다. 다시 말해서 템스강 하류 유역(the lower Thames basin)에 살았던 모든 주민 집단이, 심지어 수렵채집민조차도 '런던 주민'으로 불릴 수 있다.

"요크셔(Yorkshire)는 문명의 요람이었다"라고 주장하기 위해 지역신문에서 따온 〈표 7.1〉에서는 요크셔의 스타 카(Star Carr) 유적에 소재하는 잘 알려진 중석기시대 유적을 이용한다. 두 가지 관찰은 주목할 만하다. 언론인들의 표현이 아직 조롱하는 투에 머물 때 첫 번째 관찰에서 "문명의 요람"이라는 슬로건은 잉글랜드 남부 주민이 일반적으로 무기력하고 특권을 남용하며 기술적으로 무능하다는, 현재 요크셔 사람들이 갖고 있는 잉글랜드 남부에 대한 뿌리 깊은 반감을 자극한 것이다.

두 번째 관찰은 고고학자와 언론인의 상호관계와 관련된다. 신문에서 오려낸 기사에 대한 세밀한 관찰은 "문명의 요람" 기사가 사실상 언론인이 만들어낸 것이 아닐 수 있다는 점을 제시한다. 스타 카 유적에 언론 매체가 초대되어 방문했던 경우는 출처를 확인할 수 없음에도 고고학자나 발굴과 연계된 그 누군가가 의도적으로 추진했을 수 있다. 이 유적 방문의 경우 거의 모든 언론인이 선택하고 사용한 문구는 그들이 대표하는 신문에서 폭넓고 열광적이며 우호적인 보도를 보장한다.

〈표 7.2〉는 '크래몬드 암사자(the Cramond Lioness)'를 보여준다. 에딘버러(Edinburgh) 근처의 크래몬드에 있는 앨몬드강(the River Almond)의 뻘에서 1977년에 발견된, 전사를 잡아먹는 사암 암사자 조각상은 크래몬드의 로마 시대 요새와 관

표 7.1 문명의 요람으로서의 요크셔, 『요크셔 이브닝뉴스(*Yorkshire Evening News*)』의 허가로 게재

'문명의 요람'이 플릭스톤(Flixton) 근처에서 발견되다

고고학자는 스카버러(Scarborough) 근처의 한 유적이 석기시대 복합유물들의 중심이라는 것을 발견했다. 케임브리지 대학과 피커링계곡재단(the Vale of Pickering Trust)의 연구팀이 발견한 증거는 발전된 수렵사회가 1만 년 전 시머(Seamer)와 플릭스톤(Flixton) 사이의 스타 카에서 번성했음을 암시한다.

그들은 같은 시대의 유럽 거주민보다도 목공과 동물 사육을 더 잘 이해했다. 전통적으로 문명의 요람으로 생각되던 예리코(Jericho)와 중동과 비교되었다.

고고학자들은 스타 카 유적을 발굴하는 데 13년을 보냈고 그곳에서의 새로운 발견은 이 발굴의 정점이다. 발굴팀은 스타 카에 살던 공동체가 매우 발달하여 나무로 널빤지를 만들고 사용하는 법과 동물들을 끌어들여 식량으로 삼는 법을 알았다고 한다.

선사시대 목재로 만든 길과 호숫가 부두에 사용된 널빤지는 사슴뿔의 끝부분으로 만든 도구를 사용하여 나무를 쪼갠 목재로 만들었다. 연구자들은 갈대밭이 새로운 줄기의 성장을 돕고 동물을 수렵하려는 호숫가로 동물을 모으기 위해 300년 동안 매년 봄에 반복적으로 불에 탔음을 발견했다.

케임브리지 대학에서 선사시대와 인류 진화를 전공하는 폴 멜라스(Paul Mellars) 교수는 다음과 같이 말했다. "우리가 발견한 것은 아주 중요하다. 이 유적은 아주 독특하며 이 사회는 같은 시기 유럽의 다른 어떤 사회보다도 더 발달했다."

"스타 카는 아주 잘 알려진 유적이며 1950년대에 처음 조사되었다."

"사실 스카버러에 있는 박물관에서는 그동안의 초기 작업을 보여주는 큰 전시를 열고 있다. 이는 새로운 사실이다."

복합적인 석기시대 문화가 한때 그곳에서 번성했다고 주장할 만한 것은 오늘날 스타 카에는 거의 없다. 유적에는 토마토가 자랄 수 있기에 알맞은 표토에 쓰레기더미가 쌓여 있을 뿐이다.

– 스튜어트 아널드(Stuart Arnold), 『이브닝뉴스(*Evening News*)』, 1998년 5월 11일.

련된 무명의 장례 기념물의 일부였던 것으로 생각된다. 이것은 기원후 2세기 혹은 기원후 3세기 초로 편년된다.

이 보도는 런던에 본사를 둔 타블로이드 신문 『데일리 메일(*Daily Mail*)』의 스코틀랜드판에서 나왔다. 이때는 스코틀랜드에서 일종의 강렬한 국수주의적 자기주장을 하는 시기였다. 스코틀랜드에 근거를 두고 경쟁자와 구독자를 확보하기 위해 극심한 전쟁을 하는 대중적 신문이 국수주의적 문제에 관심이 적다고 보이지 않기를 원했다고 추정할 수 있다.

암사자 조각상이 "스코틀랜드인을 위협하려는 의미"인지에 대해서는 증거가 없다. 암사자 조각상이 의도적으로 "로마인들이 떠났을 무렵 적어도 그로부터 약 3세기

표 7.2 크래몬드 암사자의 발견에 관한 신문의 보도. 『데일리 메일』의 허가로 게재

뻘에서 나온 1600년 전 사자의 포효

　로마인들이 가장 강력한 전사 중의 하나를 묻은 매장 장소를 기념하기 위해 무덤을 축조했을 때, 그들은 아마도 1600년 이후에 필요한 물품이 얼마나 많을지에 대해 그다지 생각하지 않았을 것이다.

　그러나 어제 고고학자들이 역사의 희귀한 파편을 20세기로 조심스럽게 가져오는 군사작전 양상의 조사를 진행할 때 호기심에 가득 차 흥분한 200명의 군중이 살을 에는 듯한 추위 속에 두 시간 이상 지켜보았다.

　지난주에 무덤임을 표시하던 1t의 조각상이 에딘버러 인근 포스강(the River Forth)의 둑에 있는 크래몬드 항만(Cramond Harbour)의 탁한 물속에서 발견되었다.

　사람을 잡아먹는 무서운 이미지의 암사자는 로마의 통치 아래 살았던 사람들을 무섭게 하고 겁주기 위한 것이었다. 그러나 전문가에 따르면, 로마인이 떠날 때 애국적인 기쁨으로 공개적으로 반항하는 모습을 보여주던 스코틀랜드인은 사암 기념물을 앨몬드강에 집어던졌다.

　나룻배 사공이던 로버트 그레이엄(Robert Graham)이 물 위로 돌출한 조각상의 머리를 발견한 때인 지난주까지 그것은 발견되지 않은 채로 있었다. 그는 이 사실을 해당 지방정부의 고고학 전문가에게 알렸고 그 전문가는 깜짝 놀랐다.

　석재 암사자는 그런 종류의 것으로는 스코틀랜드에서 발견된 유일한 것이었으며 영국에서는 네 번째로 발견되었다.

　어제 구제발굴이 진행된 현장에서 한 마을 주민은 말했다. "크래몬드에 이렇게 많은 사람이 모인 것은 아마도 로마인이 떠나면서 마을 사람이 그 조각상을 던져버렸던 때 이후 처음일 것이다." 마크 콜라드(Mark Collard)로 대표되는 5명의 고고학자로 이루어진 팀은 지난주 이래로 작업을 해왔다. 어제 항만의 담 위에 있던 관중의 지지 함성을 받으며 2시간 후 암사자 조각상이 3세기 이래 누워 있던 뻘 구덩이에서 들려 올라왔다.

　콜라드는 말했다. "사람들이 종종 내가 발견한 것 중 가장 흥미로운 것이 무엇이냐고 묻는다. 지금 나는 그들에게 대답할 수 있다." 유적의 반대편에 사는 나룻배 사공인 36세의 그레이엄 씨는 다음과 같이 말했다. "그것을 옮기는 것을 보면 가슴 아플 것이다. 나는 그것을 발견한 것에 대해 아무런 자부심도 느끼지 않는다. 나는 그저 운이 매우 좋았을 뿐이다."

　전문가는 그 조각상이 2세기 혹은 3세기 초로 편년되고 지금도 뚜렷하게 세부적 모습이 잘 보이는 로마 시대 지방예술의 훌륭한 조각이라고 말한다.

　콜라드는 말했다. "조각상은 앞발로 남자의 어깨를 누르고 그의 머리를 제압한 커다란 암사자를 묘사한다. 1930년대에 나룻배 접안용 계단을 만들기 위해 구체적인 토대를 건설할 때 그 토대가 암사자의 머리에서 불과 6인치밖에 떨어지지 않았는데 조각이 훼손되지 않은 것이 기적이다."

　"이 조각상은 암사자가 대표하는 죽음의 파괴력 혹은 무덤에서 사자(死者)를 지키는 것으로 해석되어 왔다."

　로마 시대 요새의 잔재가 그 유적을 내려다보고 있고 최근의 발견물은 로마인이 앨몬드강을 이용하는 것을 널리 감시하는 시작점일지 모른다. 조각상과 대좌는 복원하기 위해 보존센터로 운송되었다.

　그레이엄 씨는 국가(the Crown Office)가 관리하는 스코틀랜드 매장물보호법(the Scottish law of Treasure Trove)에 의거해 보상금을 받을 자격이 있다. 독립적인 전문가위원회(panel)가 이 조각상을 어디에 전시해야 하는지 결정할 것이다.

—앤드루 워커(Andrew Walker), 『데일리 메일』 1997년 1월 21일.

혹은 4세기가 흐를 때까지 스코틀랜드로 최종적으로 알려진 땅에 스코틀랜드인이 도착하지 않았기 때문에 스코틀랜드인이 애국적인 기쁨으로 가득 차서 저항의 표시로 강에 던졌다"라는 말에 대한 일말의 증거도 없다. 로마군 당국자와 지역주민—보타디니인(the Votadini)으로 알려진, 규모가 크고 기술적으로 능숙한 연합체—의 관계를 위해서 그들은 매우 화기애애하게 지냈던 듯하다. 외국 점령자의 명에 아래에서 보타디니인은 전혀 짜증을 내지 않았고 로마제국과 그 군대를 지원함으로써 보상을 잘 받았던 것처럼 보이며 아마도 로마인이 떠나는 모습을 보는 것이 괴로웠을 것이다.

언론 매체는 암사자 조각상을 둘러싸고 전적으로 그럴듯한 국수주의적 신화를 창조했다. 그러나 선정적인 발견들은 국수주의적 전통이 있는 큐레이터에게 문제를 발생시킬 수 있다. 이전에 스코틀랜드에서 암사자 조각상과 같은 유물이 외따로 발견된 적이 없었기 때문에 이 조각상은 과거 스코틀랜드의 전통적인 기사 속에 통합되어야 했다. 그리고 이를 통해 암사자 조각상 이야기를 포용할 수 있도록 수정해야 했다.

3. '사라진 문명'

우리보다 더 발전한 사라진 문화에 관한 뉴스를 원하는 언론 매체의 욕구는 오래되었지만 지금 전례 없는 탐욕과 긴급성 속에 팽창하고 있다. 사례는 끝이 없다. 고고학적 혹은 다른 학문적 자격이 있는 일부 사람을 포함하여 언론에 자료를 주기 위해 준비하는 사람들도 그러하다. 아틀란티스(Atlantis)에 관한 초과학적인 이야기 혹은 사라진 백인 혹은 흑인의 신대륙 이주에 관한 이야기는 영국 매체에서 무엇보다도 텔레비전에서 (유통될) 시장을 발견할 수 있는 것 같다.

이러한 양상을 설명하는 하나의 단서는 사이비 과학과 극단적 전파론을 전하는 언론에 대한 지속적인 인기이다. 모든 물질문화, 모든 언어, 모든 신앙체계는 한 중심지에서 유래했다고 믿는 충동이 있는 것처럼 보인다. 그러한 중심지를 사실상 발견하는 것의 어려움은 그 장소가 "가라앉아" 바다 밑에 감추어져 있다거나 홍수, 운석, 화산폭발, 지진으로 흔적이 없어졌다는 주장으로 설명되었다.

그럼에도 왜 극단적 전파론은 매력을 갖는가? 하나의 그럴듯한 설명은 이것이 제국의 이념에 무의식적으로 집착하는 방법이라는 것이다. 제국적 자아상은—영국, 러시아, 독일, 프랑스의 제국적 자아상—그들의 기술적, 문화적, 정신적 성취물을 미개종족*에게 확산시키기 위해 전 세계에 엘리트를 보내는 숙명을 가진 우월한 문명의 그것이었다.

이러한 자아상이 설득력을 유지하려면 미개종족의 성취물은 아주 열등해야 했다. 로디지아 백인(the white Rhodesians)은 아프리카 흑인들이 짐바브웨 제국(Great Zimbabwe)을 건설할 정도의 지능과 기술을 가지고 있지 않았으므로 짐바브웨 제국은 사라진 백인 부족인 '페니키아인(Phoenicians)'이나 아랍인이 건설했다고 믿어야만 한다고 생각했다(Mallows 1985). 이처럼 사라진 문명을 방문했던 사람들의 논문으로만 선사시대 기념물을 설명할 수 있도록 함으로써 언론 매체는 고고학적 주제에 대해 그런 기념물의 기술적 복잡성을 과장하는 경우가 종종 있었다. 다시 종합하면 전형적인 기사에서는 다음과 같이 질문할 수 있다. 석기시대 사람들에게 별자리가 아주 정확한 위치에 오는 것을 예측하는 거석 달력을 건설하는 것을 가르쳤던, 사라진 문명의 신비스럽고 지위가 높았던 사제들은 누구였는가?

그리고 UFO와 은하계 관련 오락산업(intergalactic entertainment industry)을 잠깐 살펴보기만 해도 유사한 이념적 구조를 알아볼 수 있다. 제국의 극단적 전파주의라는 또 하나의 밀접하게 관련된 이미지가 있다. 19세기 중반경부터 식민장관은 지속적으로 (즉, 종족 학살 혹은 추방을 통해 토착 주민을 없애고) 백인이 거주할 수 있는 '빈' 영토〔空地〕와, 재화를 뽑아낼 수는 있지만 영구적으로 유럽인이 이주하는 것이 불가능하다고 생각되는 영구히 검고 열기에 시달리는 해안지역을 구분했다.

....

*   미개종족: 'lesser breeds'를 '덜 발달된 종족'으로 직역하지 않고 '미개종족'으로 의역했다.

이들 지역이 일단 총독이 있는 완전한 열대지역 식민지의 내륙지역과 소통하는 교역항의 지위가 '되면' 식민지의 존재 자체가 오직 일시적이어야 한다는 생각이 떠오른다. 미래의 언젠가 이 검은 식민지들은 자치정부 혹은 독립까지도 이룩할 수 있을 만큼 성장할 것이다. 그러면 문명을 전파하는 임무를 띤 백인 방문자는 사라지고 스스로를 지우며 그들의 과제는 완성될 것이다. 동일한 방식으로 거의 모든 과학소설의 서술은 우월한 외계인이 자신들만의 별로 출발하는 것으로 끝난다. 그들은 교육하거나 파괴하고는 자신들이 남겨 놓은 믿을 수 없는 기술을 받아들이려는 그 땅의 주인을 떠나서 사라진다.

4. 열정을 가진 교수로서의 고고학자

많은 언론 매체는 고고학에 관한 제시에서 '탐험가'와의 연관성에 대해 무엇인가 중요한 점을 이미 언급했다. 다른 관련된 생각—또한 19세기의 고정관념에서 나온—은 거리의 학문적 전사로서의 고고학자이다. 턱수염을 한 지성적 거장들의 공개된 토론에서 상대를 쓰러뜨리는 거대한 과학적 논쟁에 관한 빅토리아 시대의 기억은 편집자에게 사람들의 토론을 희망하도록 할 것이다. 고고학에서건 다른 어떤 과학 분야에서건 어떤 공표된 발견은 한 교수의 승리이지만 한편으로 다른 이의 산산이 조각난 패배이고 존경심을 떨어뜨리는 일이라고 여겨진다.

후기 빅토리아 시대의 광범위한 일반화 경향에 이어 신중한 실증주의 시기가 도래함으로써 20세기 전반에 영국의 고고학자들이 언론과의 격렬한 싸움을 준비하는 것이 어려워졌다. 그러나 총력을 기울인 진실한 지적 논쟁이 다시 불붙음에 따라 최근 30여 년 동안에는 논쟁이 훨씬 쉬워졌다. 동시에 언론인은 경쟁하는 주인공들이 엄청난 이론적 불일치를 오랜 경쟁 상대를 완패시키는 복수극으로 만들기가 매우 어려워졌다는 점을 발견했다. 아직도 고고학자들 사이에는 불화가 흔할지도 모른다. 그러나 불화는 일반적으로 개인적인 강한 반감 혹은 경력과 재원을 향한 관료적인 경쟁에 뿌리를 둔다. 100년 전에는 고고학자들 사이에 해석에 관한 논쟁이 공공연하게 벌어졌지만 현재는 그러한 일이 거의 없다. 만약 고고학자가 간결하고 강한 흥미를 불러일으키는 형식으로 언론의 주의를 끌도록 언론인에게 문제를 가져가지 않는다면, 이는 전문가들 사이의 정말로 중요한 논쟁을 언론인이 발견하기 어렵다는 것을 의미한다.

5. 언론 매체에 대한 다른 고정관념

글린 다니엘(Glyn Daniel)에게 경의를 표하면서 출판된 논문집인 『고대와 인간(*Antiquity and Man*)』(1981)에서 워윅 브레이(Warwick Bray)는 언론 매체와 특히 만화가에게 소중한 세 가지 풍자적 표현을 확인한 '고고학적 해학'에 관한 논문을 실었다.

첫 번째는 '탐험가로서의 고고학자' 이미지이다. 브레이(Bray)는 다음과 같이 썼다. "그는 만화가의 '즐겨 묘사하는 인물'(사랑스럽고 피스 모자를 쓰며 헐렁한 짧은 바지를 입고 감출 수 없는 호색한의 성품을 지닌 인물)에서 대중소설 속의 강하고 다소 사악한 성격을 지닌 인물까지 다양한 모습으로 다가온다." 두 번째 이미지는 '수집가로서의 고고학자'이다. 종종 무자비하고 소유욕이 많으며 집착하고 어떤 때에는 열정적이지만 잘 속아 넘어간다. 세 번째 이미지는 브레이가 다음과 같이 자세히 말했듯이 '골동품 전문가로서의 고고학자'이다.

그 혹은 그녀는 약간은 미쳤고 외골수이며 늙고 좀 따분하며 애정은 있으나 무능하고 자료에 집착하며 명예욕이 있고 현실 세계에는 적합하지 않은 문제에 관심을 가진다. 간단하게 말해서 이렇게 많은 특성을 가졌지만 참 안타깝게도 나이와 성별로 분류되고 출처가 불분명한 고고학자 명부에 적합한 후보이다(Bray 1981: 227).

브레이는 세상이 변할 때에도 이러한 이미지는 변하지 않는다고 언급한다. 석기 시대 동굴 거주자(cavemen), 공룡, 잃어버린 연결고리, 사라진 부족이 계속 공존했던 불변의 '고고학의 나라(Archaeologyland)'가 있었다. 브레이는 정확하게 이러한 형상화에서 놀라운 시대착오적인 사람, 더 나아가 의고주의(擬古主義, archaisms)를 밝혀냈다.

탐험가, 수집가, 골동품 전문가는 우리와 함께 있었고 1세기 이상 거의 변하지 않았다. 그들이 머무는 고고학적 환경은 레너드 울리 경(Sir Leonard Woolley)이 회고록(1961)에서 아주 매력적으로 기술했는데, 큰 박물관들이 마치 기관의 개별 수집가, 더 나아가 정보를 위해서 약탈하는 것만큼 많이 땅을 판 '공식적인(official)' 고고학자처럼 행동하던, 지나간 제국주의 시대의 그것이었다. 그리고 1939년경 그곳에서 시간이 멈추었다. 대부분의 사람에게 (…) 지난 40년간의 기술적·지적 발전은 일어나지 않았다(Bray 1981: 228).

그러나 브레이의 재치 있는 '고고학의 나라'에 관한 글은 비판적으로 검토되어야 한다. 의고주의에 관해서, 그리고 언론 매체를 위해 '시간이 멈추었던' 그 순간을 1930년대로 본 것은 옳았다. 그러나 '사람들 대다수'가 이러한 표현에 갇힌다고 가정하는 것은 공평하지 않다. 대중적인 언론 매체는 학문의 한 분야에 관한 대중의 지식 상태에 대해서 대단히 나쁜 인도자이고, 여론을 반영하고 심지어 창조한다는 대중매체의 주장은 오해의 소지가 있게 호도하는 것이다. 특히 신문은 10년, 아니 수세대 동안 독자가 좋아하거나 아는 것에 관해 한물간 틀을 유지하고 있었을지도 모른다. 한편 일반 대중 사이에서 지식의 실제 양과 질은 급격하게 변화한다.

이는 고고학에 관한 대중적인 이해보다 더 사실이다. 뉴스와 특집 보도 편집자는 동굴 거주자(구석기시대 혈거인), 공룡, 헐렁하고 짧은 바지를 입은 학자에 관한 이야기를 좋아하는 독자층의 요구에 계속 부응할 수도 있다. 고고학자도 종종 그것을 즐긴다. 그러나 고고학을 이러한 연관 속에서 진지하게 생각하는 독자층은 지금 늙어가고 줄어들고 있다. 대부분의 독자, 특히 젊은 독자는 일상생활에서 어떤 때에는 발굴 현장에서 일하는 고고학자와 접촉하게 될 것이다. 이들은 고고학자의 직업을 먼 나라의 금이나 은으로 만든 유물보다는 토기나 석기 같은 지역 유물에 관한 일로 본다. 이들 중 많은 사람들은 초기의 인류 조상 혹은 '켈트족 문명'에 관한 책이나 텔레비전 프로그램을 즐겨 봐왔다. 호모 사피엔스가 어디에서 진화했고 농경이 어떻게 시작되었는지에 관해 여러 견해가 존재한다는 점을 잘 인식하고 이런 종류의 토론에 흥미를 느끼는 많은 비전문가 대중이 존재한다(네안데르탈인 문제에 관한 BBC-2의 최근 5부작 기록물을 본 시청자가 평균 250만 명에 달한다는 사실을 보라). 현대 고고학에 대한 호기심의 유행과 관심은 아직도 증가하고 있다.

그러면 왜 영국의 뉴스 편집자들은 종종 1939년쯤에도 이미 구식이었던 고정관념에 묶여 있는 것일까? 이에 대해 완전하게 대답하려면 언론 매체에 대한 연구라는 지엽적인 문제로 빠져야 한다. 그러나 선정적인 타블로이드 신문의 시계가 약 60년 전에 멈춘 분야가 오직 고고학만이 아니라는 점을 기억하는 것이 중요하다. 이 신문들의 전체적 기풍은 하나의 유물이다. 기묘하게 연대가 결정된 속어, '상류사회'에 아첨하면서도 분개하며 굴종하기, 성생활에 대한 괴상한 이중 기준은 1930년대 플리트 스트리트의 형식이다.

공평하게 말하면, 언론 매체는 고고학에 긍정적인 기여도 했다. 편집자와 언론인은 언제나 있었고 그중 일부는 아주 유식하여 역사 이야기와 고고학 이야기를 전문적으로 다루었다. 오늘날 어떤 영국 신문도 전업 고고학 전문기자를 채용하지 않지만 가장 진지한 신문들은 과거에 관한 전문화된 이야기와 그것을 활용하려고 노력하는 자유계약 언론인의 연결망에 의존하여 활동하는 '문화유산 전문기자'를 두고 있다. 그리고 고고학은 이 분야에서 수익이 나는 자유계약 전문분야이다. 그러나 고고학에 관한 이야기를 광고하거나 왜곡하는 압력이 계속된다. 이는 부분적으로 대부분의 고고학 이야기가 신문에서 전통적으로 특집 면보다는 뉴스 면에 배치되기 때문이다. 고고학은 아직도 물건—'유물'—을 발견하는 일에 관한 것으로 생각된다. 발견은 뉴스 면의 이야기이며 배경과 함축성을 논의하는 지면을 제공하는 좀 더 사색적인 특집은 아니다. 이는 자유계약자가 "음주운전을 한 판사" 혹은 "시군 소유 주택의 임차인이 시군 주택분과위원회에 몰려가다"라는 기사와 경쟁하며 보도편집국에 고고학 이야기를 팔려고 노력하고 있다는 것을 의미한다.

　판매하기 위해 바쁜 보도편집국에 고고학 관련 기사를 싣게 하는 것은 귀한 능력이다. 『인디펜던트(*The Independent*)』의 전설로 유명한 데이비드 키스(David Keys)가 완벽히 구사했지만 널리 모방되는 기법은 '그 시절조차도'라는 책략이다. 사례를 창안하기 위해 이야기는 다음과 같이 시작될 수 있다. "로마인은 번화가의 교통 정체에 해답을 가지고 있다. 로마 시대 도시인 베리실리움(Verysillium)을 발굴한 고고학자는 번화한 상가 지역에서 일방통행로를 지정하면서 거리계획을 변경한 것을 발견했다." 베리실리움의 시장 구역이 2세기의 화재 이후 재설계되었다는 새로운 증거에 관한 아주 훌륭한 보고서가 이를 토대로 만들어졌다. 타블로이드 신문을 예로 들어보면, "스킨헤드족(Skinheads)이 스톤헨지를 축조했는가?"라는 질문을 던짐으로써 고대 이발 가위의 한 부분이었을지 모르는 청동 날을 포함한 월트셔(Wiltshire) 지역의 유물에 관한 새로운 이야기를 만들어낼 수도 있다.

　이에 반해서 텔레비전―1930년대에서 이어받을 것이 별로 없었던―은 시대적 차이 속으로 쉽게 들어가서 고고학자라는 직업의 실제 관심사와 흥분을 다루는 생생한 고고학 프로그램을 제공할 수 있었다. 그러나 이러한 성공은 역사상 때가 맞았다는 정도의 문제일 뿐만은 아니다. 텔레비전 방송이 1950년대에 본격적으로 영국에서 저명한 고고학자 집단이 선도한 최초의 고고학 프로그램을 계획하고 보여주었다. 글린 다니엘(Glyn Daniel)과 모티머 휠러 경은 일찍이 1952년부터 BBC 방송국에서 〈동물, 식물, 광물?〉이라는 프로그램을 시작했는데, 이는 진행자들이 앞에 놓인 유물을 확인하고 그것들의 연관성에 관해 의견을 피력하는 활기찬 프로그램으로 오래 방영된 시리즈물이었다. AVM도 〈매장문화재(Buried Treasure)〉를 뒤이어 시작했고 1966년에는 〈연대기(Chronicle)〉가 이어졌다.

　그러나 고고학자는 불가피하게 전문적 텔레비전 진행자로 점차 대체되었다. 오늘날 영국 텔레비전은 고고학, 문화유산 혹은 일반적으로 '과거'*에 전념하는 많은 정규 프로그램을 방송한다. 그들의 연구와—잠재적으로—정보의 질은 무엇을 토론하는가의 관점에서 보면 매우 좋을 수 있다. 매우 자주 (종종 정신없이 바쁘고 야한 아침 오락 텔레비전에서 여러 사람이 한꺼번에 지껄이는 것과 비슷한) 진행의 압도적 방식 때문에 그 질의 상당량이 상실된다. 매우 많은 프로그램 연구자는 고고학 학위를 갖고 있거나 경험이 있다. 그러나 그들의 작업은 프로듀서나 진행자가 '따분함'을 피하려고 지속적으로 우려함으로써 여과된다. 그래서 결과물은 하찮게 되고 종종 오해의 소지를 갖게 된다. 1991년 영국의 제4방송(Britain's Channel 4)에서 시작한 매우 성공적인 고고학 프로그램인 〈시간탐험대〉는 무엇보다도 3일 안에 현장조사를 마쳐야 한다는 제약 속에서 이런 종류의 압력을 받았음을 알 수 있는 증상을 보였다. 다른 한편으로 이는 '발견물'보다는 발굴의 목적과 방법에 집중하는 최초의 텔레비전 방송 처리의 하나였다. 이는 현대의 텔레비전 시청자가 땅에서 나왔든 그렇지 않았든 상관없이 유물만큼이나 조사 과정에 관심을 갖는다는 것을 주장하는 프로그램 계획자의 연구에 의존한다는 점에서 아주 의미 있는 변화이다(Cleere 2000).

6. 고고학은 어떻게 언론 매체를 이용하는가

다른 일부 나라처럼 영국에서 고고학은 세 번째 천년(the third millennium)의 개막과 더불어 사유화의 길을 걷고 있다. 이러한 상황에서 고고학자는 지속적으로 상황을 앞서서 주도하면서 신문, 라디오, 텔레비전을 이용해야만 하거나 아니면 소멸되어야 했다. 국가의 지원과 재정이 축소되면서 언론이 고고학에 서너 개의 다른 혜택을 제공해줄 수 있음이 확인되었다.

오래된 관습 중의 하나는 신문이나 다른 언론 매체가 탐사나 발굴에 재정을 후원하는 것이다. 이는 투기적인 합의이다. 우리가 당신의 작업에 재정을 부담하는 대

....

* 과거: 'past'는 '과거'로 그대로 번역했으나 '역사'라는 의미도 있다.

신 발굴에서 얻은 이야기와 사진을 출판할 독점권을 갖겠다는 협상이다. 1920년대에 모티머 휠러 경은 칼리언(Caerleon)에서 로마군단 원형경기장을 발굴했을 때 독점 보도권을 『데일리 메일』에 팔았다. 그리고 수년 후에 베룰라미움(Verulamium)에서 발굴할 때에도 재정 지원을 받기 위해 『파테 뉴스릴스(*Pathé Newsreels*)』와 비슷한 계약을 했다. 1960년대에 『옵저버(*The Observer*)』라는 신문은 마사다(Masada)에서 이갈 야딘(Yigal Yadin)이 수행한 극적인 발굴에서 이익 배당식의 후원 역할을 했다. 그래서 캐드베리성(Cadbury Castle)에서 발굴할 때 자금이 들어왔다. 일요신문인 『선데이타임스(*The Sunday Times*)』는 빈돌란다(Vindolanda)와 피쉬본(Fishbourne)에 있는 로마 시대 유적에서 선풍적인 인기를 일으킨 발견에 대해 계약하고 보도했다. BBC 방송국은 에이브버리 복합유적(the Avebury complex)에서 실버리 힐(Silbury Hill)이 지휘한 시굴에 투자했는데 —후원자에게는 짜증나게도—그 비용을 충당해줄 '시각적인' 그 무엇도 실제로 발견되지 않았다.

이런 거의 모든 협상에서 고고학—혹은 적어도 고고학자, 그들의 경력, 어느 정도 그들의 학생들—이 승리했다고 일반화하는 것이 정당할 것이다. 언론 매체는 비용을 들여 기회를 얻었으나 자신이 이용당했다기보다는 이용했다고 생각하는 경우가 훨씬 적었다.

언론 매체가 제공할 수 있는 두 번째 혜택은 직종—애국적 문화유산 산업 전체를 한데 묶어 승인할 수 있는 명분으로서의 고고학—에 대해 일반적으로 상품성 있는 이미지를 진흥하고 지속하는 것이다. 언론 보도의 이러한 긍정적 요소 때문에 실제로 재력 있는 개인 기부자 혹은 기관 기부자를 만날 수 있다. 기부자들에게 고고학 재단에 지원하는 것은 세금을 회피할 수 있는 유일한 수단으로 방법이 다양한 훌륭한 사업이라고 한다.

이와 마찬가지로 중요한 것은 언론 매체, 특히 텔레비전이 그 직종(고고학 분야의 직종)에 새로운 세대를 충원하고 있을 뿐만 아니라 고고학을 직종의 하나로 받아들이도록 대중을 성공적으로 설득하고 있다는 점이다. 발굴 현장에서 아주 사소한 일을 하면서 즐거워하는 초등학생(여러분의 자녀일 수도 있는)이나 다른 별나라에서 온 것 같은 별난 교수가 아니라 우리 주변에서 흔히 마주치는 보통 사람처럼 상스러운 말투에 진흙투성이의 작업복을 입은 사람을 보게 되면 고고학은 더욱 경외심을 불러일으키는 생경한 분야―높은 권위를 가진 인사들의 명령에 따라 수행되는 작업―로 보이지 않게 된다.

그리고 결론적으로 고고학계 사람들은 스스로 누구도 두 세대 이전에는 예측할 수 없는 언론, 개인적 자기 홍보, 유명세의 활용에서 반복적으로 천부적 재능을 보여주었다. 적어도 영국에서 이는 언론 매체와 고고학의 상호관계가 서로 주고받는 쌍방의 관계였다는 점을 다른 어느 것보다도 더 보장하는 요소이다. 영국에서 유명한 텔레비전 명사가 된 첫 번째 학계 인사가 고고학자였다. 역사 교수 혹은 물리학 분야의 노벨상 수상자가 영상에서 스스로의 입지를 확고하게 하기 훨씬 이전에 모티머 휠러 경이 장난감, 놀이기구, 의례용품일지도 모르는 무언가에 위대한 콧수염을 번쩍이면 수많은 여성이 강한 호감을 느꼈다.

고고학자의 상황을 앞서서 주도하는 언론 매체의 기술은 오늘날 편집자들이 밖으로 나가서 고고학 이야기를 찾아다니지 않아도 된다는 것을 의미한다. 발굴 현장의 조사단장은 마치 흡혈귀의 장례식장만큼 발굴 현장을 조용하게 하려고 노력하는 사례들을 모두 알고 있지만, 이는 예외 사례이다. 고고학자가 자신만의 빠른 머리 회전과 과대 선전을 하는 능력을 대언론공식 발표에 담고 전문적으로 훌륭하게 유물들을 언론 매체의 시장에 내놓으면서 팩스 혹은 이메일에 매달려 있는 발굴자를 발견하는 것이 오히려 더 정상적인 것이 되었다. 언론에 유적 방문을 요청하기 위해 발굴자는 보통 지역신문과 방송국팀과 접촉한다. 발굴단은 비학문적(비과학적) 언론 보도자가 급하게 얼마만큼 이해하고 받아들일 수 있을까와 벽의 파편 혹은 울타리의 말뚝을 세우는 구멍의 열이 얼마만큼 매혹적으로 보일 수 있는지를 파악하도록 훈련받게 될 것이다.

더구나 현재 고고학자 대부분은 가능하면 자신들을 둘러싼 살아 있는 지역사회의 맥락 속에 자신들의 작업을 위치시켜야 한다는 점을 인식한다. 마침내 고고학자 대부분은 '우리의 뼈'에 일어날 일에 대해 발굴자와 사제, 농부와 통근자 모두가 의견을 표명하는 마을공동체회의(village-hall meetings)를 소집하고 운영하는 기술을 배우고자 노력한다. 이러한 종류의 과정은 어떤 의미로는 고고학의 민주화이고 다른 의미로는 고고학의 **현대화**(aggiornamento) ― '과거 속에' 고고학을 머물게 했던 정신적 장애물의 타도 ― 인 대중 수준에서 맺는 언론 매체와의 새로운 관계이다.

요컨대 고고학자는 더 이상 모든 잘못된 질문이 던져질 때까지 체념하면서 기다리지 않는다. 언론 매체에 대해 늘어나는 대응 기술을 통해 그들은 토론에서의 주제를 스스로 정할 수 있을 뿐만 아니라 많은 질문도 스스로 제기한다. 그 질문에는 모두에게 가장 흥미로운 다음과 같은 질문도 포함된다. "내가 지금 하는 일이 당신에게 무엇을 의미하는가?"

참고문헌

Adomnan. 1995. *Life of Columba*, translated by R. Sharpe. London: Penguin.

Bray, W. 1981. Archaeological humour: the private joke and the public image. In J. D. Evans, B. Cunliffe and C. Renfrew (eds) *Antiquity and Man: Essays in Honour of Glyn Daniel*. London: Thames & Hudson.

Cleere, H. 2000. Behind the scenes at Time Team. *Public Archaeology* 1(1): 90-92.

James, M. R. 1994. *Ghost Stories of an Antiquary*. London: Penguin.

Mackenzie, O. 1972. *A Hundred Years in the Highlands*. London: Bles.

Mallows, W. 1985. *The Mystery of the Great Zimbabwe*. London: Hale.

Westwood, J. 1986. Albion: *A Guide to Legendary Britain*. London Guild.

Woolley, L. 1961. *As I Seem to Remember*. London: Allen & Unwin.

8장

더 민주적인 고고학을 향하여?: 인터넷과 대중고고학의 실제

캐롤 맥데이비드(Carol McDavid)

1. 머리말

지금 인터넷이 인류가 발명한 가장 빠르게 성장하는 의사소통 매체라는 점을 지적하는 것은 아주 흔한 일이다. 참으로 내가 당연하게 받아들이는 점 중의 일부는 이 책의 독자 모두가 인터넷이 무엇인지를 안다는 것이고[1] 그들이 다소 규칙적으로 이메일을 보내기 위해, 온라인 토론회에 참여하기 위해, 웹사이트를 보기 위해, 다른 종류의 정보를 전자적으로 보내기[2] 위해 인터넷을 사용한다는 것이다. 또한 나는 이 책의 독자들이 자신의 작품을 대중에게 발표하기 위해 실제로 인터넷을 사용하지 않더라도 대부분은 인터넷 사용을 생각해보았다고 추측한다. 야후, 구글, 알타비스타의 '검색창'을 사용하여 인터넷 웹사이트들을 대충 훑어보니 이 글을 쓸 당시인 2001년에 고고학에 대해 다루는 인터넷 웹사이트가 106만 1개에서 187만 개 사이였다.[3]

이런 수의 극도로 파악하기 힘든 성격(그리고 이들 웹사이트의 일부는 이 책에서 검토하는 종류 대신에 미셸 푸코(Michel Foucault)의 고고학에 초점을 맞추고 있다는 확실성)

을 고려하더라도 고고학자와 대중은 확실하게 점점 더 많이 이 새로운 기술을 받아들이고 있다. 주로 다른 고고학적 웹사이트로 가는 관문 역할을 하는 웹사이트,[4] 대학, 조직, 전시, 학술지에 중점을 둔 웹사이트,[5] 고고학자가 토론하고 자료를 제시하는 웹사이트가 있다.[6] 몇몇 사이트는 고고학과 어린이를 전문으로 하고[7] 서너 개는 토론광장, 질문서와 피드백 방식 같은 쌍방향 소통 요소를 포함한다. 이 웹사이트들 중에서 소수는 고고학자가 만들지 않았고 자신만의 목적으로 고고학 정보를 이용하는 다른 사람이 만들었다[8](그들 중의 일부는 고고학자를 당혹스럽게 한다, Meskell 1997). 어쨌든 대중과 소통하는 데 관심이 있는 고고학자가 무시하기에는 고고학 웹사이트가 너무 많다.

오늘날 고고학자 대부분이 이런 종류의 의사소통이 중요하고 가치 있다고 믿고 있다고 추정하는 것이 안전하다. 아마도 흔한 일은 아닐 테지만, 의사소통이 민주적이고 개방된 방식으로 행해져야 한다고 생각하기 때문에 다양한 관점을 가진 사람들이 우리의 고고학적 해석에 질문할 수 있으며 우리는 그 질문에 진지하게 응답할 수 있다. 점점 많은 고고학자가 '다양한 목소리'의 사람들이 과거와 관련된 대화에 참여해야 한다는 의견을 받아들임에 따라(예를 들어 Hodder 1999; McDavid and Babson 1997; Meskell 1998; Schmidt and Patterson 1995), 인터넷은 이러한 종류의 '민주적' 쌍방향 소통을 통해 다양한 담화(discourse)를 나누기 위한 토론의 장으로서 많은 가능성을 가진 것처럼 보인다(Bolter 1991; Landow 1992; Rheingold 1993).

하지만 실제로 그러한지의 여부는 물론 다른 문제이다. 나는 이 장에서 분석의 두 차원을 앞뒤로 왔다 갔다 함으로써 사이버 공간의 '민주화' 문제를 검토할 것이다. 정밀한 검토의 첫 번째 차원은 고고학적 웹 프로젝트인 레비 조던 농장 웹사이트(the Levi Jordan Plantation Web Site)에 관한 체계적 연구를 선택해서 그 특수성에 집중한다는 것이다(McDavid 2002a, 2002b, 2003). 그러므로 나는 우선 실제적이고 기술적이며 학문적이고 사회정치적인 용어로 이 특수한 계획을 다룰 것이다. 나의 시각을 넓힘으로써, 특히 내가 조던 웹사이트와 함께 도달하고자 바란 특수한 대중과 관련되기 때문에, 나는 '컴퓨터 연결망의 상태(state of the Net)'에 관한 개관을 제공할 것이다. 이를 수행하는 목적은 세 가지이다. 우리가 고고학에 관해 이야기하기 위해 인터넷 웹사이트를 이용할 때 도달하는 대상에 대한 감각을 제공하는 것, 우리가 이러한 새로운 의사전달 환경에 참여할 때 이러한 종류의 정보에 민감해야 한다고 주장하는 것, 자신들만의 계획에 적절한 자료를 살펴보기를 원하는 다른 사람들에게 정보를 제공하는 것이다.

그리고 나는 어느 웹사이트에서도 중심적인 두 개념에 대해 논의하기 위해 다시 초점을 좁힐 것이다. 하나는 쌍방향 소통이다. 먼저 나는 쌍방향 소통에 대해 일반적으로 논평할 것이다. 그리고 인터넷 기술 밖에서(outside the technology)의 쌍방향 소통을 확정하기 위해 조던 프로젝트(Jordan project)의 협력자(고고학자와 지역주민)가 사용하는 구체적 전략의 일부에 관해 토론할 것이다. 그다음에 인터넷 기술 안에서(within the technology) 가능한 조던 웹사이트의 쌍방향 소통의 구성요소 두 가지를 비판적으로 검토할 것이다. 그것은 (다른 고고학 웹사이트 토론장과의 간단한 비교를 포함한) 온라인 토론장과 이 사례연구 기간에 대중에게서 받은 개인적 이메일과 피드백 응답지이다.

조던 자료(the Jordan data)와 다른 사이트에서 받은 자료에 관한 나의 토론은 늘 다소 특수하고 입증되지 않은 것처럼 보일지 모른다. 나의 관찰은 모든 선의의 고고학과 같이 실제(practice)의 현실에 뿌리를 두고 있다는 점을 기억하는 것이 중요하기 때문에 나는 이에 대해 사과하지 않겠다. 이 사례들은 나와 다른 사람의 개인적 경험의 역사적 특수성 속에 강하게 자리 잡고 있는 것처럼 보인다. 이들 경험에 의지하면서 나는 인터넷이 더 '민주적' 고고학의 한 부분이 될 수 있는지 아닌지에 관해 좀 더 일반적으로 관찰하면서 이 논문을 결론지을 것이다.

2. 하나의 시각: 레비 조던 농장의 인터넷 프로젝트

지난 몇 년 동안 나는 고고학자들과 지역주민이 협력하여 인터넷 웹사이트를 만들어 정치적, 정서적으로 충만한 미국 텍사스주 브래조리아(Brazoria)의 농촌 사회인 레비 조던 농장(the Levi Jordan Plantation)의 고고학에 대해 토론하는 프로젝트에 참여했다. 우리는 '인터넷망(the Net)'이 아프리카계 미국인 주민과 유럽계 미국인 주민 양자의 후손이 고고학자나 두 계통의 주민 간, 아니면 다른 곳의 사람, 그리고 '과거'와 중요한 대화를 나누는 방법을 제공하는지 알아보려고 했다(McDavid 1998a, 1999, 2002a, 2002b, 2003).[9] 만약 우리가 대중과 의미 있고 열린 '대화(conversations)'를 하기 위해 인터넷을 사용하기를 원한다면(Rorty 1995: 122), 기술의 한계와 그것을 벗어나는 방법을 이해해야 한다. 즉, 내 관심의 한 부분은 실제적이고 기술적이다.

그러나 고고학 연구에 가장 영향받는 사람, 즉 연구 대상인 유물과 역사유적을 남겼던 개별적인 사람들의 살아 있는 후손과 함께 고고학 연구의 통제권을 공유하는, 미국 역사고고학에서 점증하는 경향의 한 부분을 대표한다는 점에서 나의 작업은 역시 확실하게 특수한 학문적·정치적 틀에 놓여 있다(LaRoche 1997; McCarthy 1996; McDavid 1997a; Roberts and McCarthy 1995). 특히 이런 작업은 이전에 노예 상태여서 선거권이 없었던 민족의 생활을 연구하고 해석하는 고고학과 관련되기 때문에 역사고고학적 관행의 내재적인 정치적 성격을 받아들이는 더 일반적인 조류의 한 부분이다(Agbie-Davies 1999; Bograd and Singleton 1997; Brown 1997; Leone *et al.* 1995; McDavid and Babson 1997).

고고학 연구는 그 자체가 종종 서로 소유하거나 소유되는 사람 사이의 정치적 혹은 사회적 관계(Brown and Cooper 1990; Brown 1994; Barnes 1998, 1999)에 관한 새로운(그리고 가끔 논란이 되는)(McDavid 1997a, 1999, 2000) 정보를 밝힌다는 점에서 이들 정치적 틀은 지역, 지역사회, '일상' 정치와의 관계로까지 확장된다. 텍사스주의 브래조리아에 사는 개인들은 노예와 소작인으로 일했던 그들 조상의 관계에서 나온 권력과 통제의 문제에 아직도 매달리고 있다(Barnes 1998; McDavid 1997a; Powers 1994; Wright 1994). 이 관계의 현재 특성은, 내가 어디에선가 논의했듯이 (McDavid 2000, 2002a, 2002b, 2003) 반드시 예측 가능한 방식으로 전개되지 않지만, 이 인터넷 프로젝트를 개발하는 방식에 적극적 역할을 한다. 이와 관련하여 고고학자는 지역의 정치 무대의 부분이 되는 것을 피할 수 없고 제도권 학계의 구성원으로서 우리가 가진 영향력으로 반사적이고 비판적이며 책임감 있게 처리해야 하는 숙명을 피할 수 없다(Leone *et al.* 1987; McDavid 1997b; Potter 1994). 또한 우리는 이러한 지역적 맥락과 국가적·세계적 맥락 사이의 흐름을 인식해야 한다.

린 메스켈(Lynn Meskell)은 다음과 같이 말했다.

과거는 정태적이고 고졸한 잔존물이 아니다. 그보다는 대중적이고 공식적으로 각인된 의미들의 상호작용을 통해 현재에 활발한 영향력을 미치는 상속된 유물이다. (…) 의식이 있으면서 책임 있고 약속을 지키는 세계 차원의 고고학이 차이점, 다양성, 현실의 다중성(multivocality)을 인정하고 자축하는 것이 적절하고 긍정적인 힘일지도 모른다. (…) 이 과정에서 지식과 문화는 재가공될 수 있고, 이것들과 함께 권력과 정치가 재가공될 수 있다. (…) 참여는 첫 번째 단계이다(Meskell 1998: 4-5).

여기에 설명된 경우 참여는 하나의 지역사회(자체 필요 및 의제 포함)와 지역 청중을 넘어 전 세계 청중으로 확장되는 '대중'과의 참여를 모두 의미한다. 인터넷은 이들 참여의 자극제이며 무대이다. 그러므로 다음 질문은 우리의 일을 논의하기 위해 인터넷을 사용할 때 우리가 마주치는 사람이 누구인가이다.

3. 누가 연결망에 있는가? 왜 우리는 관심을 가져야 하는가?

인터넷 이용에 관한 통계는 빠르게 변화할 뿐만 아니라 측정을 위한 표준 원칙도 없어서 찾기가 매우 어렵다. 참으로 이러한 두 요소는 책이나 잡지 같은 인터넷 밖의(*outside*) '영구적' 매체에서 인터넷에 관하여(*about*) 저술하는 것을 매우 어렵게 한다. 이 책이 출간될 즈음에 여기에서 제시한 수치는 구시대의 것이 될 것임은 확실하다. 여기에서 인용된 웹 출처는 계속 이용할 수 있고 독자들은 필요한 다른 프로젝트와 관련된 현재의 자료를 찾기 위해 접근할 수 있을 것이다. 여기에서 논의된 많은 자료는 미국에 초점을 맞추지만 소수자와 인터넷을 농촌에서 이용하는 것에 관한 정보를 강조할 것이다(위에서 기술했듯이 조던 웹사이트의 청중은 아프리카계 미국인과 농촌 주민을 포함하거나 이상적으로 포함해야 한다. 그러므로 그들이 인터넷을 사용하는 방식 혹은 사용하지 않는 방식에 관심을 가질 필요가 있다).

2002년 11월에 최신화된 자료(NUA 2002)에서는 전 세계에 6억 5백만 명의 인터넷 이용자가 있다고 말한다. 약 1억 9천만 명의 인터넷 이용자가 유럽에 있고 약 1억 8,200만 명의 인터넷 이용자가 미국과 캐나다에 있으며, 나머지 이용자는 아프리카, 아시아·태평양, 중동과 라틴아메리카로 나뉘어 있고 그들 중 대부분은 아시아·태평양에 있다(거의 1억 5백만 명, NUA 2000). 2003년경 몇몇 소식통은 세계적으로 5억 4,500만 개의 이용자 계정이 있을 것이라고 예측했다(Datamonitor 1999). 또 다른 소식통은 미국 가정의 3분의 2가 인터넷에 접근할 수 있고(Yankee Group 1999), 유럽 가정의 3분의 1이 인터넷에 연결될 것이라고 예측했다(Datamonitor 1998). 인터넷은 아직도 소위 '서구 산업국가'에 사는 사람들이 주로 사용하고 있고 앞으로도 어느 정도 그럴 것이다(비록 이러한 트렌드가 특히 아시아의 온라인 접근 측면에서 천천히 변화하고 있다는 것을 암시한다고 해도, Colin 1999; NUA 2002 참조).

비록 인터넷 이용이(미국에서 어느 정도의 비율이든) "앞으로의 상황에 영향을 미치는 중대한 규모"를 향해 빠르게 늘어나고 있음에도(Novak and Hoffman 1998) 이러한 급격한 성장이 다양한 종족적이고 지역적인 집단에서 평등하게 균형을 이룬다는 것은 사실이 아니다. 아프리카계 미국인, 라틴아메리카계 미국인(Hispanics), 아메리카 원주민 집단은 유럽계 미국인보다 인터넷 접근 비율이 낮은 경향이 있다(Novak and Hoffman 1998; GVU 1998; NCIA 2000). 농촌 지역주민의 접근성은 도시 주민의 접근성보다 낮고 조던 프로젝트가 행해진 미국 남부는 전반적으로 인터넷 접근성이 뒤처진다(NCIA 2000; Novak and Hoffman 1998). 최하위 소득 수준에서도 도시 지역 사람들이 같은 소득 수준의 농촌 지역 사람들에 비해 인터넷 접근성이 좋을 가능성이 두 배 이상이다(NCIA 2000).

그러나 약간 좋은 소식이 있다. 비록 이러한 '디지털 격차'가 아직도 존재하지만 온라인 접근성은 아직 분석되지 않은 수치로 볼 때 모든 인구집단과 지리적 위치에서 증가하고 있다(NCIA 2000; Novak and Hoffman 1998; Pew Internet Project 2000). 더구나 더 상위 소득 수준의 백인과 흑인의 격차[10]는 최근 상당히 좁혀졌다(NCIA 2000; Pew Internet Project 2000). 한 연구에서는 미국에서 라틴아메리카계 미국인과 아프리카계 미국인이 유럽계 미국인보다 더 많이 '올해'(즉, 2001년) 인터넷 서비스를 요청하여 연결할 것 같다는 결과를 보여주었다(NUA 2001). 다른 연구에서는 미국 가정에서 인터넷 이용자의 수가 2000년에 33% 늘어났는데 아프리카계 미국인이 이러한 온라인 성장을 이끌었음을 보여주었다(Yahoo 2001).

이러한 긍정적 경향 때문에 몇몇 아프리카계 미국인 지도자는 다른 연구자가 여기에서 인용한 것 같은 이러한 '디지털 격차'에 대해 우려하지 않는다. 이 지도자들은 아프리카계 미국인이 전보다 더 많이 인터넷을 이용하고 있고 (상위 소득 집단 중) 아프리카계 미국인과 유럽계 미국인의 인터넷 이용 비율이 거의 동일하다고 하면서 인터넷이 일반 대중의 관심을 더욱 끌면서 컴퓨터 가격과 인터넷 접근에 따른 요금이 계속 하락할 것이기 때문에 '디지털 격차'는 계속 좁혀질 것이라고 말했다(Lemos 1998). 대부분의 분석자들이 합의하는 한 가지는 그동안 정부와 민간 영역 양자가 노력한 만큼 이제는 (학교와 도서관 같은) 지역사회의 공공 접근센터에서 접근성을 늘리는 데 목적을 두어야 한다는 것이다. 대부분의 연구에서 가정이나 직장에서 접근성을 갖지 못한 집단이 이들 공공센터를 잘 이용할 수 있다는 것을 보여주기 때문이다.

또 다른 관찰자는 적절한 콘텐츠가 부족한 것이 흑인이(인터넷 접근성이 있는 사람들조차도) 백인만큼 활발하게 인터넷을 사용하지 않는 다른 이유일 수 있다고 언급한다. 그리고 일부 관찰자는 더 많은 아프리카계 미국인과 라틴아메리카계 미국인이 인터넷이 일상생활과 더 밀접하게 연관됨에 따라 온라인을 이용할 것이라고 주장한다(USA Today 1999). 콘텐츠 문제는 천천히 쟁점으로 다루어지고 있는 것이 사실이다. 예를 들어 '관문(gateway)' 혹은 '포털' 사이트[11]에 올려진 아프리카계 미국인의 콘텐츠에 초점을 맞추는 웹사이트가 점점 더 늘어나고 있다. 유사한 '포털' 사이트가 다른 종족집단 및 사회집단 회원을 위해 존재한다.

인터넷을 통한 의사소통(Net communication)이 고고학 분야에서 지속적인 작업을 장려하고 고고학에 관한 순수한 열정을 조절하는 데 기여할 수 있다는 점에서 흥미를 갖는 고고학자는 이러한 자료의 형식에 대해 알고 있어야 한다. 우리는 분명하게 어느 정도 건강한 냉소주의를 유지해야 한다. 우리가 도달하기를 바라는 집단의 상당한 비율이 아직도 경제적으로나 기술적으로 권리가 박탈되어 있을 때 고고학적 담론을 '민주화하는' 방식으로 인터넷만 바라보는 것은 시기상조이다. 그렇다고 하더라도 아직 분석되지 않은 그 수치는 인상적이다. 인터넷은 우리가 박물관, 유적 안내, 대중을 위한 다른 전통적 형식의 대외봉사활동에만 의존하여 도달할 수 있는 것보다 더 많은 대중에게 도달하도록 한다. 그러므로 우리의 고고학적 해석이 조던 프로젝트에서의 해석(the Jordan interpretations)과 같이 다문화적 대중(multicultural audiences)에게 잠재적으로 흥미로울 때 우리는 우리의 웹사이트를 공격적으로 광고하여 대중에게 직접 다가가야 한다. 우리는 일찍부터 적합한 아프리카계 미국인의 관심 웹사이트를 책임지고 관리하는 웹마스터와 접촉함으로써 지금까지 이런 일을 계속해왔다. 이러한 과정에서 우리는 우리의 사이트가 이러한 방식으로 웹을 책임지고 관리하는 사람에게 다가간 적이 있는 유일한 고고학 웹사이트였다는 것을 알게 되었다. 그 결과 우리는 지금 많은 '포털' 웹사이트에 등재되었고 그로 인해 방문자수가 늘어났다.

마지막으로, 우리는 사람들이 인터넷 없이도 웹사이트를 발전시키고 이용하는 데 참여하도록 하는 방법을 가능한 한 발견해야 한다. 이를 위해 이 장에서는 브래조리아에서 우리가 채용한 약간의 전략에 대해 다룰 것이다. 그러나 그 이전에 내가 여기에서 사용한 용어와 관련하여 우리가 약간 '당연시하는 것'이 무엇인지를 명확히 해야 한다.

4. 용어의 명확화

지금까지 나는 '민주주의', '민주적', '쌍방향 소통'이라는 용어를 약간은 무비판적으로 사용해왔다. 이제 '조던 웹사이트 프로젝트(the Jordan web site project)'에서 그 용어가 무엇을 의미하는지, 그리고 더 확장해서 그 용어가 인터넷상의 다른 고고학 프로젝트에서 무엇을 의미할 수 있는지를 설명해야겠다. 물론 위에서 기술했듯이 '민주주의'를 인터넷 기술에 대한 차별적인 접근성과 관련된 구체적 문제를 논의하는 데 사용할 수 있다. 또한 사회적 평등(계급이 없고 평등하며 검열받지 않는 사회 환경)을 지칭하거나 (민주적 국가 혹은 집단 같은) 자율적이고 독립적인 체계 혹은 조직에 대해 기술할 수 있다. 조던 프로젝트에 의해 '민주주의'가 이루어지고 있는지를 평가하기 위해 레비조던농장역사협회(the Levi Jordan Plantation Historical Society)를 감독하는 기획부서를 점검해서 얼마나 깊게 (첫 번째 의미의) 민주주의의 개념을 조직 구조 속에서 구현하는지(두 번째 의미의 민주주의)를 알아볼 필요가 있다. 평등하고 검열받지 않는 사회 환경을 만들기 위해 조직, 내용, 과정의 측면에서 무엇이 이루어졌는가? 사람들은 웹사이트에 제시된 고고학적이고 역사적인 정보에 도전하는 것이 자유로웠는가? 사람들은 그 사이트를 만들었던 사람과 소통하려고 노력했는가? 그리고 언제 그렇게 했고 무엇에 대해 소통하기를 원했는가? 그들은 그 사이트에 제시된 정보에 반발했는가 혹은 동의했는가? 대안적 견해를 가질 수도 있었던 사람이 도대체 왜 그 사이트를 방문한 것처럼 보였는가? 전통적 학계의 권위와 힘이 분산되었는가 혹은 완화되었는가?

조직의 민주적 구조 면에서 레비조던농장역사협회는 평등과 분권화라는 의미에서 분명히 민주적인 방식으로 조직되었다. 예를 들어 8명으로 구성된 협회 이사회에는 오직 1명의 고고학자가 있다. 그는 농장의 소유자(조던의 후손)와만 함께 연구를 진행했음에도 이사회가 만들어지고 공식적으로 그를 '고용했을' 때 그의 권력 위치는 변화했다. 지금 그는 계속 고고학 책임자로 일하지만 이사회에 자원해서 봉사하고 있는데, 이 이사회의 구성원은 다양한 후손 집단의 이해관계를 대표한다(나의

'공식적' 역할은 자원 자문위원이다). 그가 (그리고 내가) 요구하는 권장 사항은 비중이 크고 이사들은 많은 문제에 대해서 우리의 견해를 따르는 것이 사실이다. 그러나 조직 구조는 우리와 함께 계속 일하거나 하지 않을 법적인 권한을 이사회에 명백하게 부여하도록 만들어졌다.

마찬가지로 다양한 후손 집단 사이의 조직 권력도 공유된다. 레비 조던의 후손이 아직도 재산을 소유하고 있음에도 재산은 협회에 99년간 임대되었다. 법적으로 제도화된 면세 조직에 임대했기 때문에 쉽게 종료할 수는 없다. 고고학적 '진실'이 과거를 알게 되는 다양한 방법에 대해 우세한 입장에만 머물지 않는다는 점에서 협회의 민주적 구조는 웹사이트의 구조에도 반영되었다. 이러한 조직적 요소와 내용은 이 논문에서 나중에 더 충분히 언급할 것이다.

나는 '쌍방향 소통'이라는 용어를 '민주적' 논제의 측면에서 검토할 필요가 있다고 생각한다. '넷스피크(Netspeak)'에서 '쌍방향 소통을 하는' 것으로 언급된 활동은 증대되는 복합성의 세 수준을 반영한다. 그것은 바로 운용적 쌍방형 소통(navigational interactivity), 기능적 쌍방향 소통(functional interactivity), 적응적 쌍방향 소통(adaptive interactivity)(Guay 1995)이다. 운용적 쌍방향 소통은 어떤 웹사이트든지 가지고 있는 기능적 특성인데, 연결, 메뉴, 검색 방식 등을 사용하여 기본적 업무를 보는 것을 말한다. 이는 '인터넷망'에서 경험하는 것의 핵심 사항이지만 수동적이다. 이용자는 연결 내용 클릭하기, 애니메이션과 비디오 프로그램(clips) 보기, 음악 듣기 등을 단순히 선택할 뿐이다. 기능적 쌍방향 소통은 이보다 약간 더 나아가 이용자에게 이메일을 보내고 온라인 지원서를 쓰며 물건을 주문하고 게임을 하는 것도 허용한다(혹은 몇몇 고고학 유적의 경우 유물을 확인하는 것도 허용한다, Abram 1999). 일반적으로 이 두 가지 쌍방향 소통의 결과는 웹사이트 내용의 일부가 되지 않는다. 반면 적응적 쌍방향 소통은 아직도 복잡하며 이용자들에게 어느 정도의 창의적 통제를 허용한다. 즉, 이용자들은 다른 방문자들에게도 보이는 방식으로 그 사이트를 변경할 수 있다. 토론의 장은 다른 사람이 읽을 수 있도록 사이트에 메시지가 광고된다는 점에서 가장 접근 가능한 수준의 적응적 쌍방향 소통으로 운영된다. 최고 수준에서 이용자는 한 사이트의 내용을 이루는 다른 요소들을 변경하는 것이 허용된다. 이 장에서 볼 때, 월드와이드웹(the World Wide Web)은 비록 쌍방향 소통이 교실(Joyce 1999; Slatin 1994), 초기 하이퍼텍스트 이론가들이 논의한 하이퍼텍스트(hypertexts) (Joyce 1999; Landow 1992), 월드와이드웹에서 출판되었거나 출판될 예정인 몇몇 사례가 있는 협동적 웹 저술하기(Joyce *et al.* 2000; Tringham 2000)를 실험한 (고고학자를 포함한) 필자들이 최근에 하이퍼텍스트에서 사용하는 하이퍼텍스트 저술 체계의 중요한 특성임에도 이용자들에게 이러한 가장 높은 수준의 소통을 경험할 기회를 거의 주지 않는다.

이 장과 이 프로젝트에서 나는 인터넷 기술 밖에서 민주적 사회 환경을 창조하기 위해, 그리고 인터넷 기술 안에서 민주적인 소통 환경을 창조하기 위해 운용적, 기술적 쌍방향 소통을 이용할 수 있는 방식에 대한 관심이 가장 크다. 다음 절에서 전자에 대해 기술할 것이다.

5. 기술 외부의 쌍방향 소통 및 민주주의: 레비 조던 웹사이트의 구조화 원칙과 전략

초기에 조던 웹사이트와 관련된 개인은 (만약 이용자가 이 사업이 시작될 때에는 매우 드물었던 고속 주파수 대역폭 연결망(fast, high-bandwidth connection)의 지원을 받지 않는다면) 보통 자료를 내려받는 시간이 많이 소요되고 가장 최신의 가장 빠른 소프트웨어와 하드웨어가 필요했기 때문에 —요컨대 접근성 때문에— 쌍방형 소통과 관련된 위의 논의에 묘사된, 기술적인 면이 더 요구되는 많은 특성을 회피하기 위해 의도적인 결정을 내렸다. 이러한 이유로 우리는 자바 애플릿(Java applets), 퀵타임(Quicktime) 비디오, 음향 파일, 용량이 큰 그래픽과 같은 종류의 것을 포함하지 않았다. 물론 우리는 그래픽을 가지고 있지만 아주 적다. 우리는 쌍방향 소통의 첫 번째 수준의 핵심인 명확한 운용체제(navigational system)를 가지고 있다. 그러나 이 운용체제는 '틀(frames)' 혹은 깜박거리는 아이콘(icons), 뒤따라 내려오는 메뉴인 드롭다운 메뉴(drop-down menus) 등과 연결되어 있지 않다. 우리의 우선순위는 번호로 연결하는 방식, 천천히 작동하는 컴퓨터와 모뎀(modems, 전화회선을 이용한 컴퓨터 접속 장치)에 익숙한 사람들조차도 좌절감을 느끼지 않고 그 사이트를 알고 즐기도록 하는 것이었고 현재도 그러하다.[12] 우리는 이 사업을 기획하는 단계에서 쌍방향 소통 환경을 창출하기 위해 단순히 기술에 의존하기보다는 쌍방향으로 그리고 다양한 의미로(multivocally) 콘텐츠를 개발하는 데 시간과 노력을 쏟았다.

나는 이러한 것을 '철저한 쌍방향 소통'(혹은 '궁지에 몰린' 쌍방향 소통이라는 표현을 빌린다, Hodder 1997, 1999)이라고 부른다. 쌍방향 소통에 관한 이러한 사고방식은 우리가 다음과 같아야 한다고 지적했던, 인터넷망 비판자(Net critic)인 스티븐 도헤니패리너(Stephen Doheny-Farina)의 사고와 흡사하다.

우리는 쌍방향 소통을 디스플레이에서 디스플레이로 마우스를 단순히 클릭하는 것으로 정의하는 인터넷망 사업체를 의심해야 하며 (…) 만약 그 인터넷망이 소통을 더 나은 것으로 변화시킨다면 우리는 디스플레이를 바라보는 데 더 적게 관여하고 실질적인 쌍방향 소통에 더 관여할 것이다(Doheny-Farina 1996: 183).

결과적으로 후손 집단의 구성원, 고고학자, 다른 사람들이 힘을 합해서 웹사이트 콘텐츠를 창출하기 위해 진행하는 의사소통 과정으로 도헤니패리너가 언급한 '실질적' 쌍방향 소통을 정의하고자 시도했다. 그래서 다음에 논의할 기술을 통해 우리가 어느 정도 쌍방향 소통 메커니즘을 사용할 때 쌍방향 소통으로 개발된 콘텐츠는 쌍방향 온라인 환경의 일부가 된다.

1) 주제와 원칙

많은 안내 원칙은 나와 동료들이 이 내용(콘텐츠)을 개발할 때 특히 유용했다는 것이 증명되었다. 첫째, 우리는 이 웹(web)을 고고학에 관한 대화(Rorty 1989)로 생각하게 되었다. 이렇게 명확하게 '대화적(conversational)' 비유를 채택할 때 우리는 의식적으로 대중고고학을 '하는(doing)' 더 우세한 방법―'보여주는 방식(presentation)'과 '교육'―을 권위적이고 위계적인 느낌 때문에 불가피하게 거부했다. '보여주는 방식'과 '교육'이라는 용어를 강조하는 이데올로기는 서로 권한을 주고 민주적인 의사소통 과정보다도 '세뇌'에 대해 더 많이 말한다(Mouer 2000). 이를 거부함으로써 우리는 우리의 고고학적 목소리를 역사적으로 자리 잡은 우연한 대화―대안적 진실을 주장하기 위한 공간과 역사를 보는 다른 방법을 허용하는 대화―의 한 부분으로만 보게 되었다. 흥미롭게도 우리의 고고학적 발견이 고고학에서 대중에게 보여주는 방식(public presentations)의 소위 '상대주의적' 접근 방법을 비판하던 사람들의 기대와는 반대로 사회에서 적지 않게 더 많은 신뢰를 받기 시작했다는 것을 발견했다(예를 들어 Moore 1994; South 1997). 지역 사람들은 이렇게 생각이 바뀌기 전보다 더 많은 가족사, 문서, 사진 등을 제공하기 시작했다. 일부는 프로젝트 참여자로서 웹사이트와 더 일반적으로는 조던 고고학 프로젝트(the Jordan archaeological project)에 부여된 권한보다도 더 많은 관심을 가졌다고 느끼기 시작했다. 이는 웹사이트에 포함된 내용에 직접적이고 긍정적인 영향을 주었다. 주요 내용으로 지금 고고학과 '공식(formal)' 역사에 관해 학계가 제공하는 부분 외에도 족보학, 구술 역사, 일기 쓰기, 지역사회에 관한 부분을 포함한다.

또한 이러한 '대화적인' 주제를 개발하는 것 이외에도 우리는 '자아 성찰적인 탈과정주의 방법론'으로 ('웹사이트'와 반대되는) '현장'적 맥락에서 불렸던 것을 채용하고 있다(Hodder 1997, 1999). 즉, 우리는 웹사이트의 도안, 내용, 전달의 다양한 단계에서 개방성, 민주주의, 적절성(relevance), 과거를 이해하려 할 때 변화하는 다원적인 목소리를 표현하기 위한 공간을 만들기 위해 성찰, 의미의 모호성(multivocality), 쌍방향 소통, 맥락성의 요소를 포함하려고 시도했다. 나는 조던 웹사이트가 자아 성찰적이고 의미가 모호한 것이 되기를 주장하지는 않지만 사이트의 다른 부분에서 다양한 정도로 네 가지 요소 모두를 채택하고자 했다고 강조한다. 자아 성찰적이고 알기 쉬운 방식으로 이들 자료를 사용하려는 의도였음에도 이 사이트에는 확실하게 비자아 성찰적이고 분명한 자료(예를 들어 학술적 글)가 있다. 이 논문에서 나는 무대와 막후 양자에서 민주적인 환경을 만들기 위해 쌍방향 소통을 통합 전략으로 강조한다. 자아 성찰, 의미의 모호성, 맥락성을 다루는 전략은 다른 곳에서 약간 상세하게 다룰 것이다(McDavid 1999).

2) 전략

앞에서 논의했듯이, 조던 발굴(the Jordan excavations)은 텍사스의 작은 시골 도시인 브래조리아에서 있었다. 브래조리아에서 나와 함께 일한 사람들 중의 다수는 우리가 연구하는 유물과 관련된 사람들의 후손이다. 그들 중에는 나이 든 사람―수위―도 있으며 그들의 목소리는 이 지역사회의 과거와 현재 양자의 중요한 부분이다. 그러나 그들 중의 다수는 컴퓨터를 구입하거나 사용하는 데 거의 관심이 없거나 매우 관심이 없다. 우리는 이들 중요한 목소리가 웹사이트―(종종 그들의 아이나 손자가 방문할 수 있거나 방문하지만) 그들 중의 일부는 전혀 보지 않을 웹사이트―에 나타나게 할 방법을 찾아야만 했다.

그러므로 우리는 이들 핵심적 개인 몇몇을 만났고 구전 역사를 채록하기 위해 면담했다. 면담은 기록되었고 구술된 내용을 글로 옮긴 기록 일부가 웹사이트에 포함되었으며 오프라인 대화를 하는 동안 생겼던 웹사이트의 다른 부분에도 연결되었다. 나는 보통 다른 가족 구성원과 함께 면담했고 종종 가족 구성원이 대부분의 질문을 하는 것을 발견했다. 합동으로 이루어진 면담은, 면담이 없었으면 이루어질 수 없었던 역사, 족보학 등에 관한 가족 간의 토론으로 문제없이 이어졌다. 면담의 채록문을 관련된 가족 구성원이 읽도록 했고 정보를 명료하게 했으며 웹사이트에 사용될 면담의 일부에 대한 동의를 받고 사진을 얻기 위해 연속회의를 열었다.

둘째, 우리는 법률적으로 반드시 해야 하는 일이 아닐 때조차도 웹사이트에 특정한 종류의 정보를 탑재하기 위해 허가를 받는다는 방침을 채택했다. 우리가 이용하고 싶어 했던 많은 자료를 공공 기록에서 찾았다. 우리는 그 자료를 포함할 필요가 있었지만 적어도 그 가족의 후손 일부로부터 명확한 허가를 받지 않은 경우 그렇게 하지 않기로 했다. 이렇게 하는 것은 두 가지 긍정적 결과를 가져왔다. 하나는 우리가 후손과 그들 가족의 사적 영역을 존중한다는 것을 후손에게 확인시켜주었고 우리만의 목적을 위해 그들 가족의 역사를 사용할 약간의 권한을 가진, 당국자가 아닌 협력자로서의 입장을 강화했다는 것이다. 다른 하나는 추가적 정보를 얻기 위한 장을 열었다는 것이다. 이 새로운 정보는 과거에 관한 우리의 이해도를 높였을 뿐만 아니라 현대인들이 이전에는 없었던 방식으로 그들의 조상을 이해하는 것을 도왔다.

예를 들어 우리가 멕윌리 마틴(McWillie Martin)이라는 개인에 대해 새롭고 중요한 사실을 알게 된 것은 아프리카계 미국인 후손과 '허가를 요청하는' 인터뷰 가운데 하나를 진행하던 때였다. 1880년대 후반에 해당 지역이 갑자기 버려졌을 때 농장을 소유했고(Barnes 1998, 1999), 19세기 후반 백인 우월주의 활동에 크게 관여했다(Brown and Copper 1990, 1994). 고고학적이고 역사적인 연구를 통해 마틴의 활동이 소작인들이 많은 것들을 남기고 갑자기 농장을 떠난 이유와 많은 관련이 있다는 것을 알 수 있다.

우리는 마틴이 확실하게 젊은 시절에 했던 활동에 유감을 표했다는 것을 알았다. 또한 이러한 정보를 자발적으로 제공한 사람에 따르면 그가 죽기 전에 자신의 행동에 대해 분개했다는 점까지도 알았다. 홈스 가족(the Holmes family)의 가계 기록의 일부를 웹사이트에 올릴 수 있는 가능성을 논의하기 위해 만났을 때, 그 농장의 노예였던 조지 홈스(George Holmes) 가족의 후손에게서 이 사실을 알았다. 이렇게 마틴이 명확하게 유감을 표했다는 사실은 우리가 대화한 그의 후손 누구도 몰랐고 후손의 다수는 조상의 행동에 대해 냉혹한 현실과 계속 싸워야 했다. 물론 이러한 새로운 정보는 웹사이트에 포함되었고 더 장기적인 역사적 맥락 속에서 마틴의 생애에 관한 초기의 역사 정보를 제공하는 데 기여했다. 더욱 중요하게는 사람들의 생애, 정체성, 서로에 대한 지식이 종종 예상 밖의 방식으로 중복되었던(그리고 중복이 계속되는) 방식을 강화하는 데 기여한다.

내가 막 논의한 이 두 전략은 컴퓨터가 없는 사람을 포함하여 '아래에서 위로' 쌍방향 콘텐츠를 개발하는 방법에 관해 우리에게 도움을 주었다. 그러나 컴퓨터가 없는 사람들에게 웹사이트 자체를 사실상 알고 사용하게 하는 방법을 찾고자 시도하고 있다. 첫째, 지역 학교의 컴퓨터실과 도서관에서 학생과 대중에게 일련의 온라인 인터넷 워크숍을 개최했다. 나는 이전에 컴퓨터를 사용하지 않았던 사람을 돕고자 했고 워크숍이 진행되는 동안 사람들이 나와 혹은 웹사이트에서, 그리고 서로 어떻게 쌍방향 소통을 하는지에 관한 정보를 모으고자 했다. 나는 워크숍 기간 동안 그들에게 토론의 장, 피드백 방식, 질의서와 같은 온라인상의 쌍방향 요소를 사용하도록 장려했다.[13] 이외에도 지역사회의 도서관에 기증할 서너 개의 컴퓨터를 마련했다. 이 컴퓨터들은 지금 또 다른 대중적 접근로를 제공하고 있는데, 이에 대한 보답으로 도서관에서는 웹사이트를 홍보하고 있으며 대중이 접근할 수 있는 컴퓨터와 가까운 위치에 있는 안내판에 사이트를 언급했다.

쌍방향 소통에 대한 마지막 언급은 그것이 다양한 목소리와 관련된다는 것이다. 또한 우리는 웹사이트에 후손, 학자, 학생, 다른 참여자가 자신만의 이름으로 사이트에 탑재하기를 희망하는 정보를 연결할 뿐만 아니라 그들의 간략한 인생사〔傳記〕를 비롯한 참가자 영역을 개발했다. 개인 참여자들은 가능할 때마다 인생사를 기술했는데, 그들은 종종 다양한 지역사회 조직에 관한 정보를 홍보하는 자신들만의 페이지를 사용했다. 이는 더 지역적인 목소리가 웹사이트에 소개되도록 할 뿐만 아니라 우리의 쌍방향 소통적이고 협력적인 접근 방법을 부각한다. 이들 참여자의 페이지에서 고고학적이고 지역적인 의제는 서로 간에 권한을 부여하고 호혜적인 방법으로 어우러진다. 비록 전 세계 사람들에게 접근할 수 있을지라도, 웹사이트 프로젝트는 더욱 확실하게 지역사회의 사회적 맥락 속에 위치하게 된다. 이는 더 큰 맥락이며 다음 장의 핵심 주제인 쌍방향 소통 환경을 창조하는 기술을 사용하는 것이다.

6. 기술 안에서의 쌍방향 소통: 토론집단과 이메일, 피드백 방식

첫째, 나는 온라인 토론광장을 기능적인 쌍방향 소통의 한 형식으로 조던 토론광장(the Jordan forum) 및 기타 몇 가지의 관찰자료를 활용하여 논의할 것이다. 또한 '유즈네트(Usenet)' 뉴스집단, '리스트서브(Listserv)', '메일베이스(Mailbase)' 토론집단 혹은 '대화방'[14]을 고려하지 않는 대신 구체적으로 고고학적으로 전문화된 웹사이트[15]에 근거를 둔 토론집단에 집중할 것이다. 둘째, 나는 사례연구 기간(1999년 1-12월)에 조던 웹사이트에서 받은 이메일과 피드백에 근거한 자료에 대해 논의할 것이다. 각 항목은 그 안에서 논의된 구체적 종류의 쌍방향 소통에 관한 간단한 토론으로 마무리될 것이다. 이는 인터넷상에서 볼 수 있는 고고학적 담론의 '민주화' 관점에서 이 모든 것이 무엇을 의미하는가에 관해 결론짓는 언급에 뒤따른 것이다.

1) 토론광장

구체적인 고고유적과 연관된 토론광장은 적어도 고고학자와 대중 사이에 의미 있고 현재 진행되는 대화의 기회를 만든다는 점에서 전반적으로 비교적 활발하지 않다. 나는 다음 둘에 관해 약간 구체적으로 관찰할 것이다. 그 둘은 내가 운영하는 레비 조던 농장 포럼(the Levi Jordan Plantation forum)(http://www.webarchaeology. com)과 애냐 월(Anja Wolle)과 이언 호더(Ian Hodder)가 운영하는 차탈회윅 웹사이트(the Çatalhöyük web site)(http://catal.arch.cam.ac.uk/catal/catal.html)에 있는 토론광장(the forum)이다. 전자에 관한 정보는 개인적 경험에 토대를 두고 있다. 후자에 대한 논평은 나의 경험뿐만 아니라 그 사이트를 운영하는 사람들과의 대화에도 토대를 두고 있다. 조던 웹사이트와 차탈회윅 웹사이트는 대체로 고고학자와 대중 사이에 대화를 열고 민주화하려는 명확한 목적으로 설립되었고 그 결과는 특히 여기에 적절하다.

1999년에 3만 1,000명 이상의 방문자가 방문했음에도[16] 조던 농장 포럼에서는 오직 13개의 토론 주제(그중 6개는 내가 만들었다)와 43개의 메시지(그중 18개도 역시 토론을 시작하거나 질문에 응답하기 위해 내가 만들었다)를 만들어냈다. 대부분의 토론은 조던 농장 웹사이트에 올라온 유령의 존재에 관한 주장과 소수의 다른 비고고학적 주제에 관해 가끔 인터넷 토론방에 올리는 글 이외에는 고고학에 관한 것이었다. 나는 그 사이트에 정기적으로 글을 올리는 유일한 프로젝트 참여자였다. 내가 알기로는 다른 어떤 프로젝트 참여자도 토론광장을 방문한 적이 없다. 그러나 사이트에서는 (이메일과 같은) 다른 방법으로 나와 소통하고자 계속 기술을 이용했다. 이러한 소통에 대해서는 짧게 논의할 것이다.

나는 토론광장에 참여하는 사람 수를 늘리기 위해 많은 전략을 시험했다. 나 스스로 메시지를 고지하는 것 말고도 많은 지역 학교에서 인터넷 연구토론회를 실시했고, 학생과 선생이 웹사이트에서 소통하는 것에 관해 토론하기 위해 토론광장을 이용할 수 있다고 생각하고 개별 학급의 학생들을 위해 특별한 토론 주제를 설정하기도 했다. 이는 별로 좋지 않은 생각인 것으로 밝혀졌다. 학생들은 웹사이트나 역사에 대해 혹은 참으로 웹사이트와 관련된 어떤 것에 대해 말하기 위해 토론광장을 이용하는 것을 바라지 않았다. 그들은 놀이를 하거나 다가오는 축구 경기에 관해 이야기하거나 익명의 '짓궂은' 논평을 게시하거나 하는 데 토론광장을 이용했다. 나는 연구토론회가 종료된 후 그 토론광장에서 이 주제들을 지웠다. 또한 주요 웹사이트와 이 토론광장을 잇는 수많은 연계망을 만들었고 여러 방식으로 본문과 그 연결망을 시각적으로 구분했다. 본문에서는 토론광장에 대해 토론했다. 특히 웹사이트에 제시된 정보에 대한 질문과 도전을 받고자 하는 우리의 바람에 관한 기술도 자주 보였다. 또한 나는 더 많은 집단토론을 유도하려는 의도로 토론광장에 이메일 혹은 피드백의 형식으로 받은 메시지를 종종 게시했다.

차탈회육 웹사이트는 조던 농장 웹사이트보다 1999년에 방문자 수가 약간 더 많았고(Wolle 1999, 개인적 대화) 토론광장도 역시 약간 더 활발했다. 1999년 2월 25일부터 9월 중순까지 한 달에 40개의 글이 게시되었다. 이때 토론광장은 오프라인 기간이었다(Wolle 1999, 개인적 대화). 모계사회와 부계사회, 인간의 기원과 '여신'

주제에 관한 이야기가 활발했지만, 대부분 토론광장을 압도했던 개인 2명에서 4명의 치열한 논쟁으로 구성되었다. 사이트의 관리자에 따르면 몇몇 사람은 차탈회육 토론 페이지를 논의하는 주제의 수에 관한 자신들만의 믿음을 공개적으로 토로하는 출발점으로 사용하는 듯했지만, 이는 차탈회육 고고학과 거의 관련이 없었다. 비록 소수의 차탈회육 발굴단 구성원이 종종 이 사이트에 메시지를 게시했음에도 대부분의 메시지 게시자는 고고학자 혹은 다른 고고학 전문가 같지 않았다. 차탈회육 발굴단 구성원이 토론에 참여했을 때, 참가자들은 그것을 주목하거나 인식하는 듯했다. 종종 발굴단 구성원이 간단한 글을 올릴 때조차도 떠들썩하고 지루한 논쟁을 몰고 오는 메시지를 게시하여 다시 초점을 맞추었다.

온라인 토론의 질을 향상시키기 위한 노력으로 2000년 10월 하순에 차탈회육 웹사이트는 다듬어지지 않은 원래 방식과 비슷한 토론광장과 다듬어진 새로운 토론광장으로 다르게 운영하기 위해 재편되었다. 2000년 10월부터 2001년 4월까지 다듬어진 토론광장에 게시된 메시지는 단지 17개였다. 여기에는 월이 지운 종종 적절하지 않은 메시지와 직접 답신하기 위해 개인에게 보낸 메시지는 포함되지 않았다. 그녀는 다른 팀 구성원의 참여가 이 토론광장의 초기 양상처럼 들쑥날쑥하다고 지적했다(Wolle 2001, 개인적 대화). 다듬어지지 않은 토론광장의 게시글은 아직도 소수의 고고학자가 아닌 방문자들의 것이 압도적으로 많으며, 방문자들 중의 일부는 다른 게시자를 개인적으로 공격하기 위해, 그리고 차탈회육 웹사이트와 관련성이 거의 없는 (비록 일부는 '사이비 고고학'이라고 불리는 것과 관련이 있지만) 논쟁 주제에 대해 주장하기 위해 이 토론광장을 사용하기를 원하는 것처럼 보였다. 다듬어지지 않은 토론광장은 다듬어진 토론광장보다 약간 더 활발한데, 35개의 메시지가 동일 기간에 게시되었다. 이 토론광장에서 사용된 소프트웨어는 각각의 메시지를 읽은 수의 총계를 낸다. 이 사이트에서 35개의 메시지를 동일 기간에 방문자가 820회 읽었다. 그러므로 명확하게 이 토론광장은 처음에 제시된 낮은 참여 수준보다 더 많은 청중이 참여했다. 게시물에 폭언이 오가고 도발적일수록, 놀랍지 않게도 더 많이 '방문'했다.

가장 활발하고 생산적인 고고학에 관한 인터넷 토론광장은 조던 웹사이트와 차탈회육 웹사이트 같은 개별 웹사이트와 관련된 것이 아니라 '새롭게 시작하는 관문' 사이트와 관련되는 경향이 있다. http://archaeology.about.com/에 있는 궁금증 해결 사이트(the About.com. web site)와 http://www.channel4.com/history/timeteam/에 있는 영국 텔레비전 채널 4의 시간탐험대 생방송 웹사이트(Channel 4 Time Team Live web site)를 특별히 언급할 필요가 있다.

궁금증 해결 사이트(the About.com)의 토론광장은 고고학 궁금증 해결 사이트의 위계적 주소록(the About.com Archaeology hierarchical directory)을 운영한 고고학자인 크리스 허스트(Kris Hirst)가 정비했다. 이 주소록은 일종의 '검색엔진'으로 기능한다. 기사, 소식지, 온라인 대화, 고용정보, 더 크게는 다른 고고학 사이트와 잘 조직된 연결망 목록을 포함하며 글을 게시하면 일주일에 약 7만 명의 방문자가 찾아온다(Hirst 2001, 개인적 대화). 토론광장은 아직도 상당히 활발하며 과거에는 모체족 무덤(Moche tombs)에 관한 메시지의 실마리, 고고학자가 되는 방법에 관한 질문, 사이비 고고학에 대한 토론 등을 포함했다. 허스트는 많은 규칙적 기고자가 그렇듯이 이들의 대화에서 적극적인 역할을 한다. 많은 규칙적 기고자들 중 서너 명은 전문적 고고학자들인 것처럼 보인다. 인터넷 게시판에 올린 몇몇 글은 토론광장에 게시되었던 이메일에서 비롯되었다(차탈회육 웹사이트의 경우 월이 채택한 전략이다). 많은 토론의 가닥은 웹사이트에 허스트가 게시한 글 중의 하나에 대한 반응으로 시작된다. 이 웹사이트는 고고학에 관한 일종의 '잡지' 역할을 하고 방문자들은 사이트와 관련된 이메일 목록에 참여하도록 장려되며 여기에서 정기적인 소식지와 다른 관심 사항에 대한 정보를 받을 수 있다. 이메일 소식지는 허스트가 쓴 새 소식에 대한 공표, 고고학에 관한 뉴스, '주간 정보(quote of the week)', 토론광장에 게시된 새로운 주제의 목록을 포함한다. 그러므로 이메일 소식지를 구독하는 사람은 새로운 자료를 보기 위해 웹사이트를 방문하도록 장려된다.

시간탐험대 사이트(the Time Team site)의 토론광장은 그보다 더 활성화되었고 영국의 다양한 지역에서 행해지는 고고학 단기 발굴을 보도하는 인기 있는 일련의 텔레비전 방송인 채널 4의 〈시간탐험대〉와 관련된다. 고고학 팀이 3일 동안 발굴할 때 영상으로 기록되었고 발굴이 종료된 후 텔레비전 프로그램으로 방송되었다. 이 프로그램의 진행자는 고고학자와 다른 전문가뿐만 아니라 유명한 텔레비전 명사를 포함한다. 〈시간탐험대〉의 전형적인 발굴에 관한 영상자료는 나중에 보듯이 텔레비전 방송으로 자리를 잡는다. 이 녹화 방송물 이외에도 주말 3일에 걸쳐 이루어진 종종 '살아 있는' 발굴을 이들 연속물에서 볼 수 있다. 이 '생생한' 행사 기간에 대중은 진행 중인 발굴장을 방문하고 주말에 걸쳐 방송되는 서너 편의 생방송 〈시간탐험대 텔레비전 비사(祕史)〉를 시청하며 자신들의 경험을 이야기하기 위해 시간탐험대 웹사이트와 토론광장을 방문하도록 권장된다. 이 생방송 보도와 관련된 대대적 행사의 영향력은 아주 크고 광범위하다.

이러한 인기는 당연히 시간탐험대 사이트의 토론광장에서 커다란 반향을 일으켰다. 1999년 후반에 진행된 3일에 걸친 행사 기간에 1,700개가 넘는 메시지가 게시되었다. 이들 이야기의 일부 가닥("중세의 약에 관한 질문은 무엇이든", "시간탐험대에 관한 질문은 무엇이든")처럼 상대적으로 진지하고 매우 적극적이며 그중 일부는 꽤 재미있다("그것을 거머리라고 부르자!"). (프로그램에서 게시한 공식적인 것과 대중적인 것 양자) 상당수의 가닥이 진행 중인 발굴을 논의했다는데, 예를 들면 구체적인 발견물에 관한 질문과 의견뿐만 아니라 토론(예를 들어 "묘역 발굴인지 무덤 파괴인지?")이 있었다. 대부분의 '비공식적' 게시물은 고고학 자체와는 거의 관련이 없는 무척 다양한 주제를 둘러싼 것이었다. 그것은 발표자와 고고학자의 개인적 특성(머리 모양, 발표 방식, 결혼 여부 등)에 관한 서너 개의 주제, 웹사이트에 관한 칭찬과 불만에 관한 논평(스스로를 '시간탐험대 후원회'라고 부른다)과 웹사이트의 정규 참여자 사이의 인사말〔예를 들면 "최초의 신대륙인" "마드리드에 있는 메리의 귀환 환영", "웨일스 사람이 쓰는 말(Welsh Lingo)", "영국은 제2차 세계대전에 돌입해야 했는가?"〕과 같은 다른 많은 주제도 포함했다.

2) 논평: 토론광장

첫째, 개별 웹사이트의 내용은 개인이 그 사이트의 토론광장에 활발하게 참여하는지 혹은 아닌지에 거의 중요하지 않은 것처럼 보인다. 즉, 웹사이트가 재미있고 도발적인지의 여부가 그 웹사이트의 토론광장이 재미있고 도발적인 대화를 유발하는지의 여부를 예측하지 않는다. 조던 사이트의 내용(the Jordan content)이 재미있고 흥미를 유발한다는 나의 가정에서 나의 편견은 명백하다. 마찬가지로 차탈회육 사이트도 역시 강렬하고 잘 표현되어 있다. 문제는 웹사이트 내용 단독으로는 토론광장이 비상할지에 대한 추동력을 갖지 않는다는 것이다.

둘째, 자신만의 광장을 만들고자 애를 쓰는 고고학자는 토론광장에 참여하고자 애써야 한다. 다듬어지지 않은 차탈회육 웹사이트의 토론광장을 지배하는 일종의 '사이비 고고학'에 대중이 확실하게 — 혹은 특별히 — 관심을 보일 때조차도 그래야 한다. '개방되고' '민주적'이고자 하는 것은, 만약 그 특수한 대화의 맥락에서 크고 격렬하게 우리만의 주장을 하기를 의도하지 않는다면 약간 큰 목소리를 내는 토론광장을 만든다는 것 이외에는 다른 긍정적 효과가 거의 없다. 실제의 '민주화'는 (호더가 '여신' 집단과 이메일을 통한 대화에서 한 것과 같이[17]) 고고학자가 자신의 의견에 동의하지 않는 사람과 진지하게 대화하려는 의지를 가질 때만 일어날 수 있다.

셋째, 사람들은 '과거' 자체를(in and of itself) 이야기하기 위해 토론광장을 방문하지 않는다는 것은 확실하다. 그들은 과거에서 재미를 느끼거나 과거에 관해 이야기하는 것을 즐길지도 모른다. 그러나 자신의 '실제' 생활 속에서 진행되는 중요한 것에 이 토론광장이 연결되어 있기 때문에 온라인 토론광장에 참여하려는 동기를 부여받는다. 궁금증 해결 사이트에서 연결방식은 간단하다. 가끔 웹사이트를 검색도구로 사용할 때 받게 되는 규칙적인 이메일 알림이 바로 그것이다. 시간탐험대의 경우 연결방식은 텔레비전을 시청하는 것과 발굴 장면을 관찰하는 것과 같은 매일의 사회적 활동이다. 우리가 우리의 웹사이트에서 이런 종류의 토론광장을 통합하려고 한다면 이 토론광장과 대중의 '실제 생활'을 더 활발하게 연결하는 방식을 창조해야 한다. 우리는 더 커다란 토론광장이 채택할 수 있는 일종의 연결방식을 창조하기 위해 지역적, 심지어는 편협한 지역주의적인 유사체를 발견해야 할 것이다.

넷째, 가장 중요하게도 반복적인 방문과 토론을 창출하기 위해 '스스로'에게만 유일하게 의존하는 토론광장은 부수적인 매체 홍보를 이용하는 토론광장보다 별로 다채롭지 않은 것처럼 보인다. 궁금증 해결 사이트가 송신하는 소식지, 무수한 다른 고고학적 정보 사이트에서 그것이 널리 홍보된다는 사실, 고고학적 검색엔진으로서의 당연한 기능은 사이트에 수많은 이들이 방문한다는 것을 의미한다. 그래서 이 토론광장의 게시물은 다양하고 상대적으로 많다. 이는 시간탐험대 사이트에서도 더 많이 확인되는 사실이다.

더 '민주적'인 고고학적 실제라는 측면에서 이것이 의미하는 바는 중요하다. 만약 반응을 끌어내기 위해 고고학적 토론광장이 커다란 상업 텔레비전 연결망 혹은 큰 인터넷망과 연결된다면, 이는 더 많은 지역적이고 개인적인 노력이 '고고학의 민주화'라는 더 큰 목적의 한 부분이 되는 기회라는 것을 의미하는가? 위에서 발견한 내용을 보면 그렇지 않다. 만약 우리가 자신의 개인적인 고고학적 노력에 대해 말하려고 이러한 특수한 형식의 쌍방향 소통 방법을 사용하기를 원한다면, 이미 강력하고 재정적 상황이 좋은, 정확하게는 이들 토론광장에서 목소리가 크고 강력한 토론자가 되려는 목표를 갖는 것이 더 좋을지도 모른다. 위의 커다란 두 토론광장의 구조는 이를 허용한다. 우리가 해야 할 모든 것은 서명하고 목소리를 높이는 것이다.

3) 피드백 방식과 이메일

대부분의 웹사이트에서는 '웹사이트 웹마스터' 혹은 다른 개인과 접촉할 기회를 제공한다. 이러한 형식의 기능적 쌍방향 소통은 아주 평범한 것이다. 그러나 이러한 메커니즘이 고고학에 관한 대화를 시작하고 민주화하는 데 성공적인지의 여부를 체계적으로 검토하고자 한 다른 웹사이트를 알지 못한다. 그러므로 이러한 형태의 쌍방향 소통을 추적하는 것은 조던 웹사이트의 사례분석에서 중요한 구성요소가 되었다.

사람들이 우리와 접촉하는 것을 장려하기 위해 나의 개인 이메일 주소의 링크가 모든 웹페이지 아래에 나타나도록 했다. 추가로 각 페이지는 피드백 형식으로, 링크가 두드러진 것이 특징이었다. 다른 참여자의 이메일 주소에 대한 링크는 그 참여자가 내용에 기여한 페이지에 포함되었다. 마지막으로, 많은 게시글에서 방문자의 응답에 적극적으로 대응했다. 도전, 논평, 질문을 요청하는 것이 각 페이지 내용의 주요 부분이었다. 피드백 형식은 송신자가 나에게 혹은 다른 프로젝트의 참여자 가운데 한 사람에게 전달하기 위해 표시되도록 만들었다. 모든 경우에 나는 처음 그 피드백을 받은 사람이었다. 나는 모든 메시지에 응답한 후에 다른 프로젝트 참여자에게 필요하다면 메시지를 보게 하고 그들이 응답했다면 나의 메시지를 복사할 수 있게 했다. 내가 알기로는, 연구 기간에 내가 378개의 메시지와 피드백 방식의 응답을 받았음에도 나를 제외한 어떤 참여자도 그 사이트의 어떤 링크로부터 개인적인 이메일을 받지 못했다. 이전에 나에게 알려지지 않은 사람 대부분은 그 사이트와 처음 접촉할 때 개인적 이메일보다는 피드백 방식을 사용하기를 선호했다. 그러나 스스로 고고학자로 밝힌(혹은 내가 고고학자라고 밝힐 수 있는) 사람들은 종종 개인 이메일을 보냈다. 나는 이것이 내가 그들의 동료집단의 구성원이라고 생각되기 때문이라고 의심한다. 그러므로 그들은 (표면상 어떻든) 익명 형식을 사용하는 것보다 나와 직접적으로 소통하는 것이 더 편했을지도 모른다.

이러한 노력에서 초래된 '대화'는, 내가 연장된 기간에도 계속 소통했던 소수의 개인 같은 예외적인 경우도 있지만, (연속된 두세 개의 메시지와 같이) 대부분 아주 단순했다. 조던 프로젝트에서 고고학자인 다른 참가자들은 내가 그들에게 보낸 아주 예외적인 메시지에만 답신했다. 특히 팀의 한 구성원은 "고고학 훈련을 받지 않은 것에 괘념치 않는 사람"에게서 그의 고고학적 해석에 관한 질문을 다루는 임무가 불만스럽고 "겸허한" 경험임을 발견했다고 말했다(Brown 2000). 그것은 분명히 시간이 드는 일이었다. 나는 으레 모든 이메일과 모든 형식의 질의에 대답하고 사람들이 나에게 메시지를 보내는 한 그들에게 계속 응답했다. 최초의 메시지에 대답하고 이러한 '대화'를 계속하는 것은 나로서는 상당한 시간이 드는 일이었는데, 종종 한 주에 10-12시간 정도 소요되었다.

많은 메시지는 상당히 길었고 많은 주제를 포함했다. 개별적인 응답자와 메시지를 교환하는 과정에서 종종 다른 주제가 등장했다. 전체에서 오직 2%에 달하는 실망스러운 수의 메시지들에서는 아프리카계 미국인에 관한 고고학이나 역사를 구체적으로 다루었다. 받은 메시지의 8%는 그 사이트에서의 고고학과 주로 관련되었다. 11%는 그 사이트의 내용, 조직, 형식을 보완하기 위해 발송되었다. 75%의 응답자는 그 지역의 고등학생이었다. 16%의 응답자는 아직 남아 있는 농장에 관한 지역 구비설화의 대부분인 귀신 이야기에 대해 구체적으로 물었다.

그 사이트의 주어진 내용에서 예상하듯이 고고학자들은 많은 이메일과 질의를 보냈다(전체 메시지의 8%). 전체 메시지의 61%는 이전에 내가 잘 몰랐던 곳에서 왔다. 이 개인들은, 지역공동체 참가자, 동료와 친구의 경우가 그러하듯이, 그 사이트에 확고하거나 개인적인 관심을 갖지 않았다. 그들의 다수도 역시 질의 형식이나 이메일로 보냈다. 그러므로 그 사이트의 고고학과 역사 정보에 도전하려는 사람에게서 온 메시지도 있었던 것 같다. 그러나 전체 연구 기간에 오직 두 사람만이 제시된 고고학적 혹은 역사적 정보에 대해 질문하거나 세부적으로 구체화했다. 참으로 고고학에 관해 소통했던 대부분의 사람들은 그 사이트에 대해 보완하거나 칭찬했던 동일한 사람이었다.

스스로 '가족 회원'(즉, 농장의 원래 주민의 후손)이라고 밝혔으나 이전에 나와 프로젝트의 다른 참여자가 몰랐던 교신자 모두는 족보에 대해 논의하고자 웹사이트에 접속했다. 흥미롭게도 이들은 웹사이트의 족보 페이지에 제시된 정보를 수정하고자 상당히 자발적인 의지를 가진 것처럼 보였다. 그들 중에서 누구도 고고학적 혹은 역사학적 정보에 대해 관심을 가진 것처럼 보이지 않았다.

4) 논평: 피드백 방식과 이메일

첫째, 이메일과 피드백 방식은 응답을 이끌어내는 데 중요하다. 피드백 방식은

'미지'의 대중 출신의 구성원이 더 자주 이용하는 반면 이메일은 (개인적으로 혹은 학문적으로) 약간 관련 있는 사람이 이용하는 경향이 있다.

둘째, 사람들은 내가 아닌 프로젝트 참여자와 직접적으로 소통하는 것을 원하는 것 같지 않았다. 프로젝트를 진행하는 지도자로서 내가 가진 힘은 그것을 다른 사람들과 공유하려는 노력에도 분산되지 않았다.

셋째, 사이트의 내용을 민주화하려는 우리들의 노력 ― 즉, 대안적 '학습 방법'을 위한 중요한 공간을 마련하는 것 ― 은 다른 경우보다도 더 많은 사람을 끌어들이는 긍정적인 효과를 냈다. 사이트와 농장과 관련된 후손은 예상한 대로 가계와 관련된 정보에 특별하고 적극적인 반응을 보였고 종종 그것을 수정하고자 하는 의지도 보였다.

넷째, 토론집단과 더불어 피드백 방식과 이메일은 그 수혜자 ― 이 경우에는 고고학자 ― 가 그것을 하고자 하는 의지가 있을 때에만 효율적이다. 나는 진지하게 대부분의 고고학자가 주요 동기 부여자인 인터넷에 관한 연구계획이 없이 학문적 의미에서 이러한 형식의 소통을 의미 있게 만드는 데 요구되는 수준까지 대중과 일대일로 소통하기 위해 시간과 에너지를 투자하리라고 생각할 수 있을지의 여부에 대해 의심한다. 확실히 나의 고고학자 동료는 웹사이트를 위해 내용을 제공하고 프로젝트의 이러한 측면을 지원하고자 다짐했음에도 내가 관여한 수준보다는 덜 관여했다. 웹사이트의 프로젝트 책임자로서 '민주적' 대화에 대한 나만의 열정이 강해서 몇몇 다른 참여자의 영역에서 이에 대해 낮은 수준으로 임하는 것을 감추는 것을 허용했던 것 같다.

마지막으로, 가장 중요한 것은 도전과 토론, 공개적으로 쓰인 문서, 기술 내에서 잦은 쌍방향 소통 기회를 간청했음에도, 사이트의 담당 기자는 사이트에 제시된 고고학적 혹은 역사적 정보에 관해 질문하거나 도전할 의지가 있는 것 같지 않았다. 그들은 내용을 칭찬하고자 했고 종종 추가적 정보를 요청했다. 그러나 나와 다른 프로젝트 참여자와 더불어 고고학이나 역사학에 관해 지속적이고 의미 있는 토론을 하는 데 흥미를 갖는 사람은 거의 없었다. 과거에 관한 대화에서 권위적인 인물인 고고학자와 학계의 권위를 분산시키려는 우리의 바람이라는 관점에서 이는 중요한 함축성을 가지고 있다. 우리가 최선의 노력을 기울였음에도 권력은 힘 있는 사람에게 있었다. '민주화' 논제는 '우리의 것'이었고 '그들의 것'이 아니었다는 것이다. 즉, 사람들은 고고학적이고 역사학적인 정보에 다소 수동적인 쌍방향 소통을 단순하게 선호할지도 모른다. 비판과 피드백에 관한 우리의 요청에 신뢰가 있다고 여겨지지 않았을 것이다. 적어도 7명의 사람들은 우리가 그들에게 응답하거나 아주 빠르게 응답하는 것에 놀랐다고 말했다. 의미 있는 수는 아니지만, 이는 누군가 이런 종류의 일을 말한다는 것을 보여주고 있다.

그럼에도 소수의 긴 메시지의 중요성은 무시할 수 없다. 아마도 이러한 대화들이 항상 고고학에 관한 것인지의 여부는 중요하지 않다. 고고학적 웹사이트가 적어도 소수의 개인에게는 학계와 대중 사이의 가교를 제공했다는 것이 더 중요할지도 모른다. 이러한 경우에 의견 교환을 시작하는 원래 목적은 사람들 사이의 단순한 소통을 선호하는 것을 초월한다. 이를 고려할 때 사람들은 우리와 함께하기를 희망하는 만큼 우리는 개방적이고 접근 가능하며 우리의 업무에 관한 도전을 수용할 의지를 가지고 있다고 느끼는 것처럼 보인다. 이것이 실제로 아마도 충분하지는 않을지라도 의미는 있다.

7. 맺음말

나의 목표는 인터넷에서의 고고학의 '민주화'에 관한 몇 가지 논제를 제시하는 것이었다. 민주적 접근성과 관련하여 일반적으로 '인터넷망의 상태'에 관한 짧은 고찰을 제공하는 것, 대중에게 도달하기 위해 몇몇 고고학자가 그것을 사용하고 있는 몇 가지 방식(사례분석과 다른 사례와 더불어)을 검토하는 것, 더 '민주적인' 고고학이 이러한 노력으로 실행되고 있는지의 여부를 검토하는 것이다. 이에 집중하면서 나는 이 글의 범위 밖에 있는 골치 아픈 서너 개의 주제를 다루지 않았다. 그러나 그 주제들은 여기에서 언급할 필요가 있으며 더 나아가 다른 여건 속에서 분석하고 토론할 필요가 있다.

예를 들어 학문적인 주제를 순전히 상업적인 주제와 혼합하는 문제를 다루지 않았다(시간탐험대와 '궁금증 해결' 사이트의 전문고고학자가 의심할 나위 없이 생각했던 문제). 나는 세계적으로 발견되는, 경제적으로나 정치적으로 권리가 박탈된 집단의 관점에서, 특히 다국적 기업 매체의 점증하는 세계화(Hodder 1999)와 이것이 인터넷 접근성에 가져올 영향을 검토하지 않았다.

또한 나는 고고학자에게 흔히 골치 아픈, 고고학의 '민주화'와 관련된 하나의 특수한 논제를 자세하게 논의하지 않았다. 인터넷의 민주적 구조가 '정보를 가지고 있지 못한' 목소리와 '정보를 가지고 있는' 목소리 양자에게 동등한 무게를 주는 경향이 있다는 것이 그것이다. 종종 이 '정보를 갖고 있지 못한' 목소리는 상대적으로 상냥하지만 종종 상냥하지 않기도 하다. 예를 들어 많은 웹사이트에서는 백인 지상주의자의 견해를 장려하고 그것을 위해 고고학 정보를 이용한다. 전형적인 인터넷 이용자는 어떻게 '정당한' 고고학 지식이라고 불릴 수 있는 것을 확인할까? 실용주의 철학의 관점에서 다루어진 이 주제에 관한 토론은 맥데이비드(McDavid 1998c, 2000), 메스켈(Meskell 1997), 호더(Hodder 1999)의 글을 참조하기 바란다. 인터넷은 이미 대안고고학—사이비 고고학—이 제시되는 공간을 허용한다. 그리고 이는 어느 정도 '민주화된' 고고학을 가지고 있다는 증거이다. 고고학자는 이러한 종류의 '민주주의'에 참여하기를 희망할지도 모르고 그렇지 않을지도 모른다. 나는 우리가 '인터넷상의 고고학(archaeology on the Net)'의 더 일반적인 환경에서 나오는 목소리가 '정당한' 고고학에도 있기를 희망한다면 더 나아질 수 있다고 주장한다.

이 장에서 제안하려는 것은, 우리가 고고학을 다른 목소리를 가진 사람과 집단에 공개하는 것이 좋은 일이라는 것을 믿는다면 단순히 인터넷이 할 수 있는 것과 할 수 없는 것에 대해 알아야 하고 비판적이어야 할 필요가 있다는 것이다(Hodder *et al.* 1995; Shanks and Tilley 1987; Shanks 1992). 최근에 이언 호더는 다음과 같이 지적했다.

고고학은 '심오한' 전문가의 정보와 (…) '천박한' 인기 서적, 영화, 전시 사이에 절대적인 구분을 하는 경향이 있다. 현대의 정보 체계는 양자에게 함께 정보를 제공하도록 한다. (…) '심층' 정보에 관해 대중의 접근성이 제공되고 대안적 시각이 힘을 얻을 수 있다(Hodder 1999: 165).

인터넷이 고고학 지식에 관한 대중의 접근을 확실한 정도로 제공하고 고고학자에게 우리가 '네트워크 사회의 출현' 이전에 했던 것보다 다양하게 대중과 의미 있는 대화를 할 기회를 더 주었다는 것은 사실이다(Castells 1996). 그러나 이러한 지식에 대한 접근성과 이러한 대화는 예측할 수 있는 미래에 다른 경제적·기술적 자원에 접근성을 가진 사람들에게 국한될 가능성이 있다. 그러므로 인터넷이 실제 고고학적 담론의 '민주화'로 가는 길일지의 여부는 아직 해결되지 않은 문제이다. 인정하건대, 비록 인터넷에서 우리의 청중이 아주 많이 늘어나고 있음에도 말이다.

조던 농장 프로젝트의 경우 우리는 웹사이트의 내용과 전달 면에서 '네트워크화되지 않은' 사람들을 관련시킴으로써 이를 완화하고자 했다. 이러한 노력은 지역사회 안에서 우리의 신뢰도 측면에서 수많은 긍정적인 결과를 가져왔다.[18] 참으로 조던 웹사이트를 만들기 위해 후손과 함께 일하는 과정은 매우 가치가 있었다. 전형적으로 권리가 박탈되거나 주변화된 집단이 권한을 갖도록 조던 농장조직 그 자체가 창조되고 제도화되는 방식, 그리고 다양한 여러 측면의 목소리가 웹사이트를 만드는 데 관련되는 방식을 만든 바로 그 과정 말이다. 여기에서 묘사된 몇몇 전략은 박물관 전시, 실제 유적답사, 이와 같은 '대중고고학' 프로젝트에서 전개되기도 했다. 이는 나쁜 것이 아니라 아주 강력하고 좋은 것이다. 유적의 한 후손이 과정과 웹사이트 자체 양자를 언급하면서 최근 말했듯이, "우리가 어떤 것도 하지 않을지라도, 그것은 가치가 있을 것이다." 지역 사람이 자신들만의 역사에 관한 생산물을 만들도록 도울 수 있는 공동의 민주적인 과정을 개발하는 것이 바로 좋은 대중고고학이다.

그러나 불행하게도 토론광장에서 우리의 고고학적·역사적 해석에 도전하지 않는 이메일과 피드백 응답자의 경향과 함께 인상적이지 않은 활동은 나에게 인터넷 자체가 고고학적 담론을 '민주화하는 것'에 도움이 될지의 여부에 관한 문제를 회의적으로 바라보아야 한다고 믿게 한다. 고고학자는 민주화하고 평등화하는 방식으로 인터넷을 이용하고 학습할 수 있을지 모르지만 인터넷 기술 자체에는 적게 의존하고 이 장에서 기술된 일부 사례와 같은 '철저하게(처음부터 다시 시작하여)' 쌍방향 소통을 장려하는 전략에 더 의존하게 될 것이다. 그러나 우리는 아직 기술이 우리를 위해 그 일을 할 수 있도록 하는 그러한 경지에 이르지 않았다. 이 역사적인 순간에, 나를 포함한 많은 이들이 유혹적이고 종종 자유롭게 해주는 기술에 대한 비기술적 접근 방법(non-technological approach)을 사용함으로써 더 잘 대접받을 수도 있다. 단기적으로 우리의 책임은 우리의 일에 관해 소통하기 위해 인터넷을 이용하는 것을 배우는 것이지만 그것을 조심스럽게 사용해야 한다. 우리는 기술 자체를 해방하고 평등하게 하는 것으로 간주하는 경향이 있는 인터넷 만능주의자가 제기하는 주장(Bolter 1991; Landow 1992; Rheingold 1993)에 대해 비판적이어야 하고 더 종말론적 견해(Kester 1994; Kroker and Weinstein 1994; Postman 1992)를 가진 부류의 저술가도 동일하게 경계해야 한다. 인터넷은 소통할 수 있고 자율권을 가질 수 있다. 그리고 인터넷은 제외하고 자격을 박탈할 수도 있다. 결국 인터넷은 우리가—그리고 대중이—그것을 사용하는 법을 어떻게 선택했는가에 의존하게 될 것이다.

원주

1 당연시되는 것들 때문에, 나는 예를 들면 '이메일', '웹사이트', '인터넷', '검색엔진', '월드와이드웹', '웹', '웹브라우저', '대역폭(컴퓨터 네트워크나 인터넷이 특정 시간 내에 보낼 수 있는 정보량, bandwidth)', '내려받기' 등과 같이 보통 수용되는 이용 방식으로 적어도 일정한 단어들이 의미하는 바를 이 논문의 독자가 알리라고 가정할 것이다. 이 장에서 '네트(The Net)'는 주로 '인터넷'(특히 인터넷상의 월드와이드웹 사이트)을 지칭한다. 이 관련된 용어들에 대한 정식 개념을 정의하기를 요구하는 독자는 레인골드(Rheingold 1993)와 클레멘트(Clemente 1998)를 참조하라.

2 이 장에서 무수한 온라인 '유스넷(Usenet)' 토론집단(sci.archaeology, alt.archaeology 등)과 역사고고학(histarch), 고고학이론(arch-theory), 레이드고고학(rad-arch) 등과 같은 특별 주제 이메일(special interest e-mail-listserv-) 토론집단 같은 인터넷 소통의 다른 형태를 다루지는 않을 것이다. 다른 연구에서는 이들 토론광장에서 어떻게 담론이 일어나는지를 검토해왔다. 예를 들어 셰이드(Shade 1996)와 테퍼(Tepper 1997)를 참조하라. '네트'라는 용어가 종종 더 일반적으로, 즉 팩스기기, 텔레비전, 전화, 인공위성과 휴대전화의 소통 등(Doheny-Farina 1996: xiii) 네트워크화된 소통을 지칭한다는 점을 주목하는 것도 중요하다.

3 야후, 알타비스타, 그리고 다른 '소위' 검색엔진은 종종 급격하게 다른 웹사이트를 발견한다. 몇몇(야후와 같은) '검색엔진'은 실제로 '검색엔진'이 아니며 그보다는 위계적인 디렉토리(hierarchical directories)이다. 이들 디렉토리에 기재되기 위해서 개별 웹사이트의 (종종 '웹마스터'로 알려진) 글쓴이(writers)는 '고고학'과 같은 어떤 구체적이고 미리 정해진 범주별로 사이트를 등재하고 일정한 방식에 따라서 그 사이트를 등재해야 한다. 한편 알타비스타와 유사한 '실제' 검색엔진은 '스파이더(spiders)', '로봇(robot)', 웹 크롤러(web crawlers) 등으로 불리는 검색 소프트웨어(searching software)를 사용한다. 이들 소프트웨어는 요구된 검색용어를 찾기 위해 각각의 웹사이트의 모든 페이지를 검색한다. 그러므로 이들은 '위계적 디렉토리' 형태의 '검색엔진'('hierarchical directory'-type 'search engines')으로 검색하는 것보다 더 많은 웹사이트를 발견할 것 같다.

4 예를 들면
고고학네트(ArchNet)(http://archnet.asu.edu/)
궁금증 해결(About.com)(http://archaeology.about.com/)
고고학네트(Archaeology on the Net)(http://www.serve.com/archaeology/main.html)
수중고고학정보안내(A Guide to Underwater Resources Archaeology on the Net)(http:// www. pophaus.com/underwater/)
성서고고학안내(Biblical Archaeology Resources)(http://www.lpl.arizona.edu/∽kmeyers/ archaeol/bib_arch.html)
우주고고학안내(Voice of the Shuttle Archaeology Page)(http://vos.ucsb.edu/shuttle/archaeol. html)
인류학 웹사이트(Anthropology Web Ring Site)(http://www.unc.edu/~lgmull)

5 예를 들면

역사고고학회(Society for Historical Archaeology)(http://www.sha.org/)

미국고고학회(Society for American Archaeology)(http://www.saa.org/)

피바디 고고민족학 박물관(Peabody Museum of Archaeology and Ethnology)(http://www.peabody.harvard.edu/)

현대고고학(Current Archaeology)(http://www.cix.co.uk/~archaeology/)

국립공원관리청(National Parks Service)(http://www.cr.nps.gov/)

애쉬몰리언 미술고고박물관(Ashmolian Museum of Art and Archaeology)(http://www.ashmol.ox.ac.uk/)

6 예를 들면

크로우캐넌고고학센터(Crow Canyon Archaeological Center)(http://crowcanyon.org/)

멕시코 테오티와칸고고학(Archaeology of Teotihuacan Mexico)(http://archaeology.la.asu.edu/teo/)

댄 모우어의 발굴 웹(Dan Mouer's Digweb)(http://saturn.vcn.edu/~dmouer/digweb_home.html)

차탈회육(Çatalhöyük)(http://catal.arch.cam.ac.uk/catal/catal.html)

레비 조던 농장 웹사이트(Levi Jordan Plantation Web Site)(http://www.webarchaeology.com)

7 예를 들면

고고학 발굴(Archaeology's Dig)(http://www.digonsite.com/)

아즈텍(스나이스 초등학교)(Aztecs(Snaith Primary School))(http://home.freeuk.net/elloughton13/aztecs.htm)

차탈회육의 신비(Mysteries of Çatalhöyük)(http://www.smm.org/catal/home.html)

8 예를 들면

바스트의 이름(The Name of Bast)(http://www.per-bast.org/)

달 속의 토끼(Rabbit in the Moon): 마야예술에 관한 정보(http://www.halfmoon.org/)

신성한 여행(Sacred Journeys): 여신과 차탈회육에 관한 정보(http://www.wordweb.org/sacredjo/index.html).

9 인터넷 프로젝트는 텍사스주 휴스턴대학의 케네스 브라운(Kenneth Brown)이 지도한, 조던 농장에 있던 노예와 소작인에 관한 연구에서 파생되었다(Brown and Cooper 1990; Brown 1994). 브라운과 학생들은 조던 웹사이트에 모든 고고학 자료를 제공했다. 이 지역은 1848년부터 1865년까지 노예가 점유했고 1865년부터 1888년경까지는 소작농(소작농 중 대부분은 노예였던 동일한 사람들)이 점유했다. 조던 유적(the Jordan site)은 고고학적으로 퇴적, 보존, 해석되는 방식에서 미국 남부에서 유일하다. 1888년경에 농장의 소작농들은 거의 아무것도 소지하지 못한 채 농장 밖으로 이주했다. 그리고 이 지역은 봉쇄되고 폐기되어 점차 풍화되는 잔존물이 넘쳐나 쌓였다. 그리고 약 18년 전에 발굴이 시작될 때까지 기본적으로 교란되지 않았다.

10 나는 내가 연구하는 지역에서 사람들이(흑인과 백인 모두) 그러하듯이 '아프리카계 미국인'을 '흑인', '유럽계 미국인'을 '백인'이라고 서로 바꾸어 사용할 수 있는 의미로 사용했다.

11 이들 중 일부는 다음과 같다.

아프리카계 미국 온라인(African America Online)(http://home.zdnet.com/yil/content/roundups/

african_america.html)

유니버설 블랙페이지(Universal Black Pages)(http://www.ubp.com/)

네트 노아(흑인 네트)(Net Noir)(http://netnoir.com/)

아프리카계 미국인의 역사(African American History)(http://historicaltextarchive.com/)

아프리카계 미국인 웹 링(African American Web Ring) (http://www.soulsearch.net/aawr/)

12 최근의 자료는 이 지역에서 내린 우리의 초기 결정을 지지한다. 유명한 인터넷 논평가인 제이콥 닐슨 (Jakob Nielsen)에 따르면 다음과 같다.

> 다가오는 5년간 웹은 아주 느리게 연결되는 이용자가 많아져서 어떤 합리적인 웹페이지도 인간적 요 인에 관한 연구에 따르면 반응시간의 한계 때문에 다운로드하는 데 소요시간이 오래 걸릴 것이다. 그 래서 우세한 설계 기준은 2003년경까지 모든 웹 프로젝트에서의 다운로드 속도임에 틀림없다. 이 것이 최소주의자(최소한의 요소로 극대의 효과를 내려는) 설계 법칙(Minimalist design rules)이다 (Nielsen 1998c: 원본에서 강조).

더구나 일부 연구에서는 웹 이용자가 점점 보수주의적으로 변함에 따라 웹페이지를 설계할 때 혁신을 수용하는 것에 대해 더욱 크게 저항하는 경향이 있다고 말한다. 다시 닐슨의 이야기를 살펴보자.

> 웹 이용자는 보수적이다. 그들은 일관성이 없는 사이트 디자인(설계) 혹은 그림으로 된 눈 끌기 기법 과 동영상으로 가득 찬 흥미로운 페이지를 원하지 않는다. 그리고 종종 이용할 수 있는 최신의 고객 소프트웨어를 가지고 있지 않다. 결과적으로 웹 디자이너들은 이용자들에게 무언가를 보여줄 때 보 수적이어야 한다. 페이지 디자인(설계)은 보수적이어야 하고 최소주의여야 한다(Nielsen 1998b: 원 본에서 강조).

13 이 장에서는 이 설문 결과에 대해 논의하지 않을 테지만, 그것 역시 기능적인 쌍방향 소통의 한 형식이었 다는 점을 강조해야 한다.

14 '유스넷'은 토론집단의 세계적인 연결체계여서 그 안에서 개별 이용자들은 수많은 기계에 대한 논평 에 다가갈 수 있다. 그것은 뉴스집단으로 불리는 2만 5,000개 이상의 토론 영역을 가지면서도 완전하게 분권화되어 있다(Clemente 1998: 170). 몇몇 뉴스집단은 다듬어지지만(moderated)(즉, 주제에 알맞 게 여과된 내용으로) 대부분은 그렇지 않다. 독자는 구독할 필요가 없고 그냥 로그인하여 '주제의 실타 래'로 구성된 이전에 게시된 논평을 읽고 만약 원한다면 그것에 대한 답을 게시하면 된다. 이 집단은 아 주 개방적이고 많은 ('변두리' 고고학에 관심이 있는 사람과 같은, Hodder 1992) 비전문가를 불러 모은 다. 한편 '리스트서브(Listservs)'와 '메일베이스(Mailbase)' 집단은 구독만을 통한 특별관심 메일목록집 단(subscription-only special-interest mailing lists)이다. 이것은 대부분 목록을 관리하는 데 사용되 는 소프트웨어를 지칭한다. 다른 소프트웨어 일괄 프로그램도 역시 이용할 수 있다. 이것은 약간 더 특별 한 관심 영역(역사고고학, 영국고고학, 고고학 이론 등)에 초점을 맞춘다. 그리고 많은 것이 다듬어지지 만 또 많은 것은 다듬어지지 않는다. 개별 구성원은 토론에 대해 스스로 규제하고 나머지 구성원이 적절 하지 않다고 느끼는 논평을 사람들이 게시한다면 (강력하게) 항의하는 경향이 있다. 보통 누구나 참여할 수 있음에도 이들은 더 진지하게 전업 혹은 부업의 고고학자를 끌어모으는 경향이 있다. 대부분의 관문 웹사이트(the gateway web sites)에는 두 종류의 토론집단이 있다. 비록 더 바쁜 대화방이 항상 '개방되 어' 있음에도 결국 '대화방'은 온라인이고 실시간으로 토론하며 보통 미리 계획된다. 이러한 것은 고고 학적 웹사이트에는 거의 존재하지 않는다. 예를 들어 http://archaeology.about.com/에 있는 계획된 대

화방을 보라.

15 여기에서 언급한 토론광장들은 일정 기간 활발할 것 같았음에도 무기한으로 존재하지 않을 수도 있다. 인터넷에서 활용할 수 있는 많은 내용은 다소 수명이 짧은 특성이 있다. 출판된 자료(Nielsen 1998a)와 개인적 경험을 통해 볼 때 웹사이트에서 10-12%의 링크는 어느 때든 '고장이 난다(broken)'. 그리고 일부 조사 자료에서는 적어도 60%의 웹 이용자가 끊어진 링크를 웹을 사용할 때의 주요 문제 가운데 하나라고 말한다(GVU 1997). 끊어진 링크는 링크된 웹에서 떠났거나 다른 곳으로 이동한 것을 의미한다.

16 이 수치는 문서 파일을 다운로드 받는 것을 측정하는 이용 시간(user sessions)이지 '단순한 방문(hits)'을 의미하지 않는다. 그러므로 각 이용 시간은 많은 수의 '방문'을 포함한다. 그렇다 하더라도 많은 웹사이트에 수신된 것에 비하면 아주 적은 수이다. 우리는 텍사스주 남부의 농촌 지역에 있는 한 고고학 유적에 초점을 맞춘 독립적인 사이트를 운영한 첫해에 이 방문자 수에 실망하지 않았다.

17 http://catal.arch.cam.ac.uk/catal/goddess.html에 있는 이들 (메시지) 주고받기(correspondence)를 보관해놓은 웹페이지를 보라.

18 또한 ('민주주의' 문제가 유일한 구성요소인) 더 큰 사례연구에서는 다양한 집단에 '타당하기' 위한 고고학적 웹사이트의 능력 같은 고고학적 웹사이트의 다른 특성을 분석하는 것을 강조해야 한다. 이 결과는 상당 부분 '민주주의'와 관련하여 여기에서 제시한 결과보다 더 긍정적이다.

참고문헌

Abram, E. S. 1999. *Archaeological Analysis: Pieces of the Past*. Royal Ontario Museum. URL: http://www,rom.on.ca/digs/munsell/, accessed on 12 April 2001.

Agbie-Davies, A. 1999. The legacy of 'race' in African-American archaeology: A silk purse from a wolf's ear? Paper presented at World Archaeological Conference 4, Cape Town, South Africa.

Barnes, M. K. 1998. Everything they owned. Paper presented at Annual Meetings of the Society for Historical Archaeology, Atlanta, Georgia.

Barnes, M. K. 1999. *Church and Community: An Archaeological Investigation on the Levi Jordan Plantation*. Master's Thesis, Department of Anthropology, University of Houston.

Bograd, M. D. and Singleton, T. A. 1997. The Interpretation of Slavery: Mount Vernon, Monticello and Colonial Williamsburg. In Jameson, J. H. Jr (ed.) *Presenting Archaeology to the Public: Digging for Truths*. Walnut Creek, London, New Delhi: Altamira Press.

Bolter, J. D. 1991. *Writing Space: The Computer, Hypertext, and the History of Writing*. Hillsdale, NJ: Lawrence Erlbaun Associates.

Brown, K. L. 1994. 'Material culture and community structure: the slave and tenant community at Levi Jordan's Plantation 1848-1892. In Hudson, L. E. (ed.) *Working Toward Freedom: Slave Society and Domestic Economy in the American South*. Rochester, NY: University of Rochester Press.

Brown, K. L. 1997. Some thoughts on archaeology and public responsibility. *Newsletter of the African-American Archaeology Network* Fall: 18.

Brown, K. L. 2000. From archaeological interpretation to public interpretation: collaboration within the discipline for a better public archaeology (Phase One). Paper presented at: 65th Annual Meeting of the Society for American Archaeology, Philadelphia, Pennsylvania.

Brown, K. L. and Cooper, D. C. 1990. Structural continuity in an African-American slave and tenant community. *Historical Archaeology* 24(4): 7-19.

Castells, M. 1996. *The Rise of the Network Society*. Oxford: Blackwell.

Clemente, P. 1998. *The State of the Net: The New Frontier*. New York: McGraw-Hill.

Conlin, R. 1999. Internet fast becoming a global draw. *E_commerce Times*. URL: http://www.ecommercetimes.com/news/articles/990610-7.shtml, accessed on 31 August 1999.

Datamonitor. 1998. One in three European homes online by 2003, December 10 1998. NUA Internet Surveys. URL: http://www.nua.ie/surveys/index.cgi?f=VS&art_id=905354575&rel=true, accessed on 15 April 2001.

Datamonitor, 1999. 545 million user accounts globally by 2003. August 11 1999. NUA Internet Surveys. URL: http://www.nua.ie/surveys/index.cgi?f=VS&art_id=905355185&rel=true, accessed on 15 April 2001.

Doheny-Farina, S. 1996. *The wired Neighborhood*. New Haven, London: Yale University Press.

Foucault, M. 1972. *The Archaeology of Knowledge*. London: Tavistock.

Guay, T. 1995. WEB Publishing Paradigms. Simon Fraser University. URL: http://hoshi.cic.sfu.ca/~guay/Paradigm/Paradigm.html, updated April 1995, accessed on 12 April 2001.

GVU. 1997. Problems Using the Web, GVU's 8th WWW User Survey. Graphic, Visualization, and Usability Center; Georgi Tech Research Corporation. URL: http://www.gvu-gatech.edu/

user_serveys/survey-1997-10/graphs/use/Problems_Using_the_Web.html, accessed on 13 September 1999.

GVU. 1998. GVU 10th WWW User Survey. May 4 1999. Graphic, Visualization, and Usability Center; Georgia Tech Research Corporation, http://www.gvu.gatech.edu/user_surveys/survey-1998-10/index.html, accessed on 31 August 1999.

Handsman, R. G. and Richmond, T. L. 1995. The Mahican and Schaghticoke Peoples and Us. In Schmidt, P. R. and Patterson, T. C. (eds) *Making Alternative Histories: The Practice of Archaeology and History in Non-Western Settings*. Santa Fe, New Mexico: School of American Research Press.

Hodder, I. 1992. *Theory and Practice in Archaeology*. London, New York: Routledge.

Hodder, I. 1997. Towards a reflexive excavation methodology. Antiquity 71(273): 691-700.

Hodder, I. 1999. *The Archaeological Process: An Introduction*. Oxford: Blackwell.

Hodder, I., Shanks, M., Alexandri, A., Buchli, V., Carman, J., Last, J. and Lucas, G. (eds) 1995. *Interpreting Archaeology: Finding Meaning in the Past*. London and New York: Routledge.

Joyce, M. 1995. Of Two Minds: Hypertext Pedagogy and Poetics. University of Michigan Press, URL: http://www.press.umich.edu/webhome/09578-intro.html (segments only), accessed on 12 April 2001.

Joyce, R. 1999. Multivocality and authority: implications from a hypertext writing project. Paper presented at: Annual Meetings of the Society for American Archaeology, Chicago, Illinois.

Joyce, R., Guyer, C. and Joyce, M. 2000. Sister Stories. New York University Press, URL: http://www.nyupress.org/sisterstories, updated in 2000, accessed on 12 April 2001.

Kester, G. 1994. Access Denied: Information Policy and the Limits of Liberalism. University of Rochester, URL: http://www.rochester.edu/College/FS/Publications/KesterAccess.html, accessed on 9 September 1999.

Kroker, A. and Weinstein, M. A. 1994. *The Theory of the Virtual Class: Not a virtual culture, but a culture that is wired shut*. New York: St. Martin's Press.

Landow, G. P. 1992. *Hypertext: The Convergence of Contemporary Critical Theory and Technology*. Baltimore and London: The Johns Hopkins University Press.

LaRoche, C. 1997. Seizing intellectual power: the dialogue at the New York African burial ground. In McDavid, C. and Babson, D. (eds) *In the Realm of Politics: Prospects for Public Participation in African-American Archaeology. Historical Archaeology* Vol. 31(3). California, Pennsylvania: The Society for Historical Archaeology.

Lemos, R. 1998. NetNoir head criticizes coverage of online race study. April 17 1998. ZDNet, URL: http://zdnet.com.com/2100-11-509080.html, accessed on 12 April 2001.

Leone, M. P., Potter, P. B. Jr and Shackel, P. A. 1987. Toward a Critical Archaeology. *Current Anthropology* 28(3): 283-302.

Leone, M. P., Mullins, P. R., Creveling, M. C., Hurst, L., Jackson_Nash, B., Jones, L. D., Kaiser, H. J., Logan, G. C. and Warner, M. S. 1995. Can an African-American historical archaeology be an alternative voice? In Hodder, I., Shanks, M., Alexandri, A., Buchli, V., Carman, J., Last, J. and Lucas, G. (eds) *Interpreting Archaeology: Finding Meaning in the Past*. London and New York: Routledge.

McCarthy, J. P. 1996. Who Owns these bones?: descendant community rights and partnerships in the excavation and analysis of historic cemetery sites in New York and Philadelphia. *Public Archaeology Review* 4(2): 3-12.

McDavid, C., 1997a. Descendants, Decisions, and Power: The Public Interpretation of the Archaeology of the Levi Jordan Plantation. In McDavid, C. and Babson, D. (eds) *In the Realm*

of Politics: Prospects for Public Participation in African-American Archaeology, Historical
Archaeology Vol. 31(3). California, Pennsylvania: Society for Historical Archaeology: 114-31.

McDavid, C. 1997b. Editor's Introduction. In McDavid, C. and Babson, D. (eds) In the Realm
of Politics: Prospects for Public Participation in African-American Archaeology. Historical
Archaeology Vol. 31(3). California, Pennsylvania: Society for Historical Archaeology.

McDavid, C. 1998a. The Levi Jordan Plantation Historical Society: The History of a Collaborative
Project. Levi Jordan Plantation Historical Society, URL: http://www.webarchaeology.com/
html/about.htm, updated on 27 February 1999, accessed on 15 September 1999.

McDavid, C. 1998b. The Levi Jordan Plantation Web Site. Levi Jordan Plantation Historical
Society, URL: http://www.webarchaeology.com, updated on 27 February 1999.

McDavid, C. 1998c. Archaeology and "The Web": writing multi-linear texts in a multi-centered
community. Paper presented at Annual Meetings of the Society for Historical and Underwater
Archaeology, Atlanta, Georgia.

McDavid, C. 1999. From real space to cyberspace: contemporary conversations about the
archaeology of slavery and tenancy. Internet Archaeology 6, Special Theme: Digital
Publication, URL: http://intarch.ac.uk/journal/issue6/mcdavid_toc.html, updated May 1999,
accessed on 12 April 2001.

McDavid, C. 2000. Archaeology as cultural critique: pragmatism and the archaeology of a
Southern United States plantation. In Holtorf, C. and Karlsson, H. (eds) Philosophy and
Archaeological Practice: Perspectives for the 21st Century. Goteborg, Sweden: Göteborg:
Institutionen för arkeologi, Göteborgs universitet.

McDavid, C. and Babson, D. (eds) 1997. In the Realm of Politics: Prospects for Public
Participation in African-American Archaeology. Historical Archaeology Vol. 31(3). California,
Pennsylvania: The Society for Historical Archaeology.

Meskell, L. 1997. Electronic Egypt: the shape of archaeological knowledge on the Net. Antiquity
71: 1073-76.

Meskell, L. 1998. Introduction: Archaeology Matters. In Meskell, L. (ed.) Archaeology Under Fire:
Nationalism, politics and heritage in the Eastern Mediterranean and Middle East. London:
Routledge.

Moore, L. E. 1994. The ironies of self-reflection in archaeology. In Mackenzie, I. M. (ed.)
Archaeological Theory: Progress or Posture? Avebury: Aldershot.

Mouer, D. 2000. Comment: can there be a pragmatic archaeology? In Holtorf, C. and Karlsson,
H. (eds) Philosophy and Archaeological Practice: Perspectives for the 21st Century. Göteborg,
Sweden: Göteborg: Institutionen för arkeologi, Göteborgs universitet.

NCIA. 2000. Falling Through the Net: Defining the Digital Divide. National Communications and
Information Administration, US Department of Commerce, URL: http://www.ntial.doc.gov/
ntiahome/digitaldivide/, updated November 1999, accessed on 12 April 2001.

Nielsen, J. 1998a. Fighting Linkrot. Useit.com, URL: http://www.useit.com/alertbox/980614.html,
updated on 14 June 1998, accessed on 12 April 2001.

Nielsen, J. 1998b. The increasing conservatism of Web users. Useit.com, URL: http://www.useit.
com/alertbox/980322.html, updated on 22 March 1998, accessed on 12 April 2001.

Nielsen, J. 1998c. Nielsen's Law of Internet Bandwidth. Useit.com, URL: http://www.useit.com/
alertbox/980405.html, updated on 5 April 1998, accessed on 12 April 2001.

Novak, T. P. and Hoffman, D. L. 1998. Bridging the Digital Divide: The Impact of Race on
Computer Access and Internet Use. February 2 1998. E_Commerce Times, URL: http://elab.
vanderbilt.edu/papers/race/science.html, accessed on 12 April 2001.

NUA. 2000. How Many Online?, NUA Internet Surveys, URL: http://www.nua.ie/surveys/how_
many_online/index.html, accessed on 12 April 2001.

NUA. 2001. Citizenship Education Fund: Digital Divide remains apparent in US. Nua Internet
Surveys, URL: http://www.nua.ie/surveys/index.cgi?f=VS&art_id=905356631&rel=true,
updated on 4 April 2001, accessed on 15 April 2001.

Porter, D. (ed.) 1997. *Internet Culture*. New York and London: Routledge.

Postman, N. 1992. *Technopoly: The Surrender of Culture to Technology*. New York: Pantheon.

Potter, P. B., Jr. 1994. *Public Archaeology in Annapolis: A critical approach to history in
Maryland's Ancient city*. Washington, DC: Smithsonian Institution Press.

Powers, B. J. 1994. *From Cotton Fields to Oil Fields: Economic Development in a New South
Community*. PhD Dissertation, Department of History, University of Houston.

Rainie, L. and Packel, D. 2001. More Online, doing more: 16 million newcomers gain Internet
access in the last half of 2000 as women, minorities, and families with modest incomes
continue to surge online. Pew Internet Project, URLs: http://www.pewinternet.org and
http://63.210.24.35/reports/pdfs/PIP_Changing_Population.pdf, updated on 18 February
2001, accessed on 10 April 2001.

Rheingold, H. 1993. *The Virtual Community*. Reading, MA: Addison-Wesley.

Roberts, D. G. and McCarthy, J. P. 1995. Descendant community partnering in the archaeological
and bioanthropological investigation of African-American skeletal populations: two
interrelated cases from Philadelphia. In Grauer, A. L. (ed.) *Bodies of Evidence: Reconstructing
History Through Skeletal Analysis*. New York: John Wiley & Sons.

Rorty, R. 1989. *Contingency, Irony and Solidarity*, Cambridge: Cambridge University Press.

Rorty, R. 1995. The contingency of language. In Goodman, R. B. (ed.) *Pragmatism: A
Contemporary Reader*. New York, London: Routledge.

Schmidt, P. R. and Patterson, T. C. (eds) 1995. *Making Alternative Histories: The Practice of
Archaeology and History in Non-Western Settings*. Santa Fe, New Mexico: School of American
Research Press.

Shade, L. R. 1996. Is there Free Speech on the Net? Censorship in the Global Information
Infrastructure. In Shields, R. (ed.) *Cultures of Internet: Virtual Spaces, Real Histories, Living
Bodies*. London: Sage Publications.

Shanks, M. 1992. *Experiencing the Past: On the Character of Archaeology*. London and New
York: Routledge.

Shanks, M. and Tilley, C. 1987. *Re-Constructing Archaeology: Theory and Practice*. London:
Routledge.

Slatin, J. 1994. Is there a classroom in this text? Creating knowledge in the electronic classroom.
In Barrett, E. (ed.) *Sociomedia: Multimedia, Hypermedia, and the Social Construction of
Knowledge*. Cambridge, MA: MIT Press.

South, S. 1997. Generalized versus literal interpretation. In Jameson, J. H. Jr (ed.) *Presenting
Archaeology to the Public: Digging for Truths*, Walnut Creek, London, New Delhi: Altamira
Press.

Tepper, M. 1997. Usenet communities and the cultural politics of information. In Porter, D. (ed.)
Internet Culture. New York, London: Routledge.

Tringham, R. 1996. The use of hypertext in site interpretation. Paper presented at the Eighteenth
Annual Conference of the Theoretical Archaeology Group, University of Liverpool.

Tingham, R. 2000. The Chimera Web. University of California at Berkeley, URL: http://bmrc.
berkeley.edu/people/tringham/chimera.html, accessed on 12 April 2001.

USA Today, 1999. Growing debate on an emerging digital divide. NUA Internet Surveys, URL: http://www.nua.ie/surveys/index.cgi?f=VS&art_id=905354930&rel=true, updated on 27 May 1999, accessed on 12 April 2001.

Wright, C. 1994. *I Heard it through the Grapevine: Oral Tradition in a Rural African American Community in Brazoria, Texas.* Master's Thesis, Department of Anthropology, University of Houston.

Yahoo. 2001. African Americans lead in U.S. Internet Growth. NUA Internet Surveys, URL: http://www.nua.ie/surveys/index.cgi?f=VS&art_id=905356501&rel=true, updated on 27 February 2001, accessed on 12 April 2001.

Yankee Group. 1999. Two-thirds of US homes online by 2003. March 29 1999. NUA Internet Surveys, URL: http://www.nua.ie/surveys/index.cgi?f=VS&art_id=905354802&rel=true, updated on 29 March 1999, accessed on 12 April 2001.

2부

공공의 이익?: 이해관계자들

9장

21세기 고고학과 권위

로저 토머스(Roger Thomas)

19세기 후반부터 국가의 권위는 영국의 고고학적 과거*에 관한 의견을 정하는 데 선정된 기념물을 '국가적 중요성'을 가진 것으로 밝히는 과정을 통해, 그리고 고대 기념물에 관한 법령으로 보호하는 것을 가치 있다고 함으로써 중요한 역할을 해왔다. 오늘날에는 고고학적 과거에 관한 '공인된' 견해를 받아들일 준비가 덜 되어 있고 어떤 종류의 과거를 믿고 싶은지 스스로 선택하기를 선호한다. 이는 의심의 여지가 없는 권위의 인물에서 다른 이들의 과거 탐사에서 조력자 역할로 변화해야 할지도 모르는 고고유적 담당 국가공무원(archaeological officials of the state)의 역할에 관해 시사점을 준다. 잉글랜드의 '문화유산' 분야에서 최신의 발전은 이러한 종류의 방향 전환을 예시하는 듯하다.

....

* 고고학적 과거: 'archaeological past'를 '고고학적 과거'로 번역했으나 그 의미는 '유적과 유물을 연구하여 구축한 역사와 문화사'인 것으로 생각된다.

1. 머리말: 국가와 고고학적 가치

1882년 재산권에 대한 오랜 투쟁 끝에 첫 번째 「고대기념물보호법(the Ancient Monuments Protection Act)」이 영국에서 통과되었다(Chippindale 1983; Murray 1989; Saunders 1983). 이 법률로 인해 영국에서 국가가 선정한 기념물 목록을 만들어 '계획에 따라 관리'할 수 있게 되었다. 그리하여 선정된 기념물에 법률적인 인정과 보호를 부여했다. 이러한 접근 방법으로 인해 영국에서 최초로 고대 기념물을 보호하는 법령의 토대가 만들어졌다(Carman 1996: 5장). 현재의 법령 아래에서(1979년 「고대기념물 및 고고유적법(the Ancient Monuments and Archaeological Areas Act」, s. 1) "(…) 장관(the Secretary of State)은 국가적 중요성을 가진 것으로 보이는 모든 기념물을 사적(史蹟)에(in the Schedule) 포함할 수 있다." '국가적(national)'이라는 용어의 사용을 특히 주목하기 바란다. 현대의 국민국가는 과거(past)를 평가하는 틀을 제공한다. 기념물을 '사적'으로 지정하는 것은 1882년 이래 국가의 고고유적 담당 공무원, 즉 고대 기념물 감독관이 하며 해당 기념물에 공식적 지위를 준다.[1] 또한 최근에는 지방정부의 고고유적 담당 공무원이 사적 지정 과정과 관련되었다(Schofield, 개인적 대화). 공무원의 기념물 지정은 자문위원회 혹은 회의체(고대기념물위원회(Ancient Monument Boards) 혹은 그에 상응하는 회의체)의 지도를 받거나 확정된다. 이러한 위원회는 고고학 분야의 저명한 학자들로 구성된다. 위원회의 구성원은 장관(혹은 잉글랜드에서는 잉글랜드문화유산청 청장(the Commissioners of English Heritage))이 임명한다.[2] 이 임명은 담당 공무원의 조언을 고려하여 이루어진다. 위원의 임명은 넓게는 사적 목록에 포함될 기념물을 선정하는 것에 책임을 지는 공무원과 동일한 공무원이다.

고고유적 담당 국가공무원과 위원회 위원은 거의 대부분 동일한 분야에서 선정된다. 이들은 동일한 전문 분야의 구성원이고 배경이 상당히 비슷하며, 종종 동일한 대학에서 수학했다. 초기의 수십 년 동안 특히 그랬는데, 위원회와 고위 담당관 모두는 옥스퍼드대학과 케임브리지대학을 대표하는 졸업생으로 구성되었다. 물론 여기에서 이들 집단의 양상은 영국에서 전반적으로 정치행정 계급의 양상을 단순히 반영했다[3](Ponting 1985: 75).

기념물을 '국가적 중요성'이 있는 기념물로 지정하는 장관의 결정(혹은 지정하지 않은 장관의 결정)에 대한 항소제도는 없다. 국가가 기념물의 소유자나 점유자의 토지에 있는 기념물을 지정하려고 할 때 그들과 사전에 협의해야 하는 규정은 있다. 이 예고는 진지하게 이루어지지만 법적 요구사항이라기보다는 일종의 예의 및 좋은 행정 관례일 뿐이다. 장관의 결정 — 특히 해당 기념물이 그에게 '국가적 중요성'을 갖는 것으로 보이는지의 여부에 관한 결정 — 은 거의 사실상 최종적이다.

그래서 빅토리아 시대 이래 영국에 존재했던 고대 기념물을 보호하는 체계는 국가의 권위로 만들어지고 담당 공무원은 보호 대상 기념물을 선정한다. 이들이 선정하면 국가가 임명한 위원회 위원이 승인한다. 그리고 최종적 결정은, 특정한 기념물이 '국가적 중요성'을 가지고 있는지 없는지에 관한 결정에 반대하는 의견을 실제로 제기할 가능성은 없이, 장관이 (장관 명의로) 한다.

이러한 방식으로 국가의 권위는 국가적으로 중요하다고 여겨지는 사물과 그렇지 않은 사물에 대한 선택을 통해 영국의 고고학적 과거에 대한 관점을 확립하는 데 중요한 역할을 했다. 고고유적 담당 국가공무원이 일반적으로 관리하고 있는 유물보호법제도를 운영하는 유럽의 많은 국가에 이러한 점은 크게 보면 동일하게 중요한 역할을 했다(Cleer 1984, 1989의 논문들 참조).

보호하기 위해 다양한 형식의 기념물을 선택하는 양상의 변화는 그 자체로 흥미로운 연구 주제이다(Schofield, 개인적 대화; Robertson 2000). 한 사례는 이를 매우 명확하게 보여준다. 스코틀랜드에서 중세 혹은 그 이후 시대에 폐기된 시골 마을은 — 대부분 지주에 의해 사람들이 집과 땅에서 쫓겨난 18-19세기의 악명 높았던 '철거(clearances)'의 결과로 만들어진 — 최근까지도 심각하게 보호 대상 기념물로 지정되는 데에 적게 포함되었다. 이러한 사실과 이러한 유적에 관한 관심이 최근 증대하는 것은 영국과 스코틀랜드 사이의 변화하는 정치적 관계(그리고 스코틀랜드로의 권력 이양에 대한 압력이 증대되어감에 따라 스코틀랜드 역사에 대해 변화하는 생각)를 반영하는 것으로 볼 수 있다(Mackay 1993; Hingley 1993, 2000 참조).

2. 선택의 확대

현재의 「고대기념물법(the Ancient Monuments Act)」이 1979년에 통과된 것은 아마도 역설적인 일이다. 그해는 영국에서 분수령이 된 해였기 때문이다. 물론 1979년은 마거릿 대처(Margaret Thatcher)가 수상으로 선출되어 아주 새로운 정치철학으로 국가를 이끌어가던 해였다. 1979년 이래 영국인의 삶(British life)에서 국가의 역할은 변화했고 거의 틀림없이 실질적으로 축소되었다. 확실하게 국가의 권위는 현재 이전처럼 동일하게 유지되지 않는다는 견해가 널리 퍼져 있다(예를 들어 Hutton 1995: 28).

영국에서 국가의 권위가 감소했다고 주장하는 한 가지 중요한 요인은 이전에 국영 독점으로 통제되었던 많은 생활 영역에 시장 원리가 확대된 것이었다(Hutton 1995). 이 원칙의 중심은 소비자의 '선택'이라는 개념이다. 여기에는 몇 가지 예를 제시할 수 있다. 1979년에 공공요금(전기, 수도, 가스), 통신료와 대중교통요금은 거의 전적으로 국가에 의한 독점 방식으로 공급되었다. 지금은 민간회사가 운영하며 경쟁하는 공급자 사이에서 '소비자 선택'의 미덕이 크게 부각되고 있다. 아주 중요하게도 (언론 매체의 영향도 가세하여) 방송의 자유화도 있었다. 첫 번째 자유화는 새로운 상업 라디오와 텔레비전 방송의 도입이었고, 나중에는 다른 방송사 중에서 선택할 수 있는 정도가 크게 늘어날 것을 약속한 위성 디지털 방송을 도입하여 자유화가 이루어졌다. 선택의 개념을 교육과 대중 의료에도 확대하려는 시도가 역시 있었다. 이 모든 일은 어느 정도 사회 안에서 서로 국가의 역할을 전반적으로 감소시키거나 변화시켰다.

경제의 '세계화'는 핵심적 권위의 근원으로 국가의 위상을 약화시키는 데 기여했다(Harvey 1989; Giddens 1999). 자본의 흐름은 국경 혹은 정부의 희망을 고려하지 않는다. 다국적 기업들이 국경을 넘나들며 상당한 권력을 휘두른다. 그리고 인터넷은 지리적 제약을 없애고 이 세상에 어느 곳에서나 사람들이 수신하고자 하거나—유포하고자 하는—정보를 무엇이든 선택하게 하는 아주 큰 잠재력을 가진 세계적 정보와 소통의 도구이다.

그리고 선택의 개념이 폭넓게 확장된 것이 단지 사람들이 소비하는 것에만 영향을 미친 것이 아니라는 점은 놀라운 일이 아니다. 이것은 사람들이 생각하는 것에도 영향을 미쳤다. 지금은 생각, 관심, 믿음 체계에 이전보다 아주 더 큰 다양성이 존재한다—사람들은 그들이 구매하는 것뿐만 아니라 그들이 믿는 것도 선택할 수 있기를 희망한다. 가장 넓은 수준에서 이것은 종교와 관련하여 발견된다—지금 기존의 영국성공회를 아주 적은 사람들이 따르고 있는 반면 불교에서 이교주의(異教主義)까지 폭넓은 범위의 대안적 믿음과 소위 '뉴에이지(New Age)'에 대한 폭넓은 범위의 철학에 대한 관심이 점증하고 있다. 역시(앞서 강조한 점과 연계되어) 유일한 타당한 믿음 체계로서의 과학에 대해서도 실질적으로 거부했다. 대안적 의술과 처방이 확산되었고 지금도 매우 인기가 있다. 점성술과 다른 형태의 점술 같은 것에도 많은 지지자가 있었다. 이러한 경향이 의미하는 것은 다양하지만, 본질적으로 서로 다른 생각에서 나온 선택을 선호하는 대신 공식적이거나 '권위적'인 세계관을 거부하는 것이다.

여러분이 예측하듯이, 이러한 경향은 역시 과거에 관한 관심과 관련해서도 확실하다. 다른 많은 곳에서처럼 영국에서도 과거에 관한 관심이 그 어느 때보다도 컸다(Lowenthal 1998). 그러나 많은 사람들은—단순하게 흥미 있는 '공식적' 이야기를 수용하기보다는—과거의 어떤 면이 자신들에게 중요하고 왜 중요한지에 관한 것 등 과거에 대한 자신들만의 생각을 발전시켰다. 이러한 관심의 범위는 아주 넓다. 그것의 한쪽 끝에는 학계의 진지한 연구 분야로서 전문가에게 중요한 것으로 간주되지 않으면서 사실상 '대중적' 혹은 '아마추어적' 관심사에서 전개되어온 산업고고학 혹은 최근의 군사역사와 같은 주제가 있다(Dobinson et al. 1997; Samuel 1994). 지역사, 가족사, 전투의 재현 같은 주제는 상당한 반향이 있었다. '켈트족'에 관한 모든 것에 큰 관심이 있는데, 이것의 일부는 위에서 언급한 이교주의에 대한 다시 살아나는

관심과 연결되어 있다.[4]

지역사 혹은 군사역사 같은 것에서 온 분야의 다른 한쪽 끝에 있는 '뉴에이지'에 대한 믿음은 과거와 크게 관계된다. 환상열석(The Stone Circle)과 다른 선사시대 기념물들은 종종 '뉴에이지'의 신봉자들이 지력(earth forces)의 요체로 혹은 크게는 신비한 '고대 영국인(ancient Britons)'의 '사라진 지혜'의 증거로 숭배된다. 이러한 일반적 종류의 접근 방법의 흥미로운 사례는 줄리언 코프(Julian Cope)의 『현대 골동품 전문가: 거석문화 시대 영국을 통한 그리스도 재림 이전 시대로의 여정(*The Modern Antiquarian: A Pre-Millennial Odyssey through Megalithic Britain*)』(Cope 1998)이다. 이 책은 영국에서 가장 널리 알려진 많은 선사시대 기념물에 대한 삽화 사진이 많은 안내서이지만 고고학적으로 설명하면서 기념물의 신성하고 종교적인 측면을 많이 강조한다. 노퍽 해안(the Norfolk coast)의 선사시대 목재 원형기념물인 '바다의 헨지'를 처리하는 것에 관해 1999년에 발생했던 커다란 논쟁(Champion 2000)은 고대 기념물의 가치에 관한 '기존'의 견해와 '대안적' 견해 사이의 날카로운 차이점을 아주 생생하게 보여준다. 스톤헨지의 접근성에 관한 오래된 논쟁도 동일한 점을 정확하게 강조한다(Bender 1998; 아래 참조)

이러한 '대안적' 사고방식의 일부는 '문화유산'에 대한 기존의 견해와 '상업적' 제시 사이의 흥미로운 대비를 보여준다. 전자는 과거에 관한 소재와 생각을 현재 믿음 체계 속에 엮어놓고 '고대'의 종교적 의식과 믿음을 오늘날의 뒤떨어진 주류적 가치보다 크게 우월한 것으로 보는데, 후자는 종종 현재 속에서 과거를 혼란에 빠뜨리고 점차로 장밋빛 미래를 향한 역사적 진보의 개념을 강조한다(Walsh 1992). 예를 들어 코프는 영국의 로마 시대 이전 역사를 로마 시대 이래 지금까지 "은폐되고 부인되거나 무시되는 마법의 이야기"로 간주한다(Cope 1998: ix).

다른 현재 철학은 다원성과 개인에 대한 권한 부여와 관련된 경향을 반영한다. 이는 환경보호의 영역에서 특히 그러하다. 이것은 우리 시대에 크게 대중적인 명분 중의 하나이고 그럼으로써 역사 보존은 종종 약간 경시되었지만 그래도 중요한 부분이다(MacInnes and Wickham-Jones 1992). 환경 문제에서 "세계적으로 생각하고 지역적으로 행동하자는" 개인에 대한 명령은 잘 알려져 있고 본질적으로 개인의 힘을 돋우는 데 관심이 있다. 동일한 맥락에서 지속성의 원칙은 환경과 관련된 의사결정을 할 때 지역주민을 적극적으로 관련시킬 필요성을 강조한다. 그리고 서로 다른 집단의 사람이 매우 다른 이유로 동일한 문화유산을 평가할 수도 있다는 점을 인식할 필요성도 강조한다(English Heritage 1997). 본질적으로 지속성은 한 가지 이상의 '진실'이 존재할 수 있다는 점을 인정한다. 그리고 다른 생각을 활용하고 서로 화해하려고 노력하며 국가의 권위가 지역 환경에 대한 지역주민의 생각보다 자동적으로 우위에 있어서는 안 된다고 특별히 인식한다.

과거에 대한 다원적 시각을 인정할 가능성을 인식하는 것은 원주민의 문화유산에 관해 그들의 주장(Simpson 1996; Potter and Chabot 1997)과 '진실'에 관한 의견 일치의 포스트모던적 파괴(Walsh 1992)에서도 역시 일어났다. 그러므로 지역사회에 관여하는 것의 지속성 문제는 과거를 보여주는 방식(representation)과 관련된 권위와 권력의 전통적 노선에 대한 폭넓은 재협상과 관련된다. 잉글랜드의 고고학적 맥락에서 벤더(Bender)는 스톤헨지의 의미와 접근성에 관한 토론에서 다양한 목소리를 관련시키고자 노력했다(Bender 1998). 그녀는 스톤헨지와 그것의 해석 양자와 관련된 '전유(appropriation)와 논쟁'의 문제로 이 주제를 다루고 "스톤헨지가 여러분과 나에게 속한다"는 제목으로 '대안적' 전시에 관해 토론했다. 매우 유사한 맥락에서 코프의 『현대 골동품 수집가』는 영국에서 '문화적으로 빼앗긴 사람'의 문제를 다루었다(Cope 1998: ix).

3. 미래를 바라보며

만약 이러한 분석이 수용되면 그때에는 영국에서 고대 기념물의 보호와 관련된 현재 체제(본질적으로 빅토리아 시대에 기원을 두고 있다)는 종국적으로 바뀌지 않은 상태로 지속되기가 매우 어려울지도 모른다. 현재 체계에서 작은 규모의 공무원과 학계(대체로 동일한 사회적, 교육적 배경)가 어떤 기념물이 중요하고 이의제기를 할 가능성도 없이 '국가적으로 중요하다는' 점을 선언한다. 이러한 접근 방법은 선택, 다원성, 권한 위임, 국민국가의 권위가 감소된다는 주장의 개념과 조화를 이루지 못한다.

잉글랜드에서 지난 몇 년 동안 국가가 '문화유산' 분야에 대한 이러한 새로운 명령의 의미를 인식하고 이에 반응하기 시작했다. 1999년 11월에 맨체스터에서 열린 "누구의 문화유산인가?"라는 주제로 열린 학술대회에서 당시 문화미디어체육부 장관이었던(문화유산 업무도 관장했다) 크리스 스미스(Chris Smith) 하원의원은 '문화적 다양성(Cultural Diversity)'에 관해 연설했다. 그는 무엇보다도 "우리들의 문화유산과 문화는 다른 지역사회의 관점에서 성찰될 필요가 있고 만약 어떤 단체가 어떤 사회에 대해 말하기를 희망한다면 (⋯) 그 단체는 다른 사회가 자신들의 역사가 어떻게 반영되고 전해지기를 원하는지에 대해 알아야 한다"고 말했다.

2000년 2월 영국 정부는 잉글랜드문화유산청에 '잉글랜드에서의 역사 환경에 관한 정책 검토'를 시행할 것을 요청했다(이 요청은 '문화유산의 검토'라고 널리 불리고 있다)(Morris 2000). 폭넓은 협의가 이어진 후 5개로 이루어진 일련의 토론 서류가 2000년 6월에 발간되었다. 이 토론 서류의 각각의 제목은 '이해(Understanding)', '소유물(Belonging)', '체험(Experiencing)', '보호(Caring)', '풍요(Enriching)'였다(English Heritage 2000a). 또 (그리고 명백하게 장관의 주도하에) 이들 서류는 다른 시각을 인식할 필요성을 명쾌하게 인정했다. 일부의 인용문만으로도 주장하는 바를 명확히 하기에 충분하다.

현재 (역사 환경의 중요성을 설명하기 위해 최근 사용되는 말은) 종종 엘리트주의자와 학계이다. 우리는 (⋯) 대안적 화법의 개발을 촉진하는 하나의 어휘가 필요하다[『소유물(Belonging)』, 단락 38].

누구의 가치? (⋯) 실제 가치는 보통 국가적·학문적 기준 속에서 정의된다. '전문가'가 핵심적 역할을 한다. 그러나 가치는 이보다 더 넓게 고려될 필요가 있다. (⋯)

그것은 더 익숙한 과학적·학문적 관점뿐만 아니라 비전문가의 개인적·종교적 관점을 평가하는 것과도 관련된다(『보호(Caring)』, 단락 11과 12).

국가기관, 조직, 재단도 다른 무엇보다도 더 촉진자가 되어야 한다(『소유물』, 단락 30).

「장소의 힘: 역사 환경의 미래(Power of Place: The Future of the Historic Environment)」라는 제목의 최종 검토 보고서(English Heritage 2000b)가 잉글랜드문화유산청에서 2000년 12월에 정부에 제출되었다. 이에 대한 정부의 대응인『역사 환경: 우리의 미래를 위한 힘(The Historic Environment: A Force for Our Future)』이 2001년 12월에 출판되었다(DCMS 2001). 토론 서류에 담겼던 것과 유사한 감정이 두 보고서에 뚜렷하게 담겨 있다. 다음 두 사례는 이 점을 잘 보여준다.

다문화사회에서 모두의 문화유산은 인정될 필요가 있다. (…) '좋은 역사는 (…) 다양한 이야기를 수용하고 사람들이 이야기의 환경 위에 부여한 가치를 고려해야 한다(잉글랜드문화유산청 2000b).

법률적 지정에 관한 이 결정은 국가적 기준의 틀 속에서 전문가의 조언에 따라 중앙정부에 의해 이루어지지만 지역사회에 중요할 수도 있는 다른 요인을 항상 고려하지는 않는다(DCMS 2001: 30).

이러한 인용은―그리고 참으로 전반적으로 이러한 조치의 취지는―아마도 고고유적을 보호하는 데 영국의 '권위적' 역할(그 뿌리는 19세기 후반으로 올라간다)과 자신들만의 과거와의 약속을 창조하려는 점차 다양해지고 다원적인 사회에서 사람들의 요구 사이의 긴장이 얼마나 큰지에 관한 표시로 받아들여질 수 있다.

검토 과정의 한 부분으로 시장조사기관인 모리(MORI)에서는 역사 환경을 대하는 사람들의 태도에 관해 주요 여론조사를 시행했다. 이 조사에서는 사람들이 이 문제를 광범위하게 지지한다고 나타났다. 문화유산이 바로 중요한 문제이고 개인들에게 문화유산의 타당성이 핵심 논점이며 문화유산은 오늘날 사람들의 삶에 의미를 부여하는 데 크게 기여한다는 점을 보여주었다(MORI 2000).

여기에서 두 가지가 명백해졌다. 첫째, 상이한 집단의 사람들과 개인들은 '공식적' 역사를 단지 수용하는 것보다는 자신들만의 역사와 문화유산을 창조하기를 희망한다. 둘째, 국가는 스스로 이를 인정하고 그 함축성을 충분히 생각하기 시작했다. 그에 반해 21세기에 고고유적 담당 국가공무원의 주요 역할은 무엇일까? 명백하게 그 역할은 더 아무런 의심 없이 받아들여지는, 그리고 의심할 여지 없는 권위의 하나가 될 수 없다. 더욱 중요하게도 나는 그 역할이 그렇게 되어서는 안 된다고 주장한다. 우리가 살고 있는 유동적이고 다원적이며 불확실한 시대에—혹은 아마도 그러한 시대이기 때문에—과거, 유적과 유물, 그리고 오늘날 세계의 여러 부분에 대한 굉장한 관심이 존재한다. 과거는 정체성과 의미를 찾는 데, 그리고 점점 동질적인 세계의 물질문화에 직면하여 일종의 차별성을 가지려는 희망에 대해 많은 것을 제공한다.

그러므로 나는 21세기에 고고유적 담당 국가공무원이 권위적 인물이라기보다는 안내자와 촉진자 역할을 해야 한다고 주장하고자 한다. 그러나 실제로 이러한 역할의 변화는 무엇과 관련되는가? 본질적으로 이는 자신만의 과거 혹은 다른 사람의 과거를 밝히기를 바라는 사회의 다른 집단들과 더 밀접하게 관계를 맺는 것일 수 있다. 또한 그러한 집단과 다소 거리를 두는 것보다는 그들과의 대화를 발전시키는 것과 관련될 수도 있다. 그리고 이는 그러한 집단에 자율권을 주는 것을 돕거나 그들만의 과거를 찾도록 수단과 안내를 제공하는 일과 관련될 수도 있다.

메리먼(Merriman 2000)은 박물관과 관련해서 이러한 주장을 했다. 그러나 그것이 고고학 분야에 어떻게 적용될 수 있을까? 누군가가 다양한 가능성을 예상할 수 있다. 고고학자로서(그리고 고고유적 담당 국가공무원으로서) 우리는 많은 이점을 가지고 있다. 우리는 막대한 분량의 현존하는 고고학 정보를 즉시 이용할 수 있는 접근성을 가지고 있고, 어떤 자료가 존재하는지, 그 자료의 질이 어느 정도인지, 그것을 사용하는 문제와 함정이 무엇인지와 같은 잠재적 자원의 과잉 속에서 나아갈 길을 안다. 우리는 일련의 전문화된 고고학적 기법과 과정 — 층위의 원리 혹은 항공사진술, 지구물리학적 조사, 꽃가루 조사, 방사선탄소연대측정 같은 기법 등 — 에 익숙하다. 그리고 — 아마도 이것이 정말로 중요한 점이다 — 우리는 오래되고 잘 확립된 과거의 해석 전통 속에서 일한다. 그렇다고 해서 이러한 우리의 전통이 '진실' 혹은 해석을 독점하고 있다고 주장하는 것은 아니다(오히려 그와는 반대이다). 우리는 우리 주제의 이론적 토대를 가지고 최근의 검색을 분석하는 데 적용해왔다. 일련의 확립된 절차를 이용하여 과거에 대한 우리 모델에 행했던 폭넓은 경험적 관찰을 알고 있다. 그런데 이러한 관찰 중의 다수가 여러 번 되풀이되었다. 그래서 나는 우리가 제시할 것이 있다고 주장한다.

물론 우리가 제안할 수 있는 모든 것이 모두에게 호소력이 있을 수는 없다. 예를 들어 천지창조론자는 절대연대 측정 방법에 대한 우리의 열광을 좋아할 것 같지 않다. 석기시대 동굴 거주자나 고대 영국인 같은 마음속에 간직한 인기 있는 신화에 대한 전문가의 거부가 항상 일반인의 환영을 받는 것은 아니다. 그러나 과거에 대해 알아야 한다는 요구와 과거와 직접적으로 맞물려야 한다는 요구가 존재한다. 사람이 스스로 고고유물을 만져볼 수 있고 고고학적 (발굴)기법을 배울 수 있는 요크고고학자료센터(the Archaeological Resource Centre in York)는 매우 인기가 있다(Jones 1995). 고고학의 기법 자체에 관한 관심이 상당한 듯하다. 잉글랜드 일부 지역에서 '지역사회고고학' 프로그램은 그동안 아주 성공적이었다(Liddle 1989; Start 1999).

이 분야에서 일어난 현재의 두 가지 발전 양상을 언급할 필요가 있다. 첫 번째는 '지역문화유산계획(the Local Heritage Initiative)'이다. 이는 지역민과 집단이 자신들의 지역문화유산(고고문화유산을 포함하지만 그것에만 한정되지는 않는다)을 개발하고 제시하도록 돕는 지원금(grants)을 제공하기 위해 국가복권기금(the National Lottery)에서 재정적 지원을 받는 프로그램이다. 이 프로그램이 (잉글랜드에서 고고학적 사무를 관장하는 국가기구인) 잉글랜드문화유산청의 행정적 관할을 받지 않고 (농촌 지역 문제에 책임을 지고 있는 국가기구인) 농촌진흥청(the Countryside Agency)에 의해 운영된다는 점이 눈에 띈다(DCMS 2001: 30). 복권기금의 지원을 받는 두 번째 발전 양상은 '동산문화재 관리계획(the Portable Antiquities Scheme)'이다(Bland, 이 책의 15장 참조)이다. 이 사업의 목적은 금속탐지기 사용자들[고고학적 과거(고고유적)를 대상으로 활동하고 있는 매우 큰 조직]과 그들이 발견유물을 적절하게 확인하고 확실하게 기록하도록 함께 일하는 것이다. 본질적으로 협력하고 촉진하는 데 강조점이 있다.

그리고 우리는 많은 사람들이 과거에 대한 자신만의 체험을 자신만의 방식으로 하기를 희망한다는 점을 인식해야 한다. 예를 들어 대중의 태도에 관한 메리먼의 조사에서 사람들이 지역의 역사적 장소들에 대해 어떻게 알아내는 것을 선호하는가에 관해 질문했다. 약 20%는 그러한 장소에 스스로의 힘으로 방문하기를 원한다고 말했다(반면 19%는 안내받고 여행하기를 선호했다)(Merriman 1991). 동행자가 없는 방문자이건 단체여행자이건 상관없이 우리는 많은 것을 제시할 수 있다. 우리는 우리만의 매우 특권적인 위치를 이용하여 사람들이 스스로 배우고 이해하며 질문하는 것을 도와줄 수 있다. 이는 우리가 하는 설명의 타당성에 의문을 제기할 기회를 거의 주지 않고 사람들에게 확실히 사실적이고 과학적인 '권위적' 해석을 제시하는 것보다는 더 좋은 일임에 틀림없다.

우리는 더 '개방적인' 접근 방법을 채택함으로써 사람들이 스스로의 힘으로 장소와 인근에 대한 감각, 역사와 역사적 과정에 대한 감각을 (다른 것 중에서) 발견하도록 도울 수 있을지 모른다. 점차 수명이 짧고 뿌리를 내리지 못하는 세상이 되어가는 것처럼 보이는 가운데 이는 참으로 소중한 것일지도 모른다.

4. 맺음말

나는 영국에서 국가의 권위가 고고학적 과거에 대한 특정한 견해를 만드는 데 도움을 준다고 주장한다. 이는 '국가적 중요성'을 가진 기념물을 선택하는(이의제기가 없는 결정) 체계를 통해 이루어진다. 나는 지금 국가적 중요성은 감소하고 과거에 대한 견해를 포함하여 모든 종류의 '권위적' 견해를 실질적으로 거부하는 움직임도 있었다고 주장한다. 이는 명백하게 고고유적 담당 국가공무원의 역할에 대해 문제를 제기한다. 그러나 고고학적 과거를 포함하여 과거의 모든 측면에 대한 관심이 지금보다 더 큰 적은 결코 없었다. 이러한 관심은 많고 다양한 형태를 띠는데, 그중의 일부는 과거와 세계의 성격에 관한 재래식 견해를 상당히 전면적으로 배격하는 것과 관련되어 있다. 고고유적 담당 공무원의 책무(그리고 모든 고고학자의 책무)는 많은 사람들이 '우리의' 주제에 (잠재적으로 혹은 실제로) 매우 관심이 있지만 반드시 과거에 대한 우리의 견해를 망설임 없이 수용하지는 않는 이러한 새로운 환경에 건설적이고 긍정적으로 대응하는 것이다. 이러한 환경에 대한 가장 최선의 대응은 다른 사람들이 스스로 과거와 관련되는 것을 돕기 위해 우리만의 특권적인 지위를 이용하는 것이다. 이는 의심할 여지 없이 새로운 도전을 제시할 것이다. 아무런 의심 없이 받아들여지는 (그리고 의심할 여지 없는) 국가의 권위적 인물은 좋은 시절을 보냈을 것이다. 그러나 이것이 꼭 나쁜 것일 필요는 없다. 우리가 다른 사람의 경험을 풍부하게 하려고 노력하는 데 집중한다면 그 과정에서 우리 자신을 풍부하게 한다는 점을 발견하지 않을까 생각한다.

감사의 말

나의 동료인 마틴 체리(Martin Cherry)와 존 스코필드(John Schofield)는 친절하게도 이 글의 초고를 읽어주었다. 존 스코필드는 기념물을 지정하는 현행 관례에 도움이 되는 논평을 제공했다. 마이리 로버트슨(Mairi Robertson)은 자신의 석사학위 논문의 세부 내용을 나에게 제공했다. 닉 메리먼은 이 글에 도움이 되도록 지도해주었으며 이 글이 나올 때까지 기다리는 놀라운 인내심을 보여주었다. 나는 이 사람들 모두에게 매우 감사한다.

「장소의 힘」과 관련된 토론문과 『역사 환경: 우리의 미래를 위한 힘』에서의 인용은 잉글랜드문화유산청과 문화미디어체육부의 도움 덕분에 이루어졌다.

이 장에서 표현된 견해에 대한 책임은 모두 나에게 있다. 이러한 견해는 개인적인 것이다. 이 글은 잉글랜드문화유산청의 정책이나 견해를 반드시 반영하지 않는다.

원주

1 그러한 첫 번째 감독자는 유명한 군인, 인류학자, 고고학자인 피트 리버스(Pitt Rivers) 장군이었다. 보든
   (Bowden 1991)을 참조하라.
2 잉글랜드문화유산청은 잉글랜드에서 고대 기념물과 고고학 업무에 책임을 진 정부기관이다.
3 위원회 위원과 고위공무원의 목록은 고대기념물위원회의 『연보(*the Annual Reports*)』혹은 잉글랜드
   의 경우 잉글랜드문화유산청의 1984년부터 지금까지의 『연보』에서 확인할 수 있다.
4 이는 책 제목에서 '켈트족'이라는 단어를 사용하거나 책의 주제 가운데 하나가 이교주의(paganism)인
   최근에 출판된 수많은 책으로 입증된다.

참고문헌

Bender, B. 1998. *Stonehenge. Making Space*. Oxford: Berg.

Bowden, M. 1991. Pitt Rivers. *The life and archaeological work of Lieutenant-General Augustus Henry Lane Fox Pitt Rivers, DCL, FRS, FSA*. Cambridge: Cambridge University Press.

Carman, J. 1996. *Valuing Ancient Things: Archaeology and Law*. Leicester: Leicester University Press.

Champion, M. 2000. *Seahenge: A Contemporary Chronicle*. Barnewell: Timescape Publishing.

Chippindale, C. 1983. The making of the first Ancient Monuments Act 1882 and its administration under General Pitt Rivers, *Journal of the British Archaeological Association* 136: 1-55.

Cleere, H. (ed.) 1984. *Approaches to Archaeological Heritage Management*. Cambridge: Cambridge University Press.

Cleere, H. (ed.) 1989. *Archaeological Heritage Management in the Modern World*. London: Unwin Hyman.

Cope, J. 1998. *The Modern Antiquarian — A Pre-Millennial Odyssey through Megalithic Britain*. London: Thorsons.

DCMS (Department for Culture, Media and Sport). 2001. *The Historic Environment: A Force for Our Future*. London: DCMS.

Dobinson, C. Lake, J. and Schofield, A. J. 1997. Monuments of War: defining England's twentieth century defence heritage. *Antiquity* 71: 288-99.

English Heritage 1997. *Sustaining the Historic Environment: New Perspectives on the Future*. An English Heritage Discussion Document. London: English Heritage.

English Heritage 2000a. *Review of Policies Relating to the Historic Environment*. Discussion papers circulated in June 2000. London: English Heritage.

English Heritage 2000b. *Power of Place. The Future of the Historic Environment*. London: English Heritage.

Giddens, A. 1999. *Runaway World: How Globalisation is Reshaping our Lives*. London: Profile.

Harvey, D. 1989. *The Condition of Postmodernity*. Oxford: Basil Blackwell.

Hingley, R. 1993. Past, current and future preservation and management options. In R. Hingley (ed.) *Medieval or Later Rural Settlement in Scotland. Management and Preservation*. Historic Scotland Ancient Monuments Division Occasional Paper Number 1. Edinburgh: Historic Scotland: 52-61.

Hingley, R. 2000. Medieval or later rural settlement in Scotland — the value of the resource. In J. A. Atkinson, I. Banks and G. MacGregor (eds) *Townships to Farmsteads. Rural Settlement Studies in Scotland, England and Wales*. BAR British Series 293. Oxford: BAR: 11-19.

Hutton, W. 1995. *The State We're In*. London: Jonathan Cape.

Jones, A. 1995. Integrating school visits, tourists and the community at the Archaeological Resource Centre, York, UK. In E. Hooper-Greenhill (ed.) *Museum, Media, Message*. Leicester: Leicester University Press: 156-64.

Liddle, P. 1989. Community archaeology in Leicestershire museums. In E. Southworth (ed.) *Public Service or Private Indulgence?* The Museum Archaeologist 13. Liverpool: Society of Museum of Archaeologists: 44-46.

Lowenthal, D. 1998. *The Heritage Crusade and the Spoils of History*. London: Viking.

MacInnes, L. and Wickham-Jones, C. R. (eds) 1992. *All Natural Things: Archaeology and the Green Debate*. Oxbow Monograph 21. Oxford: Oxbow Books.

Mackay, D. 1993. Scottish rural Highland settlement: preserving a people's past. In R. Hingley (ed.) *Medieval or Later Rural Settlement in Scotland. Management and Preservation*. Historic Scotland Ancient Monuments Division Occasional Paper Number 1. Edinburgh: Historic Scotland: 43-51.

Merriman, N. 1991. *Beyond the Glass Case. The Past, the Heritage and the Public in Britain*. Leicester: Leicester University Press.

Merriman, N. 2000. The crisis of representation in museums. In F. P. MacManamon and A. Hatton (eds) *Cultural Resource Management in Contemporary Society. Perspectives on Managing and Presenting the Past*. London: Routledge: 300-309.

MORI. 2000. Research conducted for English Heritage. URL: www.english–heritage. org.uk.

Morris, R. 2000. On the Heritage Strategy Review. *Conservation Bulletin* 37: 2-5.

Murray, T. 1989. The history, philosophy and sociology of archaeology: the case of the Ancient Monuments Protection Act 1882. In V. Pinsky and A. Wylie (eds) *Critical Traditions in Contemporary Archaeology*. Cambridge: Cambridge University Press: 55-62.

Ponting, C. 1986. *Whitehall: Tragedy and Farce*. London: Sphere Books.

Potter, P. B. and Chabot, N. -J. 1997. Locating truths on archaeological sites. In J. Jameson (ed.) *Presenting Archaeology to the Public. Digging for Truths*. London: Altamira Press: 45-53.

Robertson, M. 2000. *Conservation Practice and Policy in England, 1882-1945*. Master of Studies dissertation, Department of Continuing Education, University of Oxford.

Samuel, R. 1994. *Theatres of Memory*. London: Verso.

Saunders, A. D. 1983. A century of ancient monuments legislation. *The Antiquaries Journal* 63: 11-33.

Simpson, M. G. 1996. *Making Representations: Museums in the Post-Colonial Era*. London: Routledge.

Start, D. 1999. Community archaeology: bringing it back to local communities. In G. Chitty and D. Baker (eds) *Managing Historic Sites and Buildings: Reconciling Presentation and Preservation*. London: Routledge: 49-59.

Walsh, K. 1992. *The Representation of the Past. Museums and Heritage in the Post-Modern World*. London: Routledge.

10장

브라질의 대중고고학

페드로 파울로 후나리(Pedro Paulo Funari)

1. 머리말: 브라질 사회와 대중

브라질 사회(the Brazilian society)에 대한 개념은 일반화하기가 어려우며 대부분의 외국인은 브라질에 대한 아주 흐릿한 인상을 가지고 있을 개연성이 있다. 아마도 브라질에 대한 가장 흔한 인상은 카니발 축제와 톰 조빔(Tom Jobim)이 노래하고 무엇보다도 프랭크 시나트라(Frank Sinatra)가 연주하여 전 세계에 브라질에 대한 인상을 확산시킨 노래 〈이파네마에서 온 소녀(Girl from Ipanema, *Garota de Ipanema*)〉와 보사노바(bossa nova, 삼바에 모던재즈의 감각이 가미되어 발달한 새로운 대중음악)가 뒤섞인 리우데자네이루(Rio de Janeiro)의 거리이다. 리우데자네이루는 아직도 전 세계 사람들에게 브라질(혹은 아르헨티나까지)의 수도로 여겨진다. 사실은 브라질이 상대적으로 덜 알려진 나라임에도 그 문화의 일부는 펠레(Pelé)와 아이르통 세나(Airton Senna) 같은 인물이나 브라질의 리듬으로 해외에 널리 알려져 있다. 그러나 브라질 사회는 어떠한가? 브라질에 사회가 존재하는가? 물론 이는 사회라는 개념을 어떻게 정의하는가에 달려 있다. 왜냐하면 '공동생활체계(a system of common life)'(Williams 1983: 294)는 상이한 사회계층의 마음속에 존재하는 연결성이 부족한 상황인 브라질의 경우에 적용하기 어려운 개념이기 때문이다. 아마도 충격적인 뉴스 기사는 이러한 사회적 헌신의 부족에 대해 우리에게 경고하기에 충분할 것이다. "한 거지가 포르투 알레그레(Porto Alegre, 브라질 남부에 있는 항구도시)에서 산 채로 태워졌다. 이 사고는 버스터미널에서 가까운 시내에서 발생했는데 목격자는 그곳에 서너 명의 공격자가 있었고 그들 중 일부는 청소년이었다고 말한다"(Gerchmann 1998).

초등학교 어린이가 '브라질 원주민의 날'을 막 기념하고 있을 때 수도 브라질리아에서 1977년 4월 19일에 동일한 방식으로 브라질 원주민이 살해된 이래 방화범에 관해서 많은 매스컴에서 관심을 보였음에도 이러한 종류의 범죄는 너무 흔해서 일반적으로 보도되지 않았다. 방화범은 경찰에 검거되었고 이 중산층 청소년은 얼마 지나서 살인죄가 아닌 '부지불식간에 생활을 위협한 죄'로 기소되었다. 살인사건의 여파로 서너 개의 사건이 언론에 보도되었는데, 서너 명의 가난한 사람이 '부지불식간'에 보통 박해받지 않는 시민에 의해 처형되었다. 어떤 지역에서는 가난한 사람을 불에 태우는 것이 아직도 '유행하고' 있다. 이들 가난한 브라질인은 누구인가? 이들은 아주 소수의 소모용 인간을 대표하는가? 브라질은 지금 세계 10위의 커다란 경제 규모를 가진 나라이다. 국내총생산(GDP)은 약 8,000억 달러에 이르고 1인당 GDP는 약 4,700달러에 이른다(*Latin American Monitor* 1997: 5). 그러나 다른 자료에 따르면 브라질은 40%의 최하위 빈곤층이 국민소득의 7%밖에 벌지 못하는 반면 10%의 최상위 부유층이 51.3%의 국민소득을 버는, 미주 대륙, 아프리카, 아시아의 어떤 나라보다도 소득불균형이 심한 지구상에서 가장 불공평한 나라이다(*Folha de São Paulo* 1996a). 겨우 1%의 최상위 부유층이 국민소득 13.9%를 버는 반면 최하위 빈곤층 10%가 국민소득 1.1%를 번다(*Folha de São Paulo* 1996b). 그리고 최근 40여 년간 소득불균형은 줄어들기보다는 지니(Zini 1997)와 마우라오(Mourão 1997) 같은 연구자와 경제학자들에게는 절망적이리만큼 더 증가하고 있다(Dantas 1995). 어린이는 학교에 가는 대신에 아직도 일을 하며(Filho 1997; Ribeiro 1997; Sérgio and Rocha 1997) 문맹이 만연하다.

그래서 거대한 대다수는 월 60달러 미만으로 살아가며(Fuentes 1996) 결과적으로 지금의 노동부 장관인 아마데오(Amadeo 1991)가 언젠가 강조했듯이 소비자 시장에서도 이들은 밖에 있다. 평범한 브라질 사람의 이러한 궁핍한 상태를 설명하는 데는 갈 길이 멀지만 브라질의 사회관계의 가부장제적 뿌리와 최근까지의 권위주의적 통치 역사 같은 다른 두 가지에 대해서도 언급해야 한다. 계급사회인 브라질의 체계는 엘리트 가족과 그것의 부수 효과와 같은 제도를 통해 세속적으로 운영된다. 그것은 후원과 선량하고 힘 있는 주인에 대한 결과적으로 초래된 두려움(DaMatta 1991: 399)이다. 그래서 노예, 가난한 사람, 비소유주는 시민이 아니라 속민과 피부양자이며(Mota 1977: 173) 후원(Carvalho 1998)은 아직도 만연하다(예를 들어 *O Estado de São Paulo* 1998). 이러한 권위주의적 전통은 당시를 경험한 역사학자의 표현으로 "많은 사람이 수난을 당하고 망명하고 고문받고 죽임을 당하던 때인" 1964년과 1985년 사이에 군사정권에 의해 강화된다(Iglésias 1985: 216). 인권운동가들이 "정부가 법률과 시민의 권력을 존중하지 않을지라도 법치민주국가는 진실을 밝혀야 한다고 강조했음에도" 민주정부로 회복된 이후에도 이 시기의 권력 오용에 대한 청문회는 없었다(Pinheiro 1995; Rebelo 1990과 비교하라). 브라질에서는 남아프리카공화국에서의 사례와 같은 '진실화해위원회(Truth and Reconciliation Commission)'가 없었다(Cose 1998; Mabry 1998). 아르헨티나와 같은 남쪽 지역의 다른 국가조차도 군사 독재자와 그 지지자의 권력 오용을 적어도 부분적으로 조사할 수 있었다. 그 결과 스스로 권력 소유자인 지식인층이 분명하게 표현한 권력 담론은 '타자(the Other)'를 체계적으로 거부했고(Verasco e Cruz 1997: 21-22) 브라질 사회에 존재하는 커다란 사회적 분열을 넘어서서 사회를 통합하려는 요구를 묵살했다.

이러한 사회적 맥락에서 피어슨(Pearson 1998)이 말한 바와 같이 "대중을 위한 고고학을 하는 것"이 무슨 의미가 있는가? 미국과 유럽의 고고학에 관심을 가지고 더 폭넓게 존재하는 청중은 사회계층의 넓은 폭을 포함하고 『내셔널 지오그래픽 매거진(*National Geographic Magazine*)』의 기사는 고고학의 인기를 보여주는 넓은 독자층이 존재한다는 증거이다. 고고학의 고객층이 중산층보다 더 많지는 않음에도 (Merriman 1991; McGuire and Walker 1999), 미국과 유럽에서 중산층은 스스로를 상위 집단에만 한정하지 않는다. 한편 브라질에서 고고학에 관심을 갖는 대중은 아마도 200명의 고고학자보다도 적은 수로 제한되고(Barreto 1998: 774), 초등학교 어린이들, 신문 독자, 브라질 가정의 80% 이상이 텔레비전을 가지고 있을 만큼((*Folha de São Paulo* 1996c) 많은 텔레비전 시청자, 중산층은 유럽 혹은 미국과 비례하여 크지는 않다. 이 논문의 목적은 고고학자와 다른 청중의 상호관계에 대해 논의하고 미래에 변화할 모습을 평가하는 데 있다.

2. 브라질고고학과 청중

대중은 보통 집합적으로 조직화되지 않은 자역사회로 생각되고, 그래서 집합명사로 사용된다. 이러한 의미에서 대중은 너무 일반적이어서 다양한 범주의 상이한 사회적 청중을 다루는 데 사용될 수 없다. 브라질 고고학자가 말하는 좁은 의미의 청중은 다른 지역의 고고학자이고 대부분의 현역은 자신이 매우 특수한 대중으로 제한된다는 사실을 염려하지 않는다. 보통 고고학자는 다른 많은 국가와 동일하게 연구나 결과에 대한 출판물을 요구하는, 준수해야 할 명확한 규칙이 없기 때문에 보고서를 출판하지 않는다. 이 서너 개의 발굴 기간에 청중은 발굴을 돕는 자원봉사자로 국한된다. 발간되지 않은 보고서나 논문이 있다면 그 독자는 보통 도서관에 있는 원본 혹은 사본에 접근할 수 있는 매우 소수의 사람에게 국한된다.

고고학자는 좀 더 폭넓은 독자층인 300-400명의 동료 고고학자가 접근할 수 있도록 지역의 학술지에 점점 더 많은 논문을 발표하고 있다. 대부분의 고고학자는 포르투갈어로 발표하며 브라질 사람이 아닌 연구자를 위해 특별히 배려하려는 의지가 전혀 없다. 학술지는 거의 외국어로 출판되지 않으며 다중언어가 아니다. 브라질에 200명을 넘지 않는 고고학자가 있고 그들이 다양한 다른 주제를 다루고 있다는 점을 고려할 때 10명 이상의 사람이 논문을 읽으면 예외라고 할 수 있다. 훨씬 많은 국제 고고학 청중을 대상으로 하는 논문은 아직도 드물지만 『고대(*Antiquity*)』의

"브라질 고고학" 최신 특집호의 경우처럼(Barreto 1998; Gaspar 1998; Gonzalez 1998; Heckneberger 1998; Kipnis 1998; Neves 1998; Noelli 1998; Wüst 1998) 1985년에 민주 정부가 복원된 이래 세계 고고학계를 대상으로 하는 연구가 늘어났다. 최근의 도서에도 나타나듯이(Orser 1996; Funari et al. 1999), 역사고고학의 경우에 외국인 전문가로 구성된 극소수의 집단뿐만 아니라 일반적으로 고고학자가 브라질에 관한 주제와 관점을 논의하고 있음에도 브라질이라는 주제에 관해 비전문가인 고고학자의 흥미를 끌 수 있는 좀 더 해석적인 문제에 대한 참고자료는 아직도 매우 희귀하다. 고전고고학에 관해 브라질인이 쓴 논문(예를 들어 Sarian 1989)과 유럽에서 출판된(Funari 1997a 참조) 도서(예를 들어 Funari 1996a)의 사례가 바로 그 경우이다. 이 도서의 가상 사이트를 참고한 비율에서 알 수 있듯이 이 도서는 더 폭넓은 고고학 독자층을 가지고 있다.

그러나 고고학이 전체적으로 사회에 유의미하고, 특히 인문과학과 사회과학에 의미가 있으므로, 고고학에 관심을 갖는 세계의 대중은 단순히 발견하고 묘사하는 증거보다는 관념에 더 관심을 갖는다(Tilley 1998: 691-92). 그래서 다른 중요한 청중, 다른 사회과학의 청중이 있는데, 이들의 관심은 고고학과 일치되어야 한다. 왜냐하면 고고학이 항상 사회적으로 관여되고(Hodder 1991: 22) 이념적이고 정치적인 이용과도 직접 연결되어 있다는 점(Slapsak 1993: 192)과 우리가 과거를 해석하는 방식이 현재를 보는 방식과 분리될 수 없다는 점(Nassaney 1989: 89)에 대한 인식이 늘어나고 있기 때문이다. 이와 아주 마찬가지로 선사시대의 과거에 관한 연구조차도 하나의 정치적 행위이고(Hodder 1990: 278) 과거에 대한 생산방식으로서 고고학은 (Shanks 1995: 34) 과거에 대한 자료를 모으는(Shanks and McGuire 1996: 82) 일반 대중과 불가피하게 연결된 학문이다. 이러한 점에서 유럽과 미국의 고고학자들은 점차 역사학자, 인류학자, 문화유산관리자, 교육자와 서로 대화할 필요가 있다는 점을 인식한다. 이들의 상대인 브라질 고고학자들은 브라질의 안과 밖에서 이러한 청중에게 더 많은 관심을 가져야 한다(Funari 1997b). 지금 점차 그렇게 되고 있듯이(Funari 1998), 더 폭넓은 대중에게 도달하는 방법은 동료 사회과학자와 소통하는 것이기 때문이다. 다원적 대화를 강화해주는 좀 더 많은 의견과 접근의 다양성(Bintliff 1995: 34)은 고고학자에게 엄격하게 전문적이고 고고학적이지는 않은 다른 청중도 있다는 사실을 인식할 수 있게 한다(Funari 1996b).

고고학자는 지배자와 피지배자(Ucko 1990: xx) 혹은 권력으로부터 소외된 사람들이 혜택을 받기 위해 경쟁할 때 복잡한 진퇴양난에 처하게 되었다. 고고학은 엘리트뿐만 아니라 소작농, 원주민, 유목민, 노예, 기능공, 상인(Saitta 1995: 385) 등 모든 사회 집단에 접근성을 제공할 수 있는 유일한 사회과학이다. 그리고 이러한 이유로 일반 대중은 우리가 고고학자로서 그들에게 제공하는 것을 인정할 수 있는 잠재력을 가지고 있다. 최근 10년간 인류학자, 역사학자, 다른 사회과학자는 소외된 사람들을 연구하고 다양한 청중과 소통하는 것에 관심을 두었다. 원주민은 적극적인 대화상대자였고 과학자는 인디언의 인권, 특히 원주민 토지의 경계를 정해주기 위해서 노력해왔다. 흑인도 유사한 상황에 처해 있는데, 지금 일부 학교의 교과서에서는 과거와 현재의 원주민, 흑인, 보통의 빈곤자, 이민자, 다른 소외된 계층의 사람들에 관해 언급하고 있다. 또한 환경 문제는 빈곤층의 시각에서부터의 도시화와 일반주택 양식의 경우에서와 같이 다른 학문에 의해 제기되어왔다. 고고학은 이러한 일부 관심사를 다루어왔는데, 이것이 소수의 관심사임에도 그 시작은 거의 19세기까지 거슬러 올라간다.

20세기 초에 주립박물관의 관장이었고 현역으로 활동했던 고고학자인 폰 이혜링(Von Ihering)이 종족집단의 집단학살을 제안하며 원주민에 대한 전통적 접근 방법을 옹호했을 때, 당시 브라질의 수도였던 리우데자네이루에서 근무하면서 현역으로 활동했던 고고학자는 원주민 문제에 반응하며 인디언을 옹호했다(Funari 1999 참조). 같은 맥락에서 20세기 초에 브라질의 고고학과 선사에 관한 몇몇 도서가 출판되었다. 이 책들의 독자는 특별하게 많지 않았고 그들의 접근 방법도 반드시 토착 인디언에게 동정적이지는 않았지만, 그 도서들은 적어도 토착물질문화에 대한 관심과 일부 현역으로 활동하고 있는 고고학자의 '타자(他者)'를 이해하려는 의욕을 보여주었다. 우월적 집단이 자신들만의 문화유산에 주목하기 위해 권력을 사용할 때와 같은 상황에서(Byrne 1991: 275) 단지 선사 유물을 찾는다는 사실은 우월적 관심과 유행에 도전하는 방법이었다.

그러나 문화유산으로서 보호받았던 이러한 역사유물은 압도적으로 엘리트 유물이어서 보통 사람들이 소외되고 역사적 물질문화를 보존하는 것에 대한 관심이 부족해졌다. 보통 사람들은 엘리트 문화유산에 관심을 갖지 않고 엘리트 스스로도 보통 이 유물들의 시장 가치에 현혹되기 때문에(영국의 사례 참조, Tubb and Brodie 2001), 예를 들어 교회 미술품의 약탈은 다른 곳에서와 마찬가지로 브라질에서도 항상 문젯거리였다(Calabresi 1998 참조). 오늘날에조차도 도자기 혹은 다른 엘리트 유물의 형태에서 보이는 과거 상위계층 유물의 탁월함을 찬양하는 것이 흔하다(예를 들어 Lima 1995). 그리고 박물관은 현재 고고학과 박물관학에서 세계적으로 흔한 비판적 접근 방법에 거의 관심을 갖지 않고 이 고고유물들의 전시를 장려한다.

흑인의 물질문화는 지중해 지역의 고고학자가 가재도구(instrumentum domesti-cum)라고 부르는 부유한 귀족이 즐기는 물건이나 정교한 토기가 아닌 고통의 잔재, 즉 평범한 토기나 말뚝 구멍과 같이 초라한 유물이어서 결과적으로 고고학적 담론 혹은 전시에서 오랫동안 부재했다. 1998년 10월 30일 미나스제라이스주(Minas Gerais State) 오루프레투(Ouro Preto) 식민역사 도시에서 예배당 박물관(an Oratory Museum) 하나가 "우리들의 종교적 다양성을 표현하는 유물을 소장하고 개관되었다. 가정의 성소(聖所)를 제공함으로써 부자와 가난한 자가 자신들의 가정에 명예로운 장소를 가졌다." 이 말은 지난 수십 년간 압제에 대항하여 싸웠던 인권운동가인, 마리아나(Mariana)의 루시아노 멘데스 데 알메이다(Luciano Mendes de Almeida) 대주교의 표현이다(Almeida 1998).

브라질 고고학자의 주요 대중적 관심은 항상 우리의 문화유산이 세계유산이고 초라한 유적도 유럽의 유명한 유적만큼 중요하며 소외된 사람도 대중의 일부라는 점을 확립하는 것이었다. 인권과 관련된 고고학자는 아주 넓은 의미로 더 폭넓은 청중을 다루고 그들의 뿌리에 관해 배울 수 있도록 미래 세대의 권리를 위해 싸워온 사람인 경향이 있다(Hudson 1994: 55). 1930년대와 1940년대 초에 독재와 싸웠던 지식인인 파울로 두아르트(Paulo Duarte)는 제2차 세계대전 이후 브라질로 돌아가서 모든 브라질인의 공통의 문화유산으로서 보존하고 연구할 가치가 있는 인디언 유물로 생각한 패총의 중요성을 알리기 위해 노력했다(Funari 1995 참조). 그의 노력 덕분에 1985년에 시민통치가 회복된 후 약 15년이 지났음에도 아직도 군사 압제의 영향이 느껴지는 군사 탄압 시대가 시작되기 조금 전에 1960년대 초기의 고고문화유산을 보호하기 위한 법률이 의회에서 통과되었다. 베티 메거스(Betty Meggers)와 클리포드 에번스(Clifford Evans)의 지도 아래 브라질에서 현역으로 활동하고 있는 신세대 고고학자가 교육 훈련에 참여하여 공식적인 브라질 고고학이 재창조되면서 더 폭넓은 대중에 관한 관심은 점차 사라졌다. 그러나 그 암흑시대(1964-1985년)에서 조차도 서너 명의 고고학자는 대중과 문화유산에 계속 관심을 두었고, 다른 연구자들 중에서 안드레 프로우스(André Prous)와 니에드 구이돈(Niede Guidon)의 암각예술 연구 혹은 지속적인 패총 연구의 경우와 같이, 그들 중의 일부는 파울로 두아르트의 프랑스적 인본주의(the French-inspired humanism)와 긴밀히 연결되어 있다. 또한 아프리카인 혹은 아프리카계 브라질인의 문화유산은 마리아노 카네이로 다 쿠냐(Mariano Carneiro da Cunha)의 관심사이다.

시민통치가 회복된 이후에 브라질 고고학자는 더 넓은 청중에게 더 직접적으로 다가갔다. 고고학에 대한 첫 번째 안내 책자가 출판되었고(Funari 1988; Prous 1991) 역사고고학에서 선교 대상 인디언들(Kern 1989) 혹은 가출자 주택에 사는 흑인(Funari 1996c)과 같은 소외된 사람들에게 관심을 갖기 시작했다. 그리고 처음으로 브라질의 선사학이 토착종족문화의 탐색으로서 수많은 초등학교 어린이들에게 소개되었다(Guarinello 1994). 최근의 국제학술대회에서 알 수 있듯이 브라질에서 열린 세계고고학대회의 이상(理想)에 대해 반응이 좋았던 것은(Funari 1998) 고고학계에서 사회적 인식이 높아지고 있음을 보여준다. 서너 명의 고고학자는 전반적으로 분열이 많은 브라질 사회의 여건 속에서 더 넓은 사회계층과 인디언과 흑인의 토지권리 문제로부터 박물관 전시에서 소외된 사람들에 대한 좀 더 균형 잡힌 의견까지 논쟁 주제(Tamanini 1994)를 가지고 적극적으로 관여했다. 고고학적 활동 과정과 생산물(Merriman 1996: 382)은 대중에게 직접적으로 연결되어 있고 브라질 고고학자는 국가에서 고고학이 시작된 이래 느껴지는 지속적인 인본주의적 접근법을 지금 소생시키고 있다. 브라질 고고학자의 대중에 관한 관심은 고고학적 실천에 중심을 둔다. 인디언, 흑인, 보통 사람들은 고고학적 담론에 다시 소개되고 있고, 전 세계에서 고고학이 이미 그러하듯이 브라질에서 대중고고학은 고고학의 본질적 측면으로 느껴지기 시작하고 있다.

감사의 말

나는 에두아르도 고에스 네베스(Eduardo Goes Neves), 랜덜 맥과이어(Randall McGuire), 제이 사이타(J. Saitta) 학장, 하이가누크 사리안(Haiganuch Sarian), 마이클 셍크스(Michael Shanks), 세바스티안 벨라스코 에 크루즈(Sebastião Velasco e Cruz), 피터 우코, 이름힐트 뷔스트(Irmhild Wüst)와 같은 동료들에게 감사를 표하고 싶다. 또한 FAPESP와 런던대학의 고고학연구소에서 도움을 받았음을 표명하고자 한다. 여기에 제시된 생각은 나의 고유한 것이며 따라서 그것에 대한 모든 책임은 나에게 있다.

참고문헌

Almeida, L. M. 1998. Museu do Oratório. *Folha de São Paulo* 24 October, 1: 2.

Amadeo, E. J. 1991. O núcleo protegido da economia brasileira. *Folha de São Paulo* 22 October, 3: 2.

Barreto, C. 1998. Brazilian archaeology from a Brazilian perspective. *Antiquity* 72: 573-81.

Bintliff, J. 1995. 'Whither archaeology?' revisited. In Kuna, M. and Venclová, N. (eds) *Whither Archaeology? Papers in honour of E. Neustupny*. Prague: Institute of Archaeology.

Byrne, D. 1991. Western hegemony in archaeological heritage management. *History and Anthropology* 5: 269-76.

Calabresi, M. 1998. Priest versus pilferers. *Time* 23 February: 19.

Carvalho, J. M. 1998. *Pontos e Bordados*. Universidade Federal de Minas, Belo Horizonte Gerais.

Cose, E. 1998. The limitations of the truth. *Newsweek* 26 October: 25.

DaMatta, R. 1991. Religion and modernity: three studies of Brazilian religiosity. *Journal of Social History* 25: 389-406.

Dantas, V. 1995. Concentração de renda aumentou desde 90. *O Estado de São Paulo* 13 August, Economia: 1.

Filho, T. 1997. Trabalho que empobrece. *Estado de Minas* 18 May: 42.

Folha de São Paulo. 1996a. Os números da desigualdade. *Folha de São Paulo* 9 July, 1: 5.

Folha de São Paulo. 1996b. Evolução do rendimento mensal do brasileiro. *Folha de São Paulo* 6 September, 1: 8.

Folha de São Paulo. 1996c. Percentual de residências com alguns serviços e bens. *Folha de São Paulo* 6 September, 1: 9.

Fuentes, C. 1996. From the boom days to the boomerang. *Newsweek* 6 May: 50-1.

Funari, P. P. A. 1988. Arqueologia. *São Paulo*: A[ac]tica.

Funari, P. P. A. 1995. Mixed features of archaeological theory in Brazil. In Ucko, P. J. (ed.) *Theory in Archaeology. A World Perspective*. London: Routledge.

Funari, P. P. A. 1996a. *Dressel 20 Inscriptions from Britain and the Consumption of Spanish Olive Oil*. Oxford: Tempus Reparatum.

Funari, P. P. A. 1996b. Pluralism and divisions in European archaeology. *Journal of European Archaeology* 4: 384-85.

Funari, P. P. A. 1996c. A Arqueologia de Palmares — sua contribuição para o conhecimento da História da cultura afro-brasileira. In *Liberadade por um Fio*. São Paulo: Companhia das Letras: 26-52.

Funari, P. P. A. 1997a. European Archaeology and two Brazilian offspring: classical archaeology and art history. *Journal of European Archaeology* 5: 137-48.

Funari, P. P. A. 1997b. Archaeology, history and historical archaeology in South America. *International Journal of Historical Archaeology* 1: 189-206.

Funari, P. P. A. 1998. *Teoria Arqueológica na América do Sul*. Campinas: Instituto de Filosofia e Ciências Humanas.

Funari, P. P. A. 1999. Brazilian archaeology: an overview. In Politis, G. (ed.) *Archaeology in Latin America*. London: Routledge.

Funari, P. P. A., Hall, M. and Jones, S. (eds). 1999. *Historical Archaeology: Back from the Edge*. London: Routledge.

Gaspar, M. D. 1998. Considerations of the *sambaquis* of the Brazilian coast. *Antiquity* 72: 592-616.

Gerchmann, L. 1998. Mendigo tem 13 per cent do corpo queimado em Porto Alegre. *Folha de São Paulo* 6 August, 3: 10.

Gonzalez, E. M. R. 1998. Regional pottery-making groups in southern Brazil. *Antiquity* 72: 616-25.

Guarinello, N. L. 1994. Os Primeiros Habitantes do Brasil. São Paulo: Atual.

Heckenberger, M. J. 1998. Manioc agriculture and sedentism in Amazonia: the Upper Xingu example. *Antiquity* 72: 633-48.

Hodder, I. 1990. *The Domestication of Europe*. Oxford: Basil Blackwell.

Hodder, I. 1991. Archaeological theory in contemporary European societies: the emergence of competing traditions. In Hodder, I. (ed.) *Archaeological Theory in Europe*. London: Routledge.

Hudson, K. 1994. The great European museum: the museum one cannot and does not need to enter. *Institute of Archaeology Bulletin* 31: 53-60.

Iglésias, F. 1985. Momentos democráticos na trajetória brasileira. In Jaguaribe, H. (ed.) Brasil, sociedade democrática. Rio de Janeiro: José Olympio: 125-221.

Kern, A. A. 1989. Escavações arqueológicas na Missão Jesuítico-Guarani de São Lourenço. *Estudos Ibero-Americanos PUCRS* 15: 111-33.

Kipnis, R. 1998. Early hunter-gatherers in the Americas; perspectives from Central Brazil. *Antiquity* 72: 581-92.

Latin American Monitor. 1997. Brazil: macroeconomic data and forecasts. *Latin American Monitor* 14(5): 5.

Lima, T. A. 1998. Pratos e mais pratos: louças domésticas, divisões culturais e limites sociais no Rio de Janeiro, século XIX. *Anais do Museu Paulista, N. Ser.* 3: 129-91.

Mabry, M. 1998. Look back in horror. *Newsweek* 26 October: 22-24.

McGuire, R. H. and Walker, M. 1999. Class confrontations in archaeology. *Historical Archaeology* 33.

Merriman, N. 1991. *Beyond the Glass Case: The past, the Heritage and Public in Britain*. Leicester: Leicester University Press.

Merriman, N. 1996. Understanding heritage. *Journal of Material Culture* 1(3): 377-86.

Mota, C. G. 1977. História contemporânea da cultura. Os anos 50: linhas de produção cultural. *Revista de História* 111: 155-81.

Mourão, R. 1997. As idéias que se traduzem em palavras. *Estado de Minas* 26 January: 8.

Nassaney, M. 1989. An epistemological enquiry into some archaeological and historical interpretations of seventeenth century Native American-European relations. In Shennan, S. J. (ed.) *Archaeological Approaches to Cultural Identity*. London: Unwin Hyman.

Neves, E. G. 1998. Twenty years of Amazonian archaeology in Brazil (1977-1997). *Antiquity* 72: 625-33.

Noelli, F. S. 1998. The Tupi: explaining origin and expansions in terms of archaeology and historical linguistics. *Antiquity* 72: 648-63.

O Estado de São Paulo. 1998. Paternalismo ainda domina relações políticas na ciadade. *O Estado de São Paulo* 11 October, C: 4.

Orser, C. E. 1996. *A Historical Archaeology of the Modern World*. New York: Plenum.

Parker Pearson, M. 1998. The beginning of wisdom. *Antiquity* 72: 680-86.

Pinheiro, P. S. 1995. Não forcemos contas de chegada. *Folha de São Paulo* 6 August, 1: 3.

Prous, A. 1991. *Arqueologia Brasileira*. Brasília: Universidade de Brasília.

Rebelo, A. 1990. Dívida com a História. *Folha de São Paulo* 8 October, C: 3.

Ribeiro, L. 1997. A única alternativa de um pai. *Estado de Minas* 18 May: 42.

Saitta, D. J. 1995. Marxism and archaeology. In Cullenberg, S. and Biewoner, C. (eds) *Marxism in the Postmodern Age, Confronting the New World Order*. New York and London: Guildford.

Sarian, H. 1989. L'heritage mycenien: la civilisation. In Treuil, R. (ed.) *Les Civilisations Egéenes du Néolithique et de l'Âge du Bronze*. Paris: Presses Universitaires de France.

Sérgio, E. and Rocha, R. 1997. Lavoura esvazia escolas. *Estado de Minas*, 18 May: 42.

Shanks, M. 1995. Archaeological experiences and a critical romanticism. *Helsinki Papers in Archaeology* 7: 17-36.

Shanks, M. and McGuire, R. 1996. The craft of Archaeology. *American Antiquity* 61: 75-88.

Slapsak, B. 1993. Archaeology and the contemporary myths of the past. *Journal of European Archaeology* 2: 191-95.

Tamanini, E. 1994. *Museu Arqueológico de Sambaqui: um olhar necessário*. Unpublished Master's degree dissertation. Campinas: Faculdade de Educação.

Tilley, C. 1998. Archaeology: the loss of isolation. *Antiquity* 72: 691-93.

Tubb, K. W. and Brodie, N. 2001. From museum to mantelpiece: the antiquities trade in the United Kingdom. In Layton, R., Stone, P. G. and Thomas, J. (eds) *Destruction and Conservation of Cultural Property*. London: Routledge.

Ucko, P. J. 1990. Foreword. In Gathercole, P. and Lowenthal, D. (eds) *The Politics of the Past*. London: Unwin Hyman.

Velasco e Cruz, S. C. 1997. *Restructuring World Economy. Arguments about 'market-oriented reforms' in developing countries*. Campinas: Instituto de Filosofia e Ciências Humanas da UNICAMP.

Williams, R. 1983. *Keywords. A Vocabulary of Culture and Society*. London: Fontana.

Wüst, I. 1998. Continuities and discontinuities: archaeology and ethnoarchaeology in the heart of the Eastern Bororo territory, Mato Grosso, Brazil. *Antiquity* 72: 663-76.

Zini, A. A. 1997. Desigualdade de renda no Brasil. *Folha de São Paulo* 2 March, 2: 5.

11장

누구를 위한 고고학인가: 고고학자 혹은 지역주민?

버트럼 마푼다(Bertram Mapunda), 폴 레인(Paul Lane)

1. 머리말

동아프리카에서 고고학 연구는 주요 공간적 핵심 지역 두 곳을 중심으로 지금으로부터 80년 전에 시작되었다. 한 지역은 동부 협곡(the Eastern Rift Valley)을 따라서 전개되는 내륙지역을 중심으로 한 곳이고 다른 지역은 소말리아 남부에서 모잠비크까지의 해안선을 따라가는 해안지역이다. 처음에 내륙지역의 연구는 대부분 인류의 진화와 석기시대 전기와 후기의 암각화, 올두바이(Olduvai) 유적, 라에톨리(Laetoli) 유적, 쿠비 포라(Koobi Fora) 유적, 투르카나호수(Lake Turkana), 탄자니아의 콘도아(Kondoa) 지역의 풍부한 암각화 유적군을 포함한 국제적으로 유명한 수많은 고고유적이나 지역과 관련되었다. 연구의 개척자로는 한스 레크(Hans Reck), 루드비히 콜-라르센(Ludwig Kohl-Larsen), 루이스 리키(Louis Leakey), 메리 리키(Mary Leakey), 지질학자인 E. J. 웨일랜드(E. J. Wayland)가 포함된다. 한편 해안지역의 연구는 킬와 키시와니(Kilwa Kisiwani), 카올레(Kaole), 만다(Manda), 게디(Gedi), 라무(Lamu), 파테(Pate), 그 외 다른 많은 지역 등 스와힐리인 도심지의 건축기념물 같은 지역사의 좀 더 최근 시대에 집중되었다. 이 연구들의 다수는 제임스 커크먼(James Kirkman),

네빌 치티크(Neville Chittick), 피터 갈레이크(Peter Garlake)가 수행했다.

고고학의 학문을 발전시키려는 이러한 초기 노력이 계속된 이래 이 지역의 고고학 연구는 공간적인 면과 주제 면에서 계속 확장되었다. 좀 더 자세한 개관은 로버트 쇼(Robertshaw 1990)와 포스낸스키(Posnansky 1982)의 논문을 참고하기 바란다. 고고학자는 오늘날 동아프리카의 거의 모든 지역을 방문하고 거의 모든 종류의 기념물과 석기시대 전기로부터 철기시대를 거쳐 19세기 후반까지 모든 시대를 조사 대상으로 삼았다. 다른 지리학적·문화적 지대에 대한 넓은 고고학적 연속성이 알려지고 많은 국립박물관, 지역박물관, 유적박물관에 널리 전시되었다. 초등학교 어린이 단체에 자주 이 전시들이 선보였고 몇몇 경우에는 박물관 중의 한 곳이 주최하는 '고고학의 날'에 참석할 수 있었다. 과거 20년 동안 고고학의 학사 과정과 석사 과정을 이수할 기회가 지역의 다양한 대학에서 점차 증대되었는데, 그 결과 수많은 자격을 갖춘 동아프리카인 고고학자와 고대 인류학자가 늘어났다. 예산에 매우 심각한 제약이 있음에도 대부분의 동아프리카 국가의 문화재 관리체제(the antiquities services)는 고고자원관리의 기본 계획을 아직 지속할 수 있고 일부 사례에서는 상대적으로 높은 대중적 특성을 가지고 있다. 케냐국립박물관(the National Museum of Kenya)의 한 부서에서는 최근 웹사이트를 개설했다.

이러한 일들과 이 지역에서 고고학 연구를 추진하는 데 투자된 대중, 기증자, 연구재단 재원의 상당한 총합을 고려할 때 다음과 같은 질문을 하는 것은 정당하다. "동아프리카에서 얼마나 일반 대중인 와난치(the wananchi)의 요구를 반영했는가?" 이와 동일하게 누구나 다음과 같이 물어볼 수 있다. "고고학 연구계획은 이 지역에서 지역주민에게 얼마나 혜택을 주었는가?" 이 두 질문에 대한 대답은 "아주 적다!"이다. "대중의 구성원은 고고학 작업이 그들의 뒷마당에서 거의 한 세기 동안 많이 진행되고 있다는 사실을 아는가?" 다시 우리는 "거의 다 모른다!"라고 대답할 것이다. 만약 실제로 이것이 사실이라면 그 이유는 무엇인가? 박물관, 문화재 부서, 대학, 방문 연구자의 노력에도 동아프리카의 주민은 고고학에 관한 지식이 거의 없다. '대중'이라는 것과는 아주 거리가 멀 정도로 이 지역에서 고고학은 아주 개인적이고 지식적으로 엘리트의 것[1]으로 묘사하는 편이 더 나을 것이다.

이 장에서 우리는 고고학 연구가 대다수의 동아프리카인에게 영향을 적게 미치는 이유를 설명하고자 노력할 것이다. 그래서 고고학 단체가 현재 이 지역에 의존하는 것보다 고고학을 농촌 지역과 도시 지역 주민과 더 가깝게 만드는 데 적합한 방법을 제안한다.

2. 고고학과 대중: 현재 상황

고고학자들이 동아프리카의 농촌과 도시에서 일반 대중과 함께 참여하는 것은 크게 두 가지 형태를 취한다. 한편, 세계의 다른 지역과 마찬가지로 다양한 국립 문화재 기관과 박물관청이 각각 자신의 국가에서 유적자원을 보호하고 관리하며 연구하는 규정상 혹은 사실상(*de faacto*)의 권력과 책임을 지고 있다. 이 기구들이 임무를 실제적으로 수행하는 정도는 매우 다양하다. 어떤 면에서 이것은 각기 다른 수준의 경제적 번영과 해당 지역의 국가 경제의 상대적 힘과 관련될 수 있다. 그러나 어떤 국립박물관 혹은 문화재 기관은 일반 대중에게 고고학적 인식을 제고하기 위해 다른 곳보다 훨씬 더 적극적인 접근 방법을 가지고 있는 경우도 있다. 예를 들어 잠비아문화유산청(the Zambian Heritage Commission)은 지역박물관과 유적박물관을 세우고 대중에게 고고학적 유적의 중요성과 보호의 필요성을 알리기 위한 정보 안내물과 다른 저비용 출판물을 만들어온 오랜 역사를 가지고 있다. 공식적인 문화재 관리기구가 없는 케냐에서는 더 규모가 크고 많은 지속적인 재원 덕분에 부분적으로 다양한 매체와 행사를 통해 문화유산*의 중요성을 알리는 불굴의 노력을 기울였다. 그러나 이러한 노력에도 무지, 경시, 완전한 무시, 심지어 악의적 의도를 가진 유적의 파괴가 전 지역에 걸쳐서 현재 진행되고 있는 주요 문제로 남아 있다. 케냐,

....

* 문화유산: 'archaeology'를 '고고학'으로 번역하지 않고 '문화유산'으로 의역했다.

소말리아, 탄자니아의 최근 사례에 대한 논의를 알기 위해서는 브란트와 모하메드 (Brandt and Mohamed 1996), 카로마(Karoma 1996), 쿠심바(Kusimba 1996), 엠투리 (Mturi 1996), 윌슨과 오마르(Wilson and Omar1996)를 참고하기 바란다.[2] 고고문화유산(the archaeological heritage)을 보호하는 규정상의 책임을 지고 있는 이 단체들이 당면한 더 공통의 문제는 그것들이 종종 부정적으로 농촌과 도시의 주민들로부터 중앙정부의 관여와 국가 통제의 다른 수단으로 인식된다는 것이다. 이것이 바로 미셸 푸코의 용어로 '통치성(govern-mentality)'이다.

해당 지역에서 고고학에 대한 대중의 인식과 지지는 유적을 해석하는 매체의 수준과 질에 크게 도움을 받지 않았다. 공적으로 접근 가능한 극소수 지역의 고고유적과 기념물을 빼고는 유적 현장 안내판, 서명, 방문자 안내센터, 셀프투어를 위한 팸플릿, 지식 있는 안내자, 유적관리자가 없다. 약간의 매체를 활용하는 경우라 할지라도 글의 양식과 전시 면에서 일반 대중보다는 외국인 방문객과 교육받은 엘리트에 더 초점이 맞추어진다. 아마도 이러한 이유 때문에 동아프리카의 대중 중에서 박물관과 고고유적을 방문하는 문화는 매우 초보적이다. 마찬가지로 동아프리카 지역의 고고학에 관한 공식 교육을 살펴볼 때 특히 대학의 경우뿐만 아니라 초·중등학교의 경우 최근 약간 개선되었음에도 많은 교재의 질이 매우 뒤떨어졌고 해석도 유럽 중심적이다[3](Wandibba 1990). 이러한 시각에서 바라보면 입회식과 결혼식 춤과 같은 전통공연을 하도록 부지를 활용하고 토착 요리와 전통춤을 진흥하기 위해 행사를 조직한, 다르에스살람(Dar es Salaam)의 마을박물관(the Village Museum)의 결정은 옳은 방향으로 한 걸음 나간 것처럼 보인다.

대중과 접촉할 수 있는 다른 넓은 범주의 기회는 지역 연구자와 방문 연구자의 현장 연구프로젝트의 맥락 속에 존재한다. 전형적으로 연구자는 정보제공자 혹은 노동자와 관계된다. 고고학자는 발굴을 시작하기 전에 연구 목적과 중요성에 관해 혹은 프로젝트가 종료될 때의 연구 결과에 관해 의도적으로 마을 사람들에게 거의 말하지 않는다. 결과적으로 농촌 지역사회의 고고학적 인식에 관한 어떠한 비판적 평가도 고고학이 무엇에 관한 것인지 혹은 고고학자가 무슨 일을 하는지를 거의 극소수의 사람만이 알고 있음을 보여줄 가능성이 크다. 이는 고고학자가 지역주민에게 정보를 주고 훈련하며 교육하는 데 실패했을 뿐만 아니라 연구 지역에 사는 사람들에게 그들 자신과 연구프로젝트를 특별하게 노출시키지 못했음을 암시하는 것 같다. 또한 이는 연구자와 지역주민의 쌍방향 소통이 방법론적 필요사항인 고고-민족지적 현장조사와 관련해서도 요구된다.

많은 경우 연구 과정에 마을 사람들을 관여시키는 것의 중요성을 인식하지 못함으로써 지역주민이 자신들만의 문화유산에서 자료를 찾아서 연구하고 자신들을 위해 보존하는 대신 오히려 소외감을 느끼게 한다. 대체로 고고학자는 유물, 건축기념물, 그것에 남은 동물 흔적에 대해 말할 뿐이지 지역주민에게 그 유물이 갖는 의미를 밝히지는 못한다. 그러나 고고학자가 다른 종족이 가정에서 찾으려고 노력하는 문화유산의 관리자이면서 많은 경우 그것의 직접적 계승자는 바로 후자(지역 사람)이다. 파괴, 약탈, 불법거래로부터 문화유산을 보호하는 이유를 대중이 인식하도록 하려는 고고학 전문가가 전반적으로 실패하는 것은 이러한 중요성을 인식하지 못한 직접적 결과이다. 예를 들어 지역주민인 마사이족(the Maasai)이 올두바이 협곡(Olduvai Gorge)의 디케이(DK)[4] 유적을 덮고 있는 표면 물질을 파괴하는 이유, 킬와 키시와니의 주민이 이 세계문화유산 유적에서 건축재를 얻기 위해 계속 채광하는 이유, 비고(Bigo)와 은투시(Ntusi)에서 곡식을 재배하기 위해 토루의 일부를 계속 사용하는 이유, 동아프리카의 다른 많은 유적에서 수많은 유사한 사례가 나오는 이유는 의사소통이 부족해서이다.

동아프리카의 유적자원에 대해 이러한 경시가 지속되는 것은 아마도 유적이 멀리 떨어져 있고 거의 연구되지 않은 곳에서는 이해할 만하다. 하지만 확실하게 올두바이, 킬와와 비고처럼 잘 알려지고 적어도 30-40년 동안 연구팀이 모두 정기적으로 방문하는 집중적으로 연구된 지역에서는 이유가 될 수 없다. 유적에 대한 대중의 관심이 지속적으로 부족하다는 점에 대한 비난의 많은 원인은 틀림없이 고고학 연구자 공동체와 우리가 선호하는 일하는 방식(modus operandi) 때문이다.

우리는 여기에서 이러한 유감스러운 상태를 변화시키기 위해 연구자가 지역주민에게 정보를 주고 훈련해야 하며 교육을 통해 그들에게 고고유물의 과학적 중요성과 유물과 그들을 연결하는 역사적·문화적 관계를 인식하도록 해야 한다는 것을 주장한다. 결국 문화적·역사적 관계를 그리는 것은 지역주민이 고고유물을 보존하고 보호하기 위한 소속감과 의무감을 갖는 데 도움을 줄 수 있다. 오랫동안 고고학 연구자를 받아들였던 지역사회에 무언가를 돌려주려는 윤리적 의무를 고고학자 스스로 수행하여 고고학을 지역주민에게 쓸모 있는 학문으로 만들 필요가 있다(Mapunda 1991; Lane 1990 참조).

3. 제안 방법

고고학자가 지역사회에 고고학 지식을 전하는 서너 개의 방법이 있다. 전통적 방법으로는 텔레비전, 라디오, 신문과 같은 대중매체와 관련된 것이다. 이 인기 있는 방법은 다양한 수준의 성공률로 이용되어왔다. 예를 들어 펨바(Pemba)에서 아드리아 라비올레트(Adria LaViolette)는 잔지바르 텔레비전(Zanzibar Television)에서 푸지니(Pujini)에서의 발굴에 관해 보도한 내용이 펨바와 잔지바르 두 지역의 주민에게 상당한 관심을 불러일으켜 많은 지역주민이 발굴 현장을 방문하도록 자극했음을 발견했다(LaViolette 1991). 동시에 우간다에서 조사한 앤드루 레이드(Andrew Reid), 레이철 매클린(Rachel Maclean), 페트 로버트쇼(pete Robertshaw)를 포함한 서너 명의 연구자는 전국 규모 언론에서 그들의 연구프로젝트에 관해 보도하자 고고학과 문화유적에 대해 폭넓은 지역적 관심이 생겨났음을 발견했다(개인적 대화). 한편 많은 언론인은 고고학자가 목표로 삼는 독자로 지역고고학에 대해 별로 충분한 지식이 없다. 그 결과 종종 신문과 다른 대중매체에의 보도는 매우 부정확하다. 또한 라디오의 경우는 예외로 하고 대중매체가 특히 농촌 지역사회를 목적으로 할 때에는 효과적인 메커니즘으로 사용할 만하지 않을 수도 있다. 예를 들어 교육적 목적을 위해서는 아마도 최선의 매체일 텔레비전은 농촌 주민의 대다수가 구입할 수 없기 때문에 농촌 지역에는 적게 분포하며 종종 전기가 연결되지 않을 수도 있다. 많은 경우 신문은 농촌 지역에서 신뢰할 수 있을 만큼 구독되지 않으며 글을 읽고 쓸 줄 아는 능력의 수준이 다양하기 때문에 독자층이 특히 농촌과 같은 일부 지역에서는 매우 얇다. 더군다나 일부 국가에서는 인정된 공통어(*lingua franca*)가 없어서 이러한 매체에서 사용되는 언어가 많은 사람들에게 낯설다.

이러한 제약 속에서 우리는 연구자가 할 수 있는 방법과 모든 사람, 즉 일반인, 부자, 교육받은 엘리트에게 적용할 수 있는 방법을 제시한다. 그 방법은 다음과 같다. ① 지역주민을 현장 연구자로 채용, ② 현장 유적에 대한 방문을 실행, ③ 연구 결과의 전시를 조직, ④ 현장 대중 강좌, ⑤ 저비용 출판물.

우리는 이 전략 중 일부가 흔히 이용되고 있다는 것을 알고 있다. 예를 들어 많은 외국인 연구자는 면담의 통역자로 혹은 유적지표조사와 발굴에 필요한 노동자로 지역주민을 채용한다. 그러나 일반적으로 이러한 형식의 지역 참여는 참여자를 가르치는 것을 의도적인 목적으로 하기보다는 그들의 기술과 노동을 이용하고자 한다. 유사하게 유적 방문과 전시와 함께 지역 방문자는 보통 배우고 연구자와 의견을 교환하기 위해 오는 학생으로서보다는 발굴 구덩이와 그곳에 쌓인 '흙(dirt)'을 보고 감탄하러 오는 사람으로 보통 대우받는다(그림 11.1). 마을 사람들이 무엇이 진행되고 있는지를 관찰하고 어떤 종류의 유물이 발견되는지를 보고 가장 중요하게는 발견된 유물의 문화적·과학적 의미에 대해 듣고 지적인 자극을 받도록 허용하고 권장해야 한다.

이렇게 하기 위해 우리는 탄자니아 남부에서 수년 동안 연구하면서 우리 중의 1명이 개발하고(Mapunda 1992) 탄자니아 중부의 콘도아(Kondoa) 지역에서 새로운 합동 연구프로젝트의 하나로 시행하고자 계획한 아래의 모델을 제안한다.

1) 연구 목적

지표조사 혹은 발굴을 시작하기 전에 연구자는 해당 연구 대상 지역에 포함된 마을을 방문하여 마을 관리 및 전통 지도자에게 자신을 소개하고 연구 목적과 자신

그림 11.1 1998년 탄자니아 동부의 루부강(the Ruvu River) 유역의 지표조사 기간에 행해진, 초등학생을 대상으로 한 대중 강좌. 버트럼 마푼다 사진 제공

이 생각하는 연구의 중요성에 관해 알려야 한다. 이때 연구자는 지역주민에게 진행 중인 연구 현장을 방문하도록 환영하고 장려하며 지역주민에게 그 연구가 지역사회에 어떻게 유익한지에 관한 그들만의 제언을 제시하도록 장려해야 한다. 지역주민이 자신들의 과거에 대해 어떻게 생각하는지, 고고학 연구가 전 세계의 고고학에 대한 이해를 증진하는 데 어떻게 기여할지를 알아내도록 노력해야 한다.

2) 노동자 충원

현장 조력자로 지역민을 고용하는 것은 그들이 속한 각 공동체 안에서 대사 역할을 할 지역주민을 포함해야 한다는 점에서 단순히 사업할 때 노동의 필요성을 충족하는 것 이상이어야 한다. 조사 대상이 한 마을 이상에 걸쳐 있는 경우 연구자는 적어도 각 마을에서 한 명을 채용하도록 해야 한다. 각 마을의 대표자를 고용하는 데 소요되는 비용이 보유한 예산으로 처리할 수 있는 경비 이상이 드는 경우 전체 연구 기간에 지속적인 인력으로 채용하기보다는 순환적 토대로 번갈아가면서 채용해야 한다. 원칙의 문제로 최선의 '대사'는 대표되는 사람이 선출한 사람이다. 그래서 연구자는, 만약 지역주민이 선출한 후보가 그 역할에 필요한 기본적인 자격을 갖춘다면 지역주민이 자신들만의 후보를 선출하도록 해야 한다. 이 자격은 신체적 적합성, 근면, 사람들과 연구 지역에 대한 지식, 신뢰성을 포함한다. 만약 채용이 순환적 토대라면 '마을 대사'는 작업이 그나 그녀의 마을이나 지역에서 이루어질 때 연구팀에 참여해야 한다. 일반적 연구 활동과는 거리가 멀게 마을 대사는 지역주민의 호기심을 충족시키고 대중이 보통 고고학자와 발굴 현장 작업에 대해 갖는 의심을 누그러뜨림으로써 책임 연구자를 도울 수 있다. 우리의 경험으로는 지역민이 아닌 핵심 구성원을 통해서는 이러한 의심을 없애는 것이 거의 불가능하다.

이런 형태의 작업이 아프리카의 어디에선가 일하는 다른 고고학자에 의해서도 수행되었다. 예를 들어 1970년대 후반과 1980년대 전반에 에두아르도몬들라네대학의 고고학팀이 모잠비크에 있는 마니이케니(Manyikeni) 유적을 발굴하면서 450

명이 넘는 인력팀을 고용하고 각각 현장 훈련을 하게 했으며 그 지역의 고고학과 역사학에 관해 더 많이 배우도록 장려했다. 이 전략은 지역주민과 정부가 상당한 열정을 갖고 환영했고 다른 것 중에서도 현장 전시관의 건설로 이어졌다[5](Sinclair 1990). 확실하게 장기간의 혜택이 있는 좀 더 급진적인 접근 방법은 발굴현장 기술을 지역사회의 일부 선택된 구성원에게 더 집중적으로 훈련하는 것이다. 이 접근 방법은 지역주민이 자신들의 과거를 만들고 보여주는 것에 관여할 수 있도록 연구 지역 공동체에 권한을 주기 위한 전략의 일부이다. 앤디 스미스(Andy Smith)와 리처드 리(Richard Lee)가 나미비아(Namibia)의 북부 부쉬맨랜드(Bushmanland)에서 주/'호안시(Ju/'hoansi) 부족에게 사용해서 좋은 결과를 낳은 적이 있다(Smith and Lee 1997).

3) 전시

연구 기간의 종료가 다가옴에 따라 책임연구원은 대중 관람용으로 정선된 유물과 예비적 결과를 보여주는 전시를 (마니이케니에서 했던 것처럼) 준비해야 한다. 전시의 횟수는 지역사회의 크기에 달려 있다. 한 번 이상의 전시가 필요할 수 있는 광범위한 지역에서는 만약 도움을 줄 수 있는 유능한 보조자가 충분하다면 동시 전시가 이루어질 수 있다. 능력 있는 보조자가 부족한 곳에서는 전시를 준비하는 한 방법으로 교대 원칙에 근거할 수 있다. 대안으로 지역 대학의 성인 교육학과의 유능한 구성원의 도움을 받는 것이 가치가 있을 수도 있다.

전시는 하루 이상 지속할 필요가 없으며 많아야 이틀을 지속할 필요가 없다. 그래서 최대한 대중에게 알리기 위해 일요일 혹은 공휴일 같은 휴일에 전시를 마련해야 한다. 행사는 참여를 권장하기 위해 사전에 잘 홍보해야 한다. 대중에게 공개하기 전에 먼저 강의를 준비해야 한다, 강의에서는 다음과 같은 것을 다루어야 한다. 조사 목적, 각각의 연구 지역을 선정한 이유, 채용된 방법, 수집된 유물, 지역 문화, (지역주민과의 연관성을 강조하는) 지식과 믿음에 대한 타당성, 조사 결과가 세계문화와 학문에 기여하는 정도이다.

4) 조사사업의 평가

연구자는 현장에서 조사사업에 관한 평가를 수행하는 습관을 길러서 지역주민의 의견을 존중하고 통합하도록 해야 한다. 평가는 현장조사가 종료되는 시점에 이루어져야 한다. 참가자로는 마을 원로, 관리와 대변인, 정부 인력(교사, 농업 관련 관리, 보건의료 관리 등), 종교 지도자 같은 중요한 지역 유력 지식인, 핵심 정보제공자 혹은 안내인 같은 중요한 방식으로 조사사업에 기여한 다른 마을 사람을 포함해야 한다. 연구자는 지역주민에게서 조사사업이 그 공동체에 갖는 교육적 효과에 대한 견해를 정리해야 한다. 동시에 연구자는 조사사업이 어떻게 개선될 수 있는지에 관한 지역주민의 의견과 제언을 찾아야 한다. 이렇게 실행하면서 지역주민을 포함하는 것은 미래에 유사한 조사사업을 수립하는 데 제언을 함으로써 연구자를 강화시킬 뿐만 아니라 주민들 사이에서 자긍심과 자신감을 키운다. 이는 장기적으로 지역주민이 문화유산자원의 보호와 보존에 관해 미래에 자신들만의 결정을 수행할 수 있도록 한다. 우리는 지역주민이 일단 이러한 형식의 지적인 담론에 관여되면 많은 동기를 부여받는다는 점을 경험을 통해서 안다.

5) 결과의 대중적 출판

고고학과 지역에서의 고고학적 조사연구 결과에 대한 대중적이며 비용이 저렴한 문헌은 부족하다. 데스크톱 출판 체계의 유용성이 증가하고 이에 수반된 출판 비용이 감소함과 더불어 이러한 상황은 더 받아들여지지 않는다. 비록 우리가 월드와이드웹을 조사 결과와 조사사업 정보를 확산시키는 수단으로 사용하는 가치를 인정하지만 이러한 기술에 대한 접근은 소수의 사람, 즉 상대적으로 부유한 중산계층의 구성원에 제한되며 그들 중의 대부분은 잘 교육받은 전문가인 경향이 있다. 접근성에서의 이러한 양상은 앞으로 몇 년 동안 지속될 것 같다.

따라서 연구자는 상대적으로 적은 경비로 자신의 연구와 주요 연구 결과가 포함된 유형의 자료를 대중적으로 배포하기 위해, 특히 조사 대상 지역뿐만 아니라 그 곳을 넘어선 지역에서 배포하기 위해 노력해야 한다. 출판물의 형식은 양면 A3 크기 정도로 쉽게 다룰 수 있고 접을 수 있는 것으로 매우 평범해서 대단치 않을 수 있으며 다시 만들기도 쉽고 비싸지 않아야 한다.[6] 장기적으로 지역의 언어로 쓰였으면서 보기 쉬운 삽화가 곁들여지고, 만약 재정이 허락한다면 사진도 있는 작은 소책자가 만들어져서 지역적으로나 국가적으로 이용할 수 있어야 한다.

4. 맺음말

우리는 이전에 고고학에 대한 대중의 인식을 증대하기 위해 사용할 수 있는 많은 기법이 있다고 언급한 바 있다. 이것은 발견, 현장조사계획, 해석에 대한 대중매체의 점증하는 보도, 이동식 영화관과 박물관, 대중에게 열려 있는 박물관, 유적 현장의 공개강좌와 개선된 해석 수단을 포함한다. 모두가 유용한 방법이며 유용하게 사용될 수 있다. 그러나 동아프리카의 맥락에서 대중의 인식은 현장 연구자의 직접적 관여를 통해 개선되어야 한다. 이에는 서너 가지 이유가 있다. 첫째, 우리는 조사 연구를 하면서 이를 달성하고자 노력해야 하며 그 결과는 힘을 북돋아준다. 이는 지난 10년간 버트럼 마푼다가 수행한 더 체계적인 작업에서 특히 그러하다.

이러한 방법이 실험된 첫 번째 경우는 그가 남부 탄자니아의 리투이(Lithui) 고향 마을에서 석사논문을 쓰기 위해 연구조사를 할 때인 1990년이다. 현장조사 지역에 그가 선택한 직접적 결과로 지역주민과 함께 수집한 정보를 공유할 필요성이 두 측면에서 압력을 받아 발생했다. 자신들의 작업과 자신들이 발견한 것을 설명하기 위해 '자신들의 아이'에게 질문할 약간의 권한이 있다고 느끼는 마을 사람들과 '아이'가 자신이 계획한 것을 자신의 동료 마을 사람과 친척에게 알려야 한다고 느끼는 의무감이다.

이 경우 연구 대상 모집단은 넓이가 대략 20km²이고 서너 개로 구분되는 마을

그림 11.2 1998년 탄자니아 동부의 루부강 유역 조사에서 발견된 고고유물을 만져보는 마을 원로. 버트럼 마푼다 사진 제공

을 포괄했다. 처음에는 각 마을을 방문해 연구조사팀을 소개하고 마을 관계자들에게 연구 목적을 설명했다. 다음 단계는 노동자를 충원하는 것이었다. 위에서 논의되었 듯이 이상적인 전략은 최소한 7명의 개인과 적어도 각 마을에서 한 명씩을 채용하는 것이었다. 그러나 예산의 한계로 오직 4명의 지역민을 채용할 수 있었다. 누구를 선택할 것인가의 난관은 전업 노동자와 비전업 노동자 양자를 채용함으로써 해결되었다. 7개 마을 중에서 2개 마을에서 온 3명이 전업 노동자로 고용되었고 나머지 노동자는 현장 작업이 이루어지는 특정일에 그 장소에서 번갈아가며 채용되었다. 각 마을은 조사팀이 그 지역에 있을 때마다 그들과 함께 일할 대표를 뽑도록 요청받았다. 또한 마을 사람들은 현장에서 도움을 주는 것 이외에도 마을에 돌아왔을 때 이웃의 호기심을 충족시키면서 조사연구자의 존재에 대해 숨기고 있는 모종의 의심을 가라앉힐 것으로 예상되었다.

7주의 현장조사 기간의 마지막 두 일요일에 서로 인접한 두 집단의 마을을 위해 전시회를 열었다. 전시회는 고고학의 의미와 타당성, 이 조사연구가 이 지역의 문화사를 이해하는 데 어떻게 관련되는지에 관한 강의로 시작되었다(그림 11.1). 그런 다음 조사사업에서 수집된 표본 유물에 대한 안내를 곁들인 관람이 뒤따랐다(그림 11.2). 최종적으로 마을 사람들은 연구 계획과 결과에 관해 질문할 수 있었다. 야외 작업이 막 종료되려 할 즈음에는 각각의 마을에서 온 2명의 중견 관리, 주요 정보제공자, 지역의 지식인(예를 들어 초등학교 교사, 의료공무원, 농업 관련자 등)이 참여한 사업을 평가하기 위한 시간을 따로 마련했다. 이 회합의 목적은 조사사업 기간 동안 얻은 고고학 정보를 공유하기 위해 그동안 사용했던 다양한 기법에 대한 지역주민의 의견과 제언을 파악하는 것이었다.

두 가지 형식으로 회합한 결과는 연구조사 방법과 고고학에 대한 대중적 인식의 홍보라는 두 가지 관점에서 건설적이었다. 지역주민의 대다수는 자신들에게 조사연구의 목적을 알려준 접근 방법에 매우 감명을 받았고 시작부터 조사사업에 자신들을 관여시킨 것에 대해 감사했다. 또한 그들은 자신들의 역사에 대해 더 알게 된 점을 인정했고 조사사업이 시작되기 이전에 이해했던 것보다 자신들의 역사를 더 잘 이해했다. 문화유산자원에 대한 자의식이 증가한 마을 사람들은 그 표시로 미래에 유적에 대한 파손을 피하고 후손을 위해 유적을 보호하기 위한 노력으로 다른 사람들에게 유적의 존재를 환기시키기 위해 중요한 유적의 둘레에 돌을 쌓기로 약속했다. 또한 그들은 책임조사연구자에게 그 지역에 미래에 찾아올 조사연구자가 지역주민과 상의하고 조사연구를 계획하면서 지금과 비슷한 방식으로 지역주민을 관여시키기를 권장하도록 요청했다.

이 첫 번째 경험의 좋은 결과를 토대로 동일한 방법이 버트럼 마푼다가 착수한 미래의 현장조사계획에 이용되었고 더 정제되었다. 그래서 이 방법은 그를 기억하는 연구 규범이 되었다. 유사한 고무적인 결과가 탕가니카호수(Lake Tanganyika) 동부 지역과 남서부 탄자니아(1992-1993), 루부강(Ruvu River) 상류 유역, 동부 탄자니아(1998), 게이타(Geita) 주변의 서부 탄자니아(1999)를 비롯한 탄자니아의 다른 지역에서 이러한 방법을 사용하여 나왔다.

그러므로 우리는 동아프리카와 아프리카 전역에서 활동하는 현장조사 연구자에게 조사연구 지역에 살고 있는 사람들과 조사연구에서 얻은 고고학 지식을 공유할 것을 호소한다. 이는 지역주민이 문화유산을 필요로 하고 그것에 대해 알 권리를 가지고 있기 때문이다. 그리고 이러한 지식이 지역주민이 인근에서 마주할 수도 있는 고고유적을 보존하는 약간의 동기를 부여할 수도 있다. 조사연구자를 교육자로 활용하는 것은 추가적 노동력이나 경비를 요구하지 않으며, 의사결정과 계획, 우리가 요약한 형태의 전략을 채택하는 것만으로도 이 지역의 박물관과 다른 조직이 최근 이용한 다른 '대중고고학'적 조치의 효율성을 강화하는 길일지 모른다.

원주

1 나이지리아의 상황에 관한 비슷한 주장에 대해서는 엔제운와(Nzewunwa 1990)를 참조하라.
2 매우 유사한 종류의 우려가 나이로비(Nairobi)에서 개최된 두 국제회의에서 나왔다. 동아프리카 영국연구원(the British Institute in Eastern Africa)과 케냐국립박물관이 공동 주최(1977년 2월)한 「동아프리카의 고고문화유산: 보존, 전시와 조사연구 우선순위 워크숍(The Archaeological Heritage of Eastern Africa: Conservation, Preservation and Research Priorities Workshop)」(Sutton 1997), 케냐국립박물관이 주최(1997년 5월)한 「도시기념물의 보존에 관한 국제 워크숍(the International Workshop on Urban and Monuments Conservation)」이 바로 그 두 국제회의이다.
3 학교에서의 역사교육에 영향을 미치는 이러한 문제들에 관한 논의에 대해서는 젤레자(Zeleza 1990)를 참조하라.
4 디케이(DK)는 더글라스 코롱고(Douglas Korongo), 즉 발견자인 더글라스 리키(Douglas Leakey)의 후계자를 말한다.
5 그러나 이 전시들은 지속되지 못했고 유적에 대한 접근성과 유적의 상태도 지금은 악화되었다는 점을 주목하라(Macamo 1996). 비록 이것이 최근의 내전에서 모잠비크가 당면했던 어려움에 기인할 수 있음에도 어떤 유적에서도 설명시설의 장기 존속 가능성을 확보할 필요성이 있다는 점과 계획을 수립하고 사업할 때 이에 대해 고려해야 한다는 점을 지적하고 있다.
6 예를 들어 라스 코노(Ras Kono)가 1995년에 보츠나나대학에서 박물관학 학위과정의 학위증서의 한 부분으로 만든 팸플릿이 있다. 이는 모추디(Mochudi)의 푸타디코보박물관(Phuthadikobo Museum)에서 열린 유적 전시에 수반하여 크가틀렝(Kgatleng) 지구의 모디프힐(Modipe Hill)에서 이루어진 닉 피어슨(Nick Pearson)의 최근 발굴과 관련된 내용이다.

참고문헌

Brandt, S. A. and Mohamed, O. Y. 1996. Starting from scratch: The past, present and future management of Somalia's cultural heritage. In P. R. Schmidt and R. J. McIntosh (eds) *Plundering Africa's Past*. London: James Currey: 250-59.

Karoma, N. J. 1996. The deterioration and destruction of archaeological and historical sites in Tanzania. In P. R. Schmidt and R. J. McIntosh (eds) *Plundering Africa's Past*. London: James Currey: 191-200.

Kusimba, C. M. 1996. Kenya's destruction of the Swahili cultural heritage. In P. R. Schmidt and R. J. McIntosh (eds) *Plundering Africa's Past*. London: James Currey: 201-24.

Lane, P. J. 1990. Archaeology and development in Africa: present dilemmas and future prospects. Paper presented at the 2nd Pan-African Association of Anthropologists Conference, University of Nairobi, Kenya, September 1990.

LaViolette, A. 1991. Alternative approaches to East African archaeology and historiography: The archaeology of a Swahili fortification. Paper presented at the 34th Annual Meeting of the African Studies Association, St. Louis, USA, November 1991.

Macamo, S. L. 1996. The problems of conservation of archaeological sites in Mozambique. In G. Pwiti and R. Soper (eds) *Aspects of African Archaeology*. Harare: University of Zimbabwe Publications: 813-16.

Mapunda, B. B. 1991. The role of archaeology in development: The case of Tanzania. *Transafrican Journal of History* 20: 19-34.

Mapunda, B. B. 1992. Sharing archaeological knowledge with the local people: the case of the Ruhuhu River basin. Paper presented at the 11th Biennial Conference of the Society of Africanist Archaeologists, Los Angeles, USA, March 1992.

Mturi, A. A. 1996. Whose cultural heritage? Conflicts and contradictions in the conservation of historic structures, towns and rock art in Tanzania. In P. R. Schmidt and R. J. McIntosh (eds) *Plundering Africa's Past*. London: James Currey: 170-90.

Nzewunwa, N. 1990. Archaeology in Nigerian Education. In P. Stone and R. MacKenzie (eds) *The Excluded Past: Archaeology in Education*. London: Unwin Hyman: 33-42.

Posnansky, M. 1982. African Archaeology comes of age. *World Archaeology* 13: 345-58.

Robertshaw, P. 1990. The development of archaeology in East Africa. In P. Robertshaw (ed.) *A History of African Archaeology*. London: James Currey: 78-94.

Sinclair, P. J. J. 1990. The earth is our history book: archaeology in Mozambique. In P. Stone and R. MacKenzie (eds) *The Excluded Past: Archaeology in Education*. London: Unwin Hyman: 152-59.

Smith, A. B. and Lee, R. B. 1997. Cho/ana: Archaeological and ethnohistorical evidence for recent hunter-gatherer/agropastoralist contact in Northern Bushmanland, Namibia. *South African Archaeological Bulletin* 52: 52-58.

Sutton, J. E. G. 1997. The archaeological heritage of Eastern Africa: Conservation, presentation and research priorities. Report submitted to sponsors and participants, on file at BIEA, Nairobi.

Wandibba, S. 1990. Archaeology and education in Kenya. In P. Stone and R. MacKenzie (eds)

The Excluded Past: Archaeology in Education. London: Unwin Hyman: 43-49.

Wilson, T. H. and Omar, A. L. 1996. Preservation of cultural heritage on the East African coast. In P. R. Schmidt and R. J. McIntosh (eds) *Plundering Africa's Past.* London: James Currey: 225-49.

Zeleza, T. 1990. The production of historical knowledge for schools. *Transafrican Journal of History* 19: 1-23.

12장

대중고고학과 원주민 사회

마이크 파커 피어슨(Mike Parker Pearson), 라밀리소니나(Ramilisonina)

이 장에서는 우리가 고고학 연구를 할 목적으로 방문했던 세계의 양 끝에 존재하는 두 사회의 대중과 관련된 다른 전략을 검토하고자 한다. 한 지역은 마다가스카르 남부의 안드로이(Androy) 지역에 있는 비가 거의 오지 않는 곳이고, 다른 한 곳은 스코틀랜드의 웨스턴아일스(Western Isles)에 있는 아우터헤브리디스제도(the Outer Hebrides)의 사우스유이스트섬(the island of South Uist)이다. '토착'이 구성하는 것이 무엇인지와 표준화된 '토착대중고고학'이 존재하는지에 관한 문제를 검토한다. '토착'이라는 개념은 '지역적(local)'이라는 더 포괄적인 개념에 집중함으로써 극복될 수 있는—순수성과 배타성의—문제로 가득 차 있다. 점차 세계화되는 사회에서는 누구나 어딘가의 지역주민이다.

1. '토착'이란 무엇인가?

우리 둘은 주택금융조합 주식에서 뜻밖의 소득을 취한 덕분에 1999년 1월에 케이프타운(Cape Town)에서 열린 세계고고학대회에 참석하는 행운을 얻었다. 어느 날 아침 우리는 학술대회 참가자들이 '토착고고학자'의 조찬에 초대되었다는 소식을 듣고 매우 흥미로웠다. 우리 둘 다 가지 않았고, '제1세계(the first world)'에서 온 참가자—백인인지의 여부와 관계없이—중 참가할 엄두를 낸 사람이 있었을까 궁금했다. 우리 학술발표 분과의 회장인 팀 샤들라-홀은 갈 수 있었을까? 어쨌든 그는 영국 내에서 특이한 관습과 방언과 풍습으로 알려진 특정 지역의 구성원이다. 요크셔에서 현장 작업을 하는 요크셔 사람으로서 그는 확실하게 스스로 토착고고학자라고 생각할 수 있다. 그러나 매력이 넘치고 호감 가는 자신감을 풍기는 그라도 그 조찬에 참여했다면 어색함을 느끼지 않았을까?

'토착'의 사전적 정의는—한 나라 혹은 원주민에게 고유한 것으로서—그 단어의 정치적 뉘앙스에 공평하기에 전적으로 불충분하다. '토착'이라는 단어를 고고학자들이 사용할 때, 그 용어에 대해 적어도 4개의 다른 의미가 가능한 상황에서 그들이 동일한 것을 이야기한다고 생각할 수 있을까?

① 고고학자들이 일하고 있는 지역 혹은 장소의 본토박이 사람. 사전 편찬자의 정의와 가까운 이 정의는 많은 아마추어나 취미로 일하는 고고학자와 함께 팀(Tim) 같은 사람을 포함한다. 그들 중의 일부는 한 국가나 지역에서의 그들의 뿌리가 전문고고학자들의 어떤 방문 팀이라도 가능하지 않은 장소의 과거를 발굴하고 해석하는 것을 정당화시켜주는 권한을 부여한다고 생각할지도 모른다.

② 오랜 기간 조상으로부터 물려받은 땅에 사는 소규모 공동체의 구성원. 그러나 오늘날과 같이 세계화되고 뿌리 뽑힌 문화에서 직업, 교육, 생계수단 때문에 떠난 사람이 더 이상 출신지의 주민이 아님에도 아직도 스스로 '토착인'이라고 생각할 수 있는가? 아마도 그러한 소란에 고통받지 않은 사람—그 땅을 결코 떠나지 않았던 사람—만이 이 용어에 대해 주장할 수 있다.

③ 유럽인 혹은 유럽인의 후손과 거리가 먼 사람. 다르게 말하자면 식민지 개척자가 도착하기 이전에 그곳에 조상이 살았던, 식민지 국가 혹은 식민지에서 독립한 국가(탈식민지 국가)의 주민. 이런 정의에 따르면 '토착'이라는 개념은 식민지 개척자가

도착하기 이전에 그곳에 처음부터 살았던 종족적으로 구분되는 사람이 개발도상국의 '최초 주민(first nation)'이라는 지위에 적합하다. 비록 고고학자가 이 용어를 널리 사용함에도 이러한 정의는 식민지 건설과 '역사의 시작' 이전의 고정되고 변하지 않는 과거를 상정하는 식민지 이전 시기의 이주와 정착이라는 골치 아픈 문제를 회피한다.

④ 피부 색깔, 언어 혹은—어디에 있든—세계 속의 위치와 관계없이 식민지화된 공동체에 살거나 외부의 정치적 통제 혹은 압제를 받고 있는 사람. 유럽인을 포함함으로써 이 좀 더 넓은 정의는 다른 시간적 문제를 제기한다. 식민지화는 얼마나 최근이어야 하는가? 1066년 프랑스 침략자의 잉글랜드 정복은 너무 오래전인가? 노르만(Norman)과 색슨(Saxon)이라는 대립하는 정체성은 오래전에 사라져서 잉글랜드(혹은 영국인)의 정체성에 포함되었고 현재는 그 영향에서 벗어나 '피해'를 입지 않기 때문이다. 반면 1895년부터 1960년까지 프랑스가 마다가스카르를 식민지화한 것은 너무 최근이어서 마다가스카르(말라가시, Malagasy)와 프랑스의 차이는 오해의 소지가 없다.

만약 아직도 다른 3개의 정의가 구체적인 상황에서 사용되는 것을 수용할 준비가 되어 있다면, 많은 고고학자들은 아마도 마지막 정의에 편안함을 느낄 것이다. '토착'이라는 것은 '종족성'만큼이나 파악하기 힘든 용어이고, 반대되고 대비되는 무언의 정체성에 대한 추정을 그 안에 포함한다. 스코틀랜드의 웨스턴아일스에서 우리의 사례는 복잡성을 보여준다.

2. 웨스턴아일스: 토착사회?

"기분 나쁘라고 하는 말은 아니지만, 그놈의 잉글랜드 사람을 증오해"라는 말은 오래된 정복자의 후손에 대한 스코틀랜드인의 특정한 태도를 요약하는 영원한 구절 중의 하나이다. 스코틀랜드의 웨스턴아일스에서 현장 작업을 하는 동안 잉글랜드에서 온 대학생은 잉글랜드 축구팀이 국제경기를 할 때마다 자신이 머무는 집의 주인이 상대편을 응원하는 것을 보고 어리둥절해 한다. 많은 학생들은 이전에 스코틀랜드에 가본 적이 없었기 때문에 정치적으로 순수하다. 그들은 스코틀랜드라는 것이 잉글랜드에 반대되는 국가 정체성이라는 것을 알고 놀란다. 스코틀랜드인은 결코 잉글랜드인이 아니다.

웨스턴아일스에서는 그 주민이 다른 스코틀랜드인도 종종 짜증스러움을 발견하는 아주 독특하고 견고하게 자신감이 있는 지역적 정체성을 가지고 있기 때문에 더욱 복잡하다. 스코틀랜드 인구의 2%만이 스코틀랜드 게일어(Scottish Gaelic, 스코틀랜드에서 사용하는 켈트어)를 사용하지만 웨스턴아일스에서는 거의 보편적으로 사용되는 제1언어이다. 그래서 저지대 스코틀랜드인의 문화조차도 언어와 전통을 통해 배타적으로 잘 구분된다. 이 섬들의 적은 인구도 종교적 정체성으로 세분된다. 일상에서는 아마도 많은 외부인에게는 보이지 않겠지만 신교도는 북부에 살고 가톨릭교도는 남부에 산다. 사람들도 어느 거주 지역에 속하는지(교구 혹은 시골)로 지역 정체성을 표현한다.

헤브리디스제도―웨스턴아일스에 속하는 제도―주민(Hebrideans)은 서너 가지 이유로 '토착사회'라고 간주할 수 있다. 이들은 단순히 다르지 않고 원시적이라고 생각되어왔다. 1930년대까지 고고학자는 이 종족적으로 독특한 지역사회 사람들을 자연스럽게 돌을 쌓아 만든 전통가옥(longhouses)에 거주하며 빅토리아 시대의 진화의 사다리에서 아래 단계에 속하는 '현존하는 옛 영국인'으로 생각했다. 그들은 최근에 착취를 당한 역사를 지닌 식민지인이며 세계의 많은 식민 국가들과 마찬가지로 억울하게 이민을 강요당한 사람들이었다.[1] 그들은 자신들의 땅에 강한 인연을 맺고 영국의 다른 지역과 대조적인 정체성을 가진 작은 지역사회를 이룬다. 멀리 떨어진 우월적인 엘리트와 정치체제의 통제 아래 살고 있는 다른 주변 사회처럼 그들의 존재는 경제적으로 불안하고 유럽공동체(European Community: EC) 보조금, 방위산업과 한정된 관광산업 같은 자신들의 통제 밖의 세계적 변화에 의존한다.

그러나 이 공동체는 '토착적'으로 생각되는 확실한 기준의 하나인, 조상과 토지에 대한 장기간의 인연이라는 문제를 충족시키지 못했다. 아주 이상하게도 웨스턴아일스에 살고 있는 대다수 사람들의 조상 대부분이 대다수 토박이 주민이 북미 대륙으로 이주를 강요당해 떠난 후인 19세기에나 섬에 들어왔다는 점에서 오늘날 토착적이라고 분류될 수 없다. 진정한 토착민의 많은 후손은 실제로 캐나다의 노바스코샤에 살고 있다. 개념 정의가 혼란스럽다는 점에 더해 중세 노르웨이 시대(the Medieval and Norse period)의 증거를 보면 이 추방된 주민들이 바이킹 사람들이 이 지역을 개척하기 이전에 그곳에 살았던 주민들과 유전적 연결성이 거의 없을지도 모른다는 점을 알 수 있다.

　그래서 '토착'이라는 용어가 이용 가치가 없고 오해의 소지가 있다는 점과 모든 기준을 충족하는 특정 집단만이 '토착적'이라고 생각될 수 있다는 점은 무엇을 의미하는가? 이는 '토착'이라는 말이 의미하는 자기 인식의 관점에서 비롯되었다. 이 용어는 내부자를 외부자와 구분하는 데 기여한다. 고고학자가 사용하듯이 이 용어는, '토착적'이라는 말이 '식민화된'이라는 말과 관련해서만 존재한다는 점에서 항상 정치적 측면을 가지고 있다. 토착적인 사람은 외부인과 현재의 토지와 이전의 토지에 대한 권리를 가진 식민주의자의 관계를 통해서만 정의될 수 있다. 그러나 우리가 작업한 웨스턴아일스와 마다가스카르 두 지역사회 안에서 지역사회, 고고학자, 고고학의 관계가 더 심화된 중요한 세부사항을 포함하기 때문에 이 개념 정의는 아직도 부적합하다.

3. 웨스턴아일스의 대중고고학

　마다가스카르의 시각(a Malagasy perspective)에서 사우스유이스트섬에서는 예외적으로 춥고 수그러들 줄 모르게 폭풍우가 몰아치는 날씨여서 당장 우리의 카라반 숙박시설을 파괴할 것 같은 허리케인을 미리 예시하는 듯하다. 그러나 다른 많은 시각에서 볼 때 그곳은 이상적인 세상이다. 사람들은 땅과 가깝게 지내며 동물을 사육하고 곡물을 재배하며 동시에 수도, 전기, 텔레비전, 전화를 사용하고 교육에 대한 인상적인 혜택을 즐기고 현대적 경제생활이 가능하다. 만약 일과 돈이 사라지면 이 섬에서 인구가 즉시 감소하는 것을 방지하는 정부와 유럽의 풍부한 보조금을 누리면서 보호받는다.

이 섬은 크게 음주와 관련된 경범죄, 차량 도난, 도난사고와 절도가 전혀 없는 단단하게 조직된 지역사회이다. 10년 전에 약간 곤란했던 순간 이후―이전에 술집에서 '부인과 전문의'로 이야기되던―고고학자는 해마다 지역민의 생활에서 알려진 한 부분이 되었다. 조사사업 초기에는 상대적으로 의사소통이 잘 안 되고 조사 결과도 거의 알려지지 않아서 서로 불신했다. 그때 고고학이 정보, 경제적 혜택, 지역사회 생활, 유망한 발전 면에서 큰 영향을 주었다.

사우스유이스트섬 주민의 고고학에 대한 관심은 영국의 다른 지역과 비교할 때 그 이상도 그 이하도 아니다. 몇몇 개인은 고고학에 대해 열정적이고 다른 사람들은 초점을 전혀 보지 못한다. 적극적인 관심을 보이고 발굴에 참여하러 오며 환경 정보를 추출하기 위한 표본 처리에 도움을 주거나 다른 종류의 도움을 제공하는 사람들은 주로 남성이지 여성은 아니다. 어린이도 부모와 함께 혹은 학교에서 단체로 방문하여 자극을 받는다. 왜냐하면 그렇지 않으면 국정교과과정에서 전혀 배울 수 없기 때문이다. 고고학은 그들에게 그들 지역만의 역사에 대해 배울 기회를 준다.

고고학자의 수는 여름인 2개월 동안 5개 대학으로부터 매년 120명을 받을 정도로 늘어났다. 이는 단 2,000명의 주민에게 심대한 영향을 미쳤다. 고고학자가 관광객에게 자료를 제공할 뿐만 아니라―발굴 중인 고고유적의 크기가 그다지 대단하지는 않더라도―그 유적들도 그 자체로 관광업의 한 부분이다. 대규모로 숙박시설을 예약하고 지역 가게, 차량정비소 겸 주유소, 술집을 비중 있게 이용하면서 지역경제에 실질적으로 현금이 투입되었다. 또한 조사프로젝트의 관계자와 학생들은 다른 관광객이 하지 않는 방식으로 지역사회 생활에 동참한다. 이들은 지역사회 생활의 공적 부분에 전체적으로 참여하는데, 케일리(*ceilidh*)라는 스코틀랜드의 춤과 음악이 있는 사교 모임 같은 행사에도 참가하고 수년에 걸쳐서 다져지는 우정도 쌓는다. 가족적 유대관계와 가톨릭 신앙에 근거한 주민들의 사적인 생활은 상당히 폐쇄되어 있다. 왜냐하면 교회에 가는 학생이 거의 없고 누구도 아직 결혼 같은 낭만적인 연결고리나 지역 거주까지 생각하지는 못한다.

이러한 점에서 고고학자는 국외자, 즉 일시적으로 머무는 방문자로 남아 있다. 참으로 이들은 예측이 가능하고 상대적으로 높은 소비를 하며 지역사회에 알려졌기 때문에 이상적인 관광객이다. 사우스유이스트섬은 이너 헤브리디스제도(the Inner Hebrides) 인근에 있는 스카이섬(Skye)과 비교할 때 상대적으로 초보적인 관광업 단계에 머물러 있다. 아무도 지역적으로 사우스유이스트섬이 스카이섬만큼 관광 중심지가 되기를 원하는 것 같지는 않다. 그러나 관광업은 현존하지 않는 해조산업, 군사로켓 발사 실험장과 기지의 불확실한 전망, 쇠퇴하는 건축산업, 점차 수익이 줄어드는 농업과 어업을 대체할 성장 산업으로 간주된다. 관광업은 전문화된 휴가를 중심으로 돌아가고 있다. 상위계층은 낚시와 수렵을 하기 위해 온다. 중산층은 조류를 관찰하고 자전거를 타는 휴가를 즐기러 온다. 게일 문화(Gaelic culture)*와 고고학과 관련된 문화유산을 보기 위해서는 거의 아무도—아직은—오지 않지만, 보여주기 위한 박물관과 많은 문화유산과 관련된 활동이 늘어나고 유적들에 50만 파운드의 자금을 확대해서 투자하면서 이러한 방향의 토대를 놓고 있다.

만약 방문자들이 사우스유이스트섬에서 헤브리디스제도인의 뿌리를 찾으려 한다면 이 섬은 '토착지역사회'가 될 수 있을까? 이러한 관광객들은 확실히 지역적이지 않고 자아 정체성의 관점에서 스스로 조상의 땅과 아주 강한 연결성을 가지고 있다고 생각할지도 모른다. 웨스턴아일스는 사람들이 이민 가기 위해 혹은 일자리를 찾아서 소개(疏開) 이전과 이후에 이 제도에서 떠난 긴 이동의 역사를 가지고 있다. 사우스유이스트섬의 인구는 정태적이었던 적이 결코 없었다. 오늘날 많은 현지 태생의 섬 사람들은 임시적으로나 영구적으로 섬을 떠나고 새로운 주민이 들어온다. 이전의 가족적 연고가 없이 소규모 공동체에 정주하는 사람들—'전입자'—은 언제나

....

* 게일 문화: 'Gaelic culture'는 스코틀랜드 고지대의 켈트족 문화이다.

자신들의 사회적 위치를 협상해야 한다. 사우스유이스트섬과 같이 강력한 정체성을 가진 사회에서 전입자가 되는 것은 어려운 사회적 역할이다. 몇몇 토박이가 아닌 주민은 이 섬의 역사와 고고학에 대해 깊은 흥미를 가지고 있으며 우리는 고고학자로서 종종 이런 사람―즉, 확실하게 '지역적'이지만 '토착적'이지 않은 지역사회 구성원―과 접촉한다.

실제로 '지역적'과 '토착적'의 차이점은 개별 공동체 구성원의 지위를 정의하는 것을 크게 넘어선다. 사우스유이스트섬과 같은 작은 섬―남북으로 약 30km밖에 되지 않으면서 동서 폭이 겨우 5km인 좁고 긴 땅에 한정된 마을이 전부인 섬―에서조차도 우리가 주민과 접촉하는 데에는 두 차원이 존재한다. 섬 전체 차원의 접촉은 꽤 형식적이고 반(半)공식적 차원에서 (전입자를 포함해서) 전반적으로 토착지역사회에서 이루어졌다. 사람들은 팸플릿, 잡지 품목, 현장 방문, 지역 라디오와 텔레비전 뉴스 품목, 공개일, 박물관 전시와 대중 강연을 통해 사우스유이스트섬이 영국에서 가장 희귀하고 가장 잘 보존된 고고유적의 일부를 가지고 있다는 것을 알게 될 기회를 갖는다.

고고학에서 우리가 가장 성공적으로 보여주는 방식(presentations)은 이 섬 남부의 지리적으로 작은 지역의, 우리가 살면서 작업하는 소읍에서 지역적 차원으로 이루어진다. 개인적 관계는 중요하다. 사람들은 우리가 누구이고 무엇을 하고 있는지 알고 있다. 그리고 그들의 고고학에 대한 영향력이 큰 관심을 갖게 되는 것은 우리가 그들이 사는 곳과 아주 가까이에 있기 때문이다. 1998년에 해안가의 한 무덤에서 1,500년 된 인골이 발견된 것―'킬페더 케이트(Kilpheder Kate)'라고 지칭된 인골―과 더불어 인근 지역에서 섬 전체 차원의 지역사회나 관광객을 위한 것이 아니라 단지 작은 지역의 주민을 위해서 마련한 고고학에 관한 담소와 전시에 많은 입장객이 모일 정도로 고고학에 대한 관심이 폭발적이었다. 지역사회에 대한 관여는 핵심적이었는데, 토착사회의 정체성에 대한 대단히 중요한 감각과 결합하여 개인적 관계를 만들어내는 우리만의 노력 때문에 이는 사우스유이스트섬에서 아주 성공적이었다.

4. 남부 마다가스카르의 토착사회

잉글랜드인의 시각에서 안드로이 지역은 건조하고 더우며 생명이 견딜 만하도록 삶을 안락하게 하는 모든 것이 부족한 황량한 사막이다. 탄드로이인(Tandroy, 안드로이 지역에 거주하는 토착민)의 속담에 "건기에 개의 사타구니보다 더 건조하다"라는 말이 있다. 이 지역에는 전기나 수도가 없고 작은 목조 가옥에는 거적을 빼고는 다른 가구가 없다. 9개월간의 길고 건조한 계절에는 고여 있는 물이 거의 없고 건조한 강바닥에는 밑에 감춰진 물을 찾으려고 파낸 구멍이 숭숭 나 있다. 벼룩, 이, 바퀴벌레, 독거미, 전갈, (독이 없는) 뱀이 살고 있다.

대부분의 탄드로이인은 아직도 유목민이다. 매우 건조한 남쪽인 이곳에 사는 사람들은 소 떼가 줄어들고 곡식이 말라 죽는 것을 보면서 종종 가족을 먹여 살리기 위해 최선을 다한다. 가뭄과 기근은 이 연약하고 적대적인 환경 속에 언제나 존재하는 위험 요소이다. 의료와 병원 설비는 아주 제한적이고 약 10년 전에 정부가 마을 교사에게 월급을 줄 능력을 상실한 이래 교육을 위한 지원도 거의 없다. 안드로이 지역 출신의 정치인이 중앙정부에 있지만 정부의 지원과 보조금에 대한 약속은 대체로 허사가 되고 있다. 많은 사람들이 농장이나 마다가스카르의 다른 곳으로 일자리를 찾아서 이주하여 일당 노동자, 야간 경비원, 정비공으로 일하고 있다.

탄드로이인의 외부인에 대한 태도는 대체로 적대적이다. 이들은 대부분의 남부 사람들보다 보기에는 더 인도네시아인 같은 마다가스카르 중부 고산지대의 정치적·경제적으로 우월한 사람들을 수세기 동안 '개돼지'로 불렀다. 고산지대 사람들의 사려 깊음과 공손함은 속마음을 말하고 거래에서는 무뚝뚝하지만 솔직담백한 점에 대해 스스로 자부심을 갖는 탄드로이인에게 맞지 않는다. 탄드로이인이 아닌 사람은 누구나 마다가스카르인이든 아니든 상관없이 바자하(vazaha), 즉 낯선 사람 혹은 외국인이다. 마치 스코틀랜드 문화와 잉글랜드 문화의 상호관계처럼 탄드로이인의 문화는 어려운 방언, 생업 전통(마다가스카르의 다른 지역에서 행해지는 압도적인 벼농사와 대비되는 소 목축과 마니옥(manioc) 재배), 탄드로이인의 독특한 생활양식과 대비되는

다른 마다가스카르 사람들이 살아가는 안이한 생활에 대한 경멸에서 보이는 독특한 지역성을 가지고 있다.[2]

탄드로이인은 자신들이 안드로이 지역에 최근에 들어왔음을 알고 있고 그것에 관해 이야기한다. 족보 목록상의 씨족 조상과 구전 역사는 조상이 동부에서 와서 남부를 가로질러 어떻게 이주해왔는가를 말해준다. 고고학적 지표조사에서는 이들의 이주가 16세기에서 19세기에 일어난 것으로 편년한다. 족보, 구전 전통, 조상의 존재에서 드러난 과거에 관한 현존 탄드로이인의 관념으로 인해 고고학이 거슬리고 불필요한 형식으로 과거를 아는 방식이라고 주장될 수 있다. 매력적인 미지의 역사가 발굴되어 복원되고 있다는 사실이 알려지기 전까지는 사우스유이스트섬에서 조사하고 있는 고고학자도 같은 시선을 받았다.

우리만의 접근 방법은 고고학이 전통적이고 권위적인 담론의 기반을 약화시키기보다는 과거를 아는 상호 보완적이고 통합적인 특성을 갖고 있다는 것이다. 과거는 사람에게 중요하고 고고학은 시야를 넓히고 호기심을 자극하는 방법의 하나이다. 특정 고고유적에 대한 구전에 근거한 해석과 고고학적 기반에 의한 해석 사이에는 확실히 갈등과 모순이 있지만, 이것을 회피해서는 안 된다. 탄드로이인은 현재 자신들이 점유한 땅에 항상 살지 않았고 자신들의 이주에 관한 고고학적 증거를 수용하거나 이주하기 전에 이미 이 지역에 사람들이 살고 있었다는 지식을 가져도 어떤 철학적 문제를 가진 것처럼 보이지 않는다.

5. 남부 마다가스카르의 대중고고학

마다가스카르는 세계에서 여섯 번째로 가난한 나라이다. 이러한 경제적 상황에서 고고학은 누군가에게는 불필요한 사치품으로 보일 테지만, 국가에서는 고고미술박물관(a Musée d'Art et d'Archéologie), 안타나나리보대학에 있는 고고미술센터(a Centre d'Art et d'Archéologie), 지방의 대학에 있는 약간의 고고학과 역사학 교수직을 운영하기 위해 재정을 지원한다. 외국의 영향과 생산물을 심하게 억제하거나 얻을 수 없었던 시기인, 마다가스카르인의 문화를 복원하던 해에도 박물관은 국제적 연결망을 확립했고 외국의 고고학자를 환영하여 프랑스, 미국, 영국의 연구기관과 접촉하면서 더욱 많이 연구하기 위해 노력했다. 박물관 직원은 남쪽 지역에서 간간히 일을 하는데, 특히 안드로이에서 1961년 이래의 주거유적과 무덤에 관한 현장지표조사와 1,000년 이전부터 500년 이전으로 편년되는 주요 유적에 대한 발굴을 수행하고 있다.[3]

우리의 조사사업이 1991년에 시작되기까지 안드로이에서의 박물관 조사연구는 1984년 이후 중단되었다. 그러나 (훈련받은 지질학자이면서 본래 민족지학자인, 안드로이에 거주하는 프랑스인) 조르주 우르트비즈(Georges Heurtebize)는 어느 정도 현장조사를 하면서 인류학자 새러 피(Sara Fee)와 함께 자연보호구역과 동부 안드로이 지역인 베렌티(Berenty)의 관광명소에 인상 깊은 탄드로이 생활박물관을 건립했다.[4] 또한 그는 우리의 탄드로이인 출신 동료인 레치히사테스(Retsihisatse)를 고고학자이면서 인류학자가 되도록 격려하면서 훈련시켰다.

안드로이에서 우리의 작업은 레치히사테스 없이는 불가능했다.[5] 남부 전역에서는 환대가 강력한 사회적 규범이다. 그러나 사람들은 외부인을 매우 의심한다. 연구조사에 레치히사테스가 참여하면서 우리는 이러한 장애를 돌파할 수 있었다. 우리는 탄드로이인과 외부인, 즉 마다가스카르인과 유럽인 사이에 종종 살인사건으로 귀결되는 많은 오해와 대치 이야기를 마주쳤다. 어떻게 '외국인들', 특히 백인 외국인들이 심장, 간, 혀를 훔치는지에 관한 이야기가 오랫동안 존재했다. 1993년에 에이즈 치료제를 개발하기 위해 뇌를 추출하려고 백인이 사람 사냥을 한다는 새로운 소문이 돌았다. 소문은 붉은 자동차를 타고 초등교육의 실태를 파악하려는―실제로 초등학교에는 아무도 없었다―2명의 프랑스인과 연관되면서 시작되었다. 의심하는 분위기 속에서 용의자의 인상착의가 랜드로버(Landrover)를 타는 우리 팀과 일치한다는 소문이 나고 사람 사냥꾼이 지금 옛날 토기를 찾아다니는 척한다는 이야기가 퍼지는 데는 단지 몇 주가 걸렸을 뿐이다.

사람 사냥꾼에 대한 소문은 지금까지도 회자되며 현장조사를 아주 느리고 어렵게 했다. 우리 연구조사팀이 무엇을 하는지는 고사하고 고고학에 관해서는 무엇이든 아는 사람이 거의 없다. 어떤 의미에서는 이는 우리가 찾아다니는 것이 무엇이고 왜 그렇게 하는지에 관해 모두에게 이야기하는 데 일반적인 경우보다 더 시간을 써야 한다는 것을 의미하기 때문에 좋은 일이다. 우리 연구조사팀이 현장조사를 하기 위해 밖에 나왔을 때 한 작은 소녀가 "이들은 좋은 외국인입니까 아니면 사람 사냥꾼입니까?" 하고 물었다. 안드로이에서 현장조사를 하는 의도 혹은 결과에 관해 의사소통하거나 보급하는 데 이용할 수 있는 매체 면에서 우리는 상당히 제약을 받았다. 문맹률이 높고 종이가 주로 담배를 말 때 사용되는 사회에서 인쇄된 글은 대중적으로 보여주는 방식 측면에서는 거의 가치가 없다. 우리의 유일한 소통 수단은 대면 소통이었다. '마을회관'이 없어서, 모임은 마다가스카르인의 대중적 웅변과 토론 방식인 카바리(*kabary*)의 틀 안에서 야외에서 이루어졌다.

그러나 사람들을 연계하는 데는 말보다는 실행이 가장 좋은 방법이다. 지난 8년 동안 헤브리디스제도인보다 더 많은 탄드로이인이 유적조사를 수행했다. 많은 사람들, 특히 어린이가 지표조사에 참여했다(그림 12.1, 12.2, 12.3). 신기함과 관심은 첫날이 지나면 사라지는 경향이 있었지만, 그 지역의 고고유물에 관한 높은 관심과 훌륭한 지식을 가진 사람도 일부 있었다. 서너 명은 나이 든 사람과 젊은 사람 모두 일생의 열정으로 발전할 수 있을 정도의 관심 수준을 보였지만, 레치히사테스의 제자와 미래를 위한 지역 '아마추어' 네트워크를 유지해줄 수 있는 지역사회의 재원이나 지원 같은 사회공공 기반시설이 없었다.

탄드로이의 사회규범에서는 남에게 도움을 주러 나설 때 느리지 않은 특성이 있다. 고고학자는 선물과 의약품을 주고 시장에 무료로 자동차로 데려다주는 것으로 알려진 신뢰할 만한 사람이다. 또한 우리의 이상한 행동은 종종 어린이와 어른 모두에게 아주 우스운 오락거리이다. 지역 경제에 우리 재정을 투입하는 것은 선물 주기, 식품 구입, 시장 구매, 숙박료 지불, 안내요금 지불, 동물 제물 제공을 통해 실질적으로 이루어진다. 그러나 우리가 개선할 수 없는 부분도 있다. 음료수, 전문적 의료 및

그림 12.1 1993년 암바로(Ambaro)에서 19세기 왕족 마을 유적의 지표조사에 참여한 어린이. 장- 뤽 슈베닝거 (Jean-Luc Schwenninger) 사진 제공

그림 12.2 1995년 암바로에서 19세기 왕족 마을 유적을 발굴할 때 조상이 탐바로 안드리안마나레(the Tambaro Andrianmañare) 왕가 사람인 치한다체(Tsihandatse)가 점검하고 있다. 캐런 고든(Karen Godden) 사진 제공

병원시설에의 접근성, 더 양호한 교통기반시설, 더 많은 소 떼, 더 커다란 석제 무덤 은 그들이 가장 원하는 것이다.

그림 12.3 2000년 몬테페노(Montefeno)의 어린이들이 17세기 왕족 마을 유적을 발굴할 때 참여했다. 이들은 동물 뼈의 종(species)과 부위를 확인하는 데 특히 재능이 있었다. 마이크 파커 피어슨 사진 제공

우리의 사명은 주로 고고학적이며 무형의 혜택을 제공할 수 있을 뿐이다. 우리의 일은 두 가지 이유로 평가받는다고 생각한다. 첫째, 사람들은 자신들의 역사에서 장소, 전통, 족보학, 과거에 관한 이야기의 관점에서 알고 있는 것을 우리에게 말하기를 즐긴다. 아마도 우리의 가장 중요한 역할은 탄드로이 문화유산(Tandroy heritage)을 입증하는 것일 터이다. 이는 다른 누군가의 문화유산만큼 중요하고, 전문가도 국립박물관 출신이고 그것을 밝혀내기 위해 멀리 해외에서 왔다. 둘째, 사람들은 종종 우리의 발견에 대해 관심을 갖지만 그 정도는 낮으며 그나마도 원래부터 관심을 갖고 있었거나 적성에 맞는 경우에만 그러하다. 유급으로 안내자와 지역 조력자로 일해온 몇몇 사람의 경우에 특히 그렇다.

그러나 사우스유이스트섬에서의 경우처럼 우리가 접촉해온 지역사회가 '토착적' 혹은 '지역적'으로 가장 잘 묘사되는지의 여부를 구분하기는 어렵다. 대부분의 정의로 볼 때 토착고고학자라고 할 수 있는 레치히사테스와 함께 일하면서 우리는 우리가 하는 일에 대한 의심을 잠재울 수 있었을 뿐만 아니라 우리의 목적과 탄드로

이 지역에서 고대 주거유적이 갖는 중요성을 설명할 수 있었다. '토착'지역사회와 함께 일하는 고고학자는 주민의 간청이나 주민의 동의로 그곳에 있는 것이다. 이는 주민의 믿음과 전통을 존중하는 그 지역사회의 조건 아래 참여하는 것을 의미한다. 우리 둘 모두가 기독교인으로 자랐음에도 발굴을 시작하기 전에 축복을 받으려고 조상에게 제물을 바치는 행위 같은 비기독교적인 의례에 참여하는 것을 기뻐해야 한다.

우리의 겉모습 때문에 종종 어린이가 소리를 지르며 도망가기도 하는, 백인에게 두려움을 느끼는 풍토임에도 우리는 안드로이에서 많은 지역 유력자와 마을 사람들과 좋은 관계를 맺으려고 했다. 그러나 안드로이는 5,000km^{2}에 25만 명의 인구가 사는 넓은 지역이다. 우리가 레치히사테스의 고향 마을에서 가장 멀리 떨어져 누구도 그나 그의 가족에 대해 들어본 적이 없는 지역에서 지내게 되었을 때 인질로 잡히는 등 최악의 문제가 발생했다. 레치히사테스는 아마도 토착민이었을지 모르지만 중요하게도 그는 항상 존재하는 지역민이 아니다.

안드로이와 사우스유이스트섬 두 곳에서 사람들은 자신들의 땅에서 나온 고고유물을 매우 궁금해 하지만 전체 지역과 종족집단을 망라하는 지역적 관심을 끌어내는 데는 개인적 접촉을 넘는 방법이 필요하다. 이는 사우스유이스트섬과 지금까지도 멀리 떨어져 있는 안드로이에서는 이루기 어려운 목표임을 보여준다. 또한 우리가 함께 작업하는 지역사회에 대한 의무가 많은 만큼 우리는 고고학이 봉사하는 다양한 다른 청중에게 의무를 갖고 있다. 예를 들어 우리는 국가라는 측면에서 마다가스카르인에게 지식을 전수할 책임을 지고 있다. 비록 1989년 수도 안타나나리보(Antananarivo)에서 안드로이에 관한 전시를 했음에도 그 나라의 다른 지역에서는 무시무시하며 야만적이고 위험하게 보이는 남부 지역 사람에 대해 적대적인 편견이 아직도 강하다.[6] 국제적인 측면에서 우리는 학자와 더 폭넓은 대중 양자 중에서 우리가 도달할 대중을 가지고 있다. 이는 단지 안드로이의 장기적 고고학과 역사가 거대 동물의 멸종과 거대한 분묘 축조 같은 문제를 이해하는 데 기여하여 매력적이기 때문이 아니라 안드로이가 유럽인과 마다가스카르인의 역사가 16세기에서 19세기의 식민지 이전 시기에 불가분하게 휘말렸던 장소이기 때문이다.

이는 안드로이의 지역적 수준에서 어떻게 표현될 수 있는가? 주로 조르주 우르트비즈의 노력을 통해 객관화되고 보존되어야 할 점증하는 역사의식(sense of a history)이 있다. 구전 전통이 기록되고 있고 새로운 고고유적도 발견되고 있으며 베노노크(Benonoke)에서 안드로이의 가장 오래된 주택 중의 하나에서 지역사회를 위해 박물관 소장품이 형성되기 시작하였다. 베렌티에서 박물관은 관광객을 위하고 있음에도 불구하고 박물관의 존재 자체가 탄드로이 문화와 역사가 토착사회 외부의 사람에 의하여 그 가치를 평가받는 것을 탄드로이와 더 넓은 세계에 나타내는 첫 번째의 중대한 결정적인 진전이다.

웨스턴아일스의 관광업이 지난 10년 동안 증대되어왔듯이, 마다가스카르를 방문하는 미국인과 유럽인 관광객의 수도, 꼭 껴안고 싶은 여우원숭이가 유일하게 살고 있는 멋진 모험적 놀이터로 이곳을 묘사하는 신문기사가 실리면서 나란히 늘어났다. 우리 조사프로젝트의 결과가 폭넓은 유럽인과 미국인 대중에게 출판되어 알려지면 더 많은 사람들이 안드로이를 방문하기를 원할 것이다. 현재 안드로이는 길이 다져진 관광 장소로서 형편이 좋다. 하지만 대중버스와 관광버스는 무정차로 지나간다. 몇몇 비탄드로이인과 유럽인은 많지 않은 소읍에서 살고 있다. 그 외에는 오직 백인만 보이고 몇몇 고고학자 이외의 다른 사람들은 가끔 오는 지원 관련 관계자와 유니세프(UNICEF) 수자원 기술자, 가톨릭 사제와 개신교 선교사, 일부 보존 관계자, 길가의 소읍을 넘어서서 탐험하려는 흔치 않은 관광객이다. 베렌티에 있는 여우원숭이 보호구역은 특별히 해외 관광객에게 인기 있는 장소이다. 많은 사람들은 주위 수 마일에 걸쳐서 자신들만 상수도, 전기, 프랑스식 음식, 차가운 맥주를 즐긴다는 사실을 인식하지 못하면서 이 차단되고 그늘진 낙원에 온다. 조르주 우르트비즈의 박물관에서 해외 관광객은 이를 감수하는 불편함을 느끼거나 반대로 스스로를 괴롭히지 않고 탄드로이인의 생활에 관해 배울 수 있다.

낯선 사람에 대한 경계심을 갖고 있음에도 몇몇 탄드로이인은 관광객이 더 많이 와야 한다고 생각한다. 관광객 기반시설 같은 것은 없을지 모르지만 여성에게는 아름답게 짠 방석과 지역에서 만든 독창적인 직물을 판매할 기회가 생긴다. 이는 관광객이 두려운 동시에 그들을 환영하는 모순된 모습이다. 많은 사람들은 관광업으로 인해 탄드로이 문화가 유해한 환경 등에 노출되어 피해를 입고 있기 때문에 마다가스카르의 해외 관광업은 되도록이면 베렌티처럼 '많은 사람들을 끌어들이는 곳'에만 한정해야 한다고 생각한다. 좋든 싫든 우리의 일은—인정하건대 미세한 정도이겠으나—탄드로이인의 생활과 문화를 직접적으로 스스로 마주하기를 바라는 여행자가 더 많이 유입되도록 하는 것이다.

6. 토착고고학자와 지역고고학자

만약 우리가 '토착'이라는 말에 어떤 정치적 (의미) 부여를 하는 데 실패한다면 이 논문의 두 저자는 아마도 토착고고학자라고 묘사될지도 모른다. 시민으로 태어나면서 각자 속한 섬에서 한 사람은 영국 선사학을 하고 있고 다른 사람은 마다가스카르 선사학을 하고 있다. 정치적 측면을 추가하면 한 저자만 그가 태어난 섬이 역사적으로 최근에 식민화되었다는 점에서 '토착적'이라고 묘사될 수 있다. 그렇다 하더라도 이 용어가 전체 국민을 포괄하는 것으로 받아들여질 수 있는가?

식민지 건설의 역사, 독립 후 국가의 상태, 비유럽인의 역사에 관한 대중의 생각에는 다루어야만 하는 큰 문제가 존재하지만, 우리는 동료들을 범주화하는 데 사용하는 것보다 더 복잡한 접근 방법을 가지고 이 문제를 다루어야 한다. 비유럽인 고고학자 모두를 하나로 묶는 것은 피부색으로 정의한 '우리와 그들'이라는 대립적 정체성을 창출한다. 이 정체성은 어떤 특성을 '토착'적 정체성에 부여하는(그리고 경험과 태도의 차이를 위장하는) 내재하는 위험성을 가지고 있다.

'토착고고학자'라는 용어의 정치적 특성은 하나의 대립 관계를 지칭한다. 여기에는 두 가지 대립이 작용한다. 하나는 경제적인 문제인 국민국가 사이의 불평등이다. 다른 하나는 지적인 것과 관련된, 아직도 토착민(비유럽인)과 대립되는 것으로 유럽인의 역사에 부여되는 불평등한 가치이다. 그러나 역겨운 불평등에 명백하게 의존하는 이 관계는 고고학계의 구성원의 관계에도 융합될 수 없어야 한다. 마다가스카르의 고고학은 영국의 고고학과 비교할 때 확실히 재원이 부족하고 사회기반시설이 미약하지만 전문적인 학자라는 측면에서는 질적으로 동일한 역량을 가지고 있다. 마다가스카르인 고고학자와 영국인 고고학자의 관계에서 유일한 불평등은 오늘날 돈과 자원에 대한 접근성이다. 우리는 식민 상태에서 독립한 국가들이 당면한 경제적, 정치적, 학문적 투쟁을 부인하지 않고 강조하고자 한다. 그리고 고고학계의 열린 토론과 행동을 통해 재원이 없는 고고학자들을 조찬에 초청하여 서로 어울리도록 함으로써 지원해야 한다고 주장한다.

지역 차원에서 우리 중 누구도 언급하지 않은 두 지역에 토착고고학자가 있다. 우리는 조상과 출생의 관점에서 스스로 그곳 출신이라고 생각하는 두 섬 ― 베자노자노(Bezanozano)와 웨식스(Wessex) ― 의 특정 지역에서 거의 일하지 않는다. 우리 둘은 웨스턴아일스와 남부 마다가스카르에서 작업할 때 우리가 함께 작업하는 지역사회가 우리를 외부자로 생각하기 때문에 외부자이다. 어떤 점에서 우리가 우리의 작은 지역에만 제한되었더라면 발생하지 않았을, 문화적인 상호작용뿐만 아니라 경제적인 상호작용을 지역민이 제공했기 때문에 소중히 여겨지는 상황이다.

사우스유이스트섬에는 토착고고학자가 없지만 지난 10년간에 걸쳐서 고고학자를 지원하고 조언했던 지역 역사협회가 존재한다. 또한 지역적으로 근거를 둔 박물관 근무자와 북부로 멀리 떨어진 루이스섬(the Isle of Lewis)에 근거를 둔 지역정부 고고학자도 지원했다. 섬에서 태어난 사람들과 새로 들어온 사람들 모두 지역사회와 관련하여 자신의 역할을 한다. 비록 우리가 사우스유이스트섬의 많은 주민들이 '토착지역사회'를 구성한다고 주장하지만 고고학과 가장 관련된 것은 '지역'사회(the 'local' community)이다. 이렇게 기술적으로 복잡한 환경에서조차도 개인적 접촉은 웨스턴아일스의 고고학에 관한 우리의 해석을 토대로 우리가 발견한 유적이 있는 땅에 사는 사람들과 소통하는 최선의 방법이다.

마다가스카르에서 우리의 동료이고 탁월한 토착고고학자인 레치히사테스는 탄드로이인의 아포마롤라히 씨족(Afomarolahy clan) 중 탄드라나텔로 가계(the

Tandranatelo lineage)의 구성원이다. 비록 그가 주로 동물과 곡식에 의존하여 생활하고 있음에도 그의 수입은 우리의 조사프로젝트에 참여하여 증가한다. 그는 국제조사팀 고고미술박물관의 부(副)조사원으로서, 그리고 동물, 식물, 지역 예술, 고고학뿐만 아니라 민족지학을 조사하기 위해 방문하는 모든 전문가를 도와주는 '해결사'로서 자신의 역할을 즐겼다. 또한 지역주민과 외부 고고학자 양자에 이해관계를 가지고 있기 때문에 그들 사이에서 이해관계를 보호하면서 중재했다. 다른 관점에서 볼 때 탄드로이 사회에서 조르주 우르트비즈의 준토착적 정체성에는 사우스유이스트 섬에서 사회적으로 능숙한 전입자가 얻은 정체성의 반향이 있다. 이러한 개인의 내부자와 외부자 지위는 대중고고학에 중요한 기여를 할 수 있고 결코 폄하되어서는 안 된다.

7. 맺음말

몇몇 사람은 토착사회에서 토착고고학자만이 고고학을 연구해야 하고 다른 사람이 아닌 토착 대중만을 위해서 행해져야 한다고 생각할지도 모른다. 이러한 생각은 학문적 세계에서 전적으로 당연하다. 이러한 학문적 세계는 거리가 먼 수도나 나라로 보내진 문화적 보물과 지역의 조언이 거의 없거나 아예 없는 채로 지역의 자결권에 대한 관심이 전혀 없이 쓰인 역사로 인해 고고학에서 식민주의자와 국수주의자의 의제에 움찔하고 아직도 휘말린다. 그러나 이러한 상반되는 입장은 그것이 대체하고자 하는 식민주의자나 국수주의자의 기풍만큼 옹호될 수 없다. 고고학은 지금 여기의 관심으로부터 우리를 제외하고 사람들을 분열시키는 정치적·문화적 장벽을 부수는 하나의 방법일 수 있다. 이는 과거를 연구할 때 공통의 관심사를 가진 사람들을 묶는 방법이다. 케이프타운 학술대회의 성공은 정확하게는 작은 지역에서 일하는 사람이 이웃의—혹은 아주 먼—지역에서 일하는 다른 사람의 목소리를 들을 수 있고 더 큰 그림과 공유된 주제를 이해할 수 있었다는 것이다. 그들은 지역적 문제와 난관을 대할 때 혼자가 아니었다.

우리는 토착 고고학자와 외부 고고학자의 연속적인 상호작용 없이 여러 다른 시각에서 세계를 보는 법을 결코 배우지 못할 것이다. 고고학자가 서로에게 그리고 자신이 일하는 사회에 줄 수 있는 가장 큰 선물 중 하나는 자신의 경험과 생각이다(물론 돈과 장비도 큰 도움이 된다는 사실을 언급해야 한다!). 우리가 함께 일했던 해에 우리 각각은 자신만의 문화를 바라보는 타자(他者)의 방식을 크게 변화시켰다. 또한 레치 히사테스는 우리 두 사람에게 닫혀 있었을지도 모를 그 지역의 문화가 갖고 있는 특성을 볼 수 있도록 우리의 눈을 열어주었다.

웨스턴아일스와 남부 마다가스카르에서의 경험은 우리가 토착적이라는 것이 무엇인지와 그 개념에 대한 정의와 옹호자를 둘러싼 함정에 대해 더 조심스럽게 생각하도록 했다. 마찬가지로 우리는 이 두 토착사회와 함께 일하면서 그 대표와 밀접하게 일해야 할 필요성을 깨달았다. 마다가스카르와 스코틀랜드의 두 토착사회의 태도, 요구, 관심사, 시설은 전적으로 달랐지만, 두 사례를 통해 볼 때 우리는 고고학자가 지역사회의 현장에서 일해야만 한다고 주장하고자 한다. 개인적 접촉이 그 무엇으로도 대체할 수 없는 소통 수단이기 때문이다.

사우스유이스트섬이나 안드로이 어디에서도 우리는 토착사회의 독점적이고 단독적인 혜택을 받기 위해 그곳에서 일한다고 주장하지 않았다. 고고학의 청중이 다양하고 전 세계적으로 퍼져 있듯이 고고학은 다층위적이어야 하는 조사연구로 추진된다. 세상은 너무 작아서 고고학이 이민족에 대한 편견과 오해의 장벽을 세우면서 토착적 순수성과 넓은 세계에 대한 배타성 같은 지역적 국수주의를 먹고사는 자기 지시적이며 단단하게 폐쇄된 '편협한' 고고학으로 빠지는 것을 허용하지 않는다. 그러나 현장 고고학에서는 실제로 그 편협성이 중요할지도 모른다. 지역사회는 많은 총성을 부르고 당연히 그렇지만 고고학자는 어떤 '토착'고고학이든지 그 안에 내재된 위험성을 알아야 한다. 고고학은 종종 커다란 부당성을 시정하도록 할 수 있지만 지배받거나 선거권이 박탈된 사회에서 매우 소중하게 생각하는 믿음을 항상 지지하지는 않을 것이다. 예를 들어 사우스유이스트섬이나 안드로이 지역 어디에서도 우리의 조사연구를 현재의 주민을 토착민이라고 확인하는 데 결코 사용할 수 없다. 이들 토착민은 다른 사람들, 즉 과거에 조상이 아니었던 사람들이 한때 거주했던 땅에 오늘날 살고 있다. 그럼에도 과거 사회의 이러한 흔적은 자부심과 관심을 가지고 배울 수 있는 '그들의' 역사이다. 왜냐하면 이 세상에 알 권리를 가진 다른 사람들이 존재한다는 것을 인정하기 때문이다. 아니면 노예가 된 많은 마다가스카르인의 후손 혹은 북미 지역으로 실려간 가난한 헤브리디스제도 소작농의 후손이기 때문이거나, 이 조사프로젝트가 공공 재원으로 지원받기 때문이거나, 단지 고고학이 그들을 사로잡았기 때문이다.

감사의 말

이 장은 1999년 세계고고학대회의 분과 발표에서 「대중고고학」이라는 제목으로 처음 발표되었다. 우리는 분과 발표의 좌장인 팀 샤들라-홀과 이 장에 의견을 준 모든 사람에게 감사한다. 그리고 이 원고를 편집해준 캐런 고든(Karen Godden)에게 감사한다. 조사프로젝트의 불확실했던 재원은 국립지리학회(the National Geographic Society)와 스코틀랜드 역사학회(Historic Scotland)가 최근에 제공했다.

원주

1 우리의 동료 짐 시몬스(Jim Symonds)는 그 불행한 시간 동안의 저항에 대한 고고학을 연구했다 (Symonds 1999a, b, c).

2 탄드로이 종족성의 곤란한 문제는 어디에선가 다루었다(Parker Pearson *et al.* 1999b).

3 피에르 버랭(Pierre Vèrin)과 찬탈 라디밀라히(Chantal Radimilahy)가 주목할 만한 기여를 했다 (Battistini *et al.* 1963; Radimilahy 1988; Radimilahy and Wright 1986).

4 조르주 우르트비즈는 탄드로이 민족지학과 고고학에 관해 많은 출판물을 냈는데, 그중에서 주된 것은 우르트비즈(1986a, b, 1997)이다.

5 이 작업의 일부에 대해서는 파커 피어슨 등(Parker Pearson *et al.* 1994, 1999a)을 참조하라.

6 박물관 전시의 도록도 출판되었다(Musée d'Art et d'Archéologie 1989).

참고문헌

Battistini, R., Vérin, P. and Rason, R. 1963. Le site archéologique de Talaky: cadre géographique et géologique; premiers travaux de fouilles; notes ethnographiques sur le village actuel proche du site. *Annales Malgaches* 1: 111-53.

Heurtebize, G. 1986a. *Histoire des Afomarolahy (extrême-sud de Madagascar)*. Paris: CNRS.

Heurtebize, G. 1986b. *Quelques aspects de la vie dans l'Androy*. Antananarivo: Musée d'Art et d'Archéologie.

Heurtebize, G. 1997. *Mariage et Deuil dans l'Extrême-Sud de Madagascar*. Paris: Harmattan.

Musée d'Art et d'Archéologie 1989. *L'Androy*. Antananarivo: Musée d'Art et d'Archéologie.

Parker Pearson, M., Godden, K., Ramilisonina, Retsihisatse and Schwenninger, J.-L. 1994. Finding Fenoarivo: fieldwork in central Androy. *Nyame Akuma* 41: 41-45.

Parker Pearson, M., Godden, K., Ramilisonina, Retsihisatse and Schwenninger, J.-L. and Smith, H. 1999a. Lost kingdoms: oral histories, travellers' tales and archaeology in southern Madagascar. In P. Funari, M. Hall and S. Jones (eds) *Back from the Edge: Archaeology in History*. London: Routledge.

Parker Pearson, M., Ramilisonina and Retsihisatse 1999b. Ancestors, forests and ancient settlements: Tandroy readings of the archaeological past. In P. Ucko and R. Layton (eds) *Landscape Archaeology*. London: Routledge.

Radimilahy, C. 1988. *L'Ancienne Métallurgie du Fer à Madagascar*. Oxford: BAR Supplementary Series 422.

Radimilahy, C. and Wright, H. T. 1986. Notes sur les industries de pierre taillée dans le sud de Madagascar. *Taloha* 10: 1-8.

Symonds, J. 1999a. Songs remembered in exile: integrating an unsung archive of highland life. In A. Gazinch-Schwartz and C. Holtdorf (eds) *Folklore in Archaeology*. London: Routledge.

Symonds, J. 1999b. Toiling in the vale of tears: everyday life and resistance in South Uist, the Outer Hebrides, 1760-1860. *International Journal of Historical Archaeology* 3: 101-22.

Symonds, J. 1999c. Surveying the remains of a highland myth: investigations at the birthplace of Flora MacDonald, South Uist. In M. Vance (ed.) *Myth, Migration and the Making of Memory: Scotia and Nova Scotia 1700-1990*. Halifax: Fernwood.

13장

거꾸로 보는 고고학: 호주 원주민과 뉴사우스웨일스에 분포한 그들의 유체

데니스 번(Denis Byrne)

1. 포트잭슨에서의 죽음

발로데르(Baloderree)는 아주 짧은 기간 앓다가 1791년 12월에 타계했고 시드니 만(Sydney Cove)의 총독의 정원에 묻혔다. 그는 이오라족(the Eora)의 청년으로, 그의 나라는 시드니 항구의 바닷가에 인접한 배후지역이다. 그곳은 영국 함대가 1788년에 죄수 유형지를 만들기 위해 도착했던 곳이다. 데이비드 콜린스(David Collins)에 따르면 발로데르는 영국인이 세운 병원으로 옮겨졌지만 밤에 열이 심해졌을 때 "자신들과 함께 있는 것이 그에게 더 좋을 것이라고 생각한 그의 친구들은 그를 북쪽 해안가로 보내려고 카누에 태웠다"(Collins 1798: 601-605). 그러나 그는 항구를 가로지르는 길에서 죽었다.

콜린스(Collins 1798: 602)는 이오라족의 원로인 베네롱(Bennelong)과 총독 필립(Phillip)은 작은 만의 해안가에서 그 위의 경사면에 있는 정부청사까지 이어지는 총독의 정원[1]에 발로데르를 매장하자고 합의했다고 우리에게 말한다. 콜린스는 장례식(시신을 카누에 안치, 묘소로의 행렬, 발로데르 아버지의 슬픔)에 관해 좀 더 자세하게 말을 이어갔다. 그는 베네롱이 요청해서 묘소 옆에서 연주하는 영국인 드럼연주자,

그림 13.1 시드니만(오페라하우스의 오른쪽). 1848년에 부순 첫 번째 정부청사는 과거에 총독 구역이었던 지금의 식물원의 오른쪽에 있는 크고 검은 사무실 건물 바로 뒤에 있었다. 페어팩스 사진도서관(Fairfax Photo Library)

토착 장례의식이 시행된 모습에 대해 설명했다. 이 모든 일은 현재 시드니 오페라하우스가 서 있는 장소에서 불과 수백 미터 떨어진 곳에서 일어났다(그림 13.1, 13.2).

나는 총독의 정원에 발로데르를 묻는 것을 합의한 것과, 특히 이것이 제국인 영국의 권력이 직접 투사된 공간인 그 정원에 묘소를 둘 수 있도록 한 필립의 도량 넓은 초청을 의미하는지의 여부 혹은 총독의 정원을 둘러싼 울타리가 폐쇄된 공간이 더 이상 그의 국민 영역의 일부가 아님을 의미한다는 것을 인정하는 베네롱의 역할에 대한 실패나 거절을 나타내는지의 여부에 관해 잠시 곰곰이 생각하고 싶다. 다시 말해서 이 '합의' 뒤에 주권의 문제가 달려 있는 심오한 불일치가 존재하는지도 모르겠다. '서양'에 있는 우리는 일단 런던에서 결정을 내려 함대를 파견하면 이오라족의 땅이 강탈당하는 것을 피할 수 없다고 생각하지 않기가 어렵다. 이러한 불가피성은 권력의 실제에 대한 우리의 이해와 지리-제국적 의도에 대한 우리의 의식에서 생겨난다. 그래서 총독의 정원을 둘러싼 울타리는 단순하게 첫 번째 울타리로부터 주변으로 뻗어나가는 경계의 기준선을 보려는 지도 작성 계획에서 단지 한순간에 불과

그림 13.2 <'발로데르'의 무명 예술가(포트잭슨의 화가)>. 워틀링 소장품(Watling Collection) 그림 No. 58, 자연사박물관, 런던

하다(Byrne 2003). 1770년에 쿡(Cook) 선장이 탐험하기 위해 항해하는 동안 그려진 해안선 해도에서 시작된 이러한 지도상의 구분 계획은 확실한 의미를 갖는다. 제1함대(the First Fleet)는 1788년 1월 20일에 항만에 도착했을 때 이 해도를 가져왔지만

또한 내륙까지 지도 작성을 확장하려는 의도도 가져왔다.[2]

유럽인이 영토를 확장하는 힘과 추진력은 이오라족과 다른 부족들의 힘으로는 막을 수 없었다. 그러나 이는 부족들이 지역적 공간에 대한 자신들만의 우선적이며 급진적으로 반대되는 신념과 소유 관념을 포기한 것을 의미하지 않는다. 다음에서 나는 호주 원주민이 사적으로, 말하자면 공개적으로 이론의 여지가 없는 것처럼 보이는 토지의 불법 점유를 인정하기를 거부했다고 주장한다. 이것의 증거는 호주 원주민이 지역의 장소에 우선권을 줄 뿐만 아니라 지역 방향으로 사람과 물건의 이동을 세심하고 조화롭게 조직하는 방식의 다양성에서 발견된다. 그리고 나는 더 나아가 식민화에 저항하는 이러한 특정한 방식이 호주 원주민의 고고학이 바로 대중고고학이 되는 데 많이 기여했다고 주장한다.

2. 다양한 확산

지난 20여 년 동안 호주, 미국, 그리고 다른 곳에서 토착 소수민족은 자신들의 관리 아래 인골과 유물을 돌려놓도록 하려고 힘을 사용하고 설득해왔다. 원래의 소장 과정이 역전되었다. 인골과 유물은 이전에 제국 보관센터의 소장품이었지만 지금은 이전에 식민지였던 곳으로 역으로 돌아온다. 또한 과거 식민도시들에 있던 소장품은 지역의 토착사회로 이동한다. 몇몇 경우에 이 지역사회들은 보관 장소 혹은 지역문화센터에 인골과 유물을 보관하도록 결정한다. 다른 경우에는 원주민의 인골과 유물을 최종 목적지, 즉 원래 수집되었던 경관의 바로 그 지점으로 다시 실어 나른다.

나는 여기에서 소장품의 공간적 차원(공간을 통한 유물의 이동)을 특히 중시한다. 그러나 일부 고고학자는 이를 과학 활동에 대한 중요성 면에서 부차적인 것으로 본다. 이들은 유해가 집중된 금고, 실험실, 진열장에 보관되었다는 사실은 과거에 일어났던 일에 대한 지식을 탐구하는 데 부수적인 것으로 본다. 참으로 많은 고고학자는 계속 반환을 요구하는 사람이 고고학이 이 유해로부터 생산할 수 있는 지식—토착 문화와 역사에 대한 존중을 개선할 잠재력을 가진 지식—과 알려진 사실에 더욱 초점을 맞추려 한다면 유해의 정확한 공간적 배치에 대해 덜 우려할 것이다(재매장 논쟁에 관한 개설에 대해서는 Hubert 1989 참조). 사실상 '확산'은 잘 변화하는 용어임이 밝혀졌다. 나는 호주 원주민의 인골과 유물이 지역의 유적으로부터 옮겨져 아주 먼 곳의 소장품이 되는 방식을 묘사하기 위해 여기에서 그 용어를 사용했다. 멀베이니(Mulvaney 1958)와 그리피스(Griffith 1996)는 대학과 박물관에서 사적으로 소장하고 관리하는 호주 원주민의 인골과 유물 소장품이 어떻게 19세기와 20세기 전반에 호주에서 나왔는지를 기술했다. 그럼에도 많은 고고학자는 이 소장품 자료를 원래의 장소와 지역으로 돌려보내는 것 그 자체가 하나의 확산을 이룬다고 간주할 수도 있다는 사실을 알고 있다. 물론 이는 소장품이 오랜 시간에 걸쳐 창조적 사업, 즉 창조적 행위라는 의미에서뿐만 아니라 별개의 존재로서 그것만의 의미와 진실성을 갖게 되는 방식을 보여준다(예를 들어 Torgovnick 1994).

그럼에도 나의 현재 목표는 호주, 특히 뉴사우스웨일스(New South Wales)의 현대 원주민 사회와 정치에서 '지역'의 특권적 위치를 이해하는 것이다. 이러한 목적에서 확산과 반환은 여기에서 제각각 지역적 공간으로부터의 이동과 다시 그곳으로 돌아가는 이동을 함축하는 것으로 이해된다. 반환 문제에 대해 해명하기 위해 나는 영국인이 도착한 이후 시기의 호주 원주민 공동묘지의 역사와 보존의 필요성, 그리고 호주 원주민이 이 장소에 가지고 있는 애착을 이해하는 것을 목적으로 1997년 이래 뉴사우스웨일스 국립공원과 야생동물관리청(the NSW National Parks and Wildlife Service)에서 착수했던 연구조사를 이용한다. 나는 지금 뉴사유스웨일스 호주 원주민(Aboriginal New South Wales)의 지역 공동묘지의 중요성을 고려하는 문제로 돌아가고자 한다.

여기에서 이 공동묘지의 역사에 관해 간단하게 설명하면 도움이 될 것이다. 1788년 뉴사우스웨일스에 영국인이 도착한 순간부터 시드니(Sydney)에서 백인정착촌이 퍼져나갔고 1880년경에는 식민지(호주)에서 가장 멀고 척박한 지역에도 어느 정도 백인이 존재했다. 처음에 호주 원주민은 전통적인 장소에서 전통적인 방식으로 가장 흔하게는 어울리게 조각된 나무와 함께 봉분이 있는 무덤에 계속 묻혔다. 그러나 이주민의 농장과 목장이 뒤섞인 모습을 한 경관이 만들어지면서 호주 원주민의 장소는 접근할 수 없게 되었고, 사람들은 농가 주택의 이주자 가족 묘역이나 그 근처, 교회와 백인 소읍이나 마을의 공동묘지 혹은 이주자가 아직 차지하지 않은 땅에 있는 비공식적인 묘역에 호주 원주민의 고인(故人)을 묻기 시작했다.

1880년대에 시작된, 인종차별에 관한 새로운 정부 정책의 가장 극적인 결과는 '수용시설'로 지정되고 정부의 원주민보호위원회(the government's Aborigines' Protection Board)에서 임명한 백인 관리자들이 관할하는 규모가 큰 22개 시설로 이루어진, 작은 원주민 보호구역 안에 만든 호주 원주민 수용소이다.[3] 대부분의 호주 원주민 수용시설과 더 작은 많은 보호구역에 존재하는 지역사회에는 그들만의 공동묘지가 있고 이 공동묘지는 거의 정부에서 공식적으로 관리하지 않는다(Byrne 1998a; Kabaila 1995, 1996, 1998; Ward *et al.* 1989). 그 결과 보호구역의 토지가 나중에 폐지되어 백인 농부에게 팔릴 때 1960년대 호주 원주민 공동묘지의 대부분이 그랬듯이 공동묘지는 그 토지의 부동산 권리증서에 표기되지 않았다. 많은 호주 원주민의 공동묘지는 백인 농부의 작은 방목장 한가운데에 놓여 방목하는 가축에게 무덤이 짓밟히는 지경이 되었다(Byrne 1998a: 22).

정부의 원주민 정책은 1940년대에 인종차별에서 동화하는 것으로 변했는데, 그로 인해 호주 원주민은 보호구역에서 인근의 시골 소도시로 이사하라는 압력을 받았다. 농업의 기계화와 농촌 경제의 또 다른 변화 때문에 호주 원주민은 직장을 잃었다. 호주 원주민의 이동과 거주에 대한 국가 통제를 철폐한 것을 이용하면서 지금도 사람들이 교육 기회를 위해 혹은 단지 새로운 도시 근대화의 일원으로 뒤처지지 않기 위해 도시로 이동하고 있기 때문이다. 많은 호주 원주민이 보호구역을 떠나 도시로 갔을 때 이런 일이 일어났다(Gale 1972; Morris 1989). 이는 대체로 호주 원주민이 지역의 밀집된 거주지로부터 멀리 떨어진 곳으로 확산한 주요 원인에 해당한다. 그리고 이러한 확산, (진정한 의미에서 새로운 맥락에 자신들의 길을 재정의하는) 길을 만들어 떠나는, 즉 공간을 이동하며 구획하는 새로운 힘의 영향력을 인식할 때(Massey

1993: 61), 다른 것 말고도 호주 원주민이 도시의 박물관이나 대학에서 자신들 지역의 향토 남자와 향토 여자의 인골을 발견할 수 있게 되었다는 점에 주목했다. 또한 원주민은 19세기의 창, 부메랑, 바구니, 석제 도구에 붙은 꼬리표에 쓰인 자신들의 지명을 발견하고 여러 감정이 뒤섞인 기쁨을 느꼈다.

만약 지도로 그린다면 마치 많은 폭발하는 별처럼 오래된 보호구역 주거지로부터 퍼져나온 '지역' 호주 원주민 사회의 확산은 경관에 무수한 경로를 새길 것이다. '비트(beat)'라는 용어는 베케트(Beckett 1988: 119)가 서부 뉴사우스웨일스에서 퍼져나간 친족 사이의 이동연결망을 묘사하기 위해 만들었는데, 그는 이 '이동연결망'이 어떻게 공간을 통해 확산되었는지에 관해 설명했다(Beckett 1988: 132). 서부 호주(Western Australia)의 남서부에서 버즈올(Birdsall 1988)은 특정한 도시를 통해 녕가르(Nyungar) 확대가족의 확산을 기술하기 위해 '핏줄(lines)'과 '흐름(runs)'이라는 단어를 사용했는데, 후자는 지역의 도로를 따라서 친척들을 지속적으로 방문했던 기억을 떠올려준다.

3. 반환의 범위

베케트(Beckett)와 버즈올(Birdsall)은 작업을 통해 다른 사람들이 작업했던 것과 마찬가지로 우리에게 확산 궤도가 항상 사람들을 떠나게 하고 지역의 장소에서 떼어냈던 이동 동선을 나타낸다고 주장하지 말라고 경고한다. 우리는 이 궤도가 사람들이 접촉을 유지했던 동일한 경로라는 것을 인식하게 되었다. 어떤 의미에서 이것은 지역주민이 팽창하도록 허용했던 의사소통의 선이다. 특정 기억 장소(오래된 선교 사업시설과 공동묘지 같은)가 있는 각 지역의 경관에는 이제 지금 수백 km에 걸쳐서 퍼져 있는 '지역주민'이 있다. 지역주민에 대한 우리의 이해의 개선 또는 확장이 필요한 것 같다(Massey 1993: 64-65, 67; 1994).

이 연결망은 개념적인 것 이상이다. 이것은 공간에 실재하며 동선과 함께 살아 있다. 예를 들어 어느 해의 어느 날에 사실상 뉴사우스웨일스의 어느 곳에서 호주 원주민은 지역의 한 공동묘지 안의 무덤가에 모일 것이고 그렇게 함으로써 더 이전의 확산 계보를 따라서 발걸음을 되찾아갈 것이다. 사람들이 (그 지역이 전통적인 곳이건 입양으로 맺어진 곳이건 상관없이) 그들만의 지역이라고 간주하는 곳의 무덤에 사자(死者)의 시신을 돌려주려는 노력이 많이 이루어졌다. 이러한 '반환'이 종종 장거리에 걸쳐서 상당한 재정적 경비를 들여 이루어졌는데(예를 들어 Morris 1989: 178), 이는 사람들을 도시에서 지방 소도시의 공동묘지로 혹은 지방 소도시에서 옛 보호구역의 공동묘지로 움직여 고향으로 가도록 하는 것과 관련된다(아마도 뉴사우스웨일스의 12개 보호구역 공동묘지가 아직도 계속 이용된다). 호주 원주민의 장례식은 확산망의 서로 다른 지역에서 친척과 친구가 묘지, 즉 이 연결망에서 중요하고 지리적으로 정신적 지주인 묘지에 모이는 집합 의례이다. 확산의 방향을 뒤집고 사자와 산 자의 고향으로 향하는 이동은 우리가 재매장과 반환과 더불어 일어나는 일을 보는 반환 여행을 반영한다(그림 13.3).

사자의 고향을 향한 이동도—매장되기 위해 고향으로 오는 최근에 죽은 사람의 시신과 재매장되기 위해 고향으로 오는 오래전에 죽은 사람의 인골—중요하게 의례화된 하나의 사건이다. 이러한 반환이 발생한다는 사실은 끌어당기는 힘 혹은 지역의 '구심력'의 증거이다. 그러나 많은 시간과 노력이 드는 일과 도시에서 돌아오는 길 양자가 포함된, 공간을 통해 돌아오는 이동, 즉 공동묘지로의 최종적이고 느린 의례적 접근인 되짚어가는 발자취, 끝나지 않은 출발, 다시 감기는 생애의 궤적, 죽음으로 다시 결합하는 가족의 함축성을 뜻하는 이러한 이동은 강력하게 고향 생각을 나게 하고 고향의 기운을 만든다. 호주 원주민 확대가족의 일관성과 일반인과 비교해서 매우 낮은 호주 원주민의 기대수명은 이러한 의례적 귀환이 뉴사우스웨일스 호주 원주민의 사회생활에서 가장 친숙한 주제 중의 하나라는 것을 말해준다.[4]

앞서 언급하지 않은 확산의 사례는 백인 정부가 1880년 전반부터 1960년 후반까지의 시기에 수많은 호주 원주민 어린이를 가족에게서 떼어낸 일이다(「분리에 관한 국가조사보고서(Report of the National Inquiry into Separation)」(1997)〕. 어린이

그림 13.3 왈라가 호수(the Wallaga Lake)의 호주 원주민 보호구역에서 행해진 '나렐 여왕(Queen Narelle)'의 장례식. 대략 1895년, 뉴사우스웨일스 남부 해안. 호주국립도서관(National Library of Australia)

는 도로와 철로를 통해서 백인 가정에 입양되거나 뉴사우스웨일스에 백인 고용주를 위한 가정부 혹은 견습 보조인부로 일하도록 보내지기 전에 제도적인 '거주시설(homes)', 주로 쿠타문드라 소녀거주시설(the Cootamundra Girls Home)과 키첼라 소년거주시설(Kichela Boys Homes)에 보내졌다. 정부 당국은 이렇게 어린이를 강제로 보낸 흔적을 세심하게 덮어버렸지만, 도난당한 세대[5]에 속한 많은 사람들은 말년에 힘들게 링크업(Linkup) 같은 조직의 도움을 받아서(Edwards and Read 1989) 돌아가는 길을 찾아냈다. 그들은 사람의 기억에 의지함으로써 그리고 기록으로 되짚어감으로써 고향으로 가는 길을 찾았다. 그러고는 실제로 고향으로 가는 길을 떠났는데, 이 여행은 그들의 삶에서 초조하고 가슴이 미어지는 역사적인 순간임이 드러났다. 조이 윌리엄스(Joy Williams)가 에람비(Erambie)로 돌아가는 자신의 여행에 대해 말한 것처럼 "(고향으로 가는 여행을) 결코 잊지 못한다. 절대 잊지 못한다"(Williams

1989: 133). 따라서 내가 주장하는 바는 재매장과 귀환이 정상성의 파괴가 아니라 귀향을 향한 이동을 온전하게 하는 동반자라는 것이다.

4. 재매장과 반환의 정신

지역 공동묘지에 매장하기 위해서 최근에 사망한 사람의 유해를 반환하는 것과 인골과 유물을 반환하는 것은 귀환이라는 맥락에서 양자가 지역적 공간으로부터 사람과 유물의 거리를 두는 것에 관한 우려와 불안을 반영하는 것처럼 보일 정도로 유사하다. 다른 사람들은 일반적으로 이러한 불안이 세계적 모더니티(근대성)와 포스트모더니티(탈근대성)의 조건의 일부라고 주장해왔다(예를 들어 Chambers 1994). 나는 이것이 토착 소수민족이라는 조건에 의해 특정한 방식으로 심화된 불안이라고 주장한다. 지금 나는 재매장의 문제로 돌아가고자 한다.

지난 2세기 동안 300~400만 명에 달하는 호주 원주민의 유골이 뉴사우스웨일스에서 공공 소장품과 개인 소장품이 되었다. 아마추어와 전문 과학자가 호주 원주민의 유해를 사적으로 수집한 일은 백인의 이주와 무덤의 개장뿐만 아니라 유물의 수집과 관련된 시기에 시작되어 수많은 무덤이 체계적으로 파헤쳐져 대규모로 수집된 1900년대 전반까지 성행했다. 그러다 결국 1960년대와 1970년대에 와서 전문고고학자가 매장지를 발굴함으로써 중단되었다(Donlon 1994: 73-74).

무덤과 그 내용물이 종종 마치 자연적으로 발생하는 현상인 것처럼 다루어지는 방식에서 초기의 수집은 많은 경우 자연사(自然史)와 유사하다. 인골을 마치 나비 혹은 암석을 수집하듯이 수집한다. 피장자의 후손이거나 직계 가족인 현존하는 호주 원주민의 느낌에 대해서는 거의 혹은 아무런 고려도 하지 않는다.

이는 수집하던 시점에 호주 원주민이 오래된 매장지가 발견되었던 경관에서 소개되어 그곳이 비어 있었기 때문이다. 이렇게 비워진 것은 단지 학살 혹은 전염병 때문만이 아니라 생존자들이 사냥터와 야영장소부터 주변 야영장소, 보호구역 및 어떤 의미에서 보이지 않게 된 기관으로 옮겨졌기 때문이다. 그리고 어느 정도 그들은 보이지 않게 되었다.[6] 이 비가시성에는 두 가지 측면이 있다. 첫째로 가시성은 새로운 장소가 백인 거주지역의 외곽에 있고 백인의 시야 주변부에 있었기 때문에 낮았다. 둘째로 호주 원주민으로서 구체적인 가시성은 그들 중 많은 사람의 부모, 조부와 조모, 증조부와 증조모가 백인이기 때문에 낮았다. 만약 백인이 그들을 관찰했다면 어두운 피부가 '실제(real)' 호주 원주민의 특성이기 때문에 인종차별적인 시선을 통해서였을 것이다. 물론 유전적 잡종은 문화적 대응 관계가 있다. 왜냐하면 그들의 생활양식과 물질문화는 충분히 '전통적'이지 않기 때문에 그들은 진정으로 호주 원주민으로 간주되지 않았다.

5. 지역적 공간과 국가적 공간

　　뉴사우스웨일스의 비도시적 경관―덤불 혹은 농촌 지역―은 빠르게 현존 호주 원주민의 조상〔'고(古)흑인'(the 'old blacks')〕, 개척 백인 부시먼(white pioneer bushmen), 개척 백인 유목민과 연관된 공간이 되었지만, 현존 호주 원주민과 연관된 공간이 되지는 않았다. 최초의 유럽인이 만든 기록과 예술에서 밝혀지기로는 "처녀지역으로서의 식민지의 땅"으로 이해했고 유럽인의 거주지는 "일종의 순수한 시작"으로 이해되었다(Thomas 1999: 36). 경관에서 호주 원주민의 존재는 그들의 바위그림, 조각된 나무, 해안 패총과 같이 백인이 그들을 잘 제거한 시기에 속하는 것으로 생각되는 경향이 있는 많은 '유적'으로 대체되었다(Allen 1988; Byrne 1998b). 백인 호주인에게 '실제' 호주 원주민은 언제나 변경에 있거나 먼 과거에 있었다. 그래서 호주 원주민의 도전은 식민화된 경관 속에서 자신들의 가시성을 재확립하는 것이었고 그 방법의 하나는 고고학적 발자국의 형태 속에서 많은 토지를 소유하는 것(landedness)에 대한 관념을 동원하는 것이었다.

　　이는 뉴사우스웨일스 전체에 걸친 호주 원주민 지역사회가 경관에 존재하는 수

많은 호주 원주민의 고고유적과의 관련성을 강조하는 데서 알 수 있다. 호주 원주민은 이러한 유적의 비공식적인 수호자인 것으로 보인다. 그런 만큼 나는 재매장이 의미하는 '귀환'이 더 큰 '귀환', 즉 식민화된 경관 속에 호주 원주민의 가시성을 회복하는 것의 일부분이라고 말하고자 한다.

백인 식민지 개척자들이 스스로 추억에 잠겨서 자신들을 침입자가 아니라 그 땅의 진실한 정신적 후계자로 바라보는 것은 아마도 모든 정착민 식민지에 적용될 것이다(Byrne 1998b). 1880년대 무렵 호주에서 백인 정착자는 스스로를 '새로운 원주민'으로 재창조하고 있었다. 그리고 이전 호주 원주민의 주거지 흔적은 토착 식물이나 동물과 더불어 '대지의 정신'과 접촉하거나 연결하는 매개체가 되었다. 결국 1960년대에 이 흔적은 국가문화유산의 일부로 지정되었다. 앤더슨(Anderson 1991)이 주장하듯이 국민국가(the nation state)의 개념은 수집 행위와 결부되어 있다. 박물관, 인구조사, 문화유산 물품목록은 모두 이 모호한 지리정치학적 독립체에 실체를 제공한다. 정주자 국가의 '창안된 지역사회' 안에서 토착 소수민족이 정체성을 유지하려면 다양한 지역화, 분권화, '반(反)수집' 전략을 시작해야 한다는 점을 제안하는데, 이는 내가 여기에서 '거꾸로 보는 고고학'이라고 부르는 활동 영역에 포함된다. 이 논문에서 나의 주장은 뉴사우스웨일스에 사는 호주 원주민이 ─ 아마도 일반적으로 토착 소수자가 ─ 땅에서 유물을 옮기기보다는 다시 제자리로 돌려놓는 데 더 관심이 있다는 것이다.

나는 호주 원주민이 박물관과 다른 보관소에 남아 있는 자신들의 문화유산이 그들만의 용어로 부적절하거나 모욕적일 뿐만 아니라 땅에 대한 자신들의 도덕적 주장을 전략적으로 약화시킨다는 것을 안다고 주장한다. 우리는 역사적으로 종족적 혹은 인종적 정체성이 유럽인의 마음속에서는 국가의 개념과 합쳐져 있다는 점을 기억해야 한다. 이러한 조건 아래에서 여러분은 땅이 없이는 정체성을 가질 수 없다. 토착민이 주로 토지를 빼앗겼던 뉴사우스웨일스 같은 지역에서 이러한 사고방식은 그들이 토지소유자로서 예전 사용권의 물리적 흔적을 강조하도록 한다. 우리의 관점에서, 이러한 사고방식은 그들이 예전의 존재를 보여주는 고고학적 증거를 강조하도록 이끈다. 이는 적어도 일부 호주 원주민이 고고유적을 마치 '부동산 권리증서'[7]처럼 다루는 경향을 설명한다. 또한 그들이 소장품을—우리에게는 집합성을 대표하지만—분산으로 간주하는 경향을 설명한다. 호주 원주민의 시각에서 볼 때 소장 행위는 땅에 대한 호주 원주민의 권리를 나타내는 증거를 사라지게 한다. 왜냐하면 이러한 증거는 그것이 제자리에(*in situ*) 있지 못하는 순간 효험을 잃기 때문이다. 나는 뉴사우스웨일스 같은 장소에 있는 호주 원주민이 문화유산의 담론을 불법적으로나 무단으로 전용할 때 토지 담론으로 그것을 재작업해왔다고 말하는 것이 너무 지나치다고 생각하지 않는다.

6. '진정한' 호주 원주민과 '진정한' 대화

물질적 과거에 대한 토착적 관심이 고고학을 백인이 연구하면서 만들어진 불화를 치유하기 위한 희망을 이루는 것이 '거꾸로 보는 고고학'이다. 반환된 유물이 고향—이전에 언급한 여행의 종점—으로 돌아왔을 때 그들에게 무슨 일이 일어났는가를 생각하기 전에, 나는 여기에서 주로 언급되지 않은 인종차별 행위의 대단히 중요한 한 특성에 주의를 기울일 것이다. 이는 진정성의 문제와 관련된다. 나는 경관에서 과거 호주 원주민의 존재를 보여주는 물리적 흔적이 이주민사회로 동화된 호주 원주민보다 그들의 원래 모습을 더 잘 보여주는 것으로 보인다고 어디에선가 주장했다(Byrne 1998b: 87-88, 99-100). 시드니 항구 근처에 있는 호주 원주민의 암각화와 농부가 파서 일군 밀밭에서 나온 작은 손도끼에 관심을 보였던 백인도 이 유물들을 호주 대륙의 북부에 살고 있는 '진정한' 호주 원주민의 '영원한(timeless)' 문화와 연관시켰다. 이러한 유물과 뉴사우스웨일스에 살고 있는 호주 원주민 사이의 연속성에 대한 어떠한 주장도 충격과 불신을 마주하게 될 것 같았다(Sullivan 1985: 144).

지난 30여 년 동안 뉴사우스웨일스 같은 장소에서 호주 원주민이 당면했던 중대한 과제 중의 하나는 자신들의 과거 흔적에 대한 소유권과 관리 책임의 핵심 구성요소인 문화적 지속성에 대한 자신들의 권리를 주장하는 것이었다. 현대 세계에서 우리와 같이 뉴사우스웨일스에서 호주 원주민은 일상생활에서 그들에게 작용할 힘을 가진 폭넓은 기구, 협약, 담론에 대해 민감한 독자나 조종자가 되기를 요구받는다. 예를 들어 이들은 백인 개발자, 토지소유자, 도시의 지방의회 의원과 패총, 바위 그림 유적, 매장지에 관해 협상하거나 항의할 때 자신들이 자동차를 운전하고 핸드폰을 사용하며 충분하게 검은 피부를 갖지 않았기 때문에 '진정한' 호주 원주민이 아니라고 그 백인이 믿을 개연성에 대해서 주시해야 한다.

내가 주장하듯이, 만약 백인의 호주가 국가유산의 일부로 호주 원주민의 과거를 전유(專有)하기 위해 문화유산의 담론을 채용했다면, 호주 원주민은 그것을 물리치기 위해 이 동일한 담론을 채용했을 것이다(Byrne 1998b: 94-101). 동일한 방식으로 백인이 토지법, 인권, 복지행정, 의회민주주의의 담론에 친숙한 것처럼 호주 원주민이 문화유산의 담론에 친숙해지는 것 말고는 거의 선택이 없다. 불가피하게 이는 현재에 대한 '전통'의 우위, 즉 혁신에 대한 '변치 않음'을 특권으로 하는 문화에 관해 실재론자와 어느 정도 공모가 필요함을 의미한다. 그래서 호주 원주민은 어느 정도 백인의 기대에 부응해야 하고 '전통'문화가 백인이 보기 원하는 것일 때 그것의 수행 형태를 만들어낼 수 있어야 한다. 그래서 이를 스피박(Spivak 1987: 202)은 '전략적 실재론'이라고 불렀다. 래터스(Lattas 1990, 1993)는 이러한 종류의 실재론에 관여할 호주 원주민의 권리를 강력하게 주장했다. 내가 알고 있는 한 이 문제를 계속 주장하는 유일한 호주 고고학자는 서로 다른 이유로 각각 "고고학자와 호주 원주민 양자가 함께 실재론을 취급하는 것"(Murray 1996: 76)을 주목했던 머레이(Murray 1993, 1996)였다. 그리고 그가 이것이 무료 장학금에 제기할 수도 있는 위험성을 경고했을 때, 호주 원주민은 '지속성을 강조하기 위한' 타당한 이유가 있을 수 있음을 알고 있었다(Murray 1993, 1996: 81).

호주 원주민의 문화유산에 대해 낯익은 단어를 사용해서 그들이 보존과 같은 개념에 대해 대안적으로 해석하지 않는다고 생각하도록 해서는 안 된다. 실제로 많은 토착민은 재매장을 보존 조치로 간주하는 듯하고 이런 점에서 그들은 이를테면 서구의 '보존 윤리'를 지키지 않는 다른 비서구 민족을 지지하는 데 합류한다. 이에는 경건한 태국 불교도도 포함되는데, 이들은 고대 탑을 '복원'할 때 전형적으로 때때로 원래 크기의 두 배인 번쩍거리는 새로운 탑 안에 완전히 감싼다(Byrne 1995: 274-75).

문화유산관리기구에 속한 나의 시점에서 보면 뉴사우스웨일스에서 호주 원주민의 문화유산에 대한 관행은—약간 이상하기조차 하지만—고고학적 관행과 점점 더 상충한다는 수많은 암시가 있다. 나는 단순히 재매장과 반환 운동만이 아니라 고고학자나 국가문화유산기구가 이용하지 못할 수도 있는 지역유적의 목록을 구축하는 것, (원주민이라는 사실 하나만으로 충분하거나 우월한 자격 요건으로 간주하여) 공식적으로 고고학 자격증이 없는 사람이 문화유산에 대한 영향 평가를 실시하는 것, 일부의 경우 일자리나 지역사회기반시설에 재정을 지원하는 대가로 개발업자가 '고고' 유적을 파괴하는 것을 기꺼이 허가하려는 태도도 여기에 포함하고자 한다.

7. 장소를 소유하기

공간적 혹은 지리적 차원은 재매장과 반환을 고려할 때 분명히 중요하다. 여기에 관련된 것은 실험실, 진열실, 박물관의 금고에 남아 있는 유물과 인골이 거쳤던 여정을 추적하고 뒤바꾸어 지역적 공간으로 귀환시키는 것이다. 문화적 유물들이 대지의 안식처에서 벗어난 것이 토착 소수자에게 왜 그렇게 중요한지에 대해 간단하게 초점을 맞추고자 한다.

이렇게 시작하는 것은 정신적 진실성의 문제이다. 호주에서 1970년대 이래 상당수의 신성한 의례유물이 박물관과 다른 소장품으로부터 보금자리와 신성한 장소로 돌려보내졌다. 이 반환은 그곳에 사는 사람들의 규모를 확대하고 정신적 건강을 회복하기 위해 필요한 땅에 이루어졌다. 호주 대륙의 북부에 사는 원주민의 관심은 대개 백인은 알 수 없는 신성한 의미를 띤 바위 노두 혹은 강바닥과 같은 자연경관인 신성한 장소의 진정성이라고 말하는 것이 아마도 사실일 것이다. 그럼에도 백인의 법률체계로 인해 신성한 장소는 '지나치게 강조되어왔고', 북부의 호주 원주민은 경험한 바와 같이 지역에 대한 애착, 백인의 신성성 구축, 신성성과 진정성에 관한 백인의 융합된 견해를 수용해야 했다(Jacobs 1988, 1993: 102). 남부에서는 부동산 불법점유 행위 때문에, 비록 이에 관해 중요한 예외 사례가 있지만(Creamer 1988), 호주 원주민이 신성한 장소와 정확한 정신적·의례적 관련성을 유지하는 것이 불가능해졌다. 여기에서 호주 원주민의 걱정은 주로 신성하지 않은 '고고'유적의 보호와 관련되어왔다. 여기에서의 과제는 겨우 215년 전에는 호주 원주민이 전체 경관을 점유했기 때문에 자신들의 땅을 완전하게 강탈당했던 남부의 호주 원주민에게 유럽인과 접촉하기 이전 시대의 고고유적이 식민화된 경관에서 지속적으로 존재하는 모습은 넓게는 호주인(Australians)에게 중대한 기억을 상기시키는 것으로서 가치를 가지고 있다는 것이다.

이러한 사고의 계보를 밀고 나가면, 백인들에게 이 고고유적의 가시성(visibility)은 호주 원주민에 대해 그들이 갖는 중대한 의미의 결정적인 부분이 되었다. 그 정도로 유적은 호주 원주민이 유럽인과의 접촉 이전 시대에 의심할 나위 없이 가지고 있지 않았을 방식으로 집착하는 것이다. 필수적인 차이는 유럽인과의 접촉 이전 시대에 호주 원주민이 "호주 식민지의 기본적인 상상"인 테라 눌리우스(*terra nullius*) 원칙, 즉 점유되지 않은 땅의 원칙을 주장할 필요가 없었다는 것이다(Jacobs 1996: 105).

이 중의 무엇도 호주 원주민이 경관의 문화유적을 보호하려는 희망에 진심이지 않다는 것을 의미한다고 말하기 위해 사용되어서는 안 된다. 다른 사람은 모르겠거니와 나로서는 불도저가 지나가면서 패총 혹은 석기 파편을 흩뜨리는 모습을 보면서 눈물을 흘리며 떠나갔던 뉴사우스웨일스의 호주 원주민과 한 번 이상 함께했다. 나는 호주 원주민이 더 큰 정착민 문화와 가졌던 상호관계 속에서가 아니라 순수하게 호주 원주민의 문화 속에서만 이 희망의 의미와 동기를 추구하는 것이 틀렸다는 점을 여기에서 말한다. 이렇게 하는 것은 토론의 목적을 위해서 정주민 문화와 얽히고설킨 복잡한 관계로부터 분리될 수 있는 것으로 그들의 문화를 구체화해서 이해했다는 것을 암시한다.

식민주의자가 토착신민에게서 영향력을 빼앗기 위해 채택한 방법 중의 하나는 그들이 동시에 억압하고 있는 토착신민의 주관성의 성격 일부에 더 높은 가치를 부여하는 것이었다. 하나의 좋은 사례가 어린이들이 학교에서 토착어로 말하는 것을 벌주거나 보호구역에서 토착어의 사용을 금지하는 것과 같은 토착어에 대한 억압인데, 이 일은 이들이 자신만의 언어로 말할 수 없다는 것을 부분적인 근거로 하여 '진정한' 호주 원주민이 될 수 없다고 폄하되고 있었을 때와 동시에 일어났다. 이와 비슷하게, 호주 원주민을 그들의 야영지로부터 멀리 데려가고 그들의 지역에서 멀리 떨어진 보호구역으로 데려가는 것과 같이 본래의 장소에서 떠나게 한 지 150년 후 식민 개척자는 현재 지역민이 지역의 장소에 준 믿음을 특권화한다. 그리고 토착 명칭을 부여하는 과정을 통해 장소에 지속적인 믿음을 나타낼 수 없는 사람을 효과적으로 처벌한다. 니콜라스 토머스(Nicholas Thomas)가 이것이 종종 비논리성, 내부 모순, 식민지 사람들이 싸우는 것을 매우 어렵게 했던 바로 '식민주의 문화'의 이중성이었다고 주장했을 때만 그 견해에 동의할 수 있다(Thomas 1994: 60, 142).

발로데르와 시드니만으로 돌아감으로써 결론을 맺는 것이 적절할 것이다. 발로데르 무덤의 정확한 위치는 그 흔적이 시드니 도심지의 아주 발전된 이 구역에 있을지라도 모르는 채로 남아 있다. 여러분은 뉴트럴만(the Neutral Bay)의 연락선 갑판에 서서 항구를 건너서 짧은 동선을 따라가면 죽어가는 발로데르를 태웠던 돛이 달린 카누의 경로를 거의 정확하게 알 수 있다. 총독 필립이 1789년에 존재했다는 사실이 약간 더 분명하게 보인다. 여러분은 시드니박물관의 화강암이 깔려 있는 앞마당에 서서 (1845년에 없어진) 초대 정부청사의 기초의 한 단면에서 판유리 창문을 통해 눈여겨서 내려다볼 수 있다. 필립은 콜레베(Colebe), 베네롱, 발로데르를 포함한 많은 이오라족 출신자에게 정부청사에 자주 다녀가고 머물기조차 해달라고 권장했고 이들은 눈에 띄게 편안해 보였고 그곳을 집처럼 여겼다는 것이 주목을 받았다. 예를 들어 워트킨 텐치(Watkin Tench)는 베네롱을 없다가 돌아온 것처럼 여러분에게 말하기로 한듯 "마치 그들이 그 장소를 소유한 것처럼" "친구와 함께 방마다 뛰어다니는" 모습을 기술한다(Tench 1961: 189). 만약 우리가 이 글에 놀란다면 그것은 우리가 '단순한' 물질문화를 가진 이오라족이 총독 관저의 상대적인 복잡성과 화려함에 불편해 하고 위협받아 겁을 내기조차 한다고 생각하기 때문이다. 그러나 건축물이 지어지지 않은 아무것도 없는 공간보다 무엇인가 지어진 공간에 더 높은 가치를 부여하고자 하는 우리의 성향을 이오라족에게도 그대로 투사하려고 하는 것은 아닌가? 기억하라! 이때는 영국인이 시드니만에 상륙한 지 3년이 지났을 뿐이다. 총독의 정원에 발로데르의 무덤을 두거나 호주 원주민이 총독의 저택을 이리저리 돌아다니는 모습으로 볼 때 이오라족이 저택과 정원의 존재를 자신들이 축조한 '장소'의 소유권에 부수적인 것으로 간주했다고 주장할 만하지 않은가? 만약 이것이 그 경우라면 이 장에서 핵심 주제로 여기는 우선순위의 동일한 반전을 암시한다.

원주

1 필립 총독의 다른 호주 원주민 '친구' 몇몇도 정부청사의 정원 안이나 그 근처에 매장되었는데, 그 첫 번째는 1789년에 묻힌 아라바누(Arabanoo)이다(Tench 1961: 150). 초대 영국인 총독과 시드니 지역의 호주 원주민의 개척적이고 애증이 엇갈리는 관계에 관한 글은 맥브라이드(McBryde 1989)를 참고하기 바란다.

2 폴 카터(Paul Carter)는 빠르게 발전하는 유럽의 지도 제작 기술이 어떻게 사전에 공간을 나누고 할당하는 것을 가능하게 했는지를 보여준다(Carter 1988: 204). "상상의 기준선(grid)에 대응하여 위치를 정하는, 개발되지 않은 공백의 땅을 식민화의 청사진으로 전환할 수 있었다."

3 "1911년에 호주 원주민이 보호구역 토지를 가장 많이 소유했을 때 모두 합쳐 면적이 2만 6,000에이커에 달하는 115개의 보호구역이 존재했다. 이들 중에서 75개는 호주 원주민이 주도하여 만들었다."

4 호주 원주민의 현재 기대수명은 남성 57세, 여성 66세인데, 일반 호주인의 현재 기대수명은 남성 75세, 여성 81세이다(McLennan 1998: 144, 154).

5 '도난당한 세대'라는 용어는 1982년에 발간된 피터 리드(Peter Read)의 소책자 『도난당한 세대(*The Stolen Generations*)』에서 처음 사용되었다.

6 제인 제이콥스(Jane Jacobs)는 『제국의 가장자리(*Edge of Empire*)』에서 인종차별 정책이 시행되었을 때 원주민이 보호구역에 살았기 때문에 보이지 않았고 동화 정책이 시행되었을 때에는 '이종 번식(bred out)'을 했고 흡수되었기 때문에 보이지 않았으며 통합 정책이 시행될 때에는 교외 주택지에 흩어져 있는 특별하지 않은 단층집에 살기 때문에 보이지 않는다는 점을 강조한다.

7 캔버라(Canberra)에 있는 호주문화유산위원회(Australian Heritage Commission)의 D. 콜레트(D. Collett)와의 개인적 대화에서 나왔다.

참고문헌

Allen, H. 1988. History matters—a commentary on divergent interpretations of Australian history. *Australian Aboriginal Studies* 2: 79-89.

Anderson, B. 1991. *Imagined Communities* (first published 1983). London: Verso.

Beckett, J. 1988. Kinship, mobility and community in rural New South Wales. In I. Keen (ed.) *Being Black*. Canberra: Aboriginal Studies Press: 117-36.

Birdsall, C. 1988. All in one family. In I. Keen (ed.) *Being Black*. Canberra: Aboriginal Studies Press.

Byrne, D. 1995. Buddhist *Stupa* and Thai social practice. *World Archaeology* 27(2): 266-81.

Byrne, D. 1998a. *In Sad But Loving Memory: Aboriginal Burials and Cemeteries of the Last 200 Years in New South Wales*. Sydney: NSW National Parks and Wildlife Service.

Byrne, D. 1998b. Deep nation: Australia's acquisition of an indigenous past. *Aboriginal History* 20 (1996): 82-107.

Byrne, D. 2003. Nervous landscapes: space and race in Australia. *Journal of Social Archaeology* 3(2): 169-93.

Carter, P. 1988. *The Road to Botany Bay*. New York: Alfred A. Knopf.

Chambers, I. 1994. *Migrancy, Culture, Identity*. London: Routledge.

Collins, D. 1798 (1998?). *An Account of the English Colony in New South Wales*. London: T. Cadell & W. Davies.

Creamer, H. 1988. Aboriginality in New South Wales: beyond the image of cultureless outcasts. In J. Beckett (ed.) *Past and Present*. Canberra: Aboriginal Studies Press.

Donlon, D. 1994. Aboriginal skeletal collections and research in physical anthropology: an historical perspective. *Australian Archaeology* 39: 73-82.

Edwards, C. and Read, P. (eds) 1989. The Lost Children. Sydney: Doubleday.

Gale, F. 1972. *Urban Aborigines*. Canberra: Australian National University Press.

Goodall, H. 1996. *Invasion to Embassy: Land in Aboriginal Politics in New South Wales, 1770-1972*. Sydney: Allen and Unwin.

Griffith, T. 1986. *Hunters and Collectors*. Cambridge: Cambridge University Press.

Hubert, J. 1989. A Proper place for the dead: a critical review of the "Reburial" issue. In R. Layton (ed.) *Conflict in the Archaeology of Living Traditions*. London: Unwin Hyman.

Jacobs, J. 1988. The construction of identity. In Beckett, J. (ed.) *Past and Present*. Canberra: Aboriginal Studies Press: 31-43.

Jacobs, J. 1993. 'Shake'im this country': the mapping of the Aboriginal sacred in Australia—the case of Coronation Hill.' In Jackson, P. and Penrose, J. (eds) *Constructing Race and Place*. London: University College London Press: 100-18.

Jacobs, J. 1996. *Edge of Empire*. London: Routledge.

Kabaila, P. 1995. *Wiradjuri Places: The Murrumbidgee River Basin*. Canberra: Black Mountain Projects.

Kabaila, P. 1996. *Wiradjuri Places: The Lachlan River Basin*. Canberra: Black Mountain Projects.

Kabaila, P. 1998. *Wiradjuri Places: The Macquarie River Basin*. Canberra: Black Mountain Projects.

Lattas, A. 1990. Aborigines and contemporary Australian nationalism: primordiality and the cultural politics of otherness. *Social Analysis* 27: 50-69.

McBryde, I. 1989. *Guests of the Governor: Aboriginal Residents of First Government House.* Sydney: Friends of First Government House.

McLennan, W. 1998. *1998 Year Book Australia.* Canberra: Australian Bureau of Statistics.

Massey, D. 1993. Power-geometry and a progressive sense of place. In J. Bird, B. Curtis, T. Putnam, G. Robertson and L. Tickner (eds) *Mapping Futures: Local Cultures, Global Change.* London: Routledge.

Massey, D. 1994. A place in the world. In A. Bammer (ed.) *Displacements.* Bloomington: Indiana University Press.

Morris, B. 1989. *Domesticating Resistance: the Dhan-Gadi Aborigines and the Australian State.* Oxford: Berg.

Mulvaney, J. 1958. The Australian Aborigines 1606-1929: opinion and fieldwork. *Historical Studies—Australia and New Zealand* 8: 131-51, 297-314.

Murray, T. 1993. Communication and the importance of disciplinary communities: who owns the past? In N. Yoffee and A. Sherratt (eds) *Archaeological Theory: Who Sets the Agenda?* Cambridge: Cambridge University Press.

Murray, T. 1996. Creating a Post-Mabo Archaeology of Australia. In B. Attwood (ed.) *In the Age of Mabo: History, Aborigines and Australia.* Sydney: Allen & Unwin.

Read, P. 1982. The Stolen Generations: The Removal of Aboriginal Children in N. S. W. 1883 to 1969. Sydney: N. S. W. Ministry of Aboriginal Affairs.

Report of the National Inquiry into the Separation of Aboriginal and Torres Strait Islander Children from their Families. 1997. *Bringing Them Home.* Canberra: Commonwealth of Australia.

Spivak, G. 1987. Subaltern studies. In Spivak, G. (ed.) *In Other Worlds: Essays in Cultural Politics.* London: Routledge.

Sullivan, S. 1985. The custodianship of Aboriginal sites in Southeastern Australia. In I. McBryde (ed.) *Who owns the Past?* Melbourne: Oxford University Press.

Tench, W. 1961. *A Narrative of the Expedition to Botany Bay (1789) and A Complete Account of the Settlement at Port Jackson (1793).* Reprinted as *Sydney's First Four Years,* edited by L. F. Fitzhardinge. Sydney: Angus & Robertson.

Thomas, N. 1994. *Colonialism's Culture.* Melbourne: Melbourne University Press.

Thomas, N. 1999. *Possessions: Indigenous Art / Colonial Culture.* London: Thames & Hudson.

Torgovnick, M. (ed.) 1994. Eloquent Obsessions. Durham: Duke University Press.

Ward, G., Egloff, B. and Godwin, L. 1989. Archaeology of an Aboriginal historic site: recent research at the Collarenebri Aboriginal Cemetery. *Australian Aboriginal Studies* 2: 62-67.

Williams, J. 1989. Joy Williams. In C. Edwards and P. Read (eds) *The Lost Children.* Sydney: Doubleday.

14장

불합리의 위안:
대안고고학의 중요성과 타당성

팀 샤들라-홀(Tim Schadla-Hall)

1. 머리말

신문에서 고고학 주제에 관한 보도가 확실히 증가하고 고고학과 관련된 텔레비전 프로그램을 보는 시청자의 수가 늘어났음에도 대다수 대중은 전문적 고고학 관련 직업에 종사하는 사람들이 생각하는 주제가 무엇인지에 대해 전혀 관심이 없거나 직접적인 접촉을 하지 않는다. 지난 200년 동안 전 세계에 걸쳐서 학문 과목으로서 고고학의 발전은 인간성의 대부분을 훼손되지 않은 본래 그대로 차분하게 남겨 놓았다. 그럼에도 많은 고고학자는 20세기 중반부터 특히 신화와 야생의 지속적 이용과 (그들의 시각으로) 과거에 대한 지속 불가능한 주장에 대한 우려를 지속해서 표현했다. 고고학에 대한 이러한 접근 방법에 대해 나는 주변 고고학, 환상적 고고학 (Williams 1991 사례 참조), 광신적 고고학(예: Jordan 1981: 212), 숭배 고고학, 사이비 과학적 고고학(예를 들어 Harrold and Eve 1987a)보다는 '대안고고학'이라는 용어를 사용하기를 선호한다. 이들 용어는 모두 주류고고학이라고 중립적으로 기술할 수도 있는 것에 대한 일련의 대안을 묘사하기 때문이다.

대중이 더 넓은 의미에서 고고학에 대해 생각하는 방법에 관해 학계와 전문직 분야에서는 상대적으로 관심이 부족함에도 대안고고학의 덜 알려진 일부 분야를 계속 점검해야 하는 (종종 반박해야 하는) 좋은 이유가 있다. 책의 판매량과 텔레비전 프로그램의 시청자 수로 판단한다면 대안고고학의 대중은 사실 주류고고학보다 더 큰 규모이다. 내가 보여주듯이, 인종차별주의자, 극단적 국가주의자, 다른 원리주의 신념에 대한 묵시적 혹은 명시적 지지 때문에 대안고고학의 명제 중의 일부는 반박되어야 한다. 또한 대안고고학은 고고학자의 주의를 받을 만한데, 왜냐하면 고고학적 해석의 기본 원칙에 도전장을 내밀기 때문이다. 전통적으로 받아들여진 학계의 지혜와 더 거친 억측 사이의 경계는 시간에 따라 계속 이동하기 때문에, 대안고고학 연구는 우리가 무엇이 이론의 엄격하고 학자적인 이용과 고고학 증거의 폭넓은 범위에 근거한 합리적이고 이성적인 결론을 구성하는가와 무엇이 비합리적이고 비이성적인 결론을 구성하는가를 이해하고 다른 사람들에게 정당화하는 데 도움이 된다. 일반적 범주의 고고학적 의견, 더 최근에는 타당한 고고학적 해석의 다양성을 인정하고 과거에 대한 유일하고 옳은 설명을 발견하는 데 고고학자의 무능을 수용해야 하기 때문에 더욱 어렵게 되었다. 그래서 대안고고학 연구를 통해 우리는 좋은 고고학자가 되는 법을 배운다.

2. 대안고고학의 정의

이 글에서는 대서양 양측에서 나타나는 현대적 신화를 구축하여 종종 과거에 대해 터무니없는 주장을 하기 위해 고고학을 계속 사용하는, 현재 폭증하는 책과 텔레비전 프로그램을 주제로 다룬다. 그러므로 이 글은 주로 유럽적인 기원을 가진 선진 세계가 북미 지역으로 자신만의 신화를 위해 제작된 탐색을 수출하는 방식과─유럽인에 의해 식민화되었기 때문만은 아니다─과거를 탐험하는 일련의 가짜 토대를 개발하는 방식에 관한 것이다. 비록 대부분은 18세기, 19세기, 심지어는 20세기의 산물임에도 몇몇 신화들은 그 기원이 멀리 떨어진 과거에 있다. 그들은 종종 식민지의 발견을 설명하거나 유럽 문화의 확실한 탁월성을 합리화하고 종종 점점 더 학문적 훌륭함과 방법론에 대한 겉치장을 전시하기 위한 수단을 개발한 것처럼 보인다.

정의하는 것과 관련된 문제는 주류고고학적 견해로 수용될 수 있는 것과 시간에 따라 변하는 '대안적' 추측의 경계를 쉽게 정의할 수 없다는 것이다. 1세기 이전에 많은 고고학자는 호주 원주민이 선사시대 민족의 살아 있는 모습을 실제로 대표하기 때문에 유럽의 구석기시대 사람들의 생활에 관해 직접적으로 통찰력을 줄 수 있다고 믿었다. 오늘날 고고학자는 이를 믿지 않는다. 마찬가지로 1950년대에 많은 유럽 고고학자는 미케네인(Myceneans)이 스톤헨지를 방문했다고 믿었다. 오늘날 이러한 견해는 고고학자가 아닌 전파론자가 주장할 뿐이다. 그러나 (그때는 권위 있는) 이러한 주장을 했던 출판물이 인쇄되어 도서관에 남아 있다. 고고학자는 해석이 시간이 지나면서 정제되고 새로운 정보로 틀렸음이 입증될 수 있는 생각이 격하된다는 것을 알지만, 공립도서관에 있는 시대에 뒤떨어진 책이나 혹은 그레이엄 핸콕(Graham Hancock)(Hancock 2002)과 에리히 폰 대니켄(Erich von Däniken)(Däniken 1969, 1997) 같은 대안고고학자의 글을 읽는 사람에게 이것이 전혀 명확하지는 않다. 특히 후자는 명확하게 출판된 정보를 비판적으로 보려는 욕구를 갖지 않고 대신에 자신들만의 특정한 요구사항에 맞추기 위해 고고학 출판물 전체를 무비판적으로 사용한다. 그러므로 고고학자가 과거를 설명하고 복원하기 위해 사용하는 일반적으로 받아들여지는 사실에 동의하지 않는 어떤 것으로 대안고고학을 정의하는 것이 최선일지도 모른다.

여기에서 대안고고학의 주된 표명을 철저하게 검토하는 것이 나의 의도는 아니다. 왜냐하면 그러려면 좀 더 긴 글이 필요한데다 이미 몇몇 유용한 요약문이 존재하기 때문이다(예를 들어 Harrold and Eve 1987a; Roth 1998; Williams 1991). 대신 나는 주된 일부 주제를 주목한 후에 대안고고학을 진흥하는 주장이 어떻게 제안되었는지와 그 인기와 성장의 이유를 점검하는 쪽으로 옮겨갈 것이다. 그 뒤 고고학자가 대안고고학에서 제시한 과제에 어떻게 반응하는지에 관해 논의하면서 마치려고 한다.

3. 대안고고학의 몇 가지 주제

비록 대안고고학이 복잡한 연결망을 가진 다른 시각으로 발전했음에도 많은 근본적인 주제를 인식할 수 있는데, 그 대부분은 초기 단계에 모습을 드러냈다. 사람들이 고고학자가 제시하는 것보다도 더욱 매력적인 과거에 대한 설명을 찾기 때문에 대안고고학의 주제가 어떻게 계속 반복되는지를 보여주기 위해 그중의 몇 개를 간단하게 아래에서 열거하고자 시도했다.

1) 기원과 극단적 전파론

대안고고학적 사고의 일부에서는 모든 문명이 한 장소에서 기원했다고 상정한다. 예를 들면 이집트 항해사(Perry 1923; Smith 1923; Heyerdahl 1950, 1958, 1970), 페니키아인(Fell 1976), 이스라엘의 잃어버린 부족(the Lost Tribes of Israel)의 방랑(Parfitt 2002)을 통해 확산되었다는 것이다. 이는 서구에서 제국주의 관념과 강하게 연결된다(예를 들어 Ascherson, 이 책의 7장). 모든 문명이 유일한 한 지점에서 기원했다는 설은 주로 서구의 아틀란티스(Atlantis)(Ashe 1992; Berlitz 1969; Flem-Ath and Wilson 2000; Michell 1983), 태평양의 무(Mu)(Churchward 1926) 같은 지금은 사라진 문명에 관한 이야기에서 역시 종종 보인다.

2) 고대 지식과 권력

여기에서 고대 사람들은 현대 문명에서보다 더 큰 지식과 힘을 부여받은 것처럼 보인다. 레이 라인(ley lines)*은 특히 종종 잃어버린 다른 기술을 소유한 것처럼 보이

....

* 레이 라인: 'ley lines'은 고대에 지구에 분포해 있었다는 풍수지리적 에너지 선으로, 고대의 거석들이 이 라인을 따라 배치되었다는 설이 있다.

는(Knight and Lomas 1999; Tomas 1971) 과거의 민족이 이용한 고대 힘의 장(場)으로 보인다(Nye 1987; Sullivan 2000).

이러한 사고에서 피라미드와 거석 같은 고대 기념물은 특정한 권력의 장이 집중되고 더 넓은 황도대 혹은 다른 힘의 중심지로 보이는 장소이다(Cope 1998; Tompkins 1978). 고대문화에 대한 이러한 접근은 또한 가이아(Gaia) 같은 대지의 혼(an earth spirit)에 관한 현대의 '뉴에이지(New Age)' 신앙(Lovelock 1987; Michell 1975) 그리고 전반적인 이교도의 신앙관습(Hardman and Harvey 1995)과 폭넓게 연결될 수 있다.

3) 천문고고학

대안고고학의 주요 흐름 중 하나는 외계에서 온 방문자가 고대에 지구에 왔고 잠시 통치하다가 유전적으로 현재의 인간이 출현했다는 주장이다(von Däniken 1969, 1972, 1974, 1997). 이러한 믿음은 UFO와 외계인의 납치처럼 과학으로 설명할 수 없는 불가사의한 다른 현상에 관한 신앙과도 연결될 수 있다.

4) 종교와 신화의 '진실'

고고유적은 종종 드루이드교(Druids) 같은 고대 종교 신봉자 혹은 풍요의 신 숭배(Meaden 1999), 지모신(地母神, Mother Goddess)과 그와 비슷한 것(Johnson 1988; Sjoo and Mor 1991)과 관련된 것으로 보고, 이러한 유적에서 나온 고고유물(archaeological material)은 이러한 종교들의 존재를 '증명'한다는 순환적 주장 속에서 해석된다.

비슷한 방식으로 고고학은 아서 왕의 전설(Higham 2002) 같은 신화의 진실을 '증명'하거나 홍수와 노아의 방주 같은 성경 구절의 진실에 관한 창조론자의 믿음을 일반적으로 지지하기 위해 이용될 수 있다(LaHaye and Morris 1976).

우리가 위에서 살펴본 것처럼, 대안고고학을 검토할 때의 어려움 중 하나는 고고학 증거에 영향을 주는 매우 많은 믿음의 상호 연결된 성격, 그리고 그것이 현대 이교도의 신앙관습, 가이아, 그리고 다른 뉴에이지 현상 같은 비고고학적 관심사의 폭넓은 네트워크를 어떻게 연결하는지이다. 과거에 대해 '수용할 수 있는' 접근 방법과 '수용할 수 없는' 접근 방법에 관한 조사에서 메리먼(Merriman 1991)이 보여주었듯이, '주류'고고학에 관심을 두면서 종종 '대안적' 해석을 믿는 사람들과 개인이 가지고 있는 믿음의 범위 속에 꽤 많은 중복이 사실상 존재할 수 있다.

정의를 내리는 데 더 유익한 접근 방법은 범주를 만들기 위해 세분하려고 하기보다는 대안고고학을 제시하고 저술하는 데 사용되는 기법을 검토하는 것이라고 주장하고 싶다.

4. 대안고고학의 제시 방법

1) 'X파일' 접근 방법과 '그것은 명백하다'는 진술

대안고고학을 제시할 때 나타나는 흔한 특성은, "나는 단지 정상적인 사람이다. 그러나 고고학자가 다음 사항을 잊고 있는 것은 명확해 보인다"라는 말, 혹은 고고학자를 적으로—즉, 이해하지 못하는 엘리트로—두는 것을 암시하는 언급을 함으로써 저술가 혹은 발표자가 반드시 소비자를 확인할 기회를 갖도록 보장한다는 것이다. 이것은 근거가 없는데도 일반적으로 사실로 여겨지는 접근 방법으로, 이 분야에서 아주 일찍 시작되었다. 제임스(James)는 이것을 "입증되지 않은 사실 혹은 종종 반복되는 가정(假定)으로 사실상의 진실로 받아들여진다"라고 정의한다(James 1999: 145). 또 다른 변종은 가능성 혹은 가정을 일련의 페이지를 덮는 사실로 바꾸는 것이다. 마지막으로, '그들(고고학자)'이 '우리'(대중/독자/관람자)에게 무엇인가를 숨긴다고 주장하는 접근 방법이 있다. 이는 'X-파일' 접근 방법으로 기술될 수 있다.

그녀/그가 전문가에게서 아무것도 들은 적이 없다는 것과 오직 이 특정한 저자가 그렇게 할 것이라고 시청자와 독자에게 확신을 주는 것과 관련된다. 그 특징은 반엘리트주의적 접근 방법이라고 묘사할 수 있다. 이러한 접근 방법의 사례 대다수는 몰타섬의 인간 점유 기원과 그 섬의 유일한 신석기시대 사원의 의미에 관한 핸콕의 논의에 요약되어 있다.

그래서 나는 남아 있는 거석 사원이 언제 축조되었는지에 대해 많이 신경 쓰지 않는다. 내가 그 기원에 관해 제시한 반박 가설은 거석 사원이 구석기시대에 시작된 몰타섬에서의 아주 긴 발전 과정의 최종 결과라는 것과, 상승하는 해수면, 격변하는 육지 침강, 학문적으로 거짓된 행동, 폐쇄적이고 방어적인 올드 보이즈 클럽(old boys' club)으로 인해 우리에게 분명히 드러나지 않았다는 것이다(Hancock 2002: 438-39).

2) 미술적 연관성

문화와 국가의 관련성을 발전시키기 위해 비슷한 이미지 혹은 그것의 특성을 분명하게 사용한 오랜 역사가 있다. 이 기법은 적어도 19세기까지 거슬러 올라가고 흔히 선화(線畫)로 스케치되거나 해석된 이미지들의 사용과 관련된다. 예를 들어 마야 미술의 목록 일부를 구성하는 마코앵무새 조각은 마코앵무새가 아니라 코끼리이기 때문에 구대륙에서 식민지화했다는 것을 '증명한다'는 가끔 반복되는 주장이 있다. 엘리어트 스미스(Elliot Smith)와 페리(Perry)는 1920년대에 이 비교를 사용했고 80년 후에 핸콕은『신의 지문(*Fingerprints of the Gods*)』(1995)에서 초기 사회를 제안하기 위해 동일한 증거와 주장을 사용했다. 종종 이러한 의심스러운 연관성이 의심스럽게도 적게 주장되지만 아직도 제기된다는 점은 별로 중요하지 않은 것처럼 보인다.

3) 언어적 연관성

대안고고학에서 주장들의 고대 연계와 관련된 이론을 정당화하기 위해 다른 장소들의 단순한 언어적 연관성이 종종 만들어졌다. 워초프(Wauchope)는 『신대륙: 콜럼버스의 배경(*Americas: The Background of Columbus*)』에서 이 기법을 사용한 J. C. 와이즈(J. C. Wise)의 사례를 이용한다.

와이즈의 기법은 한 단어 혹은 지명에서 온 한 음절을 선택하는 것이었던 것 같다. 그래서 그는 지도책에서 그런 예를 찾을 수 있는 장소를 밝혔는데, 그곳들 모두가 동일한 문자인 브라(bra)를 포함한다는 것이 중요하다는 점을 말한다. "라-브라-도르(La-bra-dor), 뉴멕시코에 있는 브라-조(Bra-zo)의 신성한 봉우리, 텍사스에 있는 브르-조스(Br-zos), 브라-지-라(Bra-zi-la)와 가까운 아르헨티나에 있는 브라-자(Bra-za), 오스트리아에 있는 브라-자(Bra-za), 인도에 있는 브라흐마-푸-트-라(Brahma-poo-t-ra)"(Wauchope 1962: 111-13, Wise 1945에서 인용)

워초프는 『콘-티키(*Kon-Tiki*)』에서 헤위에르달(Heyerdahl 1950)이 사용한 유사한 언어적 곡예를 지적했는데, 이 저서의 독자는 "토르 헤위에르달(Thor Heyerdahl)과 그의 동료는 (…) 아무런 의심 없이 콘-티키라고 불리는 페루인의 신(a Peruvian god)이 남양의 한 섬에서 노인이 언급한 티키(Tiki)라고 불리는 백인 군장 신(a white chief god)과 동일한 신이었다는 것을 보여주었다!"라는 주장을 매우 확신했다(Wauchope 1962: 112-13).

4) 지질학적 현상

지질학적 사건, 특히 직선과 관련된 사건은 흔히 대안고고학의 저술에서 사람이 만든 것으로, 그리고 고대문명(종종 물에 잠긴 고대문명)의 증거로 해석된다. 조던

(Jordan)은 바하마제도(the Bahamas)의 비미니섬(the Island of Bimini)에 있는 소위 비미니 도로(the 'so-called Bimini Road')에 대해 기술했는데, 그는 효과적으로 그것이 지질학적 형성물임을 입증했다. 그 도로를 조사한 지질학자와 고고학자는 즉시 그것의 기원이 자연적이고 바하마제도의 해안선, 즉 플라이스토세 해안가 바위의 잘 알려진 특성에 속한다고 선언했다(Jordan 2001: 100-103). 그럼에도 이것이 초기 문명과 관련된 물에 잠긴 도로로 인용되는 형성물이라는 주장을 멈추지는 못했다. 참으로 핸콕은 가장 최신의 책(2002)에서 그가 주장하기로 마지막 최대 빙하기의 종말기에 발생했던 홍수로 물에 잠긴 고대도시인 인도, 일본, 몰타섬의 해안에 있는 바위 형성물에 관한 논의에 'X-파일' 접근 방법을 채택함으로써 비미니 도로를 부활시켰다.

5) 사이비 과학과 선택적 인용

대안고고학의 사이비 과학적 연구물에서는 모든 있음직하지 않은 연관성을 만들어내기 위해 명확한 과학적 측정 방법과 분석 방법을 사용하면서 종종 천문고고학이 만들어낸 관심을 활용한다. 의심스러운 다른 출판물을 광범위하게 참고함으로써 종종 과학적 훌륭함으로 겉치장하고 주류고고학의 출판물에서 맥락을 걷어낸 '사실'을 조심스럽게 선택한다. 많은 접근 방법 중 이러한 방법은 학술적 연구의 옷으로 가장하고 그 결과물이 주류의 학문적 연구와 동일한 종류의 것인 것처럼 보일 정도로 학문적 훌륭함을 모방하는 것이다.

최근에 나온, 이런 성격 모두를 아우른 출판물 중의 하나는 『우리엘의 기계: 대홍수에 살아남은 선사시대의 기술(Uriel's Machine: the Prehistoric Technology that Survived the Flood)』(Knight and Lomas 1999)이었다. 이 책에서는 고고학적 연구와 프리메이슨 관행(freemasonry)을 간신히 연결해내면서 1만 년경 전에 전 세계적으로 홍수가 발생했음을 제시한다. 그러면서 저자는 세계적인 대홍수가 단순히 전설이 아닐 수 있다는 생각을 어떻게 하게 되었는가에 관해 쓸 때 자신의 주장을 지지하는 것처럼 보이게 하는 방법으로 기존 학계를 인용한다.

세계적인 홍수가 전설 이상일 수 있는지 궁금하다. 이것은 우리가 선사학에 대해 알려진 것을 조사하도록 자극한다. 우리는 이 분야에서 가장 위대한 학자의 일부가 우리가 발견한 것, 즉 현재의 생각이 틀렸다는 점을 이미 밝혔다는 것을 알고 기뻐했다. 케임브리지대학의 디즈니 고고학 교수인 콜린 렌프루(Colin Renfrew)는 "선사학의 연구는 위기 속에 있다"라고 말하면서 그것을 완벽하게 표현했다(Knight and Lomas 1999: xiv).

이후 저자는 렌프루의 다음 견해를 인용했다.

서너 명의 해설자는 과학적 사고방식의 혁명과 같은 그와 동일한 근본적 성격의 선사학의 혁명에 대해서 말했다. 또한 선사학에서 작동하는 현재의 변화는 '첫 번째 패러다임'의 붕괴로 필요해진 새로운 패러다임, 즉 전체적으로 새로운 사고 틀로의 이동을 알렸다고 확실히 주장했다(Renfrew 1978; Knight and Lomas 1999: 1-2에서 인용).

그다음에 저자는 제시하며 주장한 과거를 재평가하기 위한 좋은 이유가 있다는 자신의 주장을 정당화하기 위해 이것을 이용한다.

그렇다, 세상은 1만 년 전 미만에 혜성 충돌로 야기된 홍수로 거의 파괴되었다.

그렇다, 프리메이슨의 구비전통에서는 실제 사건을 기록한다. 중동과 중국에조차도 중대한 영향을 주었던 것으로 보이는 한 선진적 집단의 사람들이 영국제도에 있었다.

그렇다, 구축될 선사학의 새로운 패러다임이 있다. 우리는 우리가 현재 사는 세상에 어떻게 도달했는지를 설명하는 새로운 방법에 이제 막 약간의 빛을 던지기 시작했다(Knight and Lomas 1999: 338-39).

그러나 콜린 렌프루(Renfrew 1978)는 그 당시 유럽의 선사학에 수용된 방사성탄소연대측정법을 통한 혁명과 그 충격에 관한 논문을 쓰고 있었다. 그는 "기원전 7460년의 (혜성) 충돌에서 당연히 살아남아 이후에 아마도 기원전 3150년의 혜성을 관찰하여 가능한 한 많은 사람들에게 경고하기로 마음먹었을지도 모르는 목격자(the Watchers)"였을 "홈무늬토기인(Grooved Ware People)"의 존재(Knight and Lomas 1999: 151)를 과시하려는 목적으로 2명의 프리메이슨 단원이 자신의 논문을 인용하는 것을 보고 아마 놀랐을 것이다.

5. 대안고고학의 성장

시간탐험대 클럽(the Time Team Club)은 예외로 하고, 주요 고고학회와 조직에 속한 회원이 증가하지 않았음에도 지난 30년간 영국에서, 특히 지난 10년간 대중의 입장에서 보면 고고학에 대한 관심이 늘어났다(Schadla-Hall 1999: 151). 고고학은 신문과 텔레비전에서, 특히 위성 텔레비전과 케이블 텔레비전의 방송 채널 수가 증가하면서 계속 폭넓게 다루어졌다. 더구나 월드와이드웹이 도래하면서 폭넓은 소수자의 관심까지 다루는 그 수용 능력 때문에 고고학 정보와 그와 관련된 정보가 유례없이 증가했다. 그러나 사이비 과학과 대안고고학 분야가 1960년대와 1970년대에 정점에서 쇠퇴하고 있다는 초기 주장이 있었음에도(Feder 1987: 44-45) 고대의 과거를 다루는 가장 많이 팔리는 출판물과 가장 많이 보는 텔레비전 프로그램은 '주류'고고학보다는 대안고고학 영역과 관련되는 경향이 있다.

예를 들어 이 분야에 가장 유명한 최신의 갓 들어온 사람 중의 하나가 그레이엄 핸콕(Hancock 1995, 2002; Hancock and Faia 1998)이다. 핸콕은 극단적 전파주의자신화의 주창자일 뿐만 아니라 과거를 바라보는 'X-파일' 접근 방법의 우수한 주창자이다. 그는 항상 과거를 지키는 사람—고고학자—이 실제 사실을 다른 사람에게 감추고 있다고 암시하면서 이러한 주장을 뒷받침하려고 자신의 비고고학적 배경을 자주 강조한다. 그는 최근에 고고학자 모두가 놓친 비밀의 해저 고대 제국이 있다고 주장하기 시작했고 영국에서 400만 명이 넘는 사람이 시청했던 가공할 만한 미니시리즈로 이를 뒷받침했다. 그에 뒤이어 최근 관련 저서를 출판했다(Hancock 2002). 그 이전에도 아주 성공적인 미니시리즈를 제작한 후에 역시 베스트셀러가 된 저서 『천국의 거울(Heaven's Mirror)』을 출간한 적이 있다(Hancock and Faia 1998).

이러한 저자들의 영향은 중요할 수 있다. 나는 1998년에 학부 학생들에게 고고학에 처음 입문할 때—인정하건대 과학적으로 파생된 표본은 아니지만—어떤 계기로 선택했는지 물었다. 그들 중 셋은 에리히 폰 대니켄의 책 『신들의 마차(Chariot of the Gods)』(Däniken 1969)를 읽었고 한 학생은 부모에게서 줄리언 코프의 책(Cope 1998)을 선물로 받았다고 말했다. 그들은 일반 신문에 실린 도서 논평에서 그 책에 관한 내용을 읽었기 때문에 중요한 책이라고 생각했다. 런던대학 고고학연구소에서 열린 핸콕의 가장 최신 프로그램 시리즈의 저작과 기법에 관한 토론에서 많은 학생 청중이 그의 주장을 덜 멸시했다는 것은 정신이 번쩍 드는 일이다. 이는 약자를 지지하고 토론에 참여하려는 욕구와 아마도 관련이 있을 것이다. 그러나 개리(Gary)가 보여주었듯이, 대니켄의 주장과 UFO에 관해 대학교육을 3년 이상 받은 이후에도(Gary 1987: 30-33) 믿을 준비가 되어 있는 미국 학생이 많은 비율로 존재했다는 것이다. 게다가 아래에서 살펴보겠지만, 해럴드(Harrold)와 이브(Eve)는 많은 학생들이 천지창조론자의 믿음을 가지고 있다고 주장했다(Harrold and Eve 1987a: 86-87). 이들이 말한 다른 주요 범주는 다음과 같다.

과거에 대한 사이비 과학적 믿음들, (그들이 정의한) 숭배 고고학(cult archaeology)은 다양한 공상적 주장을 포함한다. 이러한 사례로는 커다란 대재앙의 물결 아래로 가라앉기 전에 아틀란티스 대륙에 한때 위대한 문명이 존재했다는 믿음뿐만 아니라 대니켄의 '고대 우주비행사' 혹은 로마인, 페니키아인, 북미 전역에서 보이는 암각 기록을 남겼던 구세계의 다른 많은 방문자가 포함된다(Harrold and Eve 1987a: x).

젊은 사람들의 마음속에 있는 대안고고학과 주류고고학의 공통부분은 새롭지 않다. 나는 다른 고고학자(예를 들어 Williams 1991: 1)가 제임스 처치워드(James Churchward)의 저서를 읽고서도 결국 고고학자로 남아서 대안고고학이 반드시 항구적인 손상을 입히지는 않는다는 점을 입증했다는 사실에 상당히 고무되었던 사람 중의 하나이다. 원래의 출판물이 막 다시 인쇄되어서 지역도서관에서 구할 수 있었기 때문에, 나는 13세의 나이에 사라진 대륙 무(the Lost Continent of Mu) (Churchward 1926)에 관해 강의했다는 사실을 돌아볼 수 있다. 윌리엄스(Williams)가 초기 저작물에서 주목하듯이(Williams 1987: 130), 학생들과 함께 대안고고학을 탐구하는 이유 중의 하나는 그들에게 자료와 다른 주장의 타당성을 평가하는 방법을 가르치기 위해서이다.

대안고고학이 성장한 이유 중의 하나는 아마 고고학자, 특히 학계의 고고학자가 실제 대중을 뒤에 둔 채 잊고 자신들만의 학문을 발전시키는 데 매우 몰두하여 그 빈 공간을 대안고고학이 채웠기 때문이다. 확실히 고고학자는 자신들에게 일어난 위험을 무시한다.

대중을 위해 과거에 대한 관심을 장려하려는 생각은 비록 그 문제에 대해 많이 경고했음에도 최근까지 고고학 연구 혹은 담론에서 상대적으로 중요하지 않았다.

대중은 신화에 대해 훨씬 편안하게 느낀다. 이는 부분적으로 다시 이야기하는 신화의 기능 때문이다. 우리가 더 나은 신화를 찾아내지 않는다면, 드루이드족, 무용수들, 언덕 아래의 황금, 레이 라인 같은 대중 신화가 계속 반복될 것이다. 그러나 만약 우리가 대중의 생각 속에—혹은 아마도 내가 의미하는 바로 대중의 무의식 속에—신화를 넣을 용기가 있고 상상력이 풍부한 솜씨가 있다면, 우리만의 사고 틀이 대중 신화를 대체할 수 있을 것이다. 사실상 우리는 현재를 다스리는 환상보다 더 성공할 수 있는 가능성을 가진 새로운 신화를 제공해야 한다. 신화? 만약 여러분이 움찔한다면 여러분은 우리가 대중 요구의 일부를 간과했다는 내 주장이 정당함을 보여주는 것이다. 많은 사람들에게 과거는 상상력이 돌아다닐 수 있는 열린 들판이기 때문에 환상이 번성한다. 그것은 그들이 대단히 흥미로운 것으로 발견한 환상열석이 무엇을 위해 존재했는지를 정확하게 모르기 때문이다. 많은 대중은 우리를 수상스럽게 생각한다. 그것은 주어진 50%의 기회에 우리가 그들의 꿈을 파괴할 것을 두려워하기 때문인가? 꿈은 MAP2에서 여러분이 발견하지 못할 단어이다. 그러나 많은 사람들에게 과거는 과학적 합리주의와 유물론으로부터 거의 남아 있지 않은 도피처 중의 하나이다(Morris 1993: 12).

여기에서 내가 지적하고자 하는 것은 '주류'고고학과 '대안'고고학 사이에 명확하고 확실한 구별이 없다는 점이고 다른 의견에 대한 개인의 찬성이 합리적 학문과 비판적 조사에 대한 그만의 태도 혹은 낭만적 상상력과 환상의 중요성에 대한 그만의 태도에 의존할 수 있다는 것이다. 더구나 우리는 '대안적' 사고에 관한 찬성이 대중의 구성원을 대신하여 악영향을 주는 어리석음인지 혹은 그것이 과거를 탐구하는 완전히 정당한 수단인지를 탐구할 필요가 있다. 이를 수행하기 위해 나는 지난 반세기에 걸쳐서 대안고고학에 대한 고고학자들의 반응의 일부를 검토하기를 원한다.

다양한 형식의 대안고고학이 수세기 동안 우리와 함께했지만 그것에 대한 지속적인 반응은 1950년대에 들어서야 시작되었고, 최근까지도 반박이 주를 이루었다.

6. 대안고고학을 반박하려는 시도

이론적 객관성과 사실과 동시에 대안고고학의 지속적인 성장과 발전이 확실하게 그 분야를 지배해왔다는 것은 많은 고고학자들에게 관심사였다. 지난 세기에 『고대(Antiquity)』의 첫 번째 편집자와 두 번째 편집자는 흔히 대안고고학을 호되게 비난하는 데 지면을 사용했다. 고(故) 그린 대니얼(the late Glyn Daniel)은 "가짜 드루이드족과 같은 성우(聖牛)*를 비난할 때" 넓은 범위의 제안을 반복적으로 조롱하기 위해 "박식하고 이해하기 쉬우며 재미있는" 편집인의 지위를 사용했다(Howard 1992: 7). 일찍이 1950년대에 스톤헨지에서 벌어진 한여름 축제에 대해 우려했으며, 특히 드루이드 의식(the Druidic ceremony)을 보기 위해 군중이 모여서 일어난 상당한 피해에 관해 보도되었던 (특히) 1961년 하지 이후에 그러한 비난은 거세졌다.

우리는 장관과 그의 보좌관이 이 사람들의 주장 속에 무슨 종교나 환상, 진실, 쓰레기가 존재하는지 평가하기를 기대하지 않는다. 그들은 모두 사실과 허구를 혼동하는 바보 같은 사람들이다(Daniel 1992: 25).

그는 드루이드족에 관한 공격을 상당한 시간 동안 계속한다.

스톤헨지는 1964년 6월 20일 오후 7시부터 대중에게 폐쇄되었지만 약간 미친 드루이드 레이어(Druids Lair)*에게 개방되었다! (…) 이 무슨 말도 안 되고 터무니없는 바보 같은 일인가! 지금부터 모든 하지 행사를 총체적으로 금지해야 한다. 이들 이상한 신-드루이드적 단체(neo-druidic organizations)는 스톤헨지에 관한 역사와 고고학에서 아무런 권리도 가지고 있지 않다. (…) 과거 것의 현대판인 드루이드에게 스톤헨지에서의 잔치가 허용된 적이 있는지, 왜 매년 계속 허가해주는지는 우리가 가장 이해하기 힘들다. 거기에는 약간의 아주 특별한 이유가 있어야 한다. 공공건축사업부(the Ministry of Public Buildings and Works)의 직원들 중 비밀스러운 드루이드가 가득하여 그렇게 되었나? 만약 우리가 그 부서를 방문한다면, 기이하게 듣기 좋은 현악기의 팅 하고 울리는 소리(twang)가 회랑 아래까지 울리는 것을 듣고

....
* 성우(聖牛): 지나치게 신성시되어 비판과 의심이 허용되지 않는 관습이나 제도 등을 지칭한다.
* 드루이드 레이어: 'Druids Lair'는 한껏 멋을 부린 드루이드 남자를 지칭한다.

는 갑자기 모퉁이를 돌아서 우산을 접고 대기하고 있는 하프 연주자를 발견할 것인가(Daniel 1992: 34)?

대니얼은 모든 형태의 대안고고학에 끊임없이 노출되었고, '불합리의 위안(comforts of unreason)'(예를 들어 Daniel 1992: 41, 65, 75)에 관해 자주 흔하게 참고함으로써 이 글의 제목에 영감을 주었다. 비록 절대로 탓하지는 않지만, 나는 이 용어가 크로셰이-윌리엄스(Crawshay-Williams 1947)의 저작과 관련된다고 의심한다. 크로셰이-윌리엄스는 사람이 '허위선전(big lie)'에 대한 믿음과 명백하게 실증할 수 없고 지속 불가능한 것을 믿으려는 확실한 갈망을 갖는 경향에 대해 논의했다. 그가 논했던 중요한 점은 사람이 자신이 하는 일이나 자신에게 일어난 일에 영향을 주는 외부적인 기제나 에이전시가 없다는 사실을 받아들일 수 없어서 그 외에는 예측할 수 없는 세계를 설명하기 위해 그러한 것을 만들어낸다는 것이다(Crawshay-Williams 1947: 특히 142-60).

고고학계에서 대안고고학에 대응하는 전통은 더욱 증대했고 미국에서 지속되었다. 워초프(Wauchope 1962)가 지적했듯이, 미국 고고학자는 해부학자 스미스(Smith 1923)와 인류학자 페리(Perry 1923)가 학문적으로 존중한 극단적인 전파론자의 사고에 매우 일찍부터 관심을 가졌다. 남북 아메리카에 관한 한 이들 주장의 중대한 갈래 가운데 하나는 미라화가 고대 이집트에서 유일하게 발전되었고 한 장소에서 이집트인 뱃사람에 의해 퍼졌다는 것이다. 그러므로 남아메리카의 미라 유체는 남북 아메리카에 피라미드 건축 관행을 함께 옮겨왔던 고대 이집트인에 의한 것이었다는 점을 '증명'했다. 미라화 과정이 고대 이집트인만이 할 수 있는 유일한 분야가 아니었고 이와 유사하게 남아메리카의 그 어디에도 이집트 유물과 관련된 어떠한 증거도 없으며 그 유물과 연관된 유적도 없다는 점을 들어, 예를 들어 딕슨(Dixon 1928)은 연구를 통해 그런 주장을 반박했다. 그렇게 함으로써 딕슨은 대안고고학의 주장에 대해 이해하기 쉬운 방식으로 의도적으로 도전한 최초의 고고학자가 된 것처럼 보인다. 이러한 초기의 능수능란한 대가다운 저작이 나왔음에도 극단적인 전파론자의 신화는 아직도 텔레비전에 많이 등장한다(예를 들어 미라화의 단일한 고대 기원지에 대해 암시한, 영국 텔레비전의 채널 4에서 1999-2000년에 방송된 다큐멘터리 연작물 〈미라의 신비〉)(Schadla-Hall and Morris 2003).

대안고고학 창시자의 지속되는 특성 중 하나는 많은 이가 다른 분야에서 고고학으로 옮겨와서 학문을 추구한다는 것이다. 나는 이 글에서 예를 들면 페리, 스미스, 미든(Meadon) 같은 사람들을 언급했다. 해럴드 글래드윈(Harold Gladwin) 같은 사람은(Wauchope 1962: 71-72) 고고학과 인류학 분야에서 아마추어였지만 자신만의 이론을 개발했고 그것을 출판했다. 글래드윈은 전문직을 공격하는 접근 방법을 개발하고 학계 인사가 자신들의 사고 안에 폐쇄되어 있음을 주장한 첫 번째 인사 중의 하나였고 그럴듯한 논리라고 기술할 수밖에 없는 것의 근거에 대해 대중에게 호소했다.

> 미국 인류학의 고위 사제의 전당(the House of the High Priests of American Anthropology)에서 모든 빛이 꺼지고 모든 문과 창문이 닫히며 안전하게 잠긴다(그들은 새로운 빛이 들어오는 것을 두려워하여 창문을 열어둔 채로 잠들지 않는다). 우리는 이성(Reason)의 종을 울리고, 논리로 무엇인가를 열심히 계속하며, 그들의 창문에 증거의 자갈을 던졌다. 그러나 그 전당에서 생명의 유일한 표시는 신조(Dogma)의 이따금씩 들리는 코 고는 소리뿐이다(Gladwin, Wauchope 1962: 71에서 인용).

워초프(Wauchope)는 자신의 인식으로 대안적 해석의 지속적 성장에 대응하고자 원했기 때문에 『사라진 부족들과 가라앉은 대륙(*Lost Tribes and Sunken Continents*)』(1962)을 썼다. 그는 균형 잡힌 방법으로 꼼꼼하게 검토하여 1950년대까지도 미국과 유럽에서 비고고학적 지역사회를 장악했던 사람들과 생각을 무너뜨리려고 했다.

해럴드와 이브(Harrold and Eve 1987a)는 천지창조설과 숭배 고고학의 위험성에 관해 진지하게 분석했다. 이들의 작업과 동료 기고자의 주요 요지는 갈수록 더 인류 진화의 성격을 보여주는 과학적 증거가 나온 지 150년이 지났음에도 천지창조설에 대한 지속적이면서 아마도 늘어나는 믿음을 검토하는 것이었다. 다음은 성경의 창세기와 관련된다.

성경 창세기의 시작부터 다소 문자 그대로 이르게 되는 인간의 기원에 대한 이야기. 천지창조론자에 따르면, 지구는 불과 수천 년 전에 만들어졌고 인간은 다른 모든 생명체와 함께 직접적으로 오늘날의 생명체만큼 많이 창조되었다. 천지창조론자는 시조 종(ancestral species)으로부터 후손을 통해 인간과 다른 생명체가 진화했다는 과학적 개념을 강렬하게 거부한다. 이들은 노아(Noah) 시대의 대홍수로 쓸려간 생명체의 잔존물로 화석을 설명한다(Harrold and Eve 1987b: ix).

이들은 교육이 대안고고학의 유행에 반대한다는 제한된 파급 효과를 보여주었을 뿐만 아니라 표본으로 뽑은 미국 대학생의 반 이상이 신이 아담과 이브를 창조했다고 믿고 사람과 공룡이 공존했다는 설을 3분의 1 이상이 믿는다는 사실을 보여주었다. "이러한 발견은 단순히 부적합한 과학교육을 보여주는 것이 아니라 많은 사람들이 공교육을 받는 기간에 좋은 과학 지도를 받는 평범한 기회를 경험하지 못하는 것을 반영한다"(Eve and Harrold 1987: 136).

대안고고학을 논박하는 전통은 '기이한 고고학'에 관한 윌리엄스(Williams 1991)의 저서, '아틀란티스 증후군(the Atlantis syndrome)'에 관한 조던(Jordan 2001)의 저서에서 지속되었다. 고고학을 객관적이고 과학적인 학문이라고 입증하고 대안적 주장의 허위를 보여주는 것을 골자로 하는 접근 방법은 그대로 유지되었다. 그러나 이것이 대안고고학의 문제에 가장 효과적인 접근 방법일까? 혹은 고고학만의 학문적 영역을 명백히 밝혀서 비가입자를 배제하려고 시도하는 하나의 경우에 속하는가?

7. 대안고고학을 포용하려는 시도

고고학의 대중적 대표성에 관심을 둔 많은 단체와 개인은 대안고고학을 어느 정도 포용하는 것이 그것을 논박하는 것보다 더욱 유익한 방법이라는 점을 느끼기 시작했다. 이는 적어도 50년간의 반박이 대안적 자료의 양에 의미 있는 영향을 미치지 못했던 것처럼 보이기 때문에 의심할 나위가 없다. 대니얼이 장기간 계속해오고 아주 재미있는 노력이었지만 드루이드의 수가 1950년대 이래 적어도 10배 증가했다는 것은 주목할 만하다(Maughling, 개인적 대화).

그러나 새로운 요인은 20년간의 이론적 논쟁에 이어서 과거의 해석이 역사적으로 우발적이며 어떤 특정한 시간에도 다면적 가치를 가지고 서로 경쟁한다는 것이 고고학자의 일반적 인식이 되었다. 현대 고고학에서는 1950년대에서 1980년대까지의 반박으로 특징지어지는 과거에 대한 과학적이고 상대적으로 객관적인 견해에 관해 동일한 신뢰를 갖지 않고, 일단 다수의 고고학적 의견이 학계에서 허용되면 주류와 대안의 구분이 덜 명확해진다. 우리가 토착고고학 문제를 고려할 때 이것은 특별히 초점이 된다. 비록 토착민의 신화와 믿음이 주류고고학의 해석과 일치하지 않는다 할지라도 고고학자는 지금 당연히 고고유적과 경관과 관련하여 그것을 존중한다. 많은 경우에(예를 들어 Pokytolo and Brass 1997) 토착신화는 학문적·고고학적 결론과 더불어 현장에 제시된다.

또한 다른 사람의 비주류 의견을 존중하는 것은 토착민족 이외에 다른 집단에도 확대되고 있다. 스톤헨지에서 드루이드를 지속적으로 수용했고 그 뒤 금지한 데 이어서 2001년 하지에는 '뉴에이지 음악 애호가'와 관련 집단을 재입장시켰다. 벤더(Bender 1998)의 글에서는 스톤헨지에 대한 다양한 해석이 진전될 수 있는 가능한 방법을 보여주었다. 지모신 숭배의 추종자가 차탈회육 유적을 해석할 때 그것에 대한 견해를 발표할 공간도 주어졌다(Hodder 1998).

그러므로 다른 사람의 견해를 수용하고 존중하는 것은 가장 생산적으로 앞으로 나아갈 방법인가? 나는 그 대답이 어떤 종류의 견해를 표현하고 있는가에 달려 있다고 생각한다. 대안고고학을 분석하는 데 영향을 미치는 문제 중의 하나는 그것의 모든 표현을 동일한 비중으로 다루는 경향이다. 일부는 정당한 개인적 신화 만들기로 다루지만, 일부는 다른 사람들에게 위험하고 그들을 폄하하는 것으로 다룬다. 우리는 지금 다른 견해들 사이에서 차별화할 필요가 있다.

예를 들어 워초프(Wauchope 1962: 116-24)가 조사한 많은 문헌에 나오는 아리안인(Aryans), 아틀란티스인(Atlanteans), 크로마뇽인과 대안고고학 문헌의 결론은 인종적 우월성 혹은 문화적 우수성이라는 극단적 의견을 지지하기 위해 사용될 수 있다.

핸콕이 라벤타(La Venta) 유적과 다른 유적에서 나온 올멕인(the Olmec) 머리뼈 조각의 일부가 "완전히 아프리카인"이라고 주장하면서 고대 이집트의 조각과 비교했을 때(Hancock and Faia 1998: 38-40), 그가 채널 4의 미니시리즈였던 『천국의 거울』(Hancock and Faia 1998)에서 보여주었듯이, 인종차별주의자의 고정관념 만들기는 현대까지도 대안고고학을 어수선하게 한다. 또한 그는 동일한 유적에서 나온 다른 뼈 조각이 백인(Caucasians)을 묘사한다고 주장했다. 이 두 가지는 문명이 오직 구대륙에서만 전파될 수 있었고 지역민이 독립적으로 발전시킬 수 없었다고 암시한다.

천지창조론자의 믿음과 관련하여 키호(Kehoe 1987: 11)는 다음과 같이 지적한다.

과학적 천지창조론자는 창조주가 구술했다고 믿는 킹 제임스 영어 성경(the King James English Bible)의 말씀을 과학적으로 지지할 수 있다고 주장한다. 만약 그것이 많은 반대자가 비헌법적이라고 생각하는 조치와 국제적 적대감을 경색시키는 경향이 있는 정책을 옹호하는 신조를 가진 정치운동의 일부가 아니라면, 단순히 기이하다. 이러한 운동은 전통적 제약에서 여성을 해방시키는 것을 방해하고 일부 추종자가 어린이와 궁핍한 자에 대한 냉혹한 대우를 정당화하기 위해 해석하는, 인간의 본성에 대한 비관적 견해를 강화한다.

고고학자 대부분이 아마도 토착민족의 견해와 해석을 존중하기를 희망하고 그들 중 일부가 지금 자신들의 대중적 해석에 대안적 시각의 다양성을 반영하기를 희망할 때, 대부분은 의심할 나위 없이 다른 사람에 대한 압제와 존중의 부족함을 지지하는 대안적 시각에 도전하기를 원할 것이다. 그러므로 궁극적으로 대중고고학이 항상 정체성과 전문고고학자를 위한 윤리 문제에 대해 갈등을 겪을 것이라는 이유 때문에, 두 태도 사이에 그어져야 하는 선이 어디가 되어야 하는가는 항상 명확하지 않다.

8. 맺음말

환상적인 이야기와 신화가 고대 유물에 의미를 부여하기 위해 사용될 때, 대안고고학은 과거에 대한 인간의 관심이 시작된 이래로 주변에 있었다. 하나의 학문 분야로서 발전한 고고학은 부분적으로 이성적인 질문을 불합리한 추측과 구분하려고 노력해온 것 중의 하나였다. 그러나 객관성이 지금 목표로서는 덜 확실하기 때문에 '광신적인 것'에서 '승인된 것'까지 폭넓은 의견이 있다. 고고학자는 시간에 따라 바뀌는 담론을 타당하게 구성하는 것과 함께 '그들'과 '우리'의 흑백 구분이 이전에 생각했던 것만큼 명확하지 않다는 점을 깨달아야 한다. 종종 상호 이익을 위해 고고학자는 '대안적' 견해와도 접촉을 유지해야 한다. 또한 고고학자는 다양한 종류의 대안고고학을 마치 모두 동일한 것처럼 다루기보다는 질적으로 구분해야 한다. 일부 대안적 견해 중에서 암시되거나 명쾌하기조차 한 이데올로기 혹은 노골적인 상업적 왜곡의 근거는 비판받아야 한다. 다른 대안적 견해는 사람들이 과거를 경험하는 다양한 방법 중의 한 요소로 인정받고 축하받아야 한다.

참고문헌

Ashe, G. 1992. *Atlantis. Lost Lands, Ancient Wisdom*. London: Thames and Hudson.

Bender, B. 1998. *Stonehenge. Making Space*. Oxford: Berg.

Berlitz, C. 1969. *The Mystery of Atlantis*. New York: Norton Publications.

Churchward, J. 1926. *The Lost Continent of Mu; The Motherland of Man*. New York: W. E. Rudge.

Cope, J. 1998. *The Modern Antiquarian—A Pre-Millennial Odyssey Through Megalithic Britain*. London: Thorsons.

Crawshay-Williams, R. 1947. *The Comforts of Unreason. A Study behind the Motives behind Irrational Thought*. London: Kegan Paul, Trench, Trubner and Co.

Daniel, G. 1992. *Writing for Antiquity. An Anthology of Editorials from Antiquity*. London: Thames and Hudson.

Dixon, R. B. 1928. *The Building of Cultures*. New York: Charles Scribner's Sons.

Eve, R. A. and Harrold, F. B. 1987. Pseudoscientific beliefs: the end of the beginning or the beginning of the end? In F. B. Harrold and R. A. Eve (eds) *Cult Archaeology and Creationism*. Iowa City: Iowa University Press: 134-52.

Feder, K. L. 1987. Cult archaeology and creationism: a coordinated research project. In F. B. Harrold and R. A. Eve (eds) *Cult Archaeology and Creationism*. Iowa City: Iowa University Press: 34-48.

Fell, B. 1976. *America B. C.: European Settlers in the New World*. New York: Pocket Books.

Flem-Ath, R. and Wilson, C. 2000. *The Atlantis Blueprint*. London: Little, Brown and Company.

Gray, T. 1987. Educational experience and belief in paranormal phenomena. IIn F. B. Harrold and R. A. Eve (eds) *Cult Archaeology and Creationism*. Iowa City: Iowa University Press: 21-33.

Hancock, G. 1995. *Fingerprints of the Gods. A Quest for the Beginning and the End*. London: Heinemann.

Hancock, G. 2002. *Underworld. Flooded Kingdoms of the Ice Age*. London: Michael Joseph.

Hancock, G. and Faia, S. 1998. *Heaven's Mirror: Quest for the Lost Civilization*. London: Michael Joseph.

Hardman, C. and Harvey, G. (eds) 1995. *Paganism Today*. Wellingborough: Thorsons.

Harrold, F. B. and Eve, R. A. (eds) 1987a. *Cult Archaeology and creationism. Understanding Pseudoscientific Beliefs about the Past*. Iowa City: University of Iowa Press.

Harrold, F. B. and Eve, R. A. 1987b. Introduction. In F. B. Harrold, and R. A. Eve (eds) *Cult Archaeology and Creationism. Understanding Pseudoscientific Beliefs about the Past*. Iowa City: University of Iowa Press.

Heyerdahl, T. 1950. *Kon-Tiki*. Chicago: Rand McNally.

Heyerdahl. T. 1958. *Aku Aku. The Secret of Easter Island*. London: George Allen and Unwin.

Heyerdahl, T. 1970. *The Ra Expeditions*. London: George Allen and Unwin.

Higham, N. J. 2002. *King Arthur: Myth-making and History*. London: Routledge.

Hodder, I. 1998. The Past as passion and play: as a site of conflict in the construction of multiple pasts. In L. Meskell (ed.) *Archaeology Under Fire. Nationalism, Politics and Heritage in the Eastern Mediterranean and Middle East*. London: Routledge: 124-39.

Howard, P. 1992. Introduction. In G. Daniel *Writing for Antiquity*. London: Thames and Hudson: 7-9.

James, S. 1999. *The Atlantic Celts. Ancient people or modern invention?* London: British Museum.

Johnson, B. 1988. *Lady of the Beasts: The Goddess and Her Sacred Animals*. London: Harper-Row.

Jordan, P. 1981. Archaeology and television. In J. D. Evans, B. Cunliffe and C. Renfrew (eds) *Antiquity and Man. Essays in Honour of Glyn Daniel*. London: Thames and Hudson: 207-13.

Jordan, P. 2001. *The Atlantis Syndrome*. Stroud: Sutton Publishing.

Kehoe, A. B. 1987. Scientific Creationism: world view not science. In F. B. Harrold and R. A. Eve (eds) *Cult Archaeology and Creationism*. Iowa City: Iowa University Press: 11-20.

Knight, C. and Lomas, R. 1999. *Uriel's Machine: the Prehistoric Technology that Survived the Flood*. London: Century Books.

LaHaye, T. and Morris, J. 1976. *The Ark on Ararat*. San Diego: Creation-Life Publishers.

Lovelock, J. 1987. *Gaia: A New Look at Life on Earth*. Oxford: Oxford University Press.

Meaden, T. 1999. *The Secrets of the Avebury Stones. Britain's Greatest Megalithic Temple*. London: Souvenir Press.

Merriman, N. 1991. *Beyond The Glass Case. The Past, the Heritage and the Public in Britain*. Leicester: Leicester University Press.

Michell, J. 1975. *The Earth Spirit: its Ways, Shrines, and Mysteries*. London: Thames and Hudson.

Michell, J. 1983. *The New View over Atlantis*. London: Thames and Hudson.

Morris, R. 1993. A Public Past? In H. Swain (ed.) *Rescuing the Historic Environment*. Hertford: Rescue: The British Archaeological Trust: 9-16.

Nye, E. 1987. *Ley Lines Worldwide: Explained with History, Map and Examples*. London: DLM Publications.

Parfitt, T. 2002. *The Lost Tribes of Israel*. London: Weidenfeld & Nicholson.

Perry, W. J. 1923. *Children of the Sun: a Study in the Early History of Civilisation*. London: Methuen.

Pokytolo, D. and Brass, G. 1997. Interpreting cultural resources: Hatzic Site. In J. Jameson (ed.) *Presenting Archaeology to the Public. Digging for Truths*. London: AltaMira Press: 156-65.

Renfrew, A. C. 1978. *Before Civilisation. The Radiocarbon Revolution and Prehistoric Europe*. London: Penguin Books.

Roth, A. M. 1998. Ancient Egypt in America: claiming the riches. In L. Meskell (ed.) *Archaeology Under Fire. Nationalism, Politics and Heritage in the Eastern Mediterranean and Middle East*. London: Routledge: 217-29.

Schadla-Hall, R. T. 1999. Editorial: public archaeology. *European Journal of Archaeology* 2(2): 147-58.

Schadla-Hall, R. T. and Morris, G. 2003. Ancient Egypt on the small screen ⊠ from fact to fiction in the UK. In S. Macdonald and M. Rice (eds) *Consuming Ancient Egypt*. London: UCL Press: 195-215.

Sjoo, M. and More, B. 1991. *The Great Cosmic Mother: Rediscovering the Religion of the Earth*. London: Harper Collins.

Smith, G. E. 1923. *The Ancient Egyptians and the Origins of Civilisations*. London: Harper and Brothers.

Sullivan, D. 2000. *Ley Lines: A Comprehensive Guide to Alignments*. London: Piatkus Books.

Tomas, A. 1971. *We Are Not The First. Riddles of Ancient Science*. London: Souvenir Press.

Tompkins, P. 1978. *Secrets of the Great Pyramid*. New York: Harper Colophon Books.

Von Däniken, E. 1969. *Chariots of the Gods. Unsolved Mysteries of the Past*. London: Souvenir Press.

Von Däniken, E. 1972. *Gods from Outer Space*. New York: Bantam Books.

Von Däniken, E. 1974. *Gold of the Gods*. New York: Bantam Books.

Von Däniken, E. 1997. *The Return of the Gods. Evidence of extra terrestrial visitations*. Shaftesbury: Element Books.

Wauchope, R. 1962. *Lost Tribes and Sunken Continents. Myths and Methods in the Study of American Indians*. Chicago: Chicago University Press.

Williams, S. 1987. Fantastic archaeology: what should we do about it? In F. B. Harrold and R. A. Eve (eds) *Cult Archaeology and Creationism*. Iowa City: Iowa: 124-33.

Williams, S. 1991. *Fantastic Archaeology. The Wild Side of North American Prehistory*. Philadelphia: University of Pennsylvania Press.

Wise, J. C. 1945. *Americas: The Background of Columbus*. Charlottesville: Monticello Publishers.

15장

유물법과 동산문화재 관리제도: 발전하는 대중고고학에서의 사례연구

로저 블랜드(Roger Bland)

이 장에서는 영국 정부가 착수한 두 계획, 즉 1996년의 「유물법(the Treasure Act)」과 모든 다른 고고학적 발견유물의 자발적 기록을 장려하는 부수적 수반 계획을 논의한다. 「유물법」의 통과 이후에도 잉글랜드와 웨일스에서 동산문화재(portable antiquities)에 적용된 법적 보호는 범위 면에서 더욱 제약되었고 발견자에 대한 처리 면에서 유럽의 다른 어느 나라보다도 사실상 더욱 진보적이었다. 이 글에서는 이 접근 방법의 장단점을 검토한다.

지정된 고대 기념물(scheduled ancient monuments)을 제외하고는 영국에서 금속탐지기를 이용하는 데 제약이 없었기 때문에, 금속탐지기 사용자는 지금 매년 수만 점의 고고유물을 발견하고 있다. 이러한 이유에서 유럽의 많은 국가에 존재하는 것과 같은 모든 고고유물을 보고하도록 요구하는 법률을 제정하는 것은 실현 가능하다고 생각되지 않았다. 그래서 대체된 「중세 매장문화재법(the medieval law of Treasure Trove)」의 가장 최악의 변칙을 제거하기 위해 단순하게 「유물법」을 만들었고, 이 법률이 시행된 첫 4년 동안 소송 사건이 아홉 배로 증가했다.

공공의 이익을 위해 모든 고고학적 발견유물을 자발적으로 신고하는 것을 장려하는 정부의 부수적인 계획, 즉 동산문화재 관리제도(the Portable Antiquities

Scheme)는 장기간 더 커다란 의미가 있다. 6개 직위가 1997년에 설치되었고 1999년 에는 6개가 더 만들어졌다. 46개 직위가 있는 국가 관리제도를 위해 조성된 3년간의 복권기금 계획이 최근에 승인되어 2003년부터 시작될 것이다. 이 글에서는 잉글랜 드와 웨일스에서 대중고고학의 개발에 관한 사례연구로서 지금까지의 발견유물 연 락공무원의 업무를 요약하고 있다.

1. 매장문화재에 관한 관습법

1997년에 「유물법」이 시행되기 전까지 「매장문화재에 관한 관습법(the common law of Treasure Trove)」은 잉글랜드와 웨일스에서 발견된 유물에 대한 유일한 법적 보호를 효과적으로 제공했다. 매장문화재(Treasure Trove)에 대한 원칙은 앵글로색 슨 시대까지 거슬러 올라가는 것으로 생각되는데, 원래 소유자가 없는 모든 물건은 왕에게 속한다는 원칙에서 나온 것으로 보인다(Hill 1936). 이 법률은 12세기와 13세 기에 처음 만들어졌고, 헨리 드 브랙턴(Henry de Bracton)이 1250년경 법률책(『*De legibus et consuetudinibus Angliae*』)에서 한 설명에서 거의 변하지 않았다.

잉글랜드법의 본질은 고의적으로 회수의 의도로 감춘 금제 및 은제 유물만 매장 문화재로 취급하고 왕의 재산이 된다는 것이다. 실제로는 왕이 박물관에 발견된 매 장문화재를 취득할 기회를 주고 발견자는 시장가격 전액을 받았다. 그러나 이 오래 된 법률의 주요 어려움은 이 법이 결코 고물법(antiquities law)으로 의도되지 않았다 는 데에서 파생되었다. 법에서 정한 범위는 극도로 제약되었고, 법률적으로 강요할 수 없는 결과를 가져오는 변칙적인 문제로 가득했다(Palmer 1993; Bland 1996). 「유 물법」의 주된 목적은 새로운 객관적인 판단 기준으로 무엇이 매장문화재인지를 판 단하는 오래된 주관적 판단 기준을 대체하는 것이고 유물을 신고하지 않은 데 대해 새로운 범법 행위로 보는 것을 도입함으로써[1] 법률을 시행할 수 있게 하는 것이었다 (DNH 1997). 이 법률은 모든 유물에 대해 법적인 보호를 제공하지 않는데, 왜 그렇게 되었는지 조사해볼 가치가 있다.

　19세기에 매장문화재에 관한 오래된 법률이 왕의 수입(the royal revenues)을 단순히 덧붙이는 것 이상의 의미를 지녔다는 점을 골동품 수집가로 인해 깨닫게 되었다. 1858년 탤보트 드 맬러히드(Talbot de Malahide) 경이 매장문화재법을 개혁하기 위해 일반의원입법(a Private Member's Bill)을 발의했다[2](Hill 1936: 239-40). 맬러히드 경의 주된 관심은 발견유물의 신고를 보장하는 것이었다. 금으로 녹여질 운명에 처해질 매장문화재가 왕실의 수입을 증가시키는 메커니즘으로 단순하게 작용하는 한에서는 발견자가 발견유물을 신고하도록 하는 장려책이 명확하게 없었다. 이 유물들이 금으로서의 가치보다 더 큰 골동품으로서의 가치를 가지고 있다는 것을 인식하게 됨에 따라 발견자에게 보상함으로써 발견유물을 신고하도록 하는 장려책을 시행하려는 움직임이 있었다. 비록 맬러히드 경의 법안은 성공하지 못했지만, 28년 후인 1886년에 매장문화재라고 주장되는 발견유물을 박물관에 가져가면 발견자가 그것에 대한 보상금을 받도록 하는 새로운 정책을 정부가 발표하도록 이끌었다(Hill 1936: 240-41). 박물관이 요청한 발견유물에 대해 보상금을 지급하는 관례는 발견유물의 신고를 장려하는 데 중요한 요인이었다.

　비록 고고학자가 발견유물을 신고한 발견자에게 장려책을 제공한다는 하나의 목표에 성공했음에도 이들은 아직도 특히 이 법률의 범위가 매우 제한적이라는 점 같은 많은 문제점이 남아 있다는 것을 인식했다. 이를 개혁하려는 움직임이 전쟁이 끝난 후에 진지하게 시작되었다. 1944년에 새롭게 설치된 영국고고학협회(the Council for British Archaeology)의 목적 중 하나는 「매장문화재법(the law of Treasure Trove)」을 개혁하는 것이었지만, 주로 수립될 필요가 있는 것에 대해 고고학적 합의를 보아야 한다는 난점과 정부에 대책을 세우기를 설득해야 한다는 난점 때문에 전혀 진전되지 못했다(Cleere 1994).

2. 금속탐지기의 사용

전체 쟁점을 완전히 바꾸어놓은 것은 금속탐지기의 광범위한 사용이었다. 이 기계들은 1970년대에 널리 이용할 수 있게 되었고 1980년쯤에 가장 정점에 이르러 영국에 18만 개의 금속탐지기가 있었을 것으로 생각된다(Dobinson and Denison 1995: 6). 이것의 명백한 결과 한 가지는 발견된 유물 수량이 크게 증가했다는 점이었고 그 유물의 절대다수는 「매장문화재법」의 테두리 바깥에 있었다.

초기에는 금속탐지기를 사용하는 것이 『유물 찾기(*Treasure Hunting*)』라는 잡지의 창간에서 확실하게 보이듯이 매우 무법상태의 활동이었다. 금속탐지기 사용자는 개인의 토지이건 공공의 토지이건 상관없이 선택하는 어느 곳이든 금속탐지기를 사용하고 발견한 것을 보유할 권리를 자신들이 가진다고 생각했다. 동일하게 많은 고고유적은 악당 같은 금속탐지기 사용자들에게 피해를 입었고 아직도 그러하다 (Dobinson and Denison 1995: 84-94). 1970년대 후반에 금속탐지기 사용자들은 동호회를 조직하기 시작했고 더욱 책임감 있는 자세를 택하게 되었다. 지금 이들은 무단침입을 명백하게 규탄하고 「유물법」과 동산문화재 관리제도를 감안하여 최근에 개정된 자신만의 행위규범(its own Code of Conduct)을 가지고 있는 금속탐지기전국협회(the National Council for Metal Detecting) 같은 단체로 대표된다(National Council for Metal Detecting 1992; 개정된 행위규범은 『탐색자(*Searcher*)』와 『유물 찾기』 2000년 5월호 54페이지에 있다).

금속탐지기의 사용에 대한 초기의 고고학적 반응은 사용을 금지하거나 제한하도록 하는 것이었는데, 이는 대부분의 유럽 국가들이 해왔던 접근 방법이다(Council of Europe 1981; Bland 1998: 14-17). 그러나 영국에서는 고고학자가 1979년의 「고대기념물법」에 잉글랜드문화유산청에서 지정한 기념물(a scheduled monument)에 허가 없이 금속탐지기를 사용하는 것을 범법행위로 보는 조항을 신설하게 해서 의미 있는 성공을 거두었음에도 정부는 설득당하지 않았다. 이와 거의 동시에 영국고고학협회는 통제되지 않은 탐지행위로 인해 생기는 피해에 대해 관심을 끌기 위해 소위 '스톱(STOP)'이라고 불리는 우리 과거의 절취를 멈추자는(Stop Taking Our Past) 캠페인을 벌였다. 이 캠페인의 순수한 효과로 대부분의 금속탐지기 사용자는 고고학자를 매우 확실하게 불신하게 되었다(Cleere 1979: 26-27). 이와 마찬가지로 「매장문화재법」을 개혁하기 위해 법안을 후원한 영국고고학협회가 시도한 것은 애빙거(Abinger) 경이 1979년에 상원에 소개하고 1982년에 다시 소개한 법안인데, 정부에서 이를 지지할 뜻이 없었기 때문에 실패했다(Palmer 1993; Bland 1996).

그 당시 영국고고학협회의 회장이었던 헨리 클리어(Henry Cleere)는 "그때까지 공공분야에서는 무해한 취미생활자로 보였던 도굴꾼(treasure hunters)의 지나침"에 대해 격분해서 언급했는데, 정치인이 행동을 취하도록 설득하려 할 때 매우 필수적인 여론 전쟁에서 금속탐지기 사용자가 고고학자보다 더 성공적인 것처럼 보인다(Cleere 1982: 8). 그러나 1970년대에 고고학자와 금속탐지기 사용자 사이에 만연했던 전반적인 불신 분위기에 예외도 있었는데, 1977년에 고 토니 그레고리(Tony Gregory)와 그의 동료가 체계적으로 금속탐지기 사용자에게 발견유물을 신고하도록 장려했던 노퍽(Norfolk)에서 가장 두드러졌다(Fletcher 1977; Green and Gregory 1978). 이러한 계획이 매우 성공적이라는 것이 밝혀졌는데, 1995년경 1년에 약 2만 4,000점의 유물이 그 지역에서 기록되었고 그중에서 금속탐지기 사용자가 발견한 유물은 모든 유적 및 기념물 기록부(Sites and Monuments Record entries)에 등재된 유물의 약 3분의 1을 차지했다(Dobinson and Denison 1995: 20-21, 30페이지의 그림 19). 이 업무에는 직원 2.5명의 시간이 투여되었다. 노퍽 관리계획(the Norfolk scheme)은 정부가 동산문화재 관리계획을 만드는 데 모델로 제공되었다.

1994년에 시행된 영국고고학협회의 조사에 따르면, 매년 수십만 점의 유물이 발견되는데 아마 잉글랜드 단독으로도 약 40만 점에 이를 것이라고 추정했다(Dobinson and Denison 1995). 또한 이 조사에서는 금속탐지기 사용자의 수가 약 3만 명인데[3] 1970년대의 정점에 비하면 상당히 감소한 것으로 추정했다. 그러나 많은 소수 금속탐지기 사용자가 상당한 수의 유물을 발견하고 있기 때문에 발견되는 유물의 수는 15년 전과 비교하여 전반적으로 매우 낮아지지는 않았는지도 모른다. 금속탐지기를 이용해 발견한 40만 개의 유물 중에서 아마도 5-10%의 매우 작은 비율의 유물만이 고고학자나 박물관에 보고되었고 아직도 거의 매장문화재로 공표되지 않았다. 주요 이유는 금속탐지기 사용자의 발견유물을 기록하는 것이 결코 박물관이나 고고학 단체의 핵심적 책임 가운데 하나가 아니라서 그 일에 투여하는 노력이 별로 균일하지 않고 주로 열정적인 개인에 의존하기 때문이다. 다른 이유는 금속탐지기 사용자와 고고학자 사이에 존재하는 깊은 불신 때문이다.

3. 「유물법(Treasure Act)」

문제가 명백하게 사라지지 않아서, 1980년대 말에 퍼스(Perth) 경 및 영국박물관과 협력하는 서레이고고학회(the Surrey Archaeological Society)가 주도하여 법을 개혁하려고 시도했다(Palmer 1993; Bland 1996). 새 법안의 초안은 폭넓게 상의한 후에 만들어졌다. 이들의 노력을 도왔던 한 요인은 1992년에 처음으로 국가문화유산부(the Department of National Heritage: DNH)라는 새로운 정부 부처가 창설된 것이었는데, 이로 인해 고고학과 동산문화재에 관한 정부의 정책이 처음으로 한곳에서 다루어졌다. 이러한 이름을 가진 정부 부처가 이 사안에 대한 책임을 거부하기는 힘들었다.

1994년 3월에 퍼스 경은 의회에 유물법안(the Treasure Bill)을 제출했다. 일반의 원입법인 이것은 정부의 지원 없이 성공할 가능성이 거의 없었는데 처음에는 그럴 것처럼 보였다. 정부는 개혁하려는 이전의 모든 시도를 막아버렸다. 그러나 이때 퍼스 경은 이 법안을 옹호하기 위해 두 야당과 함께 강력한 귀족연합을 결성했다. 그 결과로 정부가 태도를 바꾸어 찬성하게 되었다. 이러한 지지도 이 법안의 성공을 확보하기에는 충분하지 않았지만 이후에 성공적으로 준비하여 하원에서 통과시킨 의회 의원인 앤서니 그랜트(Anthony Grant) 경의 노력으로 2년 후에 재도입되었다. 이 법을 어떻게 작동시켜야 하는가에 대한 세부사항을 정리한 「실천규범(Code of Practice)」의 초안이 만들어졌고 의회에서 통과된 후인 1997년 9월에 법이 시행되었다(Bland 1997; DNH 1997).

4. 「유물법」에 대한 반대 이유

「유물법」이 당면한 반대 이유를 살펴보는 것은 유익하다. 왜냐하면 이것이 법이 왜 그렇게 보이는지를 실제로 설명해주는 반대 특성이기 때문이다. 이 법안을 반대한 주요 집단 가운데 하나는 금속탐지기 사용자들이었다. 이 법안이 책임 있는 탐지에 대해 유해한 어떤 것을 포함하고 있기 때문이 아니라—그렇지 않았다—국가가 자신들이 발견한 유물에 대해 권리를 주장한다는 사실에 매우 분개했기 때문이었다. 게다가 이들은 많은 금속탐지기 사용자는 이 법이 쐐기의 얇은 끝부분을 나타낸다고—즉, 아주 더 많은 종합적인 법제를 향한 첫 번째 단계라고—믿었고 고고학계가 주장하는 어떤 것도 자신들의 이해관계에 적대적이라고 느꼈다. 고고학자와 금속탐지기 사용자 사이에 쌓인 오래된 불신이 그 배경으로 보이고, 법안이 원래는 원버로(Wanborough)에 있는 유적을 도굴하다가 잡힌 금속탐지기 사용자에 대한 기소가 실패한 결과로 서레이고고학회에서 계획한 것이었다는 사실도 도움이 되지 않았을 것이다(Bland 1996: 18-19; O'Connell and Bird 1994; Ward 1992). 「유물법」에 대한 언론 보도에서 이 법안을 금속탐지기의 사용을 엄중하게 단속하려는 시도로 제시한 것도 사실이다. 그래서 예를 들면, 비록 퍼스 경이 이 법안이 금속탐지기의 사용을 반대하는 것이 아니라는 점을 지적하기 위해 피나는 노력을 했음에도 퍼스 경의 법안(Lord Perth's Bill)에 관한 『더 타임즈(*The Times*)』의 헤드라인은 "귀족들(peer)이 금속탐지기로부터 문화유산을 구하려 하다"(1994년 3월 2일)였다.

게다가 금속탐지기 세계를 다루는 잡지에서는 과장되고 오해의 소지가 있는 기사를 써서 의도적으로 이 법안에 대한 반대 심리를 자극하려고 했다(예를 들어 『유물찾기』 1994년 6월: 32-34; 1994년 7월: 45; 1996년 8월: 24-27; 1996년 9월: 18-20). 「유물법」이 검토되고 있던 2년 동안 금속탐지기에 관한 잡지 2개 중 어느 것도 그것에 관해 사실적인 기사를 한 번도 쓰지 않았다는 것은 법안의 후원자에게는 불만스러운 경험이었다. 그러므로 금속탐지기 사용자가 편파적이고 과장된 언급을 잡지에서 읽었을 때 의회 의원에게 항의했다는 것은 거의 놀랄 일이 아니다.

결과적으로 금속탐지기 사용자는 1994년에 법안이 의회에 제안되고 1996년에 다시 제안되었을 때 그 법에 반대했고, 1997년에 「실천규범」이 제안되었을 때 그것에 반대하기 위해 자신들이 지지하는 의회 의원을 설득하려는 활동에 매우 적극적이었다. 그러나 1994년에 하원에서 그 법안에 대한 약간의 반대 의견이 금속탐지기 사용자의 청원에 따라 나왔음에도 이들이 1994년 혹은 1996년에 법안에 반대 발언을 하도록 단 1명의 하원의원이나 상원의원도 설득하지 않았다는 점은 주목할 만하다.

자신들의 명분을 위해 토지소유자의 지지를 끌어내려고 여러 번 노력할 때 만약 이 법안에 대한 새로운 반대의견을 고안하는 데 독창적이지 않다면 금속탐지기에 대한 로비는 아무것도 아니다. 이 법안이 재정법안이었다는 것과(정부의 수입을 늘이기 위해 시도된 것이다) 일반의원입법으로는 제안할 수 없는 사안이었다는 것을 근거로 법안이 헌법에 위배된다고 묘사하는 것, 혹은 묘지에서 발견된 이전의 금속유물이 이후에 유물로서 자격을 갖는다는 것을 근거로 '묘지 도굴범의 헌장'으로 법안을 묘사하기조차 하는 것과 같은 명분 말이다.

국가문화유산부는 금속탐지기전국협회의 1994-1996년 대표와 많은 토의를 했는데, 1995년 봄에 금속탐지기전국협회에서는 법안에 대한 반대 의견의 개요를 서술한 숙고한 반응을 내놓았다. 결과적으로 법안의 후원자들은 이들이 염려하는 부분에 대응하기 위해 법안을 다섯 번 개정했다(Bland 1996: 23n). 게다가 장관들이 의회에서 법안에 관해 토론하는 동안 정부는 금속탐지기를 금지하거나 아니면 책임 있게 사용하는 금속탐지기를 제한하려는 어떤 의도도 없었다고 말하거나 최종적으로 모든 발견유물에 대한 의무적 보고 혹은 모든 금속탐지기 사용자에 대한 면허증 제도를 운영하는 길로 가는 첫 단계가 아니라고 말했다.

비록 법안의 후원자와 정부가 금속탐지자 전국위원회와 대화할 수 있었음에도 독립탐지자연합(the Federation of Independent Detectorists: FID) 같은 다른 탐지자

이해집단은 법안에 반대하면서 더욱 격렬하게 비판했고, 금속탐지기전국협회에서 정부와 토론하는 온건한 정책을 펼치는 것에 반대하여 독립탐지자연합이 실제로 금속탐지기전국협회로부터 떨어져 나왔다. 이 법안에 반대하기 위해 다른 집단, 즉 발견자와 소장자 행동집단(the Finders and Collectors Action Group)을 골동품상이 설립했다. 『유물찾기(*Treasure Hunting*)』라는 잡지에서는 이들의 의견을 개진하기 위한 토론장을 제공했고, 『탐색자(*The Searcher*)』라는 잡지에서는 금속탐지기전국협회의 의견을 개진하기 위한 토론장을 마련했다.

추가적인 범주의 유물에 대해 법적으로 보호하는 것이 국가에 의한 국유화에 해당하며 사유재산권에 대한 공격을 의미한다는 견해도 나왔다(Selkirk 1997). 그럼에도 법안은 주요 토지소유자 조직인 농촌토지소유자협회(the Country Landowners' Association)와 전국농민조합(the National Farmers' Union)의 지지를 받았다. 겸손한 방식으로 유물의 범위를 넓히는 대가로 법안은 이들에게 이전에 누리지 않았던 중요한 혜택을 주었는데, 처음으로 이들에게 보상금을 받을 자격을 부여했다는 것이다〔과거의 매장문화재 체제(the old Treasure Trove system) 아래에서 토지소유자는 어떠한 경우라도 매장문화재 보상(Treasure Trove rewards)을 받을 자격이 없었다〕. 새 법이 시행된 이후에도 영국에서는 대다수의 경우에 유럽의 다른 어느 나라보다 훨씬 더 제약된 범위의 고고유물에만 권리를 주장할 수 있었다(Bland 1998: 14-17). 이를 비판한 옹호자는 최근에 다른 나라도 모방할 만한 중도 개혁의 사례로 「유물법」을 들었다(Selkirk 1999).

마지막으로 여러 의견의 스펙트럼 속에서 반대편 끝에 있는 몇몇 고고학자는 이 법안이 동산문화재에 관한 전면적인 법률 제정이라는 자신들이 믿기에 정말로 필요한 것을 이루는 것을 더 어렵게 한다고 주장하면서 범위가 매우 제한된 불행한 타협이라고 규탄했다(Schadla-Hall 1994, 1995a, 1995b). 이 법률이 하나의 타협이고 타협을 비판하는 것은 항상 쉽지만 더 종합적인 법률을 제정하는 것은 실질적인 새로운 자원이 요구되는 일이고 정부의 지지를 얻지 못한다는 것은 의심할 여지가 없는 사실이다. 더구나 모든 고고학적 발견유물에 대한 국가소유권을 확대하는 입법은

3,000~4,000명의 금속탐지기 사용자뿐만 아니라 국가소유권의 어떠한 확대에도 반대하는 사람에게서도 매우 극심한 반대에 봉착하게 될 것이다.

「유물법」은 실제로 부과되었던 아주 꽉 조이는 제약 속에서 달성할 수 있는 최선이었다. 여러 제약 사항 중 가장 중요한 것은 자원상의 영향력을 갖지 말아야 한다는 것이었다. 고고학자 대부분은 지금 더욱 실용적인 노선을 취하고 있다. 선두에 선 모든 고고학 단체와 박물관 조직을 함께 묶은 영국고고학협회의 동산문화재 상임위원회는 1995년 5월에 만장일치로 유물법안을 공개적으로 지지했다(Bland 1996: 25).

5. 동산문화재 관련 토론 문서

「유물법(the Treasure Act)」에 관한 고고학자의 의구심은 크게는 1996년 3월의 동산문화재 토론 문서를 실은 정부 출판물에 표현되어 있다(DNH 1996). 이 문서는 「유물법」에서 다루는 발견유물의 습득과 법에서 다루고자 했던 발견유물의 기록을 구별하는 것에 관한 것이었다. 대중이 발견한 유물 중에서 아주 적은 비율의 유물만이 박물관에 기록되는 점에 주목하면서 정부의 의견에서 그것을 확인했다.

이것은 국가의 문화유산에 대한 상당한 손실을 의미한다. 일단 유물이 땅에서 분리되어 그 출처를 잃게 되면 그것이 갖는 대부분의 고고학적 가치는 상실된다. 그 결과는 그 무엇으로도 대체할 수 없는 과거에 대한 정보의 손실이다(DNH 1996: 4).

이 문서에서는 조치가 요구되는 긴급성이 있다는 점을 정부가 수용해야 한다고 주장하면서 「유물법」의 범위 밖에 있는 발견유물의 신고에 관한 자발적이고 강제적인 관리계획을 제안하고 그 제안의 상대적인 장점에 대한 견해를 구하고 있다.

고고학적 관심과 금속탐지기 사용자의 관심 사이에 대체로 동등하게 구분된 174개의 응답을 받았다. 응답자들은 모든 고고학적 발견유물을 기록하는 것이 중요하고 현행 제도를 개선할 필요성이 있다는 데 모두 동의했고 아무런 추가적 조치 없이 이를 이룰 수 없다는 것을 강조했다. 노퍽 접근 방법(the Norfolk approach)의 노선에 따라 자발적인 관리계획에서 앞으로 나아가는 최선의 방안을 제시한 것에 대해 이 응답들은 고고학자와 금속탐지기 사용자의 의견이 처음으로 일치했다는 것을 보여주었다. 앞서 주목했듯이, 지정된 고대 기념물을 제외하고 만약 토지소유자의 허가를 받는다면 잉글랜드와 웨일스에서 금속탐지기를 가지고 유물을 찾는 것은 누구에게나 완전히 합법적이다.

6. 스코틀랜드와 북아일랜드

이 두 계획의 결과를 검토하기 전에 영국의 다른 지역에서 가동되는 다른 체제에 대해서도 살펴볼 가치가 있다. 스코틀랜드와 북아일랜드는 동산문화재를 규율하는 그들만의 법적 틀을 가지고 있다. 스코틀랜드에서 새롭게 발견된 모든 고고유물은 귀중한 금속제이든 감추어진 것이든 망실된 것이든 상관없이 **명백한 소유주가 없는 동산, 즉 무주물(bona vacantia)**에 대한 법적 원칙에 따라 왕(국가)에게 귀속된다. 틀림없는 사례에서는 왕만이 그 소유권을 주장할 수 있음에도 스코틀랜드에서는 모든 고고유물을 신고할 법적 의무가 사실상 있고 이는 「유물법」이 스코틀랜드에서 발효되지 않았다는 것을 의미한다(Sheridan 1991, 1994, 1995; Carey Miller and Sheridan 1996).

북아일랜드에서는 매장문화재에 오래된 관습법이 적용되었으므로 「유물법」은 그 지역 내에서 (그것만의 「실천규범」을 가지고) 유효하다. 그러나 잉글랜드나 웨일스 어디에도 존재하지 않는 고고학적 발굴에 대한 법적 통제뿐만 아니라 고고유물인 모든 발견유물을 신고해야 하는, 법률에 명시된 의무가 있다. 1995년 「북아일랜드의 역사기념물과 고고유물에 대한 명령(the Historic Monuments and Archaeological Objects(Northern Ireland) Order)」의 제42조에는 고고유물의 발견자가 발견 상황과 유물의 성격에 대해 14일 이내에 신고해야 하는 의무가 명시되어 있다. 발견유물은 3개월 이내에 그것을 보유할 수 있는 얼스터박물관(the Ulster Museum), 경찰 혹은 북아일랜드 환경부에 신고해야 한다. 게다가 이 명령에서는 자격증을 갖지 않고 고고유물을 찾으면서 어떤 토지를 발굴하는 것을 위법행위로 규정해서 금속탐지기의 사용을 기껏해야 수상쩍은 활동으로 만들었다. 이 명령에서는 제29조 이하의 조항에서 지정된 기념물에서 발견된 고고유물에 대해 규정하고 있다. 스코틀랜드와 북아일랜드의 고고학자는 잉글랜드에서와는 달리 이곳에서는 아주 적은 수의 유물이 발견되고 있기 때문에 모든 동산문화재를 신고해야 하는 법적 요구가 운영될 수 있다고 믿는다.

7. 「유물법」의 성과

몇몇 금속탐지기 사용자는 「유물법」이 시행되기 전에는 발견자가 발견유물을 신고하지 못하게 한다고 주장했고 다른 사람은 관리체제에 쇄도할 발견유물이 아주 많다고 말했다. 실제로는 그 어떤 일도 발생하지 않았다. 이 법이 시행된 지 만 1년째인 1998년의 신고 수는 191개였다. 1999년에는 223개로 증가했고 2000년에는 221개였다. 이는 1년에 100개에서 200개 사이의 신고 사례가 있을 것이라는 예측과 잘 비교되고(DCMS 2002a) 1년에 25개 정도 매장문화재로 신고되는 발견유물보다 약 아홉 배 정도 많다. 그러므로 이 법은 더 많은 발견유물이 신고되어야 한다는 첫 번째 장애물을 통과했다. 비록 신고되지 않은 유물에 대한 보고가 많았음에도 이러한 사례가 이전보다 더 높다는 증거는 없다.[4]

첫 3년간의 연보에 보고된 737개의 유물 신고 사례 중에서 34개만이(DCMS 2000a, 2001a, 2002a) 오래된 법률 아래에서 신고해야 했던 금제 발견유물과 은제 발견유물이다. 그래서 사실상 이 법은 발견자에게 더 많은 발견유물을 신고하도록 장려했던 것처럼 보인다. 발견유물의 절대다수는 잉글랜드(699개)에서 나왔고 나머지는 웨일스(36개)와 북아일랜드(2개)에서 나왔다.

그 발견유물은 다음과 같은 범주에 속한다.

유물

선사시대　　27개

로마 시대　　63개(동전과 유물로 구성된 6개의 발견유물을 포함한다)

중세 전기　　106개(동전과 유물로 구성된 1개의 발견유물을 포함한다)

중세　　165개

중세 이후　　147개

총합　　508개

동전

선사시대　　43개

로마 시대　　104개

중세 전기　　11개

중세　　41개

중세 이후　　30개

총합　　229개

발견유물의 92%는 금속탐지기로 발견되었고 3%는 우연한 발견유물이었으며 5%는 고고학적 발견유물이었다.

이 법의 가장 중요한 장점 중의 하나는 유물을 신고해야 한다는 요건인데, 이것은 새로운 고고학적 통찰력을 만들어낸다. 한 사례는 버크셔(Berkshire)에 사는 햄스테드 마셜(Hamstead Marshall)이 신고한 84개의 로마 시대의 은화 데나리(*denarii*), 13개의 동일 시기의 동전, 로마 시대의 구리 브로치, 그리고 다른 유물들이 포함된 발견유물이다(DCMS 2002a: 123번). 옛 법률에서는 일반 금속유물(the base metal objects)을 신고하라는 요구사항이 없었지만 검사관은 조사할 때 이것들이 동일한 발견유물에 포함된 것으로 보이기 때문에 유물이라고 결정했다. 결과적으로 이 사례는 브로치가 동전들과 동일한 발견유물인지 하는 문제를 제기한다. 이 시기의 이와 같은 발견유물에 관한 기록은 거의 존재하지 않지만 그것은 단순히 과거에 신고되지 않았기 때문일 수도 있다. 또 다른 중요한 발견유물은 노포크의 포링랜드(Poringland)에서 로마 시대의 금반지와 함께 나온 로마 황제 포스투무스(Postumus)(AD260-69)의 얼굴이 새겨진 금화이다(DCMS 2002a: 8번). 이것은 로마 시대의 동전 장신구 가운데 두 번째 유물이고 영국에서 두 번째로 기록된 포스투무스의 얼굴이 새겨진 로마 시대의 금화이다. 검사관이 조사할 때 이 유물들이 의도적으로 매장되었다고 결정했을 것 같지는 않기 때문에 오래된 법률에서는 아마도 매장문화재가 아니었을 것이다. 「유물법」에서 이것들은 유물로서의 자격을 충족하여 영국박물관에서 취득했다.

유물로 신고된 발견유물 중에서 약 절반은 박물관에서 취득했고 나머지는 검사관이 조사할 필요도 없이 권리가 입증되지 않아 발견자에게 돌려보냈다. 보유했던 발견유물의 대다수는 지역박물관으로 들어갔다.

새로운 제도에는 박물관이 요구한 발견유물에 대한 보상으로 발견자들이 받은 보상금이 독립된 위원회가 결정한 공정한 시장 가치에 근거한다는 점을 확신시켜주는 새로운 조치들이 포함되었다. 이 보상금은 발견자와 토지소유주에게 나누어서 지급된다. 발견자가 발견유물을 신고한 데 대한 적절한 우대책을 받아야 한다는 것이 결정적이다. 유물로 신고되는 모든 발견유물이 박물관으로 들어가지 않은 경우도 역시 있다. 절반 이상을 기록하고 나머지는 발견자에게 돌려보낸다.

「유물법」의 특징 중 하나는 유물을 신고하지 않는 행위에 대한 새로운 범법행위 규정을 도입한 것이었다. 이는 발견유물을 신고하는 것을 장려하는 역할을 한다. 비록 아직까지 아무런 기소도 이루어지지 않았지만, 기소하겠다는 위협은 많은 사례에서 효과적이었다. 골동품과 동전 거래자가 신고하지 않고 유물을 파는 행위에 대한 벌칙을 인식해야 한다는 점을 부각하는 것이 최우선이다(잉글랜드에서 골동품의 거래가 어떻게 이루어지는지에 관한 흥미로운 사실을 보여주는 기사에 대해서는 Stead 1998 참조; 다른 사례에 대해서는 Bland 1996: 18-19 참조).

체제를 관리하는 책임을 진 박물관과 검사관이 새로운 처리방식에 익숙해질 때까지 새로운 체제를 도입한 데 따른 시행 초기의 문제가 약간 있었다. 유물을 취득하기 위해 지불할 예산을 마련하는 것이 박물관으로서는 문제가 되었고 박물관에 있어야 할 많은 발견유물에 대한 권리를 포기했다. 그러나 박물관에는 이용할 수 있는 취득교부금이라는 재원이 있어서 주요 발견유물의 권리는 포기하지 않았다. 모든 당사자가 가능한 한 신속하게 사례를 처리하도록 보장해야 할 필요성이 지속적으로 존재한다. 「유물법」의 「실천규범」에서는 발견유물을 제출하는 발견자와 보상금을 지불하는 박물관 사이에 통상 1년 이상 시간이 걸려서는 안 된다고 규정하고 있지만(DNH 1997), 대체로 「유물법」은 홍보하는 사람들의 기대를 충족시키고도 남았다. 그러나 아마도 이 법의 가장 큰 의미는 이것이 수반하는 동산문화재 관리계획을 위한 길을 터놓았다는 것이다.

이 법률이 시행된 지 3년이 지난 2000년 9월에 정부는 「실천규범」에서 요구했던 바와 같이 「유물법」에 대한 검토 보고서를 발표했다. 검토 보고서에서는 해당 법률에서 유물(Treasure)을 정의하고(a) 해당 법률의 2장에서 장관의 명령으로 이 정의를 바꿀 권한을 부여하며 유물의 사례와 관련된 행정(b)에 초점을 맞추도록 했다. 독립적 자문위원이 이를 수행하도록 위임받았고 자문 보고서가 2000년 12월에 출간되었다(DCMS 2000c). 또한 『유물법의 운영에 관한 보고서: 검토와 추천(the Report on the Operation of the Treasure Act: Review and Recommendations)』이 2001년 10월에 출간되었다(DCMS 2001c). 두 문건은 관련된 당사자들에게 널리 유포되었다.

이 보고서에는 모두 합쳐 52개의 개별적 추천이 포함되어 있다. 정부는 두 가지 주된 추천 내용을 시행하기로 했다. 선사시대 일반 금속유물의 퇴적물을 포함하기 위해 유물의 정의를 확대하는 것, 해당 법률의 「실천규범」을 개정하는 것(DCMS 보도자료 288/01, 2001년 11월 8일)이다. 이 글을 쓸 때쯤(2002년 5월) 유물의 정의를 변경하는 명령(the draft Order) 초안과 개정된 「실천규범」이 동의를 받기 위해 의회에 회

부될 예정이고 새로운 조치들이 2003년 초부터 시행될 것이다. 이는 해당 법률의 중요한 확대 ─ 그리고 본질적으로 귀중한 금속유물에 국한된 유물의 현행 범위에서의 중요한 탈피 ─ 를 의미하는데, 고고학자는 이를 환영했다.

8. 동산문화재 관리계획

동산문화재 토론 문서에 관한 대응의 결과로(앞의 내용 참조) 정부는 1997년 9월부터 잉글랜드의 5개 지역에서 모든 고고발견유물에 대한 자발적인 기록을 장려하는 시범사업계획 프로그램에 기금을 지원하겠다고 발표했다(DNH 1997: 40-41, 영국박물관은 2년 동안 여섯 번째 직위 설치에 필요한 기금을 지원했다). 1997년부터 2003년 사이에 이 직위에는 기금의 통로로 작용하는 연간 재정 지원의 토대 아래 정부가 자금을 지원했다(박물관, 문서고, 도서관을 위한 위원회박물관(The Council for Museums, Archives and Libraries)). 1999년 봄 이래로 문화유산복권기금(the Heritage Lottery Fund)에서 6개 직위에 대한 두 번째 분할차입에 기금을 부담해왔고, 발견유물 연락 공무원 12명이 현재 잉글랜드와 웨일스의 약 절반에 해당하는 범위를 담당하는 직위에서 1명의 조정관, 1명의 대외협력관과 함께 일하고 있다.

시범사업계획의 목적은 다음과 같다.

- 잉글랜드와 웨일스의 역사와 고고학에 관한 우리의 지식을 진전시킨다(예를 들어 〈그림 15.1〉 참조).
- 고고발견유물의 기록체계를 수립하는 데 착수하고 발견자가 더욱 기록을 실천하도록 고취한다.
- 금속탐지기 사용자와 고고학자의 연결을 강화한다.
- 잉글랜드와 웨일스에서 어떻게 많은 유물이 발견되고 있는지와 그것들을 기록하는 데 어떤 자원이 요구되는지를 추정한다.

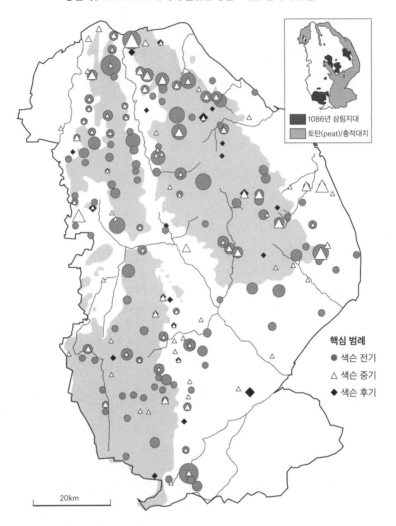

링컨셔(Lincolnshire)에서 발견된 앵글로색슨 금속제 유물

범례:
1086년 삼림지대
토탄(peat)/충적대지

핵심 범례
- 색슨 전기
△ 색슨 중기
◆ 색슨 후기

20km

그림 15.1 링컨셔에서 발견된 앵글로색슨 금속제 유물. 금속탐지기로 우연히 발견된 유물을 체계적으로 기록한 결과는 우리가 역사적 경관을 해석할 수 있는 방법에 어느 정도 극적인 효과를 내기 시작하고 있다. 이 지도는 5세기에서 10세기의 금속제로 된 앵글로색슨 발견유물을 보여준다. 자료는 동산문화재 관리계획이 시작되기 이전에 북링컨셔박물관(the North Lincolnshire Museum)과 링컨셔 유적과 기념물 기록체계(the Lincolnshire Sites and Monuments Record)에서 수집했지만, 이 계획으로 인해 발견유물에 대해 대규모로 기록할 수 있어서 결과적으로 우리가 취락 체계 양상을 알 수 있게 되었다. 벌써 우리는 링컨셔의 세 부분에서 발견유물의 분포 양상이 다르다는 점을 알 수 있다. 북쪽의 린제이(Lindsey)에는 많은 발견유물과 약간 큰 유적이 있다. 남서쪽의 케스터벤(Kesteven)에는 큰 유적이 부족하고 남동쪽의 홀랜드(Holland)에는 유물이 거의 없다. 몇몇 지역에서 발견유물이 없는 이유는 1086년에 이 지역이 습지 혹은 삼림지대로 기록되어 있는 돔스데이 조사(the Domesday survey)로 설명할 수 있다. 북링컨셔박물관의 마이크 헴블레이드(Mike Hemblade)가 전자지도 작성[디지털 매핑(digital mapping)]을 수행했다(DCMS 2001b: 그림 32).

전국적 관리계획에 3년 동안 기금을 지원하기 위해 문화유산복권기금에 대한 두 번째 제안이 2000년 5월에 처음 제시되었고 2002년 4월에 최종적으로 승인되었다.

이 제안은 모두 합해 46개의 직위를 위한 것이다. 지역의 박물관과 고고학적 기구들에 근거한 37명의 발견유물 연락공무원, 5명의 (영국박물관에 근거한) 작은 중앙통제단, 대학에 근거를 두고 연락관을 훈련시키며 수집되는 자료의 질을 담보하는 역할을 하는 4명의 발견유물 전문가이다. 새로운 직위는 2003년에 시작될 것이고 재원은 2006년 3월 31일까지 운영될 것이다. 전국적 운영계획의 목적은 다음과 같다.

- 고고학에서 대중이 활발하게 관여하는 기회를 증진한다.
- 대중과 교육계에 고고발견유물의 교육적 잠재력에 대한 인식을 의미 있게 높인다.
- 대중의 이익을 위해 체계적인 토대 위에 유물들을 적극적으로 기록함으로써 매년 상실되는 고고학적 정보를 광범위한 수준으로 저지한다.
- 발견유물을 기록하는 것이 정상적인 관행이라는 점을 발견자가 받아들이도록 대중의 태도를 바꾼다.
- 잉글랜드와 웨일스 전체에서(현행 예비계획에서는 그 지역의 반 이상에서) 동산 문화재 관리계획의 적절성과 효율성을 검사한다.
- 더 장기간에 걸쳐 동산문화재를 기록하는 사업계획의 성격과 범위를 한정하고 추정 비용을 평가하며 적소에 투입될 수 있는 자원을 확인한다.

이 예비계획의 최초 4년간의 결과는 4개의 연간보고서에 조리 있게 제시되었다(DCMS 1999, 2000b, 2001b, 2002b). 이외에도 발견자에게 이 사업계획을 설명해주는 『우리들의 과거를 발견하기(*finding our Past*)』라는 팸플릿, 2개의 전국적 소식지(Museums and Galleries Commission 1999; Resource 2000)와 웨일스 소식지(Welsh newsletters)가 있었다. 연락공무원은 수많은 금속탐지기 사용자의 신뢰를 급속히 얻었고, 처음에는 이것이 새로운 책장을 계속 넘기는 진심 어린 시도라고 확신했다. 결과적으로 첫해에 약 1,000명의 발견자에게서 약 1만 3,500점의 유물을, 둘째 해에는 1,900명의 발견자에게서 2만 700점의 유물을, 셋째 해에는 1,788명의 발견자에게서 3만 1,783점의 유물을, 넷째 해에는 1,764명의 발견자에게서 3만 7,518점의 유물을 등록할 수 있었다. 연락관이 그 직위에서 일을 시작하기 이전에 기록된 발견유물의 수에 관한 통계가 유지되는 경우, 그들은 일반적으로 기록된 발견유물들의 수를 적어도 두 배로 늘렸고 종종 훨씬 더 높은 증가율을 보였다. 예를 들어 1988년부터 1993년까지 5년 동안 체셔 유적과 기념물 기록체계(the Cheshire Sites and Monuments Record)에 연간 평균 14개의 발견유물이 기록되었는데, 그곳의 북서 지역 발견유물 연락공무원은 열 배나 많은 발견유물을 기록했다(DCMS 2000b: 25).

그러므로 연락공무원의 주된 노력은 주요 발견자인 금속탐지기 사용자에게 집중되었다. 금속탐지기로 발견한 유물은 발견유물 연락공무원이 첫 번째 해에 기록한 모든 유물의 90-99%를 차지한다(DCMS 1999: 11). 두 번째 해에는 이 비율이 87%로 떨어졌고 세 번째 해에는 79%로 더 떨어졌다(연락공무원이 금속탐지기 사용자를 넘어서서 노력한 결과이다). 그래서 그들의 주된 업무는 그 지역에서 금속탐지기 사용자(그들이 동호회 회원이든 아니든 상관없이)와 접촉하는 것이다. 그들은 사업계획을 설명하고 발견유물을 기록하기 위해 금속탐지기 사용자들의 동호회에 참여한다. 발견유물 연락공무원의 업무는 동호회와 발견자가 발견유물을 스스로 적절한 곳에 기록하도록 장려하고, 발견자와 자신들의 업무 사이에 접촉을 유지하며, 중요한 발견유물을 강조하기 위해 정기적인 소식지를 발간하고, 금속탐지기 사용자와 다른 사람이 발견한 유물의 박물관 전시를 개최하며, 발견유물의 기록 양식을 개발하고, 그 지역에 있는 다른 박물관에 정기적으로 가서 그곳에 보관된 발견유물을 기록하는 것이다.

이러한 접촉의 목적은 금속탐지기 사용자와 고고학자의 협력 정신을 강화하는 것이고 최선의 관례를 금속탐지기 사용자에게 교육하는 것이다. 이것을 이룰 수 있는 분명한 방법은 금속탐지기 사용자를 고고학적 지표조사에 참여하도록 초대하는 것이다(그림 15.2 참조). 연락공무원 모두는 금속탐지기 사용자가 고고학적 조사에

그림 15.2 애시퍼드(Ashford)에서 금속탐지기로 지표조사를 하는 동안 발견된 유물을 검토하는 켄트주의 발견유물 연락공무원 캐서린 리드(Catherine Read). 리드는 개발하기에 앞서서 옥스퍼드고고학발굴단(the Oxford Archaeological Unit)이 발굴하던 로마 시대 유적에서 금속탐지기 지표조사를 조직했다. 12명의 금속탐지기 사용자가 각기 세심하게 할당받은 지점에서 고고학 기록에서 사라질 뻔한 300점의 유물을 발견했다(DCMS 1999: 14-15; 2000b: 10-1 참조). 문화미디어체육부

참여할 기회를 만드는 데 관련되어왔다. 이는 고고학자가 자연스럽게 지역의 금속탐지기 사용자와 신뢰를 강화하고 그 지역에 관한 지식으로 혜택을 받을 수 있다는 것을 의미한다. 이와 더불어 금속탐지기 사용자가 고고학적 조사가 어떻게 수행되는지 학습하는 혜택을 받고, 특히 발견유물의 정확한 맥락을 기록하는 것의 중요성을 배운다(더 많은 사례를 살펴보기 위해서는 DCMS 2000b: 10-14; 2001b: 12-14 참조).

또한 연락공무원은 대중이 발견한 유물을 기록하고자 한다. 이들은 자신의 작업에 대해 예를 들면 지역 언론과 라디오에서 지역 홍보를 함으로써 금속탐지기 비사용자와의 접촉도 장려한다. 또한 박물관에서 '발견유물 확인의 날'을 개최할 뿐만 아니라 지역의 고고학회와 역사학회, 학교에서 대담한다(DCMS1999: 9-18; 2000b: 9-24; 2001b: 10-23).

또한 연락공무원은 금속제 유물뿐만 아니라 모든 고고유물을 기록했는데, 첫 번째 4년 동안 1만 2,000점의 석제품과 약 2만 점의 토기유물을 기록했다(DCMS 1999: 23; 2000b: 38; 2001b: 39; 2002b). 이들은 발견자의 새로운 의무에 관해 교육하고 발견자가 발견유물을 신고하는 편리한 통로로 활동함으로써 발견유물 관리체계를 효율적으로 운영하는 중요한 역할을 한다. 또한 기록되지 못할 뻔한 서너 개의 중요한 발견유물을 업무를 통해 기록하도록 했다(DCMS 1999: 19; 2000b: 22-23).

동산문화재의 체계적 기록은 우리가 역사 환경을 이해하는 데 매우 긍정적인 영향을 미친다. 이 제도를 통해 많은 새로운 유적이 밝혀졌고(DCMS 2000b: 34; 2001b: 34-35) 그것에 대한 자료는 의미 있게 유적과 기념물 기록체계(Sites and Monuments Records)를 향상시킬 것이다.

연락공무원이 모은 발견유물에 관한 모든 정보는 교육 목적이나 고고학 연구 목적으로 이용될 뿐만 아니라 지역의 도시계획을 통제하는 과정에서 반드시 중요한 역할을 하도록 적절한 유적과 기념물 기록체계로 넘겨진다. 그러나 유적과 기념물 기록체계는 자료를 쌓는 유일한 목적이 아니다. 동산문화재 관리계획에서는 자료를 인터넷에 탑재함으로써 직접 접근할 수 있게 했는데, 이를 위해 발견유물을 기록하는 새로운 데이터베이스 프로그램을 개발할 필요가 있었다. 많은 형식의 발견유물을 기록하기 위한 공통의 기준이 그때까지 존재하지 않았던 것이 사업계획의 초기 단계에서 명백해졌다(전통적으로 발견유물보다는 기념물이 유적과 기념물 기록체계의 주요 초점이었는데, 거기에서는 어쨌든 동일한 기준을 따르지 않았고 다른 프로그램을 사용했다). 그러므로 연락공무원이 가능한 한 빠르게 채택할 수 있는 기준을 개발할 필요가 있었다. 이를 위한 최선의 방법은 그들이 사용할 공통의 소프트웨어 프로그램을 만드는 것이었다. 프로그램과 그것에 수반하는 기준을 개발하는 것이 사실상 처음 2년 동안 운영계획의 주요한 초점이었다. 동산문화재 프로그램의 첫 번째 운영 버전이 1998년 5월에 연락공무원에게 배포되었고 영상을 포함할 만한 성능이 있는 개정 버전이 1999년 7월에 배포되었다. 웹사이트(http://www.finds.org.uk)가 1999년 3월에 만들어졌는데, 매달 받은 답글의 수는 2만에서 거의 10만까지 올라갔다. 2002년 봄에 이 웹사이트는 이용 가능한 데이터로 약 4만 5,000개의 유물에 대한 기록, 그중 7,000점이 넘는 영상자료, 유물의 발견 지점에 관해 교구 단위까지 내려가는 지역 정보를 탑재하고 다시 출범했다. 그러므로 자료 축적(데이터베이스)은 중요한 학문적·교육적 자원이 되기 시작했다. 이 웹사이트가 제기한 하나의 논제는 정확하게 얼마나 많은 자료를 이용할 수 있도록 하는가의 문제이다. 그 목적은 유적을 파괴로부터 보호하고 정보를 제공하는 사람의 개인적 세부사항을 보호할 필요성과 일치하도록 이용 가능한 많은 정보를 만드는 것이다. 발견자들과 다른 사람들의 개인적 세부사항은 생략되고 웹사이트에 자료를 처음 탑재할 때 유물의 발견 지점은 기초 행정단위인 카운티에서만 확인되었다. 이는 발견자들이 발견유물을 찾은 장소의 세부사항을 출판하는 것에 대해 우려를 표현했기 때문이다. 실제로 정확한 발견 장소에 대한 정보를 얻는 것은 일부 연락공무원에게 가장 어려운 임무 중의 하나로 판명되었다. 역사적인 이유에서 금속탐지기 사용자와 토지소유자는 종종 새로운 유적을 파괴로부터 보호하기 위해 적어도 처음에는 새로운 유적의 정확한 위치 혹은 발견유물을 비밀로 유지하는 것의 중요성에 동의하는 고고학자에게 정확한 발견 장소를 밝히기를 꺼려 한다. 연락공무원은 발견유물을 기록하는 전통이 적은 지역에서 발견자들이 종종 네 자리 숫자의 그리드 참고번호(grid reference) 혹은 현재 교구의 이름을 알려주려고 하거나 알려줄 수 있다는 것을 알았다. 반면 전통적으로 오래 협조해 왔던 노력과 같은 지역에서 발견자는 관례대로 아무런 이의 없이 정확한 발견 지점을 알려준다. 관리계획이 시행된 두 번째 해에는 지역 정보의 질을 향상시키는 데 중점을 두었고 모든 시범지역(pilot area)에서 두 번째 연도에 개선되었다. 첫 번째 해에 전반적으로 모든 발견 지점의 49%가 적어도 (100m^{2}에 해당하는) 여섯 자리 숫자의 그리드 참고번호로 기록되었고 네 번째 해에 이 수치는 68%로 상승했다(DCMS 2001b: 43; 2002b).

그러므로 웹사이트에서 이용할 수 있도록 한 자료의 초기 형태에서는 카운티에서 알려고 하기보다는 발견 지점을 보다 정확하게 확인하지 않는 것이 최선이었다고 느껴진다. 그러나 2000년 이후에는 교구와 관련되어 고려되어야 하는 사항(parish references)은 가장 민감한 발견유물을 제외하고는 모든 것에 포함되었다.

이러한 방식으로 일단 이용할 수 있도록 정보를 만들면 이 관리계획의 교육적 장점을 활용할 수 있을 것이다. 이 목적을 실행하기 위해 운영계획에서는 지금 1999년 봄에 임명된 대외협력관을 두게 되었다. 관심을 가진 개인과 학교 같은 교육기관이 자신의 지역에서 나온 발견유물에 관한 정보를 내려받을 수 있을 것이다. 그러면 예를 들어 핵심 단계 2에서 로마인에 대해 다루는 교사는 해당 주제를 지역의 맥락 속에서 다룰 수 있을 것이다. 관리계획을 더 키우기 위해 복권기금을 제안했을 때(아래 참조) 교육적 잠재력을 개발하기 위한 세부적인 계획도 세웠다. 특히 다음의 목표는 다음 단계에서 준비될 것이다.

- 웹사이트가 학습용 국가 그리드(the National Grid for Learning)에 통합되도록 확실히 한다.
- 초등학교와 중등학교를 위한 교육자원을 개발하고 그것을 출판하기 위해 지역 교육당국과 박물관 교육부서와 함께 작업한다.
- 교육자원을 개발하고 A-레벨 고고학을 위해 사용법을 안내한다.
- 종합대학과 단과대학에서의 운영계획을 통해 이용할 수 있는 자원을 널리 이용하도록 한다.
- 지역박물관과 동산문화재 관리계획을 통해 이용할 수 있는 온라인상의 자원을 성인 학습자들이 이용하도록 장려한다.

9. 맺음말

결론적으로 말하면 잉글랜드와 웨일스에서 발견된 동산문화재를 가장 잘 보호하는 방법이라는 어려운 문제에 채택되어야 할 접근 방법은 실용주의적으로 고려되어야 한다. 만약 금속탐지기의 사용에 관한 효과적인 통제가 1970년대 초에 도입되었다면, 그때 모든 동산문화재를 신고하는 법적 요구사항이 실행되었을지도 모른다.

그때의 사정으로는(사실은 그렇지 않았지만) 통제는 도입되지 않았고 대신 금속탐지기의 사용이 폭넓은 법적인 활동으로 발전할 수 있도록 허용되었다. 이러한 상황에서 모든 발견유물을 신고하라는 법에 정해진 요구사항은 실시하기가 불가능했다. 강제적인 기록체계는 대부분 상업적 가치가 거의 없는, 1년에 40만 점이 발견되는 유물에 대응할 수 없었다. 유일한 방법은 유럽의 다른 대부분의 나라와 마찬가지로 금속탐지기의 사용을 엄격하게 통제하는 것이지만, 유물법안을 경험하면서 이것이 정치적으로 받아들일 수 없는 사안이라는 것을 알게 되었다. 이것은 유감스럽지만 사실이었다.

일부 고고학자는 동산문화재 관리계획이 효과적으로 금속탐지기의 사용을 합법화하고 있다고 걱정했다. 이는 이 계획의 목적을 오해한 것이다. 금속탐지기 사용자에 대한 우리의 메시지는 "우리는 여러분이 하고 있는 일이 좋은 것이라고 생각한다"가 아니라 그보다는 "우리는 여러분이 하는 일이 합법적이라는 것을 인정하고 대중의 이익을 위해 여러분의 발견유물을 기록하기를 원하며 좋은 실천을 하는 것에 대해 교육하기를 원한다.'이다. 물론 자발적인 관리계획 아래에서 발견유물의 신고를 거부할 몇몇 금속탐지기 사용자가 항상 존재할 테지만 그러한 사람은 신고해야 할 법적 요구사항에 주의를 기울일 것 같지 않다. 많은 사람들은 이미 토지소유자의 허가 없이[솔즈베리 퇴장물(the Salisbury hoard)의 사례에 대해서는 Stead 1998 참조] 혹은 지정된 고대 기념물 구역에서(불법 탐지로 지정된 고대 기념물들에 행해진 파괴를 요약한 것에 대해서는 Dobinson and Denison 1995: 84-94 참조) 수색을 함으로써 법을 위반하고 있을 것이다.

다른 요소는 금속탐지기를 사용해서 발견한 유물의 대다수가 경작지, 즉 쟁기질한 땅의 교란된 층위에서 나온다는 것이다. 동산문화재 프로그램은 유물이 발견된 토지의 형태를 기록하도록 하는 조항을 포함하고 있는데, 토지의 형태가 기록된 유물의 91%가 경작지에서 발견되었다(DCMS 2000b: 43-44). 잉글랜드 문화유산청의 위험에 처한 기념물 조사(English Heritage's Monuments at Risk survey)(Darvill and Fulton 1998)에서는 유적에서 조금씩 일어난 파괴의 주된 원인이 농업 활동, 즉 크게는 유럽연합의 공통농업정책(the European Union's Common Agricultural Policy)의 결과라는 것을 보여주었다. 일단 금속유물이 쟁기질한 땅의 교란된 층위 속으로 들어가게 되면 보통 즉각적인 고고학적 맥락을 상실할 뿐만 아니라(예를 들어 퇴장 동전은 흔히 쟁기질한 경작지의 넓은 범위에 흩어진 채로 발견된다), 반복되는 쟁기질 혹은 농부들이 경작지에 사용하는 화학약품으로 상태가 악화되는 등 추가 훼손에 매우 취약하다. 고고학자는 점차 이러한 상황에 처해 있는 유물의 수집을―유물이 적절하게 기록된다면―좋은 일로 받아들일 준비가 되었다.

나는 「유물법」에 구현된 그다지 대단하지 않은 보통 정도의 개혁이 이 나라에서 성취되는 데 왜 그렇게 오래 걸렸는지를 회상하는 것은 흥미로우면서도 우울하다고 생각한다. 한 가지 이유는 문화유산이 무슨 수를 써서라도 보존되어야 하는 그 무엇이라는 국수주의적 감정이 영국의 다른 지역들 혹은 아일랜드에서보다 잉글랜드에서 더 약해진 것 같기 때문이다. 그러나 가장 중요하게는 고고문화유산의 보호는 사유재산권을 초월해야 한다고 대중을 설득하기 위해 고고학자가 더 많은 것을 해야 하기 때문이다. 복권기금 제안계획의 성공은 동산문화재 관리계획이 2003년부터 잉글랜드와 웨일스 전체에 걸쳐 확대될 수 있다는 것을 의미할 것이다. 또한 국가의 모든 지역에서 발견자가 발견유물을 기록하고 책임 있게 행동하는 것의 중요성을 반드시 인식하도록 대중교육에 중요한 노력을 기울일 것이다. 「유물법」과 동산문화재 관리계획을 통해 표현된 실용적 접근 방법은 이것이 얻은 결과에 근거하여 판단되어야 한다.

원주

1 「유물법」에서는 유물을 다음과 같이 정의한다. ① 적어도 10%의 금 혹은 은으로 만든 지 적어도 300년이 지난 동전이 아닌 모든 유물, ② 적어도 300년 된 동일한 발견유물로부터 나온 모든 종류의 동전, ③ 유물과 연관되어 발견된 모든 유물. 2003년 1월 1일부터 그 정의는 선사시대의 일반 금속유물의 퇴적물을 포함하기 위해 확대되었다(pp. 281-82).

2 맬러히드 경의 법안은 실제로는 이 나라에서 고고문화유산을 보호하기 위해 이런 종류의 법률을 도입하고자 한 첫 번째 시도였고, 1882년에 통과되었던 「고대기념물법」을 위한 길을 열어주었다(Carman 1996: 49-55, 67-70).

3 실제로 지금 이 수치는 과도하게 추정된 것으로 보인다. 금속탐지기 사용자의 실제 수는 약 1만 명일 것으로 보인다.

4 보완기록(2004년 2월). 이 기록이 쓰인 이래 유물 신고 사례의 수는 계속 증가했고 2001년에 214개에서 2003년 414개와 같이 지난 2년 동안 두 배로 늘었다. 이는 대체로 연락공무원의 영향 때문인데, 연락공무원의 존재로 유물의 기록이 다섯 배로 늘어났다.

2003년 12월 30일에 시행되었고 (원래의 위치에서) 불법적으로 제거된 문화유물의 거래라는 새로운 위법행위를 만든 「문화유물의 거래(위법행위)법〔the Dealing in Cultural Objects(Offences) Act〕」은 불법 금속탐지기 사용자가 발견유물을 수집상에게 판매하는 것을 더 어렵게 했다.

2004년 1월에 헤들리신탁재단(the Headley Trust)은 지역박물관이 발견유물을 취득하는 것을 돕기 위해 새로운 기금을 설립했다.

참고문헌

Bland, R. 1996. Treasure trove and the case for reform. *Art, Antiquity and Law* I(1): 11-26.

Bland, R. 1997. The implementation of the Treasure Act. *Museum Archaeologists News* 25(Autumn/Winter): 4-6.

Bland, R. 1998. The Treasure Act and the proposal for the voluntary recording of all archaeological finds. In Denford, G. (ed.) *Museums in the Landscape: Bridging the Gap*. Society of Museum Archaeologists. The Museum Archaeologist Volume 23. Conference Proceedings, St Albans 1996: 3-19.

Carey Miller, D. L. and Sheridan, A. 1996. Treasure trove in Scots law. *Art, Antiquity and Law* I(4): 393-406.

Carman, J. 1996. *Valuing Ancient Things*. Leicester: Leicester University Press.

Cleere, H. 1979. *Archaeology in Britain 1978*. London: Council for British Archaeology.

Cleere, H. 1982. *Archaeology in Britain 1981*. London: Council for British Archaeology.

Cleere, H. 1994. The CBA: the first fifty years. In *Council for British Archaeology Report No. 44*. London: Council for British Archaeology.

Council of Europe, 1981. *Metal Detectors and Archaeology. Report of the Committee on Culture and Education*. Strasbourg: Council of Europe, Parliamentary Assembly, Doc. 4741.

Darvill, T. and Fulton, A. K. 1998. *MARS: The Monuments at Risk Survey of England, 1995. Main Report*. Bournemouth University and English Heritage.

DCMS (Department for Culture, Media and Sport). 1999. *Portable Antiquities. Annual Report 1997-98*. London: DCMS.

DCMS. 2000a. *Report on the Operation of the Treasure Act 24 September 1997—23 September 1998*. London: DCMS.

DCMS. 2000b. *Portable Antiquities. Annual Report 1998—99*. London: DCMS.

DCMS. 2000c. *Treasure Act 1996: Review. Consultation Paper*. London: DCMS.

DCMS. 2001a. *Report on the Operation of the Treasure Act 24 September 1998—31 December 1999*. London: DCMS.

DCMS. 2001b. *Portable Antiquities. Annual Report 1999—2000*. London: DCMS.

DCMS. 2001c. *Report on the Operation of the Treasure Act: Review and Recommendations*. Available at: www.culture.gov.uk/heritage/index.html.

DCMS. 2002a. *Report on the Operation of the Treasure Act 1 January—31 December 2000*. London: DCMS.

DCMS. 2002b. *Portable Antiquities. Annual Report 2000/2001*. London: DCMS.

DNH (Department of National Heritage). 1996. *Portable Antiquities. A discussion document*. London: DNH.

DNH. 1997. *The Treasure Act 1996. Code of Practice (England and Wales)*. London: DNH.

Dobinson, C. and Denison, S. 1995. *Metal Detecting and Archaeology in England*. London: English Heritage/Council for British Archaeology.

Fletcher, E. 1977. Archaeology v. Treasure Hunting—the beginning of the end of the war? *Treasure Hunting* September: 9-10.

Green, B. and Gregory, T. 1978. An initiative on the use of metal detectors in Norfolk. *Museums*

Journal 77(4): 161-62.

Hill, G. F. 1936. *Treasure Trove in Law and Practice*. Oxford: Clarendon Press.

Museums and Galleries Commission. 1999. *The Portable Antiquities Scheme. Finding our Past. Newsletter* 1, November 1999.

National Council for Metal Detecting. 1992. *A Shared Heritage*. London: NCMD.

O'Connell, M. G. and Bird, J. 1994. The Roman temple at Wanborough, excavation 1985-1986. *Surrey Archaeological Collections* 82: 1-168.

Palmer, N. 1993. Treasure Trove and Title to Discovered Antiquities. *International Journal of Cultural Property* 2(2): 275-318.

Pugh-Smith, J. and Samuels, J. 1996. *Archaeology in Law*. London: Sweet and Maxwell.

Resource. 2000. *The Portable Antiquities Scheme. Finding our Past. Newsletter* 2, Summer 2000.

Schadla-Hall, T. 1994. Antiquities legislation: A proper basis? *The Museum Archaeologist* 21: 12-16.

Schadla-Hall, T. 1995a. Letter in *Museums Journal*, September 1995: 18.

Schadla-Hall, T. 1995b. Letter in *Museums Journal*, December 1995: 16.

Selkirk, A. 1997. *Who Owns the Past?* London: Adam Smith Institute.

Selkirk, A. 1999. Portable antiquities. *Current Archaeology* 162: 162.

Sheridan, A. 1991. What's mine is Her Majesty's—The law in Scotland. *The Museum Archaeologist* 16: 35-40.

Sheridan, A. 1994. The Scottish 'Treasure Trove' system: A suitable case for emulation? *The Museum Archaeologist* 21: 4-11.

Sheridan, A. 1995. Portable antiquities legislation in Scotland: what is it, and how well does it work? In K. Tubb (ed.) *Antiquities, Trade or Betrayed*. London: Archetype Press: 193-204.

Stead, I. M. 1998. *The Salisbury Hoard*. Stroud: Tempus.

Ward, A. 1992. Treasure Trove and the law of theft. *International Journal of Cultural Property* 1: 195.

16장

골동품 시장이 중국고고학 발전에 미친 영향

다슈 친(Dashu Qin)

골동품 시장이 중국고고학 발전에 미친 영향을 고려할 때 그 영향이 시기별로 달랐기 때문에 우리는 역사적 관점을 가져야 한다. 다시 말해서 골동품 거래의 결과와 이러한 거래의 고고학에 대한 부정적 효과에 수반되는 고대 유적과 유물에 대한 훼손은 다른 규모로 발생한다는 것을 알 수 있다. 여기에서 내가 말하는 골동품 시장은 특히 서구 국가(그리고 일본과 같은 다른 선진 국가)에 사는 사람을 위한 국제적인 골동품 시장이다. 이들 선진 국가에 있는 고객들이 고대문명지에서 나온 문화유물을 소유하려는 욕망 때문에 크고 잘 발달된 골동품 시장이 출현했다.

세계에서 고대문명 중심지의 대부분은 중국, 이집트, 메소포타미아, 인도를 포함한 개발도상국들에 위치한다. 그러나 이 지역에서 현대 고고학 분야의 진취성과 발전은 서구 국가 대부분보다 뒤처져 있다. 선진 국가의 고고학자와 수집가는 고고학적 연구를 수행하기 위해 혹은 소장품을 확보하기 위해 종종 시장에서 골동품을 취득한다. 그러므로 고대문명의 중심지에서 고고학의 발전은 골동품 시장과 밀접하게 연관되어 있다. 이 상호관계의 발전은 세 단계로 구분될 수 있다.

1. 초기 단계: 고고학적 연구의 시작

초기 단계에서 고대의 문화유물을 찾아서 선진 국가에서 온 사람들의 행동은 고고학이 시작되고 발전하는 데 어느 정도 영향을 주었다. 예를 들면 이집트에서 초기 발굴은 종종 골동품을 찾아다니는 것과 연관되었다(Bierbrier 1995).

중국에서 거의 1930년대 이전에 일부 외국인 학자가 중국의 유물을 발견하려는 목적을 가지고 많은 보물의 조사와 발굴에 착수했다. 그러나 그 작업 결과로 많은 양의 귀중한 문화적 유물과 유구가 서구로 이동되었다. 예를 들면 프랑스의 폴 펠리오(Paul Pelliot)와 영국의 오렐 스타인(Aurel Stein)은 20세기 전반 동안 중국의 서북부와 북부의 멀리 떨어진 지역으로 많은 탐험을 했다. 그들은 중요한 많은 유적을 조사했고 많은 고대 유적에 대해 귀중한 기록을 했다(Thote 1995; Walker 1995). 실제로 이 학자들은 이 지역에서 고고학적 작업을 시작했다고 말할 수 있고 그들의 기록은 아직도 연구자에게 중요한 참고가 된다. 그러나 그들은 많은 수의 유물을 서양으로 옮겨갔고 그것들 중의 일부는 중국 정부의 허가나 상황 파악 없이 지역주민이 판매했다.

서양 수집가가 주요하게 관심을 가졌던 분야 중의 하나인 도자기를 예로 들어보자. 중국에서 사람들은 아주 일찍부터(10세기경부터 시작하여) 골동품으로 도자기를 수집했고 희귀한 고대 문헌기록에 따라서 분류했다. 서양인은 도자기를 수집하기 시작하면서 생산지, 연대, 생산기술에 많은 관심을 두었다. 부분적으로 이러한 유물에 관해 이루어진 연구 때문에 중국 사람들은 고대 가마터 유적의 중요성을 깨달았고 그것에 관해 조사하기 시작했다. 북송시대 후반기(1108년)에 홍수로 묻혀버린 쥐루(巨鹿)시가 1918년에 발견되었고 많은 유물이 지역주민에 의해 파헤쳐졌다(National Museum of Chinese History 1927; Lovell 1970). 이 유물들을 무제한으로 구매할 수 있는 능력에 자극받은 서양 수집가는 찾아낸 유물과 가마터 유적에서 나온 파편을 비교함으로써 그것들이 어디에서 정확하게 만들어졌는지와 쥐루 유적에서 생산된 유물의 범위를 조사하기 시작했다. 결과적으로 고대 가마터 유적의 중요성을 깨닫기 시작했다. 그 뒤에 중국 학자는 이러한 유적을 스스로 조사하기 시작했고 이것이 중국에서 도자고고학의 시작을 알렸다(Qin 1990).

위에서 볼 수 있듯이 초기 단계에는 골동품 시장이 이중적 역할을 했다. 한편 그것은 고대 유적*에 심각한 훼손을 야기했다. 그리고 다른 한편 얼마간 개발도상국에 현대 고고학을 가져왔다. 이 단계에서 골동품 시장과 고고학의 이러한 종류의 관계는 대부분의 문명 중심지가 식민 열강의 통치 아래 들어갔거나 그들에 의해 간접적으로 통제되었다는 사실에 원인이 있었다. 지역민은 자신들의 고대 재산을 보호할 힘과 권리를 가지고 있지 않았다. 외국인 학자와 다른 사람들은 골동품을 발견할 수 있었고 고고학적 조사와 발굴에 착수함으로써 유물들을 멀리 가져갈 수 있었다. 그러므로 유물의 취득은 항상 공식적인 고고학적 작업과 연관되었다.

2. 둘째 단계: 고고학과 시장이 멀어지다

둘째 단계에서 고고학은 골동품 거래로부터 많은 영향을 받지 않고 고대문명의 중심지에서 발전했다. 이것의 주된 이유는 수준 높은 고대문명을 가슴에 품고 있던 국가가 점차 독립을 쟁취했고 주권을 통제하게 되었다는 것이다. 결과적으로 이 국가들 각각은 자신들만의 법률과 문화재에 관한 정책을 확립했다.

이집트에서 외국 기관은 그들의 자격과 선의(*bona fides*)를 검토하고 증명할 이집트 당국으로부터 허가를 받도록 지시받았다. 그들은 오직 이집트인 전문가의 사찰 아래에서만 발굴을 진행할 수 있었다. 발굴자는 발굴한 후에 유적을 보호하는 데 책임을 져야 했고 발굴된 유물은 주로 이집트에서 보유했다.

중국에서는 1949년 이후 외국 기관이 발굴에 참여하는 것이 금지되었고 유물의

....

* 유적: 'remains'는 앞 글들에서는 '유물'로 번역했으나 여기에서는 '유적'으로 번역했다. 실제 사전적 의미로 '유물'의 개념에는 유구와 유적도 포함된다.

반출이 제한되었다. 이러한 정책이 시행되었고 꽤 오랫동안 강제되었는데, 이는 골동품이 나라를 떠나는 것을 방지하는 데 상대적으로 효과적이었던 것처럼 보인다.

둘째 단계에서 시장에서 팔린 골동품은 주로 초기 단계에 원래의 국가에서 떠나왔던 것이었고 상대적으로 작은 양의 유물만이 새롭게 발견되어 밀반출되었다. 이 단계에서 밀반출된 유물은 반드시 중요한 고대 유적에서 나온 것이 아니었고 항상 명확한 목적을 가지고 파헤쳐지지 않았다. 결과적으로 상대적으로 적은 수의 고가 유물이 골동품 시장을 통해 팔려나갔다. 요약하면 둘째 단계에서 고고학과 골동품 시장은 상대적으로 독립적으로 발전했다.

3. 셋째 단계: 고고학과 오늘날의 골동품 시장

대부분 최근 20년에 걸쳐 있는 셋째 단계는 국가의 법률과 정책에 따라 다른 상황이 특징이다. 이집트와 소수의 다른 국가에서 법률을 일관성 있게 시행하면서 골동품 시장의 팽창을 상당히 효과적으로 제한했다. 고대 유물이 입은 피해의 양은 중국에서처럼 심각하지 않았다.

지난 20년에 걸쳐서 중국고고학은 의미 있는 발전을 했다. 많은 수의 고고학 조사와 발굴이 수행되었고 아주 중요한 약간의 발견이 이루어졌다. 두 가지 주요 이유는 그사이 골동품 시장이 급격하게 발전했고 그 범위를 확대했다는 것이다. 경제적 호황에 뒤이어 특히 동아시아와 동남아시아의 많은 사람들은 매우 비싼 골동품조차도 구입할 수 있는 경제적 능력을 갖게 되었다. 이로 인해 수집가의 수가 크게 늘어났고 수집이 가능한 유물에 대한 수요가 마찬가지 속도로 커졌다. 일반적으로 1970년대 이전에 가장 중요하고 많은 수집가는 유럽, 미국, 일본에서 왔다. 그러나 아시아의 경제호황 이후에는 동남아시아, 홍콩, 타이완, 한국에서 온 사람들이 대량으로 중국 골동품을 구매하기 시작했다. 서양과 비교할 때 이 지역의 사람들은 고대 중국문화에 더 밀접한 애착을 느꼈고 골동품에 대한 강력한 수요가 존재했다. 일부는 자신만의 관심 때문에 수집하고 다른 일부는 부를 과시하거나 위엄을 높이려고 수집하며 또 다른 일부는 투자를 위한 목적으로 수집한다. 사람들은 종종 아주 성공적인 이야기를 한다. 1974년에 런던의 주식시장이 폭락함에 따라 영국철도연금기금(the British Rail Pension Fund)은 (다른 것 중에서도) 중국 골동품에 재정을 투자하기로 하고 10년 이상 동안 성공적으로 자산을 증대시켰다(Thompson 1993).

최근 지난 10년 동안 중국에서 비슷한 상황이 전개되었다. 부유한 개인과 큰 회사가 부와 위엄을 과시하기 위해 골동품 시장을 통해 유물을 구매하기 시작했다. 이러한 수요는 경매 전문회사가 많이 출현하게 된 원인이 되었다(Phillips 1998). 중국도 중대한 물가상승을 경험했고 일부 언론에서는 강력하게 일반 사람들이 투자로 혹은 화폐 가치를 보존하기 위해 골동품을 구입했다고 주장했다.

중국 내부와 외부 모두에서 수집가의 수는 급격하게 늘어났고 수집가는 시장에서 구매하는 경험을 더 많이 하게 되었다. 그래서 골동품에 대한 수요가 그에 상응하게 늘어났다. 구매자는 수집할 더 많은 유물을 요청하기 시작했을 뿐만 아니라 완벽하고 더 귀중한 유물을 가치 있게 여기기 시작했다. 이러한 유물들은 거의 항상 묘소와 탑 같은 중요한 고대 유적에서 나왔다. 그러므로 이러한 유물에 대한 욕망 때문에 유적이 약탈되고 파괴되는 등 심각한 위협을 받고 있다.

골동품 시장의 팽창에 대한 추가적 이유는 고고학 자체의 성공이다. 발굴과 연구가 체계적으로 개선되면서 많은 고대 유적과 문화유물에 관한 지식이 더욱 발전했다. 예를 들면 최근 연간에 발견된 일부 유물은 학자에게는 놀라움을 안기고 수집가에게는 탄복할 정도였지만 이전에는 알려지지 않았다.[1] 과거에 경시되던 다른 유물이 더 많은 관심을 얻기 시작했다. 사람들은 유물의 아름다움뿐만 아니라 학술적 의미를 고려하여 골동품들의 가치를 평가하기 시작했다. 그러므로 중국 밖의 박물관과 연구기관은 이전과 동일한 수준으로 수집하는 것에 만족감을 느낄 수 없었다. 고고학 조사가 심화됨에 따라 높은 학술적 가치를 가진 유물에 대한 요구는 증대되었다. 특별한 장소와 시기에 속하는 유물이 특별히 인기를 얻었다. 이러한 점에서 서구의 많은 박물관은 질이 우수하고 학술적 가치가 높은 유물, 고대 유적에서 나온 유물, 기념비적인 조각과 같이 개인이 쉽게 수집할 수 없는 종류의 유물을 수집함으로써 부정적인 역할을 했다.

골동품을 얻기 위해 도굴하는 일이 중국에서 수세기 동안 발생했지만 약탈의 속도와 성격은 근년에 들어 크게 변화했다. 예를 들어 오래전에 부장유물이 강탈된 무덤조차도 학문적 연구가 심화되고 발전함에 따라 무덤에서 벽화, 석각(石刻), 화상전(畵像塼)을 뜯어내는 것이 수익성이 좋다는 것을 발견한 새로운 종류의 도굴꾼에게 매력적이 되었다. 중국 밖의 박물관에서 이러한 종류의 유물에 비싼 값을 지불함에 따라 무덤 유적은 약탈의 새로운 목표물이 되었다. 이로 인해 많은 고대 유적이 중대하게 손상되거나 전체적으로 파괴되었고 결국 지역의 문화유적 관리기관은 이 문제에 대응하려고 노력하느라 매우 많은 압력을 받게 되었다.

최근 연간에 미국의 특정 박물관들에서는 중국 북위시기(386-534년)의 매우 무겁고 각기 다른 문양의 석각으로 덮인 석관(石棺)과 요나라(907-1125)의 수렵도가 그려진 42m²짜리 곽판(槨板) 같은 크고 중요한 많은 골동품을 취득했다. 이 둘은 연구에 매우 중요하고 학술적 가치가 높아서 개인이 수집할 것 같지는 않다. 이러한 유물을 취득하려는 박물관의 의욕 때문에 중국 현장에서의 약탈이 지속된다는 것을 짐작할 수 있다.

학계와 박물관이 어떻게 파괴가 지속되도록 했는지에 대한 다른 사례는 도자고고학의 발전에서 찾아볼 수 있다. 중국 도자기에 대한 관심이 많아짐에 따라 많은 서구 박물관에서 도자기를 더 많이 수집하기 시작했다. 몇몇 경우에 완전한 유물이 더욱 희귀해지자 박물관에서는 도자기 파편들을 수집하기 시작했다. 이러한 관심의 결과로 예를 들면 각기 다른 유약, 문양, 장식기법으로 만들어진 여러 종류의 유물을 얻기 위해 지역주민이 가마터 유적을 약탈했다. 또한 완전한 도자기 그릇의 생산지를 알기 위해 명확한 출처가 있는 도자기 파편에 대한 수요가 있었다. 이런 수요는 많은 고대 가마터 유적에 서로 다른 정도의 파괴를 유발했다. 예를 들어 남송(1127-1286년) 황실의 가마터 유적이 수년 전 발견되었을 때 중국 밖의 박물관이 이러한 상대적으로 희귀한 도자기에 비싼 값을 지불할 준비가 되어 있었기 때문에 지역주민은 그 유적을 약탈하려고 했다. 결과적으로 지역의 유적자원이 심각한 도난 위기에 처하게 되자 그 지역의 문화유적 관리기관은 밤낮으로 유적을 지키기 위해 안전요원을 고용해야 했다.

위에서 언급한 이유 때문에 중국의 골동품 시장은 광범위하게 널리 퍼져 있고 수익성이 좋았다. 최근 연간에 걸쳐서 약탈자의 수가 크게 증가함에 따라 골동품 시장은 고고학 발전에 아주 부정적인 요소가 되었다. 약탈자들은 자금이 풍부하고 수준 높은 기술을 가지고 있으며 종종 중국 밖의 중개인이 지원하는 패거리를 형성했다. 이러한 상황의 영향은 양면적이었다.

첫째, 골동품에 대한 수요가 강하고 지속되었기 때문에 많은 약탈자들은 중국 전역에 걸쳐 고대 유적을 찾아다니는 전업 전문가가 되었다. 이는 많은 중요한 고대 유적이 고고학자가 어떠한 기록을 남기기 위해 조사에 착수하기 이전에 알려지고 파괴되어 일부 매우 중요한 연구 자료가 총체적으로 유실된다는 것을 의미했다. 통틀어 약탈자는 최근에 이루어진 중요한 고고학적 발견의 반 이상을 발견하고―약탈한―최초의 사람이 되었다. 몇몇 유적은 약탈자가 그곳에 다녀간 후 고고학자가 발굴했고 일부 기록이 남아 있게 되었다. 그러나 유적 대부분은 아무런 기록도 남기지 않고 파괴되었다. 손실은 회복될 수 없게 되었다.

둘째, 도굴꾼과 미술품 중개인이 현재 고고학 조사를 진행 중인 유적을 목표로 했기 때문에 몇몇 중요한 유적이 심각하게 훼손되는 결과가 나타났다. 예를 들어 천마곡촌(天馬曲村) 유적*은 청동기시대* 서주의 제후국 진(晉)의 도읍지였고 중국에서 이 시기의 가장 큰 유적 중 하나였다. 고대 중국 문헌에서는 진국의 도읍지가 천마곡촌 유적에서 수백 km 북쪽에 있는 타이위안(太原)(산시성(山西省)의 성도)에 위치했던 것으로 기록했다. 이러한 이유로 오랫동안 이 지역에 아무런 주의도 기울이지 않

....

* 천마곡촌(天馬曲村) 유적: 'the Tianma-Qucun site'는 천마곡촌 유적으로 번역했다.
* 청동기시대: 기원전 11세기경부터 존재했다면 청동기시대가 맞지만 서주(西周) 시기(서기전 11세기-349년)라고 하는 것이 더 타당하다고 판단된다.

앞고 유적은 잘 유지되었다. 1979년 베이징대학 고고학과의 조우 헝(Zou Heng) 교수가 이 유적을 발견했고 그곳이 진국의 도읍지였음을 밝혔다. 이 발견은 학계에 반향을 일으켰고 베이징대학 고고학과에서는 그 이래로 지속적으로 발굴해오고 있다. 그러나 이러한 유적의 발견으로 인해 1986년부터 대규모의 미발굴 지역이 발견 목표가 되기 시작했고 1987년부터 1990년 사이에 활동이 늘어났던 도굴꾼들을 자극했다. 도굴꾼들은 밤낮으로 유적지를 파헤쳤고 하루에 300-400명까지 이르는 사람들이 관련되었다. 불완전한 통계에 따르면, 이 3년 동안 1,000개가 넘는 분묘가 개장되었고 수천 개의 청동유물과 옥제품이 나왔으며 그것들 중의 대부분은 중국 밖으로 밀반출되었다.

더구나 1991년과 1992년에 약탈자들은 세대별로 제후(Marquis) 무덤 8개와 제후 부인(Marquises) 무덤 9개의 미발굴된 무덤 17개가 존재한다고 알려진 진국의 무덤군을 파헤치기 시작했다. 도굴꾼은 7개의 큰 무덤(4개의 제후 무덤과 3개의 제후 부인 무덤)을 약탈했고 도굴된 유물은 한 달 이내에 홍콩으로 내보냈다. 일부 골동품은 중국으로 다시 가져오기 위해 상하이박물관이 시장에서 구매했지만 다른 유물의 향방과 2명의 제후 이름은 멸실되었다(Zou 1998).

또한 베이징대학 고고학과에서는 간쑤성의 신석기 유적을 발굴했는데, 그동안에 지역주민들이 일꾼으로 고용되어 땅에서 나오는 다른 종류의 유물을 인식하는 방법에 대해 교육을 받았다. 발굴 작업이 종료된 이후에 지역주민들은 자체적으로 주도하여 대규모로 무덤들을 파헤치기 시작했다, 많은 채도(彩陶, 채색토기)가 발견되었고 트럭을 통해 중국 밖으로 운반되었으며 시장에서 채도의 가격이 급격하게 하락했다. 문화유적 관리기관에서 이러한 약탈을 방지하기 위해 조치를 취했을 때 지역의 성장(省長)은 베이징대학 고고학과에서 도굴꾼을 훈련시켰다며 불만을 토로했다!

4. 맺음말

중국에서의 도굴은 역사가 오래되었지만 최근 그 규모가 크게 증대되었다. 이러한 이유는 부분적으로 서구와 선진 아시아 국가의 민간 소장자와 박물관의 중국 골동품에 대한 수요 때문이다. 현재 학문으로서의 고고학과 전시 장소로서의 박물관은—잘못이 있든 없든—중국 유적의 약탈에 땔감을 제공하고 있다. 불행하게도 중국의 고고학자는 스스로 중요한 유적에 대한 관심을 끊음으로써 상황을 더 악화시키는 것으로 보이기조차 한다. 하지만 궁극적으로 파괴에 땔감을 제공하고 있는 것은 골동품 시장이다. 그러므로 시급히 해야 할 일은 골동품 시장의 관행을 진지하게 해결하는 것이다.

문화유적을 가진 '자원국(resource countries)'의 정부는 고대 유적을 보호하는 데 더 많은 관심을 가져야 하고 약탈이 발생하는 것을 막아야 한다. 그러나 언제나 국가의 규모와 감시활동을 하는 데 이용할 수 있는 자원이 제한적이기 때문에 모든 도굴을 근절하는 것은 항상 어려울 것이다. 실제로 전향적인 방법은 입법, 교육, 여론을 결합하여 약탈된 유물을 수집하는 것을 금지하기 위해 골동품을 구매하는 서구와 아시아 국가에서 결연한 노력을 기울이는 것이다. 브로디 등(Brodie *et al.* 2000)이 한 것과 같은 최근의 연구에서는 세계적인 상황의 복합성을 보여주었다. 교육이나 다른 방법으로 (관광업 같은) 대안적인 소득원을 개발하여 설득할 수 없다면 시장이 존재하는 한 지역주민은 일반적으로 잘 보호되지 않는 유적을 도굴하여 수입을 보충하려고 할 것이다. 그러면 정답은 골동품 거래가 공개적이고 투명해지도록 확실하게 해서 합법적으로 획득한 물품을 자유롭게 거래할 수 있는 반면 도굴된 유물은 구매할 수 없도록 하는 것이다.

원주

1 이 상황은 다음 초록에 잘 정리되어 있다.

뉴욕의 카이코도(Kaikodo)의 중개인인 캐럴 코노버(Carol Conover)는 "중국 미술사 서적은 다시 쓰여야만 한다"라고 말했다. 뉴욕의 구겐하임미술관(the Guggenheim Museum)의 〈중국: 5000년(China: 5,000 Years)〉 전시에 나온 많은 특이한 유물들은 최근 10년 동안에 발견되었다. 그녀는 "만약 내가 20년 전에 그 전시를 보았다면 '지금 나를 놀리고 있느냐?'라고 했을 것이다"라고 말했다(Harrington 1998: 135).

참고문헌

Bierbrier, M. L. (ed.) 1995. *Who Was Who in Egyptology* (third edition). London: The Egypt Exploration Society.

Brodie, N., Doole, J. and Watson, P. 2000. *Stealing History: The Illicit Trade in Cultural Material*. Cambridge: McDonald Institute for Archaeological Research.

Harrington, S. P. M. 1998. The China Syndrome. *Art News* October: 135.

Lovell, H-C. 1970. Notes on Chu-Lu Hsien. *Oriental Art* 16(3).

National Museum of Chinese History 1927. *Bulletin of the National Museum of Chinese History* 1(1).

Phillips, F. 1998. Auction Houses in Beijing. *Asian Art* February.

Qin, D. 1990. History of the study of Cizhou type wares. *Wenwu Chunqiu* 4.

Ronghua, J. 1993. *Studies on the Critical Persons Engaged in Bringing Dun Huang Artifacts Abroad*. Taipei: Xin Wen Feng Publishing Inc.

Thompson, J. 1993. Sotheby's Hong Kong—Twenty Years. In Sotheby's (ed.) *Sotheby's Hong Kong—Twenty Years*. Hong Kong: Tai Yip Company.

Thote, A. 1995. Paul Pelliot: A Bridge Between Western Sinology and Chinese Scholarship. *Orientations* 26: 6.

Walker, A. 1995. *Aurel Stein—Pioneer of the Silk Road*. London: John Murray.

Zou, H. 1998. The looting of the Bronze Age Cemetery Site at Tianma-Qucun, China. Paper presented at the international conference. Art, Antiquity, and Law: Preserving Our Global Cultural Heritage, Rutgers University, New Jersey, USA, October 1998.

찾아보기